LES «RÉVOLTES ÉGYPTIENNES»

STUDIA HELLENISTICA

condiderunt

L. Cerfaux et W. Peremans

continuaverunt

W. Peremans et E. Van 't Dack

ediderunt

L. Mooren,
W. Clarysse, H. Heinen,
M.J. Osborne et K. Vandorpe

curaverunt

L. Mooren et P. Van Dessel

STUDIA HELLENISTICA

41

LES «RÉVOLTES ÉGYPTIENNES»

RECHERCHES SUR LES TROUBLES INTÉRIEURS EN ÉGYPTE DU RÈGNE DE PTOLÉMÉE III À LA CONQUÊTE ROMAINE

par

Anne-Emmanuelle VEÏSSE

PEETERS

LEUVEN - PARIS - DUDLEY, MA

2004

Library of Congress Cataloging-in-Publication Data

Veïsse, Anne-Emmanuelle.
    Les "révoltes égyptiennes": recherches sur les troubles intérieurs en
Égypte du règne de Ptolémée III à la conquête romaine / par Anne-
Emmanuelle Veïsse.
        p. cm. – (Studia Hellenistica ; 41)
    Revision of the author's thesis (doctorate)--l'Université de Versailles-
Saint-Quentin-en-Yvelines, 2000.
    Includes bibliographical references and index.
    ISBN 90-429-1399-1 (alk. paper) -- ISBN 2-87823-761-3 (alk. paper)
    1. Egypt--History--332-30 B.C. 2. Ptolemaic dynasty, 305-30 B.C. I. Title.
II. Series.

DT92.V45 2004
932'.021--dc22

2003062080

D. 2004/0602/10
ISBN 90-429-1399-1 (Peeters Leuven)
ISBN 2-87723-761-3 (Peeters France)

© 2004, Peeters, Bondgenotenlaan 153, B - 3000 Leuven

TABLE DES MATIÈRES

AVANT-PROPOS

Ce livre est la version remaniée d'une thèse de doctorat soutenue le 2 décembre 2000 à l'Université de Versailles-Saint-Quentin-en-Yvelines. Je suis heureuse de pouvoir remercier ici mon directeur, Monsieur Georges Tate, ainsi que les membres de mon jury, Monsieur Michel Chauveau, Monsieur Willy Clarysse, Madame Lucia Criscuolo-Geraci et Madame Françoise Dunand, qui m'ont fait bénéficier de leurs critiques et de leurs suggestions précieuses, depuis l'époque de l'élaboration de ma thèse jusqu'à aujourd'hui.

Ma gratitude va aussi à tous ceux qui m'ont aidée au cours de ce travail de publication, tant à Paris qu'à Louvain. À cet égard, je remercie tout particulièrement Monsieur Willy Clarysse, dont les remarques et les conseils n'ont cessé de stimuler ma réflexion, et qui m'a fait l'honneur d'accueillir cet ouvrage dans les *Studia Hellenistica*.

Je souhaite enfin dédier ce livre à la mémoire du Professeur Yvon Thébert, qui fut mon premier maître en histoire ancienne.

«Il y a d'honnêtes gens qui étudient les
poids et mesures des Assyriens, ou la procédure civile en Égypte sous les Lagides,
ce qui est une grande preuve de la mélan-
colie de vivre».

Anatole France

INTRODUCTION

La question des «révoltes égyptiennes» a un long passé et constitue
sans doute un des aspects les plus débattus de l'histoire ptolémaïque. En
effet, si les troubles de la *chôra* sous les Ptolémées sont une réalité incontestable, ils ont été soumis à des axes de lecture très divers depuis que la
papyrologie est venue enrichir, à partir de la fin du XIXe siècle, les
informations livrées à ce sujet par quelques auteurs anciens et par un certain nombre de documents épigraphiques. Ces troubles ont d'abord été
considérés comme l'expression d'une résistance nationale égyptienne à
l'occupation étrangère: c'est l'opinion que partagèrent, au début du
siècle, de nombreux auteurs, parmi lesquels U. Wilcken, W. Schubart,
P. Collart, P. Jouguet ou encore E. Bevan[1]. Cette interprétation a cependant été contestée par C. Préaux dans son article consacré aux «révolutions égyptiennes», qui reste, malgré son ancienneté (1936), l'étude de
référence sur la question[2]. Cette dernière distingue trois facteurs principaux d'agitation en Égypte: à Alexandrie, les ambitions de Grecs de haut
rang; en Thébaïde, «le souvenir de l'indépendance féodale d'Amon»;
dans le reste du pays, la misère des paysans et l'oppression fiscale. Elle
conclut en soulignant que «chasser le Grec» ne fut «ni le but premier, ni
la cause profonde de l'inlassable révolte égyptienne»[3].

---

[1] U. Wilcken, *Grundzüge und Chrestomathie der Papyruskunde*, I, *Grundzüge*, Leipzig,
1912 (réimpr. 1963), p. 20; W. Schubart, *Einführung in die Papyruskunde*, Berlin, 1918, p. 307;
P. Collart, «La révolte de la Thébaïde en 88 avant J.-C.», dans *Recueil Champollion*, Paris, 1922,
pp. 273-282; P. Jouguet, «Les Lagides et les indigènes égyptiens», *RBPH* 2, 1923, pp. 419-445;
E. Bevan, *Histoire des Lagides*, Paris, 1934 (Londres, 1927), pp. 269-272 et pp. 308-309.

[2] C. Préaux, «Esquisse d'une histoire des révolutions égyptiennes sous les Lagides», *CdE*
11, 1936, pp. 522-552. La teneur de cet article a été reprise par l'auteur dans *Le Monde hellénistique*, I, Paris, 1978, 4e éd., 1997, chap. IV, «Les révolutions en Égypte», pp. 389-398.

[3] C. Préaux, «Esquisse», p. 552.

Cette analyse privilégiant les causes socio-économiques a été partagée par un certain nombre de savants, dont M. Rostovtzeff[4], mais sans faire cependant l'unanimité. Sans exclure le rôle joué par la misère rurale dans les troubles de la *chôra*, S. K. Eddy a ainsi défendu la thèse d'un nationalisme égyptien vivace à l'époque ptolémaïque, entretenu par le clergé et pouvant s'exprimer tant par la voie des armes que par des textes prophétiques[5]. W. Peremans, quant à lui, a proposé de nuancer l'intensité du sentiment national des Égyptiens selon l'appartenance sociale des individus, mais aussi selon les régions[6]. Tout en reconnaissant la validité des analyses de C. Préaux, il n'exclut pas la persistance d'un nationalisme indigène, surtout parmi les élites, ainsi que l'existence de « flambées sporadiques de ressentiment national»; il admet d'autre part que «la résistance» fut «beaucoup plus forte dans le Sud de l'Égypte que dans le Delta»[7]. De même, pour F. Dunand, c'est probablement «la frustration et la misère, plutôt qu'une hostilité déclarée au pouvoir grec, qui ont poussé de très nombreux Égyptiens à entrer dans la dissidence», mais il reste que les révoltes ont «dans plusieurs cas, un caractère nettement politique et nationaliste»[8]. Au cours des dernières années, plusieurs travaux ont également souligné la diversité des motifs de révolte au sein de la population égyptienne. V. Anagnostou-Canas conclut ainsi à l'exis-

---

[4] M. Rostovtzeff, *Histoire économique et sociale du monde hellénistique*, Paris, 1989 (Oxford, 1941), pp. 644-645 et pp. 1052-1052, n. 212. Ce dernier n'en définit pas moins la révolte thébaine de 88 comme «un soulèvement des classes inférieures contre le gouvernement, avec un certain apport d'aspirations nationalistes et de fanatisme religieux» (p. 618).

[5] S. K. Eddy, *The King is Dead. Studies in the Near Eastern Resistance to Hellenism, 334-331 B. C.*, Lincoln, 1961, en particulier pp. 295-323. Voir aussi les réserves apportées aux conclusions de C. Préaux par W. Otto et H. Bengtson, *Zur Geschichte des Niederganges des Ptolemäerreiches. Ein Beitrag zur Regierungszeit des 8. und 9. Ptolemäers*, Munich, 1938, p. 69, n. 3, et à celles de M. Rostovtzeff par H. Braunert, *Die Binnenwanderung. Studien zur Sozialgeschichte Ägyptens in der Ptolemäer- und Kaiserzeit*, Bonn, 1964, p. 67 et n. 67. F. Uebel quant à lui qualifie de «nationalägyptisch» les soulèvements survenus en Égypte dans son article «Ταραχὴ τῶν Αἰγυπτίων, Ein Jenaer Papyruszeugnis der nationalen Unruhen Oberägyptens in der ersten Hälfte des 2. vorchristlichen Jahrhunderts», *AfP* 17, 1962, pp. 147-162.

[6] W. Peremans, «Les révolutions égyptiennes sous les Lagides», dans *Das ptolemäische Ägypten*, éd. H. Maehler et V. M. Strocka, Mayence, 1978, pp. 39-49.

[7] W. Peremans, *op. cit.*, p. 49 et p. 50.

[8] F. Dunand, «Grecs et Égyptiens en Égypte lagide. Le problème de l'acculturation», dans *Modes de contact et processus de transformation dans les sociétés anciennes. Actes du Colloque de Cortone* (24-30 mai 1981) (*Collection de l'EFR* 67), Pise-Rome, 1983, p. 57.

tence d'une «colère paysanne, attisée par des textes apocalyptiques et prophétiques, activée par la misère, canalisée dans des mouvements nationalistes»[9]. B. McGing estime pour sa part que les révoltes eurent des causes tant nationales et religieuses que socio-économiques, sans qu'il soit possible de dire lesquelles prédominèrent[10]. Adoptant une distinction chronologique plutôt inhabituelle, K. Goudriaan invite à «minimiser le caractère ethnique de la première phase des rébellions», c'est-à-dire des rébellions qui suivent la bataille de Raphia, et à «insister sur la nature ethnique des phases suivantes»[11]. Très récemment, A. Blasius et J. Manning ont quant à eux émis de nouvelles réserves sur l'interprétation «nationaliste» des soulèvements[12].

[9] V. Anagnostou-Canas, «Rapports de dépendance coloniale dans l'Égypte ptolémaïque II. Les rebelles de la chôra », dans *Actes XIXe Congrès* (Le Caire), 1989, II, p. 371. Voir aussi I. Biezunska-Malowist, «Formes de résistance dans l'Égypte grecque et romaine», dans *Forms of Control and Subordination in Antiquity*, XI, éd. Y. Tory et D. Masaoki, Tokyo, 1988, pp. 239-245 et I. Noshy «Preludes of the Egyptian Revolutions against the Ptolemies and the Greeks», dans *Actes XIXe Congrès* (Le Caire), 1992, II, pp. 374-420.

[10] B. McGing, «Revolt Egyptian Style. Internal Opposition to Ptolemaic Rule», *AfP* 43, 1997, pp. 298-299. En ce sens également W. Huss, *Ägypten in hellenistischer Zeit, 332-30 v. Chr.*, Munich, 2001, p. 448.

[11] K. Goudriaan, «Les signes de l'identité ethnique en Égypte ptolémaïque», dans *Valeur et distance. Identités et sociétés en Égypte*, sous la dir. de Ch. Décobert, Paris, 2000, p. 44. Egalement, du même auteur, *Ethnicity in Ptolemaic Egypt*, Amsterdam, 1988, p. 114.

[12] A. Blasius, «Zur Frage des geistigen Widerstandes im griechisch-römischen Ägypten. Die historische Situation» dans A. Blasius et B. U. Schipper (éd.), *Apokalyptik und Ägypten*, OLA 107, Louvain, 2002, pp. 41-47 et p. 62; J. Manning, *Land and Power in Ptolemaic Egypt. The Structure of Land Tenure (332-30 B. C. E.)*, Cambridge U. P., 2003, chap. 5. Voir également G. Hölbl, *A History of the Ptolemaic Empire*, Londres, New York, pp. 153-154 qui privilégie aussi l'interprétation sociale des soulèvements. Outre ces réflexions portant sur le phénomène insurrectionnel dans son ensemble, plusieurs travaux ont été consacrés à des soulèvements particuliers. La grande révolte de la Haute-Égypte, au tournant des IIIe et IIe siècle, a particulièrement retenu l'attention: voir notamment M. Alliot, «La Thébaïde en lutte contre les rois d'Alexandrie sous Philopator et Épiphane (216-184)», *RBPH* 29, 1951, pp. 421-443; P. W. Pestman, «Harmachis et Anchmachis, deux rois indigènes du temps des Ptolémées», *CdE* 40, 1965, pp. 157-170 et «Haronnophris and Chaonnophris, Two Indigenous Pharaohs in Ptolemaic Egypt (205-186 B.C.)», dans *Hundred-Gated Thebes*, éd. S. P. Vleeming, Leyde, 1995, pp. 101-137; W. Clarysse, «Notes de prosopographie thébaine 7. Hurgonaphor et Chaonnophris, les derniers pharaons indigènes», *CdE* 53, 1978, pp. 243-253 et «Gli ultimi faraoni», dans *Communicazioni Istituto Papirologico G. Vitelli*, Florence, 1995, pp. 3-18. L. Koenen a quant à lui défendu l'existence d'un roi rebelle Harsièsis, qui aurait pris le pouvoir à Thèbes en 131, dans «ΘΕΟΙΣΙΝ ΕΧΘΡΟΣ. Ein einheimischer Gegenkönig in Ägypten (132/1)», *CdE* 34, 1959, pp. 103-119.

Comme on le voit, les «révoltes égyptiennes» ont été diversement interprétées depuis le début du siècle. Deux raisons principales nous ont amené à reprendre leur étude. La première est l'accroissement de la documentation disponible depuis le temps où C. Préaux formulait ses conclusions. Elle est due aux nouvelles publications, mais aussi à la nécessité de confronter les sources grecques et égyptiennes, en ce domaine plus encore que dans d'autres. Il est ainsi indispensable d'étendre à toutes les périodes de troubles le relevé systématique des sources auquel s'est livré P. W. Pestman pour la grande révolte de Haute-Égypte[13]. La seconde raison est d'ordre méthodologique. Avant même de réfléchir aux causes des «révoltes égyptiennes», il convient en effet de s'interroger sur la validité du concept. Quels sont les troubles de la *chôra* qui méritent ce qualificatif, et à quelles conditions? La diversité des interprétations évoquées plus haut montre combien il est difficile d'identifier les phénomènes que nous sommes contraints de désigner par les termes ambigus et polysémiques de «révoltes», «rébellions», «soulèvements», voire «révolutions»[14]. Toutes ces révoltes et rébellions ont-elles été menées par des Égyptiens? Le cas échéant, faut-il en déduire qu'elles furent dirigées contre la domination lagide en Égypte? Traduisent-elles une hostilité de principe aux occupants étrangers, aux «Grecs» au sens le plus général du terme, c'est-à-dire à la communauté des Hellènes[15]? Et furent-elles perçues comme telles par les contemporains?

La documentation dont nous disposons pour mener à bien une telle enquête est essentiellement d'ordre papyrologique et, dans une moindre mesure, épigraphique. Outre les actes qui attestent une usurpation du titre de pharaon, nous avons bien entendu relevé en priorité les documents qui mentionnent, en grec ou en égyptien, des «rébellions» et des «rebelles»[16], mais nous nous sommes aussi intéressé à ceux qui, de manière plus vague, évoquent des «désordres», des «perturbations», ou

---

[13] P. W. Pestman, «Haronnophris and Chaonnophris». Voir le relevé des sources déjà effectué par B. McGing, *op. cit.*

[14] Voir les remarques de P. Briant pour les révoltes de l'époque perse, «Ethno-classe dominante et populations soumises dans l'empire achéménide: le cas de l'Égypte», dans *Ach. Hist.* III, 1988, p. 171.

[15] Sur les diverses composantes de cette communauté, voir notamment D. J. Thompson, «Hellenistic Hellenes: The Case of Ptolemaic Egypt», dans *Ancient Perceptions of Greek Ethnicity*, éd. I. Malkin, Cambridge, 2001, pp. 301-322.

[16] Voir les tableaux *infra*, pp. 114-117.

bien encore des «temps difficiles». Nous avons également pris en compte
les sources évoquant des mouvements de troupes et des déplacements de
forces de police dans la *chôra*, ainsi que les amnisties royales et autres dispositions caractéristiques d'une restauration de l'ordre. En revanche, nous
avons laissé de côté tous les documents qui se rapportent manifestement
à des phénomènes de brigandage, ou qui relèvent de violences quotidiennes entre individus. Quoique peu nombreuses sur notre sujet, les
sources littéraires ne doivent pas non plus être négligées: Polybe, Diodore
de Sicile, Pausanias et Strabon nous livrent des informations essentielles
sur les soulèvements survenus en Égypte[17]. L'archéologie enfin peut donner de précieux indices sur la situation intérieure du pays.

Sur le plan géographique, notre sujet nous amène à privilégier la *chôra*
égyptienne. Les révolutions alexandrines ne seront donc pas étudiées en
tant que telles, à l'exception notable de la révolte de Dionysios Pétosarapis, pour des raisons sur lesquelles nous reviendrons. Sur le plan chronologique, cette étude débute avec l'avènement de Ptolémée III Évergète, car c'est sous son règne que prend place la première «révolte
égyptienne» attestée par les sources. L'analyse sera poussée jusqu'aux
révoltes survenues dans le Delta et en Thébaïde au début de l'année 29,
quelques mois seulement après la conquête romaine. Ce choix se justifie
pour deux raisons: d'une part, le soulèvement de 29 clôt la série des
rébellions thébaines entamée sous les Ptolémées et peut donc éclairer
quelques-unes des questions posées pour les époques antérieures; d'autre
part, il est important sur le plan de la méthode dans la mesure où il est
attesté par une documentation double, épigraphique et littéraire.

Qui se révolte en Égypte, contre qui, et pourquoi? Pour tenter de
répondre à ces questions, nous commencerons par donner un état des
sources aussi exhaustif que possible, en nous attachant à dégager un
cadre chronologique et géographique pour chaque période de troubles.
Par commodité, nous organiserons ce tableau des sources en trois temps:
du règne de Ptolémée III Évergète jusqu'au règne de Ptolémée V Épiphane; du règne de Ptolémée VI Philométor jusqu'au règne de Ptolémée
VIII Évergète II; enfin, du règne de Ptolémée Sôter II jusqu'à la
conquête romaine.

---

[17] Pour les traductions françaises des textes grecs nous suivrons, sauf exception signalée, les volumes de la Collection des Universités de France aux éditions des Belles-Lettres.

Dans un deuxième temps, nous pourrons alors nous interroger sur la réalité des «révoltes égyptiennes». Nous chercherons tout d'abord à définir l'identité et les ambitions des chefs rebelles attestés par la documentation. Nous nous tournerons ensuite vers la masse, le plus souvent anonyme, des révoltés. Comment ces derniers sont-ils désignés dans les sources grecques et égyptiennes? Quels objectifs poursuivaient-ils? En l'absence presque totale de témoignage sur le programme des insurgés, il faudra, pour répondre à cette dernière question, examiner de près la nature des actes commis au cours des rébellions.

Les réactions face aux révoltes feront l'objet d'une troisième partie, car elles reflètent à leur manière les objectifs des révoltés. Nous nous intéresserons tout d'abord au roi lagide, en montrant comment la répression exercée à l'encontre des rebelles se trouve articulée à un effort plus général de renforcement de l'autorité royale dans le pays. Le clergé égyptien méritera ensuite un examen approfondi, dans la mesure où il représente une grande partie, sinon l'essentiel, de l'élite égyptienne à l'époque ptolémaïque. Tout en nous efforçant de dégager une ligne directrice dans l'attitude des prêtres, nous nous interrogerons aussi sur l'existence d'une éventuelle spécificité thébaine en ce domaine.

PREMIÈRE PARTIE

ÉTAT DES SOURCES

Chapitre I

DE PTOLÉMÉE III ÉVERGÈTE
À PTOLÉMÉE V ÉPIPHANE

I – LE SOULÈVEMENT DE 245

La première révolte attestée par les sources se situe au début du règne de Ptolémée III et plus précisément à l'époque de la campagne de ce dernier en Mésopotamie, lors de la Troisième guerre de Syrie[1]. Nos connaissances sur cet événement ont pendant longtemps reposé sur le témoignage de deux historiens tardifs, Justin et saint Jérôme (ce dernier reprenant peut-être une notice de Porphyre). Pour Justin «si (le roi) n'avait pas été rappelé en Égypte par une sédition domestique (*seditio domestica*) il aurait occupé tout le royaume de Séleukos» (XXVII, 1). Saint Jérôme évoque lui aussi une *seditio* survenue en Égypte pendant la campagne d'Évergète: «il s'empara de la Syrie, de la Cilicie, des contrées au-delà de l'Euphrate et de presque toute l'Asie. À la nouvelle qu'une sédition commençait d'agiter l'Égypte, il ravagea le royaume de Séleukos (…)» (*In Daniel* XI, 7-9: *F. Gr. Hist.* II 260, F 43). La nature exacte de cette *seditio*, «intrigues de palais» ou révolte intérieure, a longtemps été discutée[2], mais la thèse du soulèvement intérieur semble désormais confirmée grâce à de nouveaux examens du *P. Haun.* I 6[3]. Daté du IIᵉ siècle de notre ère, ce papyrus comporte en effet les extraits d'un

---

[1] Pour cette guerre, voir notamment Ed. Will, *Histoire politique du monde hellénistique*, I, 2ᵉ éd., Nancy, 1979, pp. 248-261 et W. Huss, *Ägypten in hellenistischer Zeit*, pp. 338-354.

[2] Voir notamment C. Préaux, «Esquisse», pp. 523-524, Ed. Will, *op. cit.*, p. 252 et W. Peremans, «Sur la *domestica seditio* de Justin», *Ant. Class.* 50, 1981, pp. 629-630 qui donne un tableau des différentes interprétations proposées.

[3] Cf. A. Bülow-Jacobsen, «P. Haun. 6. An Inspection of the Original», *ZPE* 36, 1979, pp. 91-100; W. Huss, «Eine Revolte der Ägypter in der Zeit des 3. Syrischen Kriegs», *Aegyptus* 58, 1978, pp. 151-156 et *Ägypten in hellenistischer Zeit*, p. 373-375; J. Schwartz, «Athènes et l'Étolie dans la politique lagide», *ZPE* 30, 1978, pp. 99-100.

ouvrage consacré à l'histoire hellénistique du IIIᵉ siècle⁴. Bien que très fragmentaire, il évoque à la ligne 14 l'«Euphrate», à la ligne 15 une «*apostasis* des Égyptiens» (Αἰγυπτίων ἀπόσ[τασις], et à la ligne 16 un roi «Séleukos»; enfin, la ligne 17 comprend l'expression «il retourna à Alexandrie» (ἐπανῆλθεν εἰς Ἀλεξά[νδρειαν). Les lignes 14-17 sont elles-mêmes situées entre deux passages consacrés l'un à la bataille navale d'Andros (ll. 1-13), l'autre à la guerre d'Antigonos Dôsôn contre les Étoliens en 229/8 (l. 18).

Tous ces éléments permettent de rapprocher cette «*apostasis* des Égyptiens» de la *domestica seditio* de Justin, qui entraîna le retour du roi en Égypte («à Alexandrie» dans le *P. Haun.* I 6, 17)⁵. Cette identification se trouve renforcée par le parallélisme des deux formules: «si Évergète n'avait pas été rappelé en Égypte» (*nisi in Aegyptum domestica seditione revocatus esset*) chez Justin; «si une révolte des Égyptiens n'avait pas alors…» (εἰ μὴ τότε Αἰγυπτίων ἀπόσ[τασις…) dans le fragment du *P. Haun.* I 6, 15⁶. La guerre entre Ptolémée III et Séleukos II a débuté à l'automne 246: sachant qu'Évergète a d'abord fait campagne en Syrie avant de traverser l'Euphrate et que, d'autre part, Séleukos II était à nouveau reconnu comme roi à Uruk le 11 juillet 245⁷, l'*apostasis* doit avoir éclaté dans la première moitié de l'année 245. Si la bataille d'Andros date bien du printemps 245, comme l'ont proposé K. Buraselis et F. W. Walbank, le soulèvement est à placer dans une période comprise entre le printemps et juillet 245⁸.

Cependant, cette révolte reste obscure car nous ne possédons pas de sources de première main qui s'y réfèrent explicitement⁹. Il est vrai que

---

⁴ Voir T. Larsen, *P. Haun.* I, pp. 37-41. Pour J. Schwartz, *ibid.*, l'auteur de cette œuvre pourrait être l'historien Phylarque.

⁵ Cf. W. Huss, «Eine Revolte der Ägypter», pp. 153-155; W. Peremans, *op. cit.*, pp. 631-633; H. Hauben, «L'expédition de Ptolémée III en Orient et la sédition domestique de 245: quelques mises au point», *AfP* 36, 1990, pp. 29-37.

⁶ F. Jacoby, *F.Gr.Hist.* II, p. 879, avait déjà noté que Justin et saint Jérôme suivaient manifestement une seule source dans les passages considérés ici. Si l'on suit l'hypothèse de J. Schwartz (ci-dessus, n. 4), Phylarque pourrait être cette source commune.

⁷ Cf. Ed. Will, *Histoire politique*, I, pp. 251-252; H. Hauben, *op. cit.*, p. 32.

⁸ K. Buraselis, *Das hellenistische Makedonien und die Aegäis*, Munich, 1982, pp. 119-145; F. W. Walbank, dans N. G. L. Hammond et F. W. Walbank, *A History of Macedonia* III, Oxford, 1988, pp. 587-595. Voir également H. Hauben, *op. cit.*, p. 35 et B. McGing, «Revolt Egyptian Style», p. 274.

⁹ Voir la discussion chez B. McGing, *op. cit.*, pp. 275-277.

certains papyrus comme le *P. Hib.* II 198 mettent en lumière un certain nombre de dysfonctionnements de l'État ptolémaïque dans les années 240[10], mais ils ne donnent pas pour autant les signes d'une insurrection. Par conséquent, nous ignorons tout de l'ampleur de l'*apostasis* en Égypte, y compris la date à laquelle celle-ci fut résorbée. Les sources, en revanche, sont bien plus abondantes pour la grande révolte qui se déroula dans la *chôra* sous les règnes de Ptolémée IV Philopator et Ptolémée V Épiphane, au tournant des IIIe et IIe siècles.

II – L'ÉGYPTE AU TOURNANT DES IIIe ET IIe SIÈCLES

La crise intérieure qu'a connue le gouvernement lagide à cette époque est à la fois la plus grave et, relativement, la mieux documentée de celles qui ont agité l'Égypte ptolémaïque. C'est également celle qui a donné lieu au plus grand nombre de travaux. Selon Polybe, l'origine des troubles serait liée à la participation de troupes égyptiennes à la bataille de Raphia en 217:

> «Ptolémée, tout de suite après ces événements (εὐθέως ἀπὸ τούτων τῶν καιρῶν), eut à soutenir une guerre contre les Égyptiens (τὸν πρὸς τοὺς Αἰγυπτίους πόλεμον). Ce roi, en armant les Égyptiens en vue de la guerre contre Antiochos, avait pris une décision acceptable pour le moment, mais il avait mal calculé l'avenir: car, enorgueillis par leur succès à Raphia, ils ne pouvaient plus supporter l'autorité et ils cherchaient un chef et une personnalité, se croyant capables de se suffire à eux-mêmes. Et c'est ce qu'ils finirent par faire peu de temps après (ὃ καὶ ἐποίησαν οὐ μετὰ πολὺν χρόνον)» (V, 107,1-3).

L'historien avait d'ailleurs consacré le livre XIV de ses *Histoires* aux guerres menées par Ptolémée IV contre les Égyptiens, mais le livre est perdu et il ne nous en reste qu'un fragment d'introduction:

> «(Le roi Ptolémée), lorsqu'il eut achevé la guerre de Coélé-Syrie, abandonna toutes ses bonnes dispositions et s'enfonça dans cette vie de libertinage que nous venons de décrire. Plus tard, (ὀψὲ δέ ποτε) sous la contrainte des circonstances, il dut mener cette guerre (πόλεμον) que nous venons d'exposer, guerre qui, si l'on excepte les manifestations réciproques de cruauté et de mépris du droit, ne donna lieu à aucune bataille rangée, aucun combat naval, aucun siège de cité, ni rien d'autre qui méritât une mention» (XIV, 12, 3-4).

---

[10] Cf. R. S. Bagnall, «Some Notes on P. Hib. 198», *BASP* 6, 1969, pp. 73-118.

Ces deux passages de Polybe ont suscité des interprétations divergentes en raison des indications chronologiques contradictoires données
par l'auteur quant au déclenchement de la «guerre contre les Égyptiens»: tout de suite après la bataille de Raphia au livre V (εὐθέως ἀπὸ
τούτων τῶν καιρῶν), longtemps après selon le livre XIV (ὀψὲ δέ ποτε)[11].
Il est difficile de résoudre cette contradiction. Ainsi, le décret rendu en
217 par un synode de prêtres égyptiens pour célébrer la victoire de Ptolémée IV (stèle de Raphia ou deuxième stèle de Pithom[12]) fait bien
allusion à une mystérieuse «trahison des chefs de troupes» (l. 25). Pour
H. Gauthier et H. Sottas, il s'agirait de la trahison des généraux étoliens
Théodotos et Painatolos en 219, au début du conflit[13]. Selon H.-J. Thissen en revanche, l'expression renvoie à une révolte des troupes égyptiennes après la victoire sur Antiochos[14]. À l'encontre de cette hypothèse
cependant, il faut noter que nous ne connaissons pas de «généraux»
égyptiens ayant participé à la bataille de Raphia: la phalange égyptienne,
composée des vingt mille hommes recrutés pour l'occasion, était elle-
même sous le commandement d'un Grec, le ministre Sôsibios[15]. Toute
aussi ambigüe est l'allusion de Polybe à l'aide qu'auraient proposée à
Ptolémée Philopator les rois Antiochos III et Philippe V: «Quand Ptolémée Philopator vivait et ne réclamait pas leur assistance, ces deux rois
étaient prêts à lui offrir leurs services» (XV, 20, 1). En effet, bien que le
passage ait parfois été mis en rapport avec le déclenchement de la rébellion intérieure, il faut reconnaître que ni les causes de ce soutien, ni la
date de cette démarche ne sont fermement établies[16].

---

[11] Voir à ce sujet W. Peremans, «Ptolémée IV et les Égyptiens», dans *Le Monde grec.
Hommages à C. Préaux*, éd. J. Bingen, G. Cambier et G. Nachtergael, Bruxelles, 1975,
pp. 393-402; B. McGing, «Revolt Egyptian Style», pp. 278-283.

[12] Publiée par H. Gauthier et H. Sottas, *Un décret trilingue en l'honneur de Ptolémée IV*,
Le Caire, 1925 (= *Raphia*), dont nous suivrons ici les traductions. Voir aussi H.-J. Thissen,
Studien zum Raphiadekret, Meisenheim, 1966.

[13] H. Gauthier et H. Sottas, *op. cit.*, p. 57. Cf. Polybe V, 61, 3-5 et 68, 8.

[14] H.-J. Thissen, *op. cit.*, p. 62.

[15] Polybe V, 65, 9-10. Sur Sôsibios, voir L. Mooren, *The Aulic Titulature in Ptolemaic
Egypt, Introduction and Prosopography*, Bruxelles, 1975, n° 018.

[16] W. Huss cependant, dans *Untersuchungen zur Aussenpolitik Ptolemaios' IV*, Munich,
1976, pp. 84-85, date cette démarche de 213, arguant qu'auparavant Antiochos III était
trop occupé par le conflit contre Achaios, et ensuite par son anabase en Iran, pour être en
mesure d'apporter une aide à Ptolémée IV. Voir aussi G. Hölbl, *A History of the Ptolemaic
Empire*, p. 54.

De fait, aucun document bien daté ne mentionne explicitement de troubles dans la décennie postérieure à la bataille de Raphia. Le papyrus *BGU* VI 1215 notamment, qui sur des critères paléographiques appartient au IIIe siècle et qui est souvent cité comme exemple de la guerre sans gloire dont parle Polybe[17], ne peut nous servir à éclairer la chronologie. Le document, un rapport de police concernant l'attaque d'un village par des Égyptiens, est pourtant intéressant. En particulier, la mention d'un engin de siège (τὸ ὄργανον, l. 11) laisse à penser qu'il s'agit d'une opération importante; malheureusement, ni la date précise, ni la provenance du papyrus ne sont connues. En tout cas, la situation intérieure de l'Égypte était normale en 210, car Polybe précise qu'alors «le monde entier, l'Égypte mise à part (πλὴν τῶν κατ' Αἴγυπτον τόπων), était en guerre» (IX, 11a, 2-3). En l'occurrence, c'est bien à partir de l'extrême fin du IIIe siècle que se multiplient les témoignages sur les rébellions intérieures. Deux grands pôles d'agitation peuvent alors être dégagés: le premier se situe dans le Delta, le second en Haute-Égypte.

1 – Les révoltes du Delta

a – Le siège de Lycopolis (197)

Bien que, selon Polybe, la guerre contre les Égyptiens ait débuté dès la fin du règne de Philopator, l'épisode le plus célèbre du conflit, pour le Delta, se situe sous Épiphane. Il s'agit du siège de Lycopolis, dans le nome Bousirite. Cet événement est évoqué brièvement par Polybe lui-même au livre XXII:

> «Quand Ptolémée, le roi d'Égypte, mit le siège devant Lycopolis, les chefs des Égyptiens (οἱ δυνάσται τῶν Αἰγυπτίων), frappés de crainte, s'en remirent à la merci du roi... Mais il les traita avec dureté (κακῶς) et tomba en de grands dangers» (XXII, 17, 1-3).

Néanmoins, le siège de Lycopolis est surtout connu grâce au décret sacerdotal passé à Memphis le 28 Mécheir de l'an 9, soit le 27 mars 196, à l'occasion du couronnement à l'égyptienne du jeune roi (version grecque

---

[17] Voir notamment C. Préaux, «Esquisse», pp. 529-530; W. Peremans, *op. cit.*, p. 397; R. Volkmann, «Ptolemaios», dans *PW* XXIII, 2, 1959, col. 1687; G. Hölbl, *ibid.*

en *OGIS* I 90: *I. Prose* 16[18]). Ce décret trilingue, qui mentionne également des mesures d'amnistie et divers *philanthrôpa* promulgués par Épiphane en faveur des habitants et des temples de l'Égypte, offre des opérations une version beaucoup plus détaillée. Nous redonnons ici le texte correspondant à la version grecque[19]:

> «S'étant rendu aussi à Lycopolis du nome Bousirite, ville dont on s'était emparé et qu'on avait fortifiée contre un siège par de grands dépôts d'armes et par toutes sortes de provisions, car depuis longtemps (ἐκ πολλοῦ χ(ρ)όνου) l'esprit de révolte (τῆς ἀλλοτριότητος) s'y était installé parmi les impies qui s'étaient rassemblés dans cette ville et qui avaient fait beaucoup de mal aux sanctuaires et aux habitants de l'Égypte, il assiégea cette place en l'entourant de talus, de fossés et de remparts solides; (…) et le Nil ayant fait une grande crue, dans la huitième année, et ayant comme à l'accoutumée inondé les plaines, il l'a contenu, fortifiant en mains endroits l'embouchure des canaux et en dépensant pour cela des sommes qui n'étaient pas minces, et il a établi des cavaliers et des fantassins pour garder ces points là, et il a pris en peu de temps (ἐν ὀλίγωι χρόνωι) la ville de vive force et détruit tous les impies qui s'y trouvaient (…) et quant à ceux qui s'étaient mis à la tête des rebelles, sous le règne de son père (τοὺς ἀφηγησαμένους τῶν ἀποστάντων ἐπὶ τοῦ ἑαυτοῦ πατρός), et qui avaient troublé la *chôra* et causé du tort aux temples[20] (καὶ τὴν χώραν ἐνοχλήσαντας καὶ τὰ ἱερὰ ἀδικήσαντας), s'étant rendu à Memphis pour venger son père et défendre son propre trône[21] (ἐπαμύνων τῶι πατρὶ καὶ τῆι ἑαυτοῦ βασιλείαι), il les a punis comme il convenait» (ll. 21-28).

---

[18] A. Bernand, *La prose sur pierre dans l'Égypte hellénistique et romaine*, Paris, 1992, n° 16 (= *Memphis*).

[19] Pour le texte grec, nous suivrons, à quelques exceptions près (cf. notes ci-dessous) la traduction établie par A. Bernand, *I. Prose* 16 (= *Memphis*). Pour les versions démotique et hiéroglyphique, nous nous référerons à l'édition de S. Quirke et C. Andrews, *The Rosetta Stone*, Londres, 1988, New York, 1989 (= *Memphis*, dém. et *Memphis*, hiérog.) et à la traduction française de D. Devauchelle, *La pierre de Rosette. Traduction nouvelle de la version démotique du texte*, Le Havre, 1990.

[20] Plutôt que «(les rebelles) qui avaient dévasté le pays et violé les sanctuaires». Sur ce point, le texte grec est en effet très proche de la version démotique qui évoque l'armée rassemblée «pour semer le désordre dans les provinces (litt.: «pour troubler les noms», *r tḥtḥ nꜣ tš.w*)» et les rebelles «qui avaient fait du tort aux temples (*iw=w gmꜥ r nꜣ rpy.w*)» (dém. 16).

[21] Plutôt que «pour défendre son père et son propre trône», dans la mesure où le texte grec présente manifestement ici le roi Ptolémée V sous les traits d'Harendotes / *Ḥr-nḏ-it=f*, l'Horus qui venge son père.

Le décret de Memphis permet de dater le siège de Lycopolis assez précisément. Celui-ci a eu lieu en l'an 8 d'Épiphane, soit en 197/6, et plus précisément à l'époque de la crue du Nil. Comme l'a noté D. Bonneau, les travaux d'endiguement ordonnés par le roi ont nécessairement été entrepris avant la montée des eaux, donc entre la fin du mois de juin et le début du mois de juillet 197[22]. Il est possible que la reddition des Lycopolites ait eu lieu seulement en septembre 197 «car les Égyptiens assiégés ont pu attendre pour se rendre d'être assurés que l'inondation, abondante cette année-là, ne réussirait pas à détruire les travaux de Ptolémée»[23]. Le décret permet en outre de savoir que les chefs de la rébellion étaient déjà actifs sous le règne de Philopator. La version grecque évoque ainsi «ceux qui s'étaient mis à la tête des rebelles sous le règne de son père (τοὺς ἀφηγησαμένους τῶν ἀποστάντων ἐπὶ τοῦ ἑαυτοῦ πατρός)» (l. 27) et précise qu'Épiphane vint à Memphis «pour venger son père et défendre son propre trône (ἐπαμύνων τῶι πατρὶ καὶ τῆι ἑαυτοῦ βασιλείαι)» (ll. 27-28); dans la version démotique, il est dit que les chefs rebelles «avaient abandonné le chemin de Pharaon et de son père» (l. 16). Ajoutons que, selon le texte grec, l'esprit de révolte s'était développé «depuis longtemps» (ἐκ πολλοῦ χ(ρ)όνου) dans la ville de Lycopolis (ll. 22-23).

b – Les troubles du Saïte (?-185)

Malgré la prise et le châtiment de Lycopolis en 197, les troubles se prolongèrent dans le Delta après cette date, tout au moins dans le nome Saïte voisin. Si l'on suit Polybe en effet, la reddition des derniers chefs n'eut lieu qu'à la fin du règne d'Épiphane:

> «Il en fut de même quand Polykratès mit les rebelles en son pouvoir. En effet, Athinis, Pausiras, Chésouphos et Irobastos, les chefs encore vivants (ἔτι διασῳζόμενοι τῶν δυναστῶν), forcés par les circonstances, vinrent à Saïs pour se livrer à la merci du roi. Mais Ptolémée, ayant violé sa parole et les ayant attachés nus à des chars, les traîna (par les rues), puis les fit mourir dans les supplices» (XXII, 17, 3-6).

---

[22] D. Bonneau, *La crue du Nil*, Paris, 1964, p. 79.
[23] D. Bonneau, *ibid*. Cf. A. Bouché-Leclercq, *Histoire des Lagides*, I, Paris, 1903, p. 366, n. 1.

Le roi se rendit ensuite à Naucratis où l'attendaient les mercenaires que le commandant Aristonikos était allé recruter en Grèce[24]: il n'avait encore à cette époque pris part à aucun combat, «bien qu'il eût déjà vingt-cinq ans» (XXII, 17, 6-7). La naissance de Ptolémée V pouvant désormais être placée en 210 (probablement le 9 octobre)[25], les exécutions de Saïs sont à dater de l'année 185/4 et non de 184/3 comme on l'avait d'abord pensé[26]. Pour F. W. Walbank, ces exécutions ont probablement eu lieu au mois d'octobre 185, car Aristonikos n'aurait pas ramené ses soldats de Grèce longtemps après l'équinoxe d'automne[27]. Il est d'ailleurs possible que l'arrivée de ces nouvelles troupes ait encouragé les chefs rebelles à se rendre à Polykratès.

c – Des rebelles à Diospolis d'aval (182)

Enfin, sans doute un dernier foyer de troubles dut-il être réduit dans le Delta trois ans plus tard, comme le laisse entendre le décret rendu par un synode tenu à Memphis en 182 et conservé par deux exemplaires hiéroglyphiques («décret de l'an 23»)[28]. Ce décret, qui célèbre les succès d'Aristonikos en Syrie et en Phénicie[29], fait également allusion à des victoires remportées en Égypte sur les «ennemis» (sbyw) du 6 au 15 Mécheir, soit du 12 au 21 mars (ll. 34-35). Certes, l'interprétation de ce passage est délicate: la stèle est de lecture difficile et les événements égyptiens et phéniciens y sont étroitement imbriqués[30]. Il est néanmoins possible qu'Aristonikos ait mené en mars 182 une opération contre des

---

[24] Sur Aristonikos, voir *PP* II/VIII 2194 et III 5022; L. Mooren, *Prosop.* 0191.

[25] Voir à ce sujet F. W. Walbank, «The Accession of Ptolemy Épiphanes: A Problem in Chronology», *JEA* 22, 1936, p. 22; *PP* VI 14546; H. Volkmann, «Ptolemaios», col. 1691; Ed. Will, *Histoire politique*, II, 1982, pp. 109-110.

[26] Ainsi E. Bevan, *Histoire*, p. 309 (184/3); H. Volkmann, *op. cit.*, col. 1699-1700 (184).

[27] F. W. Walbank, «The Surrender of the Egyptian Rebels in the Nile Delta», dans *Miscellanea E. Manni* VI, éd. L. Fontana, M. Piraino et F. Rizzo, Rome, 1980, p. 2196.

[28] Cf. G. Daressy, «Un décret de l'an XXIII de Ptolémée Épiphane», *Rec. Trav.* 33, 1911, pp. 1-8 et «Un second exemplaire du décret de l'an XXIII de Ptolémée Épiphane», *Rec. Trav.* 38, 1916/1917, pp. 175-179.

[29] Il évoque notamment une offensive visant Apamée, la prise d'Arados et sa mise au pillage (ll. 29-33). Néanmoins, cette campagne de Phénicie reste très obscure: voir H. Volkmann, «Ptolemaios», col. 1698.

[30] De plus, Aristonikos a lui-même mené la lutte contre les rebelles en différentes occasions. Voir *infra*, p. 158.

rebelles du Delta. Pour J. Yoyotte, l'offensive aurait pu être dirigée contre « un dernier refuge d'insurgés, situé dans les marais côtiers de Diospolis d'aval»[31]. Le décret évoque en effet à deux reprises un «camp», installé sur le «territoire de Diospolis» (l. 19 et l. 24).

2 – Le soulèvement de Haute-Égypte

Les documents concernant le soulèvement de Haute-Égypte sont beaucoup plus nombreux. Une étude détaillée leur a été consacrée en 1995 par P. W. Pestman qui a établi une liste de près de 60 témoignages se rapportant directement ou indirectement à la révolte[32]: nous y renverrons ici entre parenthèses selon les indices adoptés dans l'article en question (de **a** à **ccc**). Compte-tenu des apports de cette étude, nous présenterons rapidement les sources disponibles, avant de revenir sur les problèmes de chronologie.

a – Documents mentionnant Haronnophris et Chaonnophris

La principale originalité du soulèvement de Haute-Égypte réside dans l'affirmation de deux «rois d'Égypte» dans la région thébaine. Leurs noms, d'abord lus par E. Révillout «Harmachis» (*Ḥr-m-3ḫt*) et «Anchmachis» (*'nḫ-m-3ḫt*)[33], ont été rectifiés par F. de Cenival et K.-Th. Zauzich en «Haronnophris» (*Ḥr-wn-nfr*) et «*Anchonnophris» (pour *'nḫ-wn-nfr*)[34]. Ces nouvelles lectures ont permis d'identifier Haronnophris au roi Hurgonaphor qui apparaît dans un graffito égyptien d'Abydos écrit en lettres grecques (Υρ Γοναφορ)[35]. Quant à *'nḫ-wn-nfr*, il est cité en transcription

---

[31] J. Yoyotte, «La stèle de Nébireh» dans *Annuaire du Collège de France 1993-1994*, pp. 691-692.

[32] P. W. Pestman, «Haronnophris and Chaonnophris», pp. 101-137.

[33] E. Révillout, *Revue archéologique* 2, 1877, pp. 333-334.

[34] F. de Cenival, «Deux papyrus inédits de Lille», *Enchoria* 7, 1977, p. 10; K.-Th. Zauzich, «Neue Namen für die Könige Harmachis und Anchmachis», *GM* 29, 1978, pp. 157-158.

[35] P. Lacau, «Un graffito égyptien d'Abydos écrit en lettres grecques», *Et. de pap.* II, 1934, pp. 229-246. Également P. Jouguet, «Le roi nubien Hurgonaphor et les révoltes de la Thébaïde», dans *Mélanges O. Navarre*, Toulouse, 1935, pp. 265-273. Le graffito a été réédité par P. W. Pestman, J. Quaegebeur et R. L. Vos, *Recueil de textes démotiques et bilingues*, Leyde, 1977, n° 11 (= graffito *P. Recueil 11*).

grecque sous la forme Chaonnophris (Χαοννῶφρις) dans un papyrus provenant du nome Lycopolite (voir ci-dessous)[36]. Dans les sources où
Haronnophris / Hurgonaphor et Chaonnophris sont qualifiés de rois
(pour l'essentiel des contrats notariaux issus de la région thébaine et des
environs), ils portent l'épithète «aimé d'Isis, aimé d'Amonrasontèr, le
grand dieu».

Haronnophris apparaît dans huit documents, tous égyptiens:
• La stèle démotique Caire 38.258 (i), datée du 29 Thoth de l'an 1 du roi
  Haronnophris[37]. Il s'agit en fait d'une petite plaque de calcaire com-
  portant le brouillon d'une lettre rédigée par le pastophore d'Amon
  Peteharmais, fils de Petepechrates (?) à l'intention de son supérieur, le
  «scribe royal» Osor(?)-. Elle a été trouvée à Karnak.
• Le graffito d'Abydos mentionné ci-dessus (graffito *P. Recueil* 11, **q**).
  Il a été gravé à l'intérieur du temple de Séthi Ier dans la chapelle
  d'Osiris, sur le montant gauche de la porte. Il date de «l'an 5 du roi
  Hurgonaphor».
• Six contrats notariaux au nom du «roi Haronnophris»:
  - *P. dém. BM* 10.486 (**k**)[38]: Pathyris; 20 Mésorè de l'an 1.
  - *P. dém. BM Reich* 10079D (**l**): Memnoneia; Phaophi de l'an 4.
  - *P. dém. Carnavon* 1 + 2 (**m** + **n**)[39]: nome Coptite; Hathyr de l'an 4.
  - *P. dém. Ehev.* 27 (**o**): Memnoneia; Epeiph de l'an 4.
  - *P. dém. Lugd. Bat.* XVII 12 (**p**): nome Coptite; 17 Hathyr de l'an 5.
  - *P. dém. Berl. Kaufv.* 3142 + 3144 (**s**): notariat de la région thébaine;
    Payni de l'an 6[40].

---

[36] Cf. W. Clarysse, «Ptolemaic Papyri from Lycopolis», dans *Actes XVe Congrès*
(Bruxelles), 1978, p. 104 et «Hurgonaphor et Chaonnophris», p. 245.

[37] Publiée par W. Spiegelberg, «Zwei Kalksteinplatten mit demotischen Texten», *ZÄS*
50, 1912, B, pp. 34-36.

[38] Le papyrus n'est pas publié; on se référera à P. W. Pestman, «Harmachis et Anchmachis», pp. 158-159.

[39] Publiés par W. Spiegelberg, «Zwei Kaufverträge aus der Zeit des Königs Harmachis
(Papyrus Carnavon I und II)», *Rec. Trav.* 35, 1913, pp. 150-161. Ces deux documents, rédigés le même jour et par le même notaire, appartiennent à un même contrat de vente.

[40] Le nom *Ḥr-wn-nfr* apparaît en outre dans un papyrus démotique inédit provenant
d'Eléphantine, le *P. dém. Berlin* 23641, cité par K.-Th. Zauzich, «Die demotischen Papyri
von der Insel Elephantine», dans *Egypt and the Hellenistic World*, éd. E. Van 't Dack,
P. Van Dessel, W. Van Gucht, Louvain, 1983, p. 424; l'auteur en a proposé la traduction

Charonnophris, quant à lui, est cité dans six documents:

- Quatre contrats démotiques au nom du «roi Chaonnophris»:
    - *P. dém. Berl. Kaufv.* 3146 (**v**): Memnoneia; Thoth de l'an 7.
    - *P. dém. BM Andrews* 19 (**w**): Memnoneia; Phaophi de l'an 7.
    - *P. dém. Tor. Botti* 2 (**ee**): Memnoneia; Epeiph de l'an 11.
    - *P. dém. Ehev.* 29 (**gg**): le notariat est inconnu, mais l'acte rédigé au nom des prêtres d'Amon; Epeiph de l'an 14.
- Un papyrus grec provenant du nome Lycopolite, le *SB* XXIV 15972 (**ww**). Ce papyrus a été publié en partie par W. Clarysse lors du XVᵉ Congrès de papyrologie, et republié dans son intégralité par B. McGing[41]. Il s'agit de la copie d'une lettre officielle qui rapporte les conséquences dramatiques, pour les paysans et pour les cultures, de «la révolte de Chaonnophris» (τὴν Χαοννώφριος ταραχήν, A, col. II, 39). Nous ignorons cependant si la situation décrite vaut pour le nome entier, ou seulement pour certains districts. Le papyrus ne porte pas de date, mais nous savons qu'en 188 au plus tard, l'autorité lagide était rétablie à Lycopolis (cf. le *P. Med.* 24, daté du 23 septembre 188). B. McGing date le document des environs de 190, P. W. Pestman pense qu'il fut plutôt écrit avant la défaite de Chaonnophris en 186, ou immédiatement après[42].
- Le deuxième décret de Philae, décret sacerdotal émis le 6 septembre 186 par les prêtres égyptiens réunis à Alexandrie afin de célébrer la victoire remportée par les troupes lagides sur la rébellion le 27 août (**tt**)[43].

---

suivante: «*Haronnophris ist es, der nach dem Süden gekommen ist... er rebellierte in Elephantine*». L'identification de cet Haronnophris et du roi Haronnophris reste cependant hypothétique, car le papyrus n'est pas daté. De plus, pour P. W. Pestman, «Haronnophris and Chaonnophris», p. 135, la lecture est également incertaine.

[41] W. Clarysse, «Ptolemaic Papyri from Lycopolis», pp. 102-104; B. McGing, «Revolt Egyptian Style», pp. 299-310.

[42] B. McGing, *op. cit.*, p. 299; P. W. Pestman, «Haronnophris and Chaonnophris», p. 122.

[43] Ce décret a donné lieu à deux publications, celle de K. Sethe, *Urkunden des ägyptischen Altertums* II. *Hieroglyphische Urkunden der griechisch-römischen Zeit*, Leipzig, 1904, réimpr. Milan, 1977 (= *Urk.* II), pp. 214-230 (édition du texte hiéroglyphique et translittération du texte démotique, sans traduction) et celle de W. M. Müller, *Egyptological Researches III. The Bilingual Decrees of Philae*, Washington, 1920, pp. 57-88. Voir également le commentaire de K. Sethe, «Die historische Bedeutung des 2. Philae-Dekrets aus der Zeit des Ptolemaios Epiphanes», *ZÄS* 53, 1917, pp. 35-49. Par ailleurs, R. H. Pierce donne une translittération et une traduction partielle du texte établi par Sethe dans T. Eide, T. Hägg, R. Holton et L. Török (éd.), *Fontes Historiae Nubiorum* (*FHN*), vol. II, 1996, n° 134,

Ce décret rappelle les crimes commis par les rebelles et rapporte brièvement le combat décisif ayant opposé le général Komanos à Chaonnophris. Les rédacteurs précisent que les troupes de Chaonnophris ont été défaites, que son fils a été tué et que lui-même a été capturé (*Philae II*, Müller, hiérog. 11e-12c / dém. 9b-g; Sethe, *Urk*. II, 223-224). C'est Aristonikos, alors «commandant en chef de la cavalerie», qui fut chargé d'apporter à Alexandrie la nouvelle de la victoire lagide (*Philae II*, Müller, hiérog. 4c-f; Sethe, *Urk*. II 217). Ce décret a été gravé dans le *mammisi* du temple d'Isis à Philae en même temps qu'un autre décret passé en 185/4, le «premier décret de Philae»[44].

b – Autres documents

Les inscriptions d'Edfou (e)

Les inscriptions «dédicatoires»[45] du temple d'Edfou évoquent brièvement les événements des années 206-186 sur les bandeaux de soubassement du mur extérieur du naos (*Edfou* IV, 8, 1-4) et sur ceux du mur d'enceinte (*Edfou* VII, 6,6-7,1)[46]. Les premières ont été gravées sous le règne d'Évergète II, les secondes sous celui d'Alexandre Ier (108-88). Elles donnent l'an 16 de Philopator (207/6) comme *terminus post quem* de la révolte, et précisent que celle-ci dura jusqu'à l'an 19 d'Épiphane (187/6). Pendant toute cette période, les travaux furent interrompus dans le temple[47]. Le texte du mur d'enceinte est le plus complet:

> «Sa grande porte, les battants de portes de ses salles furent achevés pour l'an 16 de Sa Majesté. Par la suite, des désordres (*ḫnnw*) survinrent après

---

pp. 600-605. Il existe un second exemplaire, inédit, du décret de Philae, la stèle Caire 27/11/58/4: voir E. Winter, *LÄ* IV, 1982, col. 1028.

[44] Sur le premier décret de Philae, voir *infra*, p. 199.

[45] Le terme même de «dédicatoire» est inapproprié, mais passé dans l'usage. Voir à ce sujet S. Cauville et D. Devauchelle, «Le temple d'Edfou: étapes de la construction, nouvelles données historiques», *RdE* 35, 1984, p. 31.

[46] Cf. C. De Wit, «Inscriptions dédicatoires du temple d'Edfou», *CdE* 36, 1961, pp. 56-97 (*Edfou* IV, 1-16) et pp. 277-320 (*Edfou* VII, 1-20).

[47] Une première traduction, erronée, avait tout d'abord laissé entendre que les rebelles s'étaient «cachés» dans le temple. Voir E. Bevan, *Histoire*, p. 271, C. Préaux, «Esquisse», p. 532, M. Alliot, «La Thébaïde en lutte», p. 423 et les rectifications apportées par H. W. Fairman, «An Introduction to the Study of Ptolemaic Signs and their Values», *BIFAO* 43, 1945, p. 102, n. 1.

que d'ignorants rebelles (*btnw iḥmw*)[48] dans le district du Sud interrompirent le travail dans le Trône-des-dieux, [la rébellion sévissant] dans la région du Sud, jusqu'en l'an 19 du roi Ptolémée (…) le roi qui chassa le désordre du pays[49], et son nom y fut inscrit» (De Wit, *Edfou*, VII, 6,6-7,1).

Le papyrus *P. Tor. Choach.* 12 (*UPZ* II 162, **g**)

Ce document est l'une des pièces qui composent le célèbre procès ayant opposé, de 125 à 117 au moins, un certain Hermias, capitaine d'infanterie dans la garnison d'Ombos, à la communauté des choachytes thébains[50]. Le litige porte sur la partie orientale de la maison des choachytes à Thèbes: selon Hermias, cette maison a été illégalement bâtie à l'emplacement d'une demeure qui appartenait à son père Ptolémaios, soldat de la garnison de Thèbes sous Ptolémée IV Philopator. Le *P. Tor. Choach.* 12, daté du 11 décembre 117, concerne la sixième tentative d'Hermias pour faire valoir ses droits. Selon lui, son père a abandonné sa maison «pendant la *tarachè* survenue sous (le règne) du père des souverains, le dieu Épiphane» (ἐν τῆι γενομένηι ταραχῆι ἐπὶ τοῦ πατρὸς τῶν βασιλέων, θεοῦ Ἐπιφανοῦς, col. V, 28-29). Ptolémaios dut en effet quitter Thèbes en même temps que d'autres soldats pour se diriger «vers les régions d'amont» (εἰς τοὺς ἄνω τόπους, col. V, 28). Le départ des soldats est daté avec précision: quatre-vingt-huit ans auparavant, soit en 205/4.

> «… il déclara (…) que son père avait changé (de garnison), quittant (la ville de) Thèbes en même temps que d'autres soldats (et allant) vers les districts d'en haut, pendant les troubles (*tarachè*) qui se sont produits sous (le règne) du père des souverains (actuels), le dieu Épiphane. Et il dit, en faisant le compte du temps (écoulé), (soit) depuis Épiphane 24 ans, (depuis) Philométor 35 ans, et du dieu Évergète depuis (l'an) 25 jusqu'à (l'an) 53, 29 ans, qu'il s'était écoulé 88 ans révolus»[51].

Nous ignorons la signification exacte de ce mouvement de troupes, mais la précision «εἰς τοὺς ἄνω τόπους» montre qu'en 205/4, la Haute-Égypte n'était pas toute entière aux mains des rebelles[52]. Ptolémaios quant à lui n'est jamais revenu à Thèbes: le papyrus démotique *P. Survey*

---

[48] Sur le sens de *ḥmw*, «ignorant», dans un tel contexte, voir *infra*, p. 121.

[49] Selon les inscriptions du naos: «(le roi) qui pacifia le pays et repoussa les rebelles (*btnw*)» (De Wit, *Edfou*, IV, 8, 4).

[50] Sur cette affaire, voir P. W. Pestman, *P. Tor. Choach.*, n°s 8-12, pp. 87-198.

[51] Trad. M. Alliot, «La Thébaïde en lutte», pp. 424-425.

[52] Cf. P. W. Pestman, *P. Tor. Choach.*, p. 179.

1 montre qu'en 182 sa maison – alors en ruines – était partagée entre
trois familles. Notons enfin qu'Hermias fut débouté de sa plainte en 117
(comme il l'avait déjà été en 119) par le tribunal de l'épistate du Périthèbes.

Le papyrus *SB* VIII 9681 (**bbb**)

On peut rapprocher de l'affaire Hermias le *SB* VIII 9681, malheureusement très fragmentaire[53]. Il s'agit d'une plainte adressée à Ptolémée
VI et Cléopâtre II par un Grec dont le nom est perdu mais qui fait partie des cavaliers d'Apollonopolis / Edfou. Lui aussi revendique la possession d'une maison qui appartenait selon toute vraisemblance à son
père (cf. l. 7: πατ[ρι]κῆς οἰκίας). Pendant la «révolte des Égyptiens» ([ἐν
τῆι γενομ]ένηι ταραχῆι τῶν Αἰγυπ[τ]ίων, l. 9), ce dernier a quitté la ville
et trois personnes se sont emparées de la maison: un homme dont le
nom est perdu, sa femme Hatherêtis, ainsi qu'un certain Thôrax (l. 4).
La mention de Ptolémée VI et de Cléopâtre II permet de proposer deux
fourchettes chronologiques pour ce papyrus: entre 175 (mariage de Philométor et Cléopâtre II) et 169 ou bien entre 163 et 145, en écartant les
années de triple corégence entre Ptolémée VI, Ptolémée VIII et Cléopâtre II. À quelle révolte le document fait-il allusion? Selon F. Uebel,
il s'agirait des troubles qui ont agité l'Égypte à la suite du soulèvement
de Pétosarapis, vers 165 (voir *infra*)[54]. Le parallélisme entre cette affaire
et le procès d'Hermias a cependant incité d'autres historiens à identifier
cette *tarachè* à la grande révolte de Thébaïde du début du siècle[55]. Le
fait que des troubles soient attestés dans la région d'Edfou entre 206 et
186 peut renforcer cette hypothèse, car ce n'est pas le cas pour la révolte
à laquelle songe F. Uebel. Certes, on peut s'étonner du long délai avec
lequel le cavalier tente de faire valoir ses droits, mais l'intervalle est
beaucoup plus important encore dans le cas du procès d'Hermias.

---

[53] Publié par F. Uebel, «Ταραχὴ τῶν Αἰγυπτίων, Ein Jenaer Papyruszeugnis der nationalen Unruhen Oberägyptens in der ersten Hälfte des 2. vorchristlichen Jahrhunderts»,
AfP 17, 1962, pp. 147-162.

[54] F. Uebel, *op. cit.*, pp. 158-161.

[55] Notamment P. W. Pestman, «Haronnophris and Chaonnophris», p. 124; B.
McGing, «Revolt Egyptian Style», p. 286.

Les graffiti d'Abydos n⁰ˢ 32 et 32bis (t)

Ces graffiti, gravés dans la chapelle d'Isis du temple de Séthi Ier à Abydos, constituent une dédicace à Sarapis rédigée par un habitant de Trézène, Philoklès, fils de Hiéroklès[56]. La dédicace est datée du 28 Payni de l'an 6 et complétée par la mention «pendant le siège d'Abydos» (ἐπὶ τῆς Ἀβύδου πολιορκίας). Le temple étant situé en dehors de la ville, on peut penser que ce Philoklès, apparemment un mercenaire recruté au service des Lagides, faisait lui-même partie de l'armée de siège. L'«an 6» dont il est question ici a généralement été attribué au règne de Ptolémée V Épiphane, ce qui daterait la dédicace du 4 août 199[57]. L'identification d'Haronnophris et d'Hurgonaphor, dont la cinquième année de règne est attestée à Abydos par la dédicace inscrite dans la chapelle contigüe, pourrait confirmer cette hypothèse.

Le papyrus Baraize (*SB* V 8033, **aaa**)

Le papyrus Baraize, retrouvé à Deir el-Bahari, est une plainte adressée en octobre-novembre 182 au stratège Daimachos par Petearoêris, fils de Phêxis, cultivateur à Thèbes, contre un certain Pemsais[58]. Petearoêris rapporte que sa femme Tsenompmous possédait 80 aroures de terre «dans la toparchie sud du Périthèbes (ll. 6-7); il explique ensuite que «lors de la révolte qui a eu lieu» (ἐν τῆι γενομένηι τ[αρα]χῆι, ll. 7-8), alors que Tsenompmous se trouvait «dans les régions d'aval» (ἐν τοῖς κάτω τόποις, l. 11), 53 aroures ont été vendues aux enchères en tant que terres *adespota* (l. 9) et acquises par Pemsais[59]. B. A. Van Groningen a montré que le litige exposé au stratège porte en fait sur les 27 aroures restantes qui ont dans l'intervalle été occupées par Pemsais: c'est cette portion de terrain, et non les 53 aroures régulièrement vendues aux enchères, que Petearoêris réclame alors au nom de sa femme décédée[60].

---

[56] Cf. P. Perdrizet et G. Lefebvre, *Les graffites grecs du Memnonion d'Abydos*, Nancy-Paris-Strasbourg, 1919, n⁰ˢ 32 et 32 bis et pp. XII-XIV.

[57] Il est impossible de savoir si d'autres graffiti laissés dans le Memnonion se rapportent au siège de 199. Ceux-ci en effet ne sont que très rarement datés, la dédicace de Philoklès étant à cet égard une exception. Voir à ce propos P. Perdrizet et G. Lefebvre, *op. cit.*, p. VIII.

[58] Cf. P. Collart et P. Jouguet, «Un papyrus ptolémaïque provenant de Deir El-Bahari», *Et. de pap.* 2, 1934, pp. 23-40 et les corrections apportées par B. A. Van Groningen, «L'interprétation du papyrus Baraize», *JEA* 40, 1954, pp. 59-62.

[59] Sur les ventes aux enchères à cette période, voir *infra*, p. 165-166.

[60] B. A. Van Groningen, *ibid*.

Le papyrus *SB* XX 14659 (*C. Ptol. Sklav.* 9)

Ce papyrus, de provenance inconnue, est daté du 7 janvier 197[61]. Il fait référence à un *prostagma* promulgué le 12 novembre 198 au sujet «de ceux qui possèdent des esclaves égyptiens suite à la *tarachè* dans la *chôra*» (περὶ τῶν ἐχόντων σώματα Αἰγύπ[τι]α ἀπὸ τῆς ἐν τῆι χώραι ταραχῆς», ll. 8-9)[62]. Le *prostagma* est antérieur à la prise de Lycopolis du nome Bousirite: pour autant, on ne saurait affirmer que ses dispositions concernaient uniquement la Haute-Égypte.

c – L'extension de la révolte

Au vu de ces différents documents, le territoire sur lequel s'est exercée l'autorité d'Haronnophris et de Chaonnophris se caractérise par sa discontinuité. Tout d'abord, certaines régions de Haute-Égypte semblent bien n'avoir jamais échappé à l'emprise lagide. C'est vraisemblablement le cas de Ptolémaïs[63], pourtant située entre Abydos (35 km plus au sud), où la domination d'Haronnophris est attestée, et Lycopolis (114 km au nord), où les partisans de Chaonnophris terrorisèrent les paysans. Au sud du pays, Syène et Éléphantine, verrous stratégiques entre l'Égypte et la Nubie, ne paraissent pas non plus avoir basculé aux mains des rebelles[64]. Dans la région thébaine elle-même, l'autorité d'Épiphane fut rétablie à plusieurs reprises. En témoigne l'alternance dans la datation des documents, qui s'organise en trois temps principaux:

1 – Le dernier acte thébain antérieur à la révolte est l'ostracon *O. Bodl.* I 41 (**d**) rédigé sous Philopator, le 12 septembre 207 (4 Mésorè de l'an 16)[65]. Après cette date, les documents au nom des rois lagides dispa-

---

[61] Voir pour ce document L. Koenen, «Royal Decree of November 12, 198 B.C. (?) on Sale of Egyptians enslaved in Unrest (P. Mich. Inv. 6947)», dans *Actes XVIIe Congrès* (Naples), 1984, pp. 915-916 et R. Scholl, *C. Ptol. Sklav.* 9.

[62] La datation proposée par L. Koenen a été confirmée grâce au papyrus *P. Köln* V 221. Ce document, qui mentionne, comme le *SB* XX 14659, le diocète Athénodoros, a pu être daté par W. Schäfer des environs de 190.

[63] Cf. P. W. Pestman, «Haronnophris and Chaonnophris», p. 105, n. 23 et pp. 132-134.

[64] Cf. P. W. Pestman, *op. cit.*, pp. 134-136 et *infra*, pp. 91-92.

[65] Pour la datation, voir R. Bogaert, «Liste chronologique des banquiers royaux thébains, 255-84 avant J.-C.», *ZPE* 75, 1988, pp. 119-120 et P. W. Pestman, *op. cit.*, p. 110.

raissent jusqu'à la fin de 199. Quatre contrats notariaux furent ensuite émis au nom d'Épiphane au cours de l'année 198:

- *P. dém. Schreibertr.* 26 (**x**): le notariat est inconnu, mais l'acte rédigé au nom des prêtres d'Amon; Hathyr de l'an 7 = 11 décembre 199-9 janvier 198.
- *P. dém. Recueil* 8 (**y**): Memnoneia; 10 Tybi de l'an 7 = 18 février 198.
- *P. dém. BM Andrews* 29 (**z**): région thébaine; Thoth de l'an 8 = 12 octobre – 10 novembre 198.
- *P. dém. BM Andrews* 3 (**bb**): Memnoneia; Hathyr de l'an 8 = 11 décembre198 – 9 janvier 197.

De son côté, le *prostagma* évoqué dans le *SB* XX 14659 confirme la reprise en main lagide au cours de l'année 198. On notera aussi que la mère du taureau Apis, morte dans le district de Thèbes le 10 avril 197, put être transportée sans encombre jusqu'à la nécropole de Memphis avant la fin du mois de mai, ce qui laisse penser que les communications entre le nord et le sud du pays étaient suffisamment sécurisées à cette époque[66].

2 – Après 197 en revanche, les documents au nom d'Épiphane disparaissent à nouveau de Haute-Égypte, pour ne réapparaître qu'à partir de 191/0[67]:

- *BGU* III 992 (cf. *SB* I 4512 A, 1-21) (**kk**); il s'agit d'un reçu de paiement émis par la banque d'Hermonthis le 11 janvier 186 et concernant l'achat d'un terrain lors d'une vente aux enchères à Thèbes (l. 8). La datation de cette vente aux enchères est controversée. Selon le reçu, elle s'est déroulée entre le 1er et le 7 Phaophi de l'an 15 d'Épiphane (ιε, l. 3), soit du 9 au 15 novembre 191, mais le premier versement n'a été perçu que le 11 janvier 186, en l'an 19 (ιθ, l. 1). Ce long délai a amené certains savants à considérer l'année «ιε» comme une erreur du scribe

---

[66] Voir H. S. Smith, «Dates of the Obsequies of the Mothers of Apis», *RdE* 24, 1972, pp. 185-186 et E. Lanciers, «Die ägyptischen Tempelbauten zur Zeit des Ptolemaios V. Epiphanes (204-180 v. Chr.)», Teil 1, *MDAIK* 42, 1986, p. 90. Également P. W. Pestman, «Haronnophris and Chaonnophris», p. 105, n. 20.

[67] Nous ne prenons pas en compte ici le *P. dém. BM Andrews* 11 (**dd**), daté du 14 Phaophi d'un «an 11» qui peut être attribué soit à Ptolémée V, soit à Chaonnophris.

pour «ιθ»: dans ce cas, la vente aux enchères aurait eu lieu entre le 8 et le 14 novembre 187[68]. Pour P. W. Pestman en revanche, il n'y a pas lieu de corriger la datation[69].

- *P. dém. Louvre* E 9415 (**ll**)[70]: contrat provenant des Memnoneia; Mésorè de l'an 15 = 5 septembre – 4 octobre 190.

3 – Enfin, à partir de 187, l'autorité lagide était définitivement restaurée en Haute-Égypte (avant même la défaite de Chaonnophris), comme l'indiquent deux contrats datés selon Épiphane:

- *P. dém. Tor. Botti* 1 (**qq**): Memnoneia; Epeiph de l'an 18 = 5 août – 3 septembre 187[71].
- *P. dém. Boston MFA* 38.2063 *a* (**ss**)[72]: Dendérah; 27 Choiak de l'an 19 = 2 février 186.

Sur un plan militaire, la victoire définitive de Komanos sur Chaonnophris eut lieu le 27 août 186 (cf. deuxième décret de Philae). Cette victoire fut suivie d'une grande amnistie, promulguée après le mois de Mésoré 186, très probablement le 9 octobre. Elle nous est connue par une copie fragmentaire, le *P. Köln* VII 313[73].

d – Deux problèmes de chronologie

Reste à établir les bornes chronologiques du soulèvement de Haute-Égypte. Dans un premier temps, celles-ci peuvent être fixées approximativement par les inscriptions d'Edfou. Selon ces dernières, la révolte débuta au plus tôt au cours de l'an 16 de Philopator (207/6) et dura jusqu'à l'an 19 d'Épiphane (187/6), cette date étant confirmée par le deuxième décret de Philae et par le papyrus *P. Köln* VII 313. Au sein de ce cadre général,

---

[68] Ainsi T. C. Skeat, «Notes on Ptolemaic Chronology», *JEA* 59, 1973, p. 173 et K. Vandorpe, «The Chronology of the Reigns of Hurgonaphor and Chaonnophris», *CdE* 61, 1986, p. 296.

[69] P. W. Pestman, «Haronnophris and Chaonnophris», p. 117.

[70] Publié par D. Devauchelle, «Le papyrus démotique Louvre E 9415», *RdE* 31, 1979, pp. 29-35.

[71] Relecture de la date par P. W. Pestman, *op. cit.*, p. 119.

[72] Publié par R. A. Parker, «A Demotic Marriage Document From Deir el Ballas», *JARCE* 2, 1963, pp. 113-116.

[73] Pour la datation, voir K. Maresch, *P. Köln* VII, pp. 63-64.

deux questions méritent un examen plus approfondi: la première concerne l'élaboration d'une chronologie absolue pour les règnes des rois rebelles, la seconde, la date exacte du déclenchement des troubles.

Les dates de règne d'Haronnophris et de Chaonnophris

Ces dates ont longtemps posé problème, car les actes au nom des rois ne livrent qu'une chronologie relative. La question semble désormais résolue grâce aux travaux de P. W. Pestman. Nous reprendrons ici, pour la clarté du propos, le faisceau d'informations disponibles à ce sujet:

- *Haronnophris précède Chaonnophris.* Ce fait est établi depuis longtemps: une dénommée Senminis qui avait acheté un terrain en l'an 6 d'Haronnophris *(P. dém. Berl. Kaufv.* 3142 + 3144) a en effet revendu ce même terrain en l'an 7 de Chaonnophris *(P. dém. Berl. Kaufv.* 3146)[74].
- *L'an 1 d'Haronnophris débute au plus tôt en octobre 207.* Le dernier acte lagide d'origine thébaine date en effet de septembre 207 et la stèle démotique Caire 38.258, qui vient de Karnak, du 29 Thoth de l'an 1 du roi rebelle.
- *L'an 14 de Chaonnophris date au plus tard de 188/7.* En effet, dès l'été 187 la Thébaïde est sous contrôle ptolémaïque *(P. dém. Tor. Botti* 1, 5 août – 3 sept. 187).
- *L'an 7 de Chaonnophris est antérieur ou égal à l'an 7 de Ptolémée V (199/8).* Cette information capitale a été apportée grâce à la publication de nouveaux papyrus démotiques de la région thébaine par C. A. R. Andrews en 1990 *(P. dém. BM Andrews).* P. W. Pestman a montré que les papyrus *P. dém. BM Andrews* 19 (an 7 de Chaonnophris) et *P. dém. BM Andrews* 3 (an 8 de Ptolémée V) appartiennent à la même archive (celle de l'«Anonyme»), mais que le premier est antérieur au second[75]. Cette donnée a des conséquences décisives pour la chronologie des deux règnes. Elle implique à la fois que l'an 1 d'Haronnophris tombe au cours des années 207/6, 206/5 ou 205/4, et que Chaonnophris a continué les années de règne de son prédécesseur.

---

[74] E. Révillout, *Revue égyptologique* 2, 1881, p. 146. Voir aussi M. Alliot, «La Thébaïde en lutte», p. 431; P. W. Pestman, «Harmachis et Anchmachis», p. 160.

[75] P. W. Pestman, «A Family Archive which Changes History. The Archive of an Anonym», dans *Hundred-Gated Thebes*, pp. 91-100.

La principale incertitude réside dans l'année exacte de la prise du titre royal par Haronnophris. Sur le plan de l'articulation logique des documents, les années 207, 206 et 205 sont possibles, mais le procès d'Hermias incite à privilégier la troisième solution. En effet, il est impensable que les troupes lagides soient restées à Thèbes un ou même deux ans après l'entrée d'Haronnophris dans la ville. On peut donc admettre qu'Haronnophris a pris le titre de roi à Thèbes entre le 13 octobre et le 10 novembre 205 (entre le 1ᵉʳ et le 29 Thoth) et que Chaonnophris lui a succédé en 199/8, en faisant débuter son règne à l'an 7. Plus précisément, cette succession a eu lieu entre juillet et octobre 199 (cf. *P. dém. Berl. Kaufv.* 3142 + 3144, Payni de l'an 6 d'Haronnophris = 9 juillet – 7 août 199 et *P. dém. Berl. Kaufv.* 3146, Thoth de l'an 7 de Chaonnophris = 12 octobre – 10 novembre 199). Cette datation permet aussi d'attribuer au règne de Chaonnophris le *P. dém. BM Andrews* 4. Ce document, qui concerne la vente d'une tombe dans la nécropole de Thèbes par le choachyte Panas, a en effet été rédigé au nom de l'un des rois rebelles comme l'indiquent les derniers mots conservés de la titulature («Amonrasontèr, le grand dieu»)[76]. Etant donné que Panas a acquis la tombe à la fin de l'année 198 ou au début de l'année 197, sous Épiphane (cf. *P. dém. BM Andrews* 3), la transaction peut être approximativement datée d'une période allant de 197 à 191, sous Chaonnophris[77]. On trouvera dans le tableau suivant (*infra*, pp. 25-26) un récapitulatif des documents au nom des rois rebelles, avec les datations établies par P. W. Pestman.

Le début de la révolte

La question du déclenchement de la révolte reste en suspens, car celui-ci ne coïncide pas nécessairement avec la prise du titre royal par Haronnophris. Il a généralement été admis, sur la foi des inscriptions d'Edfou, que les troubles en Haute-Égypte avaient débuté au cours de l'an 16 ou de l'an 17 de Ptolémée IV Philopator, donc en 207/6 ou 206/5[78]. Selon P. W. Pestman cependant, c'est seulement sous le règne

---

[76] Cf. C. A. R. Andrews, *P. dém. BM Andrews*, p. 28, n. 1.

[77] P. W. Pestman, «Haronnophris and Chaonnophris», p. 116, **ii** et «A Family Archive which Changes History», p. 96.

[78] Voir notamment C. Préaux, «Esquisse», p. 531, M. Rostovtzeff, *Histoire*, p. 501, M. Alliot, «La Thébaïde en lutte», p. 424, W. Clarysse, «Hurgonaphor et Chaonnophris», p. 243, K. Vandorpe, «The Chronology of the Reigns of Hurgonaphor and Chaonnophris», p. 294, B. McGing, «Revolt Egyptian Style», p. 285.

d'Épiphane, au cours de l'année 205/4, qu'il faudrait placer le début de la révolte[79]. Sa démonstration se fonde sur la déclaration d'Hermias, selon qui Ptolémaios a quitté Thèbes «pendant la *tarachè* survenue sous (le règne) du père des souverains (actuels), le dieu Épiphane» (*P. Tor. Choach.* 12, col. V, 28-32). Pour P. W. Pestman, ceci montre «que la ταραχή ne commença pas plus tôt, c'est-à-dire au cours de l'an 16 ou de l'an 17 de Ptolémée IV. Si cela avait été le cas, l'avocat l'aurait signalé dans l'intérêt de son client»[80]. Cet argument reste cependant contestable. Tout d'abord, comme l'a noté B. McGing, la valeur de «ἐν τῆι γενομένηι ταραχῆι» pourrait tout autant signifier que la révolte était en cours sous le règne d'Épiphane[81]. D'autre part, Hermias écrit plus de quatre-vingts ans après les événements qu'il rapporte: il est aisément concevable qu'à cette époque la grande révolte du tournant du siècle ait été, dans les esprits, définitivement associée au règne d'Épiphane, même si elle avait débuté un ou deux ans auparavant.

Les inscriptions d'Edfou ne permettent pas de trancher la question, car elles ne donnent qu'un *terminus post quem* pour le début des troubles. Certes, on est enclin à penser que si les portes du temple, achevées en l'an 16 de Philopator, n'ont pas été posées cette année-là ni la suivante, c'est en raison du déclenchement de la révolte. Cependant, l'argument est insuffisant, car d'autres causes pourraient expliquer le retard des ouvriers: ainsi, bien que les troubles en Haute-Égypte aient pris fin en l'an 19 d'Épiphane (186), c'est seulement en l'an 5 de Philométor (176) que les portes furent finalement mises en place (cf. De Wit, *Edfou* IV, 8, 4-6 et VII, 7, 1-3)[82]. S'attachant au problème du début de la révolte, T. C. Skeat avait néanmoins relevé quatre autres documents faisant état de l'an 16 de Philopator comme d'une date pivot: les papyrus *P. Grenf.* I 11, *P. Kroll* (*P. Köln* VII 313), *SB* I 4512 et *P. Lond.* II 223[83]. P. W. Pestman a montré que les trois derniers avaient été attribués abusivement au règne de Ptolémée IV[84]. Reste le *P. Grenf.* I 11. Daté du 27

---

[79] P. W. Pestman, «Haronnophris and Chaonnophris», p. 112. En ce sens, voir également W. Peremans, «Ptolémée IV et les Égyptiens», p. 402.

[80] P. W. Pestman, *ibid.*

[81] B. McGing, *ibid.*

[82] Cf. S. Cauville et D. Devauchelle, «Le temple d'Edfou», p. 36.

[83] T. C. Skeat, «Notes on Ptolemaic Chronology IV. The 16th Year of Ptolemy Philopator as a *Terminus ad quem*», *JEA* 59, 1973, pp. 169-174.

[84] P. W. Pestman, «Haronnophris and Chaonnophris», pp. 136-137.

août 181, il rapporte un conflit opposant deux paysans, Panas et Thotor-taios, au sujet des dimensions exactes de leurs terrains limitrophes, situés dans le Pathyrite[85]. Dans une tentative de conciliation menée par l'épi-state Pechytès pour le compte du stratège Daimachos, Panas dut jurer que les limites des terrains étaient telles qu'il l'affirmait «jusqu'à l'an 16, sous le père du roi»: «ἕως τοῦ ις (ἔτους) ἐπὶ τοῦ πατρὸς τοῦ βασιλέως» (col. II, 14-16). Or, on peut raisonnablement penser avec T. C. Skeat qu'un tel serment dut être prêté parce que la révolte éclata au cours de l'an 16, et qu'elle entraîna des bouleversements dans les délimitations des terrains[86]. C'est très probablement aussi pour cette raison que les der-niers reçus bancaires de Thèbes datent du 12 septembre 207 (*O. Bodl.* I 41), c'est-à-dire à la fin de l'an 15 de Philopator, et qu'ils disparaissent à partir de l'an 16[87].

Compte-tenu de l'ambiguïté de la déposition d'Hermias, nous conser-verons donc sur ce point la chronologie traditionnelle et nous admettrons que les troubles de Haute-Égypte débutèrent, comme ceux du Delta, à la fin du règne de Ptolémée IV Philopator, vers 206[88]. En Basse-Égypte, les actions des rebelles semblent être restées circonscrites, bien qu'elles aient duré jusqu'en 185 (et même peut-être 182). En Haute-Égypte en revanche, une véritable royauté fut établie, incarnée par Haronnophris entre 205 et 199/8, puis par Chaonnophris de 199/8 à 186. L'épicentre du pouvoir de ces deux rois peut être situé dans la région thébaine, mais leur influence est perceptible plus au nord à Coptos, Abydos et Lycopolis, au sud à Pathyris et dans la région d'Edfou. Au cours de cette période cependant, la Haute-Égypte ne fut pas entièrement coupée du reste du pays. Tout d'abord, certaines régions clefs comme Ptolémaïs au nord, ou Éléphan-tine au sud, ne sont pas passées aux mains des rebelles. D'autre part, dans

---

[85] Sur ce document, voir W. Peremans et E. Van 't Dack, «P. Grenfell I 11 (= L. Mit-teis, *Chrestomathie* 32)» *RIDA* 1, 1948, pp. 163-172. La datation du 27 août 181 est due à T. C. Skeat, *op. cit.*, pp. 169-172. Le papyrus avait d'abord été attribué au règne de Ptolé-mée VI Philométor.

[86] T. C. Skeat, *op. cit.*, p. 170. L'autorité d'Haronnophris est par ailleurs attestée à Pathyris dès le 27 septembre 204 (*P. dém. BM* 10.486, 20 Mésorè de l'an 1).

[87] Voir à ce sujet R. Bogaert, «Liste chronologique des banquiers royaux thébains», *ZPE* 75, 1988, pp. 119-120.

[88] En outre, selon Polybe, V, 107, 1-3, la «guerre contre les Égyptiens» a bien com-mencé sous le règne de Philopator, et l'on ne peut affirmer que l'auteur ne pensait qu'aux soulèvements du Delta.

la région thébaine elle-même, l'autorité lagide fut rétablie en 198/7, puis en 191, avant d'être définitivement restaurée dès 187, avant même la défaite de Chaonnophris à l'été 186. Les sources ne nous permettent pas d'établir des rapports entre les troubles de Haute-Égypte, dont l'extension septentrionale maximale se situe à Lycopolis, à 326 km au nord de Thèbes, et ceux du Delta. Néanmoins, le pouvoir lagide semble avoir essayé de résoudre les différents problèmes de manière globale. Ainsi, le *prostagma* de 198 a une portée générale et concerne la *tarachè* survenue «dans la *chôra*», sans autre précision géographique. Il en va de même des mesures de pacification contenues dans le décret de Memphis[89], d'ailleurs promulgué à une époque où l'autorité lagide était provisoirement rétablie sur toute l'Égypte[90]. Quant à l'amnistie générale d'octobre 186 (*P. Köln* VII 313), elle montre qu'à cette date la situation était considérée comme maîtrisée dans le pays entier, même si les derniers chefs du Delta ne se rendirent que plus tard.

Tableau 1 – Documents datés selon Haronnophris et Chaonnophris

D'après P. W. Pestman, «Harmachis et Anchmachis», p. 159 et «Haronnophris and Chaonnophris»,
pp. 113-116

	Document	Date	Prov.
Haronnophris			
1	**Stèle dém. Caire 38.258**	**an 1**, 29 Thoth 10 nov. 205	Karnak
2	*P. dém. BM 10.486*	**an 1**, 20 Mésorè 27 sept. 204	Pathyris
3	*P. dém. BM Reich 10079D*	**an 4**, Phaophi 12 nov.-11 déc. 202	Memnoneia
4	*P. dém. Carnavon 1+2*	**an 4**, Hathyr 12 déc. 202-10 jan. 201	nome Coptite (*P3-ihj*)
5	*P. dém. Ehev. 27*	**an 4**, Epeiph 8 août-6 sept. 201	Memnoneia

---

[89] Cf. B. McGing, «Revolt Egyptian Style», p. 287.

[90] Dès 198, on datait les contrats selon le règne de Ptolémée V Épiphane dans la région thébaine (*P. dém. Schreibertr. 26*; *P. dém. Recueil 8*; *P. dém. BM Andrews 3*; *P. dém. BM Andrews 29*), tandis que Chaonnophris ne réapparaît dans la documentation qu'à l'été 194 (*P. dém. Tor. Botti 2*).

Tableau 1 (suite)

	Document	Date	Prov.
6	*P. dém. Lugd. Bat.* XVII 12	**an 5**, 17 Hathyr 27 déc. 201	nome Coptite (*P3-ihj*)
7	**Graffito** *P. Recueil* 11	**an 5** 201/200	Abydos
8	*P. dém. Berl. Kaufv.* 3142 + 3144	**an 6**, Payni 9 juill.-7 août 199	région thébaine

Chaonnophris

	Document	Date	Prov.
1	*P. dém. Berl. Kaufv.* 3146	**an 7**, Thoth 12 oct.-10 nov. 199	Memnoneia
2	*P. dém. BM. Andrews* 4	**197-191**	Memnoneia?
3	*P. dém. BM Andrews* 19	**an 7**, Phaophi 11 nov.-10 déc. 199	Memnoneia
4	*P. dém. Tor. Botti* 2	**an 11**, Epeiph 7 août-5 sept. 194	Memnoneia
5	*P. dém. Ehev.* 29	**an 14**, Epeiph 6 août-4 sept. 191	région thébaine

Chapitre II

DE PTOLÉMÉE VI PHILOMÉTOR
À PTOLÉMÉE VIII ÉVERGÈTE II

I – UNE DÉCENNIE DANS LA TOURMENTE: LES ANNÉES 160

Les années 160 représentent sans doute une des périodes les plus sombres de l'histoire ptolémaïque. De 170 à 168 se déroula tout d'abord la Sixième guerre de Syrie, avec l'invasion des troupes séleucides en Égypte[1]. Cette invasion provoqua une crise importante au sein de la dynastie lagide et une lutte pour le pouvoir entre Ptolémée VI et Ptolémée VIII. C'est alors que, selon les termes du prêtre Hor de Sébennytos: «l'Égypte s'était déchirée»[2]. Finalement, au début de 168, les deux rois se réconcilièrent et en juillet Antiochos IV dut quitter l'Égypte sous la pression des ambassadeurs romains. Mais le calme n'était pas restauré pour autant car, peu de temps après, un soulèvement fut lancé à Alexandrie par un certain Dionysios Pétosarapis. Cet épisode n'est attesté que par Diodore de Sicile (livre XXXI, 15a); toutefois, un certain nombre de papyrus font état de *tarachè* et d'*apostasis* dans l'intérieur du pays au cours des années 168-164. Diodore lui-même, dans un second fragment, évoque un «autre soulèvement» (ἄλλη κίνησις) survenu en Thébaïde, qui aboutit au siège et à la prise de Panopolis par les forces lagides (XXXI, 17b). Les événements d'Alexandrie retiendront tout d'abord notre attention.

---

[1] Sur ces événements, voir notamment O. Mørkholm, *Antiochus IV of Syria*, Copenhague, 1966, pp. 64-101; L. Mooren, «Antiochos IV Epiphanes und das ptolemäische Königtum», dans *Actes XVᵉ Congrès* (Bruxelles), 1978, pp. 78-86; Ed. Will, *Histoire politique*, II, pp. 311-325.

[2] D'après la nouvelle traduction de M. Chauveau pour l'expression «*p3 tr (i.)wn.n3.w Kmj pnq n.im=f*» qui apparaît à trois reprises dans les archives de Hor (J. D. Ray, *The Archive of Hor*, Londres, 1976: *O. Hor* 1, 7; *O. Hor* 3, R° 9-10; *O. Hor* 4, R° 4), et que J. D. Ray avait d'abord rendue par «when Egypt divorced itself». Voir M. Chauveau, «Alexandrie et Rhakôtis: le point de vue des Égyptiens», dans *Alexandrie: une mégalopole cosmopolite*, Cahiers de la Villa Kérylos 9, Paris, 1999, p. 8.

1 – Le soulèvement de Dionysios Pétosarapis à Alexandrie

L'épisode rapporté par Diodore au livre XXXI, 15a se décompose en trois temps. Dionysios Pétosarapis, «un des amis de Ptolémée», tenta tout d'abord de «s'approprier les affaires de l'État» (ll. 1-2) en soulevant la foule alexandrine contre Ptolémée VI. Ayant échoué dans son entreprise, il partit rassembler une armée de 4000 soldats «mûrs pour la sédition» (l. 21) qui livra combat aux forces lagides à Éleusis. Enfin, défait militairement, il se retira dans l'intérieur de l'Égypte pour tenter «d'inciter les masses à la révolte» (l. 26). Pour plus de commodité, nous donnons ici une traduction du texte de Diodore, avec notre propre numérotation des lignes:

1   «Dionysios, appelé Pétosarapis (Διονύσιος ὁ καλούμενος Πετοσάραπις), un des amis de Ptolémée, entreprit de s'approprier les affaires de l'État (ἐπεχείρησεν ἐξιδιοποιεῖσθαι τὰ πράγματα) et fit ainsi courir au royaume de grands dangers. Doté de beaucoup de crédit parmi les gens de la Cour, et l'emportant sur tous
5   les Égyptiens dans les périls de la guerre, il méprisait l'un et l'autre rois à cause de leur âge et de leur inexpérience (διά τε τὴν ἡλικίαν καὶ τὴν ἀπειρίαν). Ayant feint d'avoir été exhorté par l'aîné à un meurtre familial, il s'adressa à la foule, déclarant qu'un complot avait été ourdi contre le plus jeune Ptolémée par son frère (φάσκων ἐπιβουλεύεσθαι τὸν νεώτερον Πτολεμαῖον ὑπὸ τοῦ ἀδελφοῦ). La
10   foule accourut de toutes parts vers le stade, et tous étaient furieux au point d'assassiner l'aîné et de remettre le royaume au plus jeune (ἐπιχειρεῖν ἀνελεῖν μὲν τὸν πρεσβύτερον, ἐγχειρίσαι δὲ τῷ νεωτέρῳ τὴν βασιλείαν), lorsque la nouvelle des troubles (τῆς ταραχῆς) parvint à la Cour. Le roi fit venir son frère, se justifia avec des larmes et l'exhorta à ne pas croire celui qui voulait usurper la royauté,
15   et qui méprisait leur jeunesse. Si, pris de peur, il doutait de sa pensée, qu'il prenne le diadème et le commandement. Le cadet lava aussitôt son frère de tout soupçon et tous deux, vêtus de leurs robes royales, sortirent au devant de la foule, montrant à tous qu'ils étaient en accord (φανερὸν ποιοῦντες πᾶσιν ὡς ὁμονοοῦσιν). Dionysios, ayant échoué dans son projet, se retira au loin (ἐκποδών).
20   Tout d'abord, expédiant des courriers, il décida ceux des soldats qui étaient mûrs pour la sédition (τῶν στρατιωτῶν οἰκείους ἀποστάσεως) à partager ses espoirs. S'étant ensuite retiré à Éleusis, il accueillit ceux qui voulaient tenter une révolution, et quatre mille soldats séditieux ayant été rassemblés [...]. Le roi marcha contre eux et fut victorieux. Il en tua certains, poursuivit les autres, et
25   contraignit Dionysios à traverser, nu, le fleuve et à se retirer chez les Égyptiens, où il se mit à inciter les masses à la révolte (ἀνασείειν τὰ πλήθη πρὸς ἀπόστασιν). Comme il était homme d'action et populaire auprès des Égyptiens, il eut rapidement beaucoup de gens qui voulaient agir de concert avec lui (ταχὺ πολλοὺς ἔσχε τοὺς κοινοπραγεῖν βουλομένους)».

Pétosarapis n'étant mentionné dans aucune autre source, la chronologie de la révolte dépend de ce passage de Diodore. Selon ce dernier, la tentative de coup d'État date du règne conjoint de Philométor et de Ptolémée son frère soit, au sens large, d'une période comprise entre 170 et 164. Après la mort de Ptolémée V Épiphane en 180 et la disparition de la régente Cléopâtre I en 176, la direction du gouvernement avait été assurée par deux personnages de la cour, Eulaios et Lènaios, au nom du seul Ptolémée VI[3]. À la fin de 170, ce dernier fut proclamé majeur et sa sœur-épouse Cléopâtre II, ainsi que son frère cadet Ptolémée, lui furent associés sur le trône, tous trois étant désignés comme *theoi Philomètores*. Cette corégence, mise en place entre le 5 octobre et le 12 novembre 170[4], avait vraisemblablement pour but de renforcer la dynastie à la veille de la guerre contre Antiochos IV. Mais l'invasion séleucide et la scission de la royauté entre les deux Ptolémées au cours du conflit entraînèrent l'interruption de ce type de datation après le mois de novembre: dès décembre 170, les documents sont datés selon la 12e année de Ptolémée VI[5]. Après le premier retrait séleucide d'Égypte à la fin de 169, Ptolémée VI se réconcilia avec son frère et sa sœur et la situation de 170 fut rétablie, vraisemblablement au début de l'année 168[6]. La première période du règne conjoint — un mois à peine entre octobre et novembre 170 — peut ici être exclue, en raison de la brièveté de l'épisode et de l'absence de toute référence à la guerre chez Diodore. Le soulèvement de Pétosarapis doit donc se placer après la fin de la Sixième guerre de Syrie, soit au plus tôt à la fin de l'été 168. Antiochos IV s'était en effet remis en campagne au début de 168, marchant sur Memphis, puis sur Alexandrie. En juillet eut lieu sa rencontre à Éleusis avec le légat de Rome, Popilius Laenas: sommé d'évacuer le pays, le roi séleucide dut s'exécuter le 30 juillet[7]. D'autre

---

[3] Sur les problèmes de chronologie concernant les années 170-168, voir E. Bikerman, «Sur la chronologie de la Sixième guerre de Syrie», *CdE* 27, 1952, pp. 396-403; T. C. Skeat, «Notes on Ptolemaic Chronology II. «The twelfth year which is also the first»: the Invasion of Egypt by Antiochus Epiphanes», *JEA* 47, 1961, pp. 107-112; Ed. Will, *Histoire politique*, II, pp. 311-325.

[4] T. C. Skeat, *op. cit.*, p. 108.

[5] T. C. Skeat, *ibid.*

[6] Cf. E. Bevan, *Histoire*, pp. 285-286; Ed. Will, *op. cit.*, pp. 360-361.

[7] La date exacte de ce retrait nous est connue grâce aux archives de Hor de Sébennytos: *O. Hor* 2, R° 5-7 et V° 11-12; *O. Hor* 3, V° 13-14. Popilius Laenas quitta lui aussi le pays, après avoir exhorté les deux frères à se réconcilier.

part, le 29 août Hor était reçu par les rois au Sérapeum d'Alexandrie et dans le compte-rendu qu'il livre de cette entrevue, il ne signale aucun événement anormal dans la capitale[8].

En première analyse, la révolte de Pétosarapis peut donc se placer entre la fin de l'été 168 et la fin de l'automne 164: entre octobre et décembre 164 en effet, Ptolémée Philométor, à nouveau en lutte contre son frère, dut quitter l'Égypte pour Rome, puis pour Chypre, et la corégence fut abolie[9]. Mais certains détails du texte incitent à privilégier la datation la plus haute possible. Selon Diodore en effet, Dionysios Pétosarapis comptait, pour prendre le pouvoir, sur la très grande jeunesse des rois: «il méprisait l'un et l'autre rois à cause de leur âge et de leur inexpérience (διά τε τὴν ἡλικίαν καὶ τὴν ἀπειρίαν)» (ll. 5-6); «il méprisait leur jeunesse (τῆς ἀμφοτέρων ἡλικίας καταπεφρονηκότι)» (l. 15). Pour cette raison, il est plus logique de placer l'épisode au tout début du règne conjoint plutôt qu'à sa fin. En 168, Dionysios Pétosarapis pouvait encore invoquer l'inexpérience de deux adolescents, Ptolémée VI n'étant âgé que de 15 à 18 ans et Ptolémée VIII de 12 à 15 ans[10]. En 165 ou 164, dates qui ont également été proposées pour cette révolte[11], il aurait été plus difficile à Pétosarapis d'utiliser cet argument, en particulier contre Ptolé-

---

[8] *O. Hor* 2, R° 12; V° 4-6; *O. Hor* 3, V° 18-20. De même, la tentative de coup d'état doit se placer après l'ambassade égyptienne à Rome rapportée par Polybe, XXX, 16 et confirmée par Hor (*O. Hor* 3, V° 20-23). Le passage de Polybe témoigne en effet d'un état de paix intérieur dans le pays: « En Égypte, les deux rois, débarrassés de la guerre avec Antiochos, envoyèrent tout d'abord un de leurs «amis», Nouménios, en ambassade à Rome, avec mission de remercier les Romains pour les bienfaits dont ils leur étaient redevables» (trad. D. Roussel, *Polybe*, Paris, 1970). D'après le témoignage de Hor, cette ambassade est contemporaine de l'entrevue du Sérapeum.

[9] Sur le départ de Ptolémée VI et le début du règne personnel de Ptolémée VIII, voir W. Otto, *Zur Geschichte der Zeit des 6. Ptolemäers*, Munich, 1934, p. 92; H. Volkmann, «Ptolemaios», col. 1711-1712; E. Lanciers, «Die Alleinherrschaft des Ptolemaios VIII. im Jahre 164/163 v. Chr. und der Name Euergetes», dans *Actes XVIIIe Congrès* (Athènes), 1988, pp. 405-433. La triple corégence fonctionnait toujours le 3 octobre 164 (cf. *UPZ* I 3); le premier acte au nom du seul Ptolémée VIII date du 7 décembre 164 (*P. dém. München* 4 chez E. Lanciers, *op. cit.*, p. 410).

[10] Pour les dates de naissance des deux frères, voir B. Legras, *Néotês. Recherches sur les jeunes Grecs dans l'Égypte ptolémaïque et romaine*, Genève, 1999, pp. 113-115.

[11] Ainsi L. Mooren, *Prosop.* 026; W. Peremans, «Les révolutions égyptiennes», pp. 41-42; E. Turner, «Ptolemaic Egypt», dans *CAH* VII, 1, 1984, p. 163; E. Lanciers, *op. cit.*, p. 419.

mée VI, alors jeune homme d'une vingtaine d'années. On peut donc penser que la tentative de coup d'État eut lieu peu de temps après le départ d'Antiochos IV, qui lui-même avait souvent, au cours de sa campagne, insisté sur la très grande jeunesse des deux rois afin de justifier sa politique égyptienne[12].

Comme l'a montré B. McGing, cette chronologie peut être affinée par un autre document, le papyrus *P. Lond.* VII 2188[13]. Il s'agit d'un dossier comportant diverses pièces qui toutes se rapportent à un litige ayant opposé, durant de longues années (entre 181/0 et 148 au moins), les prêtres de Pathyris et ceux d'Hermonthis au sujet de la propriété d'une terre. Parmi les nombreux documents qui composent le dossier se trouve une *diagraphè* de l'hypodiocète Ptolémaios, attestant que le terrain a été attribué aux Hermonthites (ll. 238-283). La date de cette *diagraphè* est perdue, mais le document a manifestement été écrit au début du mois de janvier 167[14]. Or il précise que certains des plaignants ont «navigué [vers l'aval]» ([κατα]πλεύσαντας), vraisemblablement vers Alexandrie, pour «remettre une *enteuxis* au roi» ([ἔντευξιν ἐ]πιδοῦναι τῶι βα(σιλεῖ), ll. 253-254)[15]; à la ligne suivante apparaît le «stratège Nouménios»; enfin, aux lignes 256-257 se trouve évoquée «la *tarachè* qui survint» (τῆς ταραχῆς ἐπιγε[νομένης) et qui a laissé la procédure en suspens (ἐν μετεώρωι). Pour l'éditeur du texte, T. C. Skeat, la référence à Nouménios indiquerait que la *tarachè* mentionnée dans ce document est la Sixième guerre de Syrie[16], étant donné que Nouménios est attesté comme stratège de Thébaïde pour l'année 171/0[17]. B. McGing suggère au contraire de rattacher ces événements à la révolte de Dionysios Pétosarapis[18]. Effective-

---

[12] Tite-Live, XLII, 29: « Antiochos, il est vrai, avait des visées sur le royaume d'Égypte, n'éprouvant que mépris pour la jeunesse de son roi et l'incapacité de ses tuteurs». Également Polybe, XXVIII, 20: «(les ambassadeurs venus de Grèce) s'efforcèrent d'apaiser le ressentiment du roi en invoquant les liens de parenté qui unissaient Antiochos et Ptolémée, ainsi que la jeunesse de ce dernier» (trad. D. Roussel).

[13] B. McGing, «Revolt Egyptian Style», p. 292.

[14] La *diagraphè* est en effet évoquée dans une lettre adressée par l'hypodiocète à un de ses subordonnés le 30 janvier 167 (ll. 135-138), ainsi que dans un autre document daté du 20 janvier (ll. 340-342).

[15] Cf. T. C. Skeat, *P. Lond.* VII, p. 297, commentaire des lignes 253/4.

[16] T. C. Skeat, *op. cit.*, commentaire de la ligne 257 et p. 274.

[17] Sur Nouménios, voir L. Mooren, *Prosop.* 049; *PP* VI 14617; *PP* VIII 196.

[18] B. McGing, *ibid.*

ment, le terme de *tarachè* est impropre à propos de la guerre contre Antiochos IV: on attendrait πόλεμος[19]. Au contraire, il correspond bien au champ sémantique de la rébellion intérieure dans les papyrus grecs[20]. Il n'est cependant pas possible que le *P. Lond* VII 2188 vise les menées de Dionysios Pétosarapis à Alexandrie même, car la rébellion y fut avortée grâce à l'intervention des deux Ptolémées. En revanche, le papyrus pourrait bien témoigner de son activité dans le Delta, lorsque retiré «au loin», il était occupé à rassembler des troupes avant la bataille d'Éleusis. Malgré l'état fragmentaire du papyrus, la *tarachè* semble effectivement concerner les environs de la capitale, à laquelle se sont rendus les plaignants pour présenter leur *enteuxis* au roi. La tentative de coup d'État à Alexandrie daterait alors d'une période comprise entre la fin de l'été 168 (après le 29 août) et janvier 167.

2 – Les troubles de la *chôra*

Dionysios Pétosarapis réussit-il à soulever les masses, comme il envisageait de le faire après son échec aux portes de la capitale? Nous n'entendons plus parler de lui après les événements d'Éleusis mais, pour la période 168-164, une dizaine de documents attestent, à des degrés divers, des troubles à l'intérieur de l'Égypte. Deux foyers peuvent être distingués: le premier en Basse-Égypte, dans l'Héracléopolite, le Fayoum et la région de Memphis, le second en Thébaïde.

a – L'Héracléopolite

Le *P. Hamb.* I 91[21]

Le papyrus *P. Hamb.* I 91, daté du 3 juillet 167, donne la première attestation de troubles dans la *chôra*. Il s'agit d'une plainte adressée au stratège du nome Héracléopolite, Kydias[22], par un certain Héracleidès, Mysien, appartenant au détachement de Panandrias. Le document est

---

[19] Voir les remarques de L. Mooren, «The Governors General of the Thebaid in the Second Century B.C.», II, *Anc. Soc.* 5, 1974, p. 139 et n. 14.

[20] Voir *infra*, chap. V.

[21] Ce papyrus a été réédité par W. Clarysse, «Three Ptolemaic Papyri on Prisoners», *AfP* 48, 2002, pp. 103-106.

[22] Sur Kydias, voir L. Mooren, *Prosop.* 095.

fragmentaire mais on y apprend toutefois qu'Hérakleidès a reçu comme butin, à la suite d'une opération militaire à Tebetnoi, dans le nome Héracléopolite[23], quatre esclaves qualifiés d'αἰχμάλωτα. Parmi ces prisonniers se trouve au moins une jeune fille (cf. μίαν, l. 13; ἡ [αἰχμάλ]ωτος, ll. 21-22), dont le père habite à Pois, dans le même nome (l. 19)[24]. La difficulté consiste à identifier précisément le contexte et les circonstances au cours desquelles Hérakleidès a obtenu ses quatre esclaves. Normalement, le terme αἰχμάλωτος est employé pour les prisonniers de guerre[25]. Par conséquent, le *P. Hamb.* I 91 a souvent été considéré comme un témoignage sur la guerre entre Ptolémée VI et Ptolémée VIII. Ainsi, selon I. Biezunska-Malowist, il montrerait que «des indigènes pouvaient être pris dans la tourmente des luttes fratricides»[26]. Mais la datation du document va à l'encontre de cette interprétation. Tout d'abord, à la date du 3 juillet 167, les deux frères étaient en principe réconciliés (depuis 168) et nous n'avons aucun signe d'une reprise de leur affrontement jusqu'à la fin de l'année 164[27]. Ensuite et surtout, la requête d'Hérakleidès est elle-même datée selon le règne conjoint (3 Payni de l'an 3). Comment aurait-on pu utiliser une telle datation si la rupture entre les deux frères avait été consommée au point de traiter les partisans de l'autre camp en prisonniers de guerre? Il est donc plus logique de penser qu'un soulèvement se produisit dans l'Héracléopolite au début de l'année 167, soulèvement que le détachement de Panandrias fut chargé de réprimer. Un autre argument en faveur de cette interprétation tient à la similitude entre le *P. Hamb.* I 91 et le *SB* XX 14659: ce document atteste en effet que des Égyptiens avaient déjà été asservis lors de la *tarachè* ayant touché l'Égypte au début du siècle.

---

[23] Pour Tebetnoi, cf. M.-R. Falivene, *The Herakleopolite Nome*, dans *Am. Stud. Pap.* 37, 1988, p. 214.

[24] M.-R. Falivene, *op. cit.*, p. 187 et W. Clarysse, *op. cit.*, p. 105.

[25] Sur les prisonniers de guerre en Égypte, voir P. van Minnen, «Prisoners of War and Hostages in Graeco-Roman Egypt», *JJP* 30, 2000, pp. 155-163.

[26] I. Biezunska-Malowist, *L'esclavage dans l'Égypte gréco-romaine*, I, Varsovie, 1974, p. 26. En ce sens également P. M. Meyer, *P. Hamb.* I, p. 244 et R. Scholl, *C. Ptol. Sklav.*, pp. 315-316.

[27] À partir de 168, les documents sont datés selon les années du règne conjoint, et ce jusqu'aux derniers temps précédant l'exil de Philométor, cf. *supra*, p. 30, n. 9.

Le *P. Gen.* III 128 et le *P. Hels.* I 6

L'agitation qui régnait dans le nome Héracléopolite au cours des années 160 peut être mise en lumière par deux autres papyrus. Le premier est le *P. Gen.* III 128. Il s'agit d'une plainte adressée au diocète Dioskouridès par un certain Ptolémaios, fils de Ptolémaios, contre un Juif dénommé Mardonios, fils d'Euboulidès. Mardonios, rapporte Ptolémaios, s'est réfugié «dans l'oasis» pendant deux ans (l. 5); revenu à Héracléopolis «au cours de la troisième année» et constatant une ἀμιξία (l. 6), il a tenté de prendre possession des terres d'un certain Amyntas, sans doute par le biais d'un faux testament[28]. Ptolémaios précise que tous les parents d'Amyntas sont morts «à l'époque de la *tarachè*» (ἐν τοῖς κατὰ τὴν ταραχὴν χρόνοις, l. 9) et qu'Amyntas lui-même est «tombé au combat» (πεπτωκότος, l. 8). D'après le titre aulique porté par Dioskouridès, le papyrus est antérieur à septembre 156; on conviendra par conséquent avec P. Schubert que la *tarachè* et l'*amixia* qui ont poussé Mardonios à se réfugier dans une oasis pendant deux ans, et au cours desquels Amyntas et sa famille ont disparu, correspondent aux années 160[29].

Quant au *P. Hels.* I 6, daté du 18 août 164, il concerne un transport de vivres pour les soldats (τὰ μετρήματα τῶν στρατιωτῶν, ll. 6-7), organisé par deux sitologues, Hérodès et Alexandros, dans l'Héracléopolite. Blé, orge et épeautre doivent être acheminés à la garnison de Hiéra Nèsos depuis l'entrepôt du village d'Alilaïs, situé dans la toparchie Agèma[30]. Les deux sitologues précisent à cette occasion que «le lieu est difficile à surveiller» (τοῦ τόπου δυσφυλάκτου ὄντος, l. 9). Sans doute a-t-on ici un écho des tensions persistant dans l'Héracléopolite après 167, ainsi que des opérations menées par l'armée lagide pour rétablir l'ordre dans ce nome.

---

[28] Voir P. Schubert, *P. Gen.* III, p. 89.

[29] P. Schubert, *op. cit.*, p. 92. Le diocète Dioskouridès a peut-être lui-même participé à la lutte contre la rébellion. Les textes de son sarcophage conservé au Louvre font en effet allusion à des opérations militaires menées «contre les rebelles (du pays)» (*btnw=f*). Voir à ce sujet P. Collombert, «Religion égyptienne et culture grecque: l'exemple de Διοσκουρίδης », *CdE* 75, 2000, p. 53.

[30] Sur ces toponymes, voir M.-R. Falivene, «The Heracleopolite Nome: Internal and External Borders», dans *Actes XXᵉ Congrès* (Copenhague), 1992, pp. 204-209.

b – Le Fayoum

Bien que difficiles à dater avec précision, cinq autres papyrus, le *P. Amh.* II 30 et les *P. Tebt.* III 781, 888, 934 et 1043, peuvent apparaître comme des témoignages contemporains des troubles survenus cette fois dans le Fayoum.

Le *P. Tebt.* III 781

Le *P. Tebt.* III 781 est le témoignage du «chef» (τοῦ προστάντος) de l'Ammonieion, un sanctuaire égyptien situé à Moéris. Il concerne les déprédations commises dans le temple «par les rebelles égyptiens (ὑπὸ τῶν Αἰγυπτίων ἀποστατῶν)» (l. 7). Ces derniers sont accusés d'avoir mis à bas plusieurs parties du sanctuaire, fendu les ouvrages de pierre et emporté les montants de porte ainsi que «plus de 110 portes» (ll. 8-11). La date du papyrus est perdue, mais le plaignant précise que le temple avait déjà dû être restauré après les destructions commises par les soldats d'Antiochos, en l'an 2 du règne conjoint, c'est-à-dire en 168.

Le *P. Amh.* II 30

Le *P. Amh.* II 30 provient quant à lui des archives du temple de Dimeh. Il s'agit d'un acte de procès opposant le prêtre Tesenouphis, fils de Marrês, à la prêtresse Thembôs, au sujet d'une maison située à Soknopaiou Nèsos. Selon Tesenouphis, cette maison avait été achetée par Marrês au père (ou au grand-père) de Thembôs «avant la guerre» (πρὸ τοῦ πολέμου, l. 27) — ici vraisemblablement la Sixième guerre de Syrie[31]. La première colonne, fragmentaire, fait référence aux «temps passés, lors de la révolte qui a eu lieu»: «ἐν τοῖς ἔμπροσ[θεν χρόνοις, ἐν δὲ τῆ]ι γενημένηι (sic) ταραχῆι» (col. I, 10-11). Appelé à témoigner, le dépositaire du contrat de cette vente, un pêcheur dénommé Kondylos, rapporte qu'il fut contraint «par les rebelles égyptiens» (ὑπὸ τῶν Αἰγυπτίων ἀποστατῶν) d'apporter les contrats à la métropole et de les brûler (col. II, 32-36). Le procès lui-même peut être daté de manière approximative: les autres documents grecs appartenant aux archives du temple couvrent les années 179-130; Tesenouphis est probablement identique au personnage homonyme du *P. Amh.* II 33, daté de 157, tandis que Marrês, son père, apparaît dans deux papyrus, en 179 (*P. Amh.* II 42) et en 173 (*P. Amh.* II

---

[31] Pour les mêmes raisons que précédemment, cf. B. McGing, «Revolt Egyptian Style», p. 290 et *supra*, p. 32.

43). Ces indications chronologiques, ainsi que la référence à la Sixième guerre de Syrie, permettent de rattacher le *P. Amh.* II 30, comme le *P. Tebt.* III 781, aux troubles des années 160.

Les *P. Tebt.* III 888, 934 et 1043

Les *P. Tebt.* III 888, 934 et 1043 enfin sont très lacunaires. Le *P. Tebt.* III 934 contient les fragments d'une pétition adressée à l'épimélète Zopyros par les chrématistes de l'Arsinoïte et mentionne, dans un contexte disparu, une *tarachè* (τῆς ταραχῆς, l. 11). Le papyrus date sans doute de la première moitié des années 150, du fait des dates d'activité de Zopyros (159-155)[32], mais la *tarachè* peut être antérieure à la pétition. Les *P. Tebt.* III 888 et 1043 livrent quant à eux des informations similaires. Le premier fait référence à des jarres de vin emportées par une bande de quinze (ou cinquante) rebelles (ἀποστάτ[α]ις, l. 11). Le second évoque à deux reprises un vol de blé commis «par les rebelles» (ὑπὸ τῶν ἀπο-στατῶν, ll. 45 et 54). Aucun de ces documents n'est daté[33]: nous les relie-rons, bien que sous réserves, aux troubles des années 160, en raison de la présence d'*apostatai* et du parallèle avec le *P. Tebt.* III 781 et le *P. Amh.* II 30.

c – La région memphite

Les *UPZ* I 7 et 14

Nous savons, grâce à la correspondance des reclus du Sérapeum, que les troubles touchèrent également la région de Memphis à la même époque. Deux témoignages importants sont offerts à ce sujet par Ptolé-maios, fils du Macédonien Glaukias, entré en réclusion vers 170 et exer-çant les fonctions de pastophore dans l'Astartieion, annexe du grand Sérapeum consacré à la déesse Astarté[34]. Dans une plainte rédigée le 12 novembre 163 à l'attention du stratège Dionysios, Ptolémaios dénonce

---

[32] Sur Zopyros, cf. *PP* I/VIII 942.

[33] Le *P. Tebt.* III 888 mentionne un «an 10» qui pourrait être celui de Philométor mais qui n'indique pas nécessairement la date du larcin. Cf. A. S. Hunt, J. G. Smyly et C. C. Edgar, *P. Tebt.* III, p. 229.

[34] Sur Ptolémaios et les autres reclus, voir D. J. Thompson, *Memphis under the Ptole-mies*, Oxford, 1988, pp. 212-265. Également N. Lewis, *Greeks in Ptolemaic Egypt*, Oxford, 1986, pp. 69-87, K. Goudriaan, *Ethnicity in Ptolemaic Egypt*, pp. 42-57, M. Chauveau, *L'Égypte au temps de Cléopâtre*, Paris, 1997, pp. 158-173.

des actes de violence commis à son encontre par certains membres du
personnel du temple, qui ont essayé de l'expulser de l'Astartieion (*UPZ*
I 7); or il précise que ces personnages avaient agi de même «auparavant,
lors d'une *apostasis*» (ἐν τοῖς πρότερον χρόνοις (...), οὔσης ἀποστάσεως,
l. 13). Dans une requête postérieure, adressée au roi le 3 octobre 158 et
visant à obtenir l'incorporation de son frère cadet Apollonios dans la
garnison de Memphis, Ptolémaios nous apprend en outre que son père
Glaukias, *katoikos* du nome Héracléopolite et «parent du roi», perdit la
vie «à l'époque d'une *tarachè*» (ἐν τοῖς ταραχῆ[ς] χρόνοις, *UPZ* I 14, 9).
D'après l'*UPZ* I 9, Glaukias est mort en octobre 164. Par conséquent,
l'*apostasis* mentionnée dans l'*UPZ* I 7 et la *tarachè* de l'*UPZ* I 14 se rapportent vraisemblablement à la même vague de troubles.

Les *UPZ* I 18 et 19

Deux autres documents du Sérapeum nous livrent des échos de l'agitation de la région au cours des années 165-164. Il s'agit des *UPZ* I 18 et
19, appartenant à la correspondance des Jumelles Thauès et Taous. Ces
documents sont les deux premières versions d'une plainte dirigée contre
leur mère Néphoris et leur demi-frère Pachratès, plainte qui fut finalement présentée aux rois Ptolémée VI et Ptolémée VIII, sous une forme
sensiblement modifiée, lors de la visite de ces derniers au Sérapeum le 8
octobre 163 (*UPZ* I 20)[35]. Nous y apprenons que Néphoris, une Égyptienne habitant Memphis a quitté son mari, le père des Jumelles, pour
un soldat grec, Philippos fils de Sogénès, qui était stationné dans la
région (cf. *UPZ* I 18, 14; 19, 6). Or ce Philippos tenta d'assassiner le mari
éconduit «dans (ces) temps troublés» (ἐν τοῖς ἀμείκτοις καιροῖς) (*UPZ* I
19, 9-10)[36]. Ce dernier parvint finalement à s'enfuir jusqu'à Héracléopolis, où il mourut peu après. Expulsées par leur mère de la maison fami-
liale et dépossédées de leur héritage, Thauès et Taous vinrent se réfugier
au Sérapeum et se mirent sous la protection de Ptolémaios, un ami de
leur père. Elles furent ensuite recrutées par les prêtres pour jouer le rôle
d'Isis et Nephthys aux funérailles du taureau Apis[37]. D'après l'*UPZ* I 54,
l'Apis en question est mort en avril 164[38]: l'attentat contre le père des

---

[35] Dans la version définitive, l'arrière-plan familial — celui qui nous intéresse ici, a
disparu.
[36] Pour ἄμεικτος, cf. U. Wilcken, *UPZ* I, p. 195, n. 9.
[37] Cf. *UPZ* I 18, 20-21; 19, 23-24.
[38] Cf. U. Wilcken, *op. cit.*, p. 191, n. 3.

Jumelles, et par conséquent ces «temps troublés», peuvent donc être datés du début de l'année 164, ou même de la fin de l'année 165, car Thauès et Taous ont été un certain temps hébergées par Ptolémaios avant la mort de l'Apis[39].

L'*O. Hor* 7

Si nous évoquons les sources memphites, il faut mentionner un document très énigmatique, le texte 7 appartenant aux archives de Hor (*O. Hor* 7). Il s'agit d'une plainte dénonçant les dysfonctionnements du culte des ibis sacrés, dans laquelle Hor fait allusion à la tentative d'un dénommé *Tmpn*, originaire de *Tbny*, pour usurper le trône royal: «Your might, the readiness of your army (and) the salvation of the inheritance / secure the throne upon which *Tmpn* (of) *Tbny* sat» (ll. 5-7)[40]. Pour J. D. Ray, ce document date vraisemblablement d'une période comprise entre l'évacuation de l'Égypte par Antiochos IV en 168 et l'année 166. Selon lui, le nom *Tmpn* pourrait correspondre au grec Démophon et *Tbny* à la ville de Daphnae, dans le Delta: *Tmpn* ne serait donc ni Antiochos IV, ni Dionysios Pétosarapis[41]. Nous ignorons tout d'un troisième protagoniste qui aurait pu disputer la royauté aux Ptolémées à cette époque. Cependant, on conçoit aisément que ces années troublées aient pu constituer un terreau favorable aux menées d'un autre personnage ambitieux. Le danger semble en tout cas avoir été sérieux, même si, comme J. D. Ray l'a fait remarquer, la phrase «the throne upon which *Tmpn* (of) *Tbny* sat» pourrait n'être que métaphorique, «pour décrire les seules intentions des rebelles»[42].

d – Le nome Kynopolite?

Le *SB* XX 14186

Il est enfin possible que les troubles se soient étendus plus au sud, dans le nome Kynopolite, comme le suggère le papyrus *SB* XX

---

[39] Cf. *UPZ* I 18, 29-30; 19, 21-24.

[40] L'*O. Hor* 60 semble se rapporter aux mêmes événements (ll. 3-4), mais il est lui aussi très lacunaire.

[41] J. D. Ray, *The Archive of Hor*, p. 37.

[42] J. D. Ray, *ibid.*, n. 1. Les mêmes ambiguïtés apparaissent dans l'*O. Hor* 5, daté du 2 décembre 166. Hor y évoque «the salvation of the supreme inheritance» (l. 5), sans qu'on sache s'il s'agit d'une allusion à Antiochos IV, à la naissance de Ptolémée Eupator, ou bien à cette même révolte de *Tmpn*. Cf. J. D. Ray, *op. cit.*, p. 33.

14186[43]. Ce document fait partie d'un ensemble de trois lettres fragmentaires adressées à un certain Euphron et pouvant être datées, sur des critères paléographiques, de la première moitié du IIe siècle. Le *SB* XX 14186 (Lettre III) a été rédigé par plusieurs personnes résidant dans le nome Kynopolite. À la manière des *P. Tebt.* III 781 ou *P. Amh.* II 30, il dénonce des actes commis «par les rebelles» ([ὑπ]ὸ τῶν ἀποστατῶν, l. 6). Néanmoins, la date exacte à laquelle ces rebelles troublèrent le nome reste sujette à conjectures[44].

e – La Thébaïde

Diodore, XXXI 17b

Des troubles ont-ils aussi éclaté en Haute-Égypte au cours des années 160? Diodore de Sicile, au livre XXXI 17b, décrit un «autre soulèvement (survenu) en Thébaïde» (ἄλλη κίνησις κατὰ τὴν Θηβαΐδα) qui aboutit au siège et à la prise de Panopolis par les forces lagides:

1 «Un autre soulèvement se produisit à nouveau en Thébaïde, où un élan de révolte se propageait parmi les foules (ἐμπεσούσης ὁρμῆς τοῖς πλήθεσι πρὸς ἀπόστασιν). Le roi Ptolémée partit en guerre avec de nombreuses forces (μετὰ πολλῆς δυνάμεως) et soumit facilement la plus grande partie de la Thébaïde (τὰ 5 μὲν ἄλλα μέρη τῆς Θηβαΐδος). Mais la cité appelée Panopolis, située sur une ancienne butte, étant réputée sûre en raison de son inaccessibilité, les plus actifs des rebelles (οἱ πρακτικώτατοι τῶν ἀφεστηκότων) coururent s'y assembler. Ptolémée, [constatant] le désespoir des Égyptiens et la force de la place, y mit le siège (συνίστατο πολιορκίαν). Après avoir subi toutes sortes de revers, il se rendit 10 maître de la ville et, ayant châtié les coupables, il retourna à Alexandrie».

---

[43] Cf. A. E. Hanson et P. J. Sijpesteijn, «The Dossier of Euphron, Three Ptolemaic Letters from the Princeton University Collection», *Anc. Soc.* 20, 1989, pp. 133-142.

[44] Un Euphron, fils d'Hakôris, est également mentionné dans le *P. Köln* IV 186, un rapport militaire écrit par un chef de troupes pendant la Sixième guerre de Syrie. Capturé avec plusieurs autres personnages «du parti d'Antiochos», il fut libéré eu égard aux services rendus à la Couronne par son père. Selon W. Clarysse, «Hakoris, an Egyptian Nobleman and his Family», *Anc. Soc.* 22, 1991, pp. 242-243, les deux Euphron sont peut-être identiques, ou étroitement reliés par des liens de parenté. Dans le cas d'une identité, les actions des rebelles dans le nome Kynopolite pourraient être contemporaines des troubles du Fayoum et de la région memphite. Il faudrait cependant admettre qu'Euphron avait suffisamment regagné la confiance du roi Ptolémée VI pour être doté de fonctions officielles dans la *chôra* au cours des années qui suivirent sa défection. Sur ce personnage et le *P. Köln* IV 186, voir *infra*, pp. 106-107. On notera également que, d'après les dernières recherches menées par W. Clarysse sur «le dossier d'Euphron» (article à paraître), le *SB* XX 14186 devrait bien être daté du milieu du IIème siècle.

Comment dater ce siège de Panopolis? Rappelons tout d'abord que les passages XXXI 17b et XXXI 15a de Diodore proviennent des *Excerpta constantiniens*, un recueil d'extraits de divers textes historiques rassemblés au Xe siècle à la demande de Constantin VII Porphyrogénète[45]. Plus précisément, ces passages appartiennent au volume des *Excerpta de Insidiis*, qui contient en tout 54 fragments de Diodore[46]. Ils ont été classés pour la première fois dans la 4e édition de L. Dindorf (1866-1868), à qui on doit donc la numérotation actuelle. Dans les *Exc. de Insidiis*, le fragment XXXI 17b (n° 28) est inséré entre une mention de la campagne menée par Antiochos IV Épiphane contre le roi d'Arménie Artaxias (n° 27 / XXXI 17a) et une allusion à la révolution alexandrine qui aboutit à la fuite de Ptolémée VIII et au rappel de Ptolémée VI (n° 29 / XXXI 17c)[47]. Cette révolution alexandrine peut se placer à l'été 163, Ptolémée Philométor ayant été, sur la foi des documents papyrologiques, restauré sur le trône d'Égypte entre la mi-juillet et la mi-août 163[48]. Quant à la campagne d'Antiochos IV en Arménie, elle eut probablement lieu en 165, avant le passage du roi séleucide en Perse, où sa présence est attestée en 164[49]. Les *Exc. de Insidiis* offrent donc une chronologie relative pour le soulèvement de Thébaïde et le siège de Panopolis: entre 165 et 163.

Certains savants ont néanmoins préféré attribuer à ces événements une date plus basse. Ainsi, selon B. P. Grenfell et A. S. Hunt, «l'abréviateur, ou Diodore lui-même, ont mal daté la révolte»[50]. Cette hypothèse se fonde sur l'amnistie générale décrétée par Évergète II en 118, qui exclut les habitants de Panopolis de l'une de ses dispositions:

> «Ils ont décidé d'autoriser les propriétaires des maisons détruites et incendiées à reconstruire dans les dimensions prescrites. D'accorder aussi à ceux qui... des villages, de la même façon, le droit de reconstruire leurs demeures jusqu'à... et les temples jusqu'à une hauteur de dix coudées,

---

[45] Cf. F. Chamoux et P. Bertrac, *Introduction générale à la Bibliothèque Historique*, Paris, *Les Belles-Lettres*, 1993, pp. 134-137 et 160-162; F. R. Walton, *Diodorus Siculus*, t. XI, Londres, *Loeb Classical Library*, 1957, pp. VIII-IX et XIII-XV.

[46] P. Bertrac, *op. cit.*, p. 135.

[47] Cf. l'édition de C. de Boor, *Excerpta Historica iussu Imp. Constantini Porphyrogeniti III. Excerpta De Insidiis*, Berlin, 1905.

[48] Cf. E. Lanciers, «Die Alleinherrschaft des Ptolemaios VIII. im Jahre 164/163 v. Chr. und der Name Euergetes», pp. 409-410.

[49] Voir O. Mørkholm, *Antiochus IV of Syria*, pp. 166-167.

[50] P. Grenfell et A. S. Hunt, *P. Tebt.* I 5, commentaire aux ll. 134-138.

exception faite pour les habitants de Panopolis (πλὴν τ[ῶν] ἐκ Πανῶ[ν]
πόλ[ε]ως)» *(C. Ord. Ptol.* 53, 134-138 = 147-154).

Cette sévérité à l'encontre des habitants de Panopolis en 118 peut s'expliquer grâce à l'*UPZ* II 209[51]. Daté du 28 juillet 129[52], ce document
concerne le paiement des soldes de 84 soldats appartenant au «camp de
Paôs»[53], le stratège et épistratège de Thébaïde. Ces soldats, sous commandement d'Inarôs «des premiers amis», ont été dépêchés à Panopolis (l. 5), vraisemblablement pour y réduire un soulèvement[54]. Celui-ci a
dû être déclenché à la fin du printemps 129, puisqu'il est précisé que la
solde concerne les mois de Pachon et Payni de l'an 41 (22 mai — 20
juin et 21 juin — 20 juillet 129). On peut donc supposer que, dans le
cas des Panopolites, les «maisons détruites et incendiées» évoquées dans
la grande ordonnance de 118 sont une conséquence de la campagne
d'Inarôs.

Mais est-ce à ce soulèvement que Diodore fait allusion au livre XXXI
17b? En fait, aucune raison n'autorise à corriger l'organisation des fragments de l'historien dans le volume des *Exc. de Insidiis.* Au contraire, les
extraits qui correspondent à des passages connus respectent la succession
de ces derniers. Ainsi, pour F. R. Walton, auteur de l'édition la plus
récente des livres XXI-XXXII, «les *Excerpta Constantiniens* paraissent
refléter l'ordre d'origine avec une complète fidélité»[55]. En outre, d'autres
documents peuvent apporter un argument supplémentaire en faveur de
la datation 165/163 pour le soulèvement de Thébaïde: les ostraca grecs de
Hor de Sébennytos.

---

[51] Cf. L. Koenen, «ΘΕΟΙΣΙΝ ΕΧΘΡΟΣ, Ein einheimischer Gegenkönig in Ägypten
(132/1)», *CdE* 34, 1959, p. 119.

[52] Cf. L. Koenen, *ibid.*

[53] Ce «camp de Paôs» était situé au nord de Panopolis selon U. Wilcken, *UPZ* II,
p. 251, n. 5.

[54] Il est possible que le soulèvement lui-même soit désigné dans le document par le
terme de *staseis,* mais ce terme apparaît dans un contexte ambigu. Le rédacteur vient de
donner des instructions pour que les soldes soient versées et ajoute: «καθότι συντέταχεν [ὁ
ἡγεμ(?)]ὼν ἐπὶ στάσεων» (ll. 9-10). Pour U. Wilcken, ce «ἐπὶ στάσεων» a ici le sens de
«*gegen Aufruhr*». Mais si l'on coupe la phrase autrement, il pourrait aussi s'agir du titre de
l'*hégémôn.* Voir à cet égard E. Van 't Dack, *Ptolemaica Selecta. Études sur l'armée et l'administration lagides,* Louvain, 1988, p. 88.

[55] F. R. Walton, *op. cit.,* p. XX. Voir également P. Bertrac, *op. cit.,* p. 135.

Les ostraca grecs de Hor de Sébennytos (*SB* X 10574)

Ces *ostraca* ont été publiés par T. C. Skeat et E. G. Turner en 1968[56]. Ils comportent en tout cinq textes plus ou moins fragmentaires qui offrent différentes versions d'un même oracle, rédigé dans un grec incorrect[57]. Le rédacteur se présente comme Horos, pastophore d'Isiopolis dans le nome Sébennytique (textes C et E, 5-7): il peut être identifié au prêtre Hor de Sébennytos, mieux connu pour ses textes démotiques. Dans les textes A-E, il s'adresse «au roi Ptolémée, au roi Ptolémée son frère, et à la reine Cléopâtre sa sœur», ce qui permet de dater les documents de 168-164. L'oracle proprement dit est exprimé sous la forme suivante:

«(Ὧρος (...) β[ου]λόμενος (...) τοῖς βασιλεῦσι ἀναγγεῖλαι ὅπω[ς]) τῶν Αἰγυπτίων τραπήσεται ταχέως καὶ εὐθέως δὲ ἐλθεῖν τὸν βασιλέα ἕως τῆς Θηβαΐδος » (E, 7-13, cf. A, 5-8; B, 5-10)[58].

La première partie du texte «τῶν Αἰγυπτίων τραπήσεται» pose de sérieux problèmes de compréhension. Pour T. C. Skeat et E. G. Turner, le sujet de «τραπήσεται », du type «τὸ τάγμα», a peut-être été omis par le prêtre[59]. Quant à l'infinitif ἐλθεῖν, il aurait un sens impératif. Par conséquent, l'ensemble pourrait être rendu par une traduction du type:

«(Hôros veut annoncer aux rois que) [l'armée] des Égyptiens sera mise en déroute rapidement ([τὸ τάγμα] τῶν Αἰγυπτίων τραπήσεται ταχέως) et que le roi doit aussitôt faire marche vers la Thébaïde (καὶ εὐθέως δὲ ἐλθεῖν τὸν βασιλέα ἕως τῆς Θηβαΐδος)»[60].

---

[56] T. C. Skeat et E. G. Turner, «An Oracle of Hermes Trismegistos at Saqqâra», *JEA* 54, 1968, pp. 199-208. Les textes sont redonnés par J. D. Ray, *The Archive of Hor*, pp. 1-6.

[57] J. D. Ray, *op. cit.*, p. 3 et n. 2, suggère que le rédacteur des ostraca pensait en égyptien, «ce qui pourrait expliquer en partie l'étrangeté du grec».

[58] Le passage du pluriel «τοῖς βασιλεῦσι» au singulier «τὸν βασιλέα» apparaît également dans les textes démotiques de Hor, cf. J. D. Ray, *op. cit.*, p. 12. De même, chez Diodore XXXI, 17b, l'évocation d'un seul «roi Ptolémée» ne saurait être un argument pour exclure l'époque de la corégence entre Ptolémée VI et Ptolémée VIII: Polybe lui aussi parle indifféremment «des rois» ou «du roi» d'Égypte à l'occasion du règne conjoint. Voir à ce propos E. Bikerman, «Sur la chronologie de la Sixième guerre de Syrie», *CdE* 27, 1952, p. 399.

[59] T. C. Skeat et E. G. Turner, *op. cit.*, p. 206. Pour ces derniers, le terme «τῶν πραγμάτων» qui apparaît dans le texte A uniquement (χρησίμως εἶναι τῶν πραγμάτων ὅπως [[τραπήσεται]] (...), ll. 4-6) pourrait être une déformation de «τὸ τάγμα τῶν».

[60] Pour les autres problèmes grammaticaux, voir T. C. Skeat et E. G. Turner, *op. cit.*

Certes, la restitution du sujet τὸ τάγμα est loin d'être assurée. En revanche, il est incontestablement question dans cet oracle d'un déplacement urgent (εὐθέως) du roi en Thébaïde. Le fait que cet oracle date du règne conjoint incite alors à rapprocher cette avancée lagide de l'«ἄλλη κίνησις κατὰ τὴν Θηβαΐδα» de Diodore, «l'autre soulèvement en Thébaïde». Nous admettrons donc qu'il y eut deux soulèvements de Panopolis réprimés par le pouvoir lagide au IIᵉ siècle: l'un en 129, l'autre entre 165 et 163, et plutôt au début de cette période dans la mesure où les premières grandes mesures de pacification débutent à l'été 165 (voir ci-dessous)[61]. Nous ignorons quels furent les autres foyers de révolte en Thébaïde, mais les remous des troubles se firent sentir jusqu'au Pathyrite: les reçus de taxes émis par les *thesauroi* du nome, qui avaient disparu après 172, sans doute à cause de la Sixième guerre de Syrie, ne réapparurent qu'en 165[62]. De même, à Éléphantine, le graffito démotique publié par G. Vittmann montre que les travaux de reconstruction du temple de Satis, eux aussi interrompus par la guerre de Syrie et l'invasion «des Mèdes» en Égypte, reprirent seulement en novembre 165[63]. Certes, rien ne dit que la région d'Éléphantine ait été touchée par la rébellion, et le rédacteur du graffito semble lui-même plutôt insister sur les difficultés économiques de l'époque[64]. Néanmoins, cette interruption des travaux n'est sans doute pas sans rapport avec les difficultés rencontrées par les Ptolémées dans d'autres régions de Haute-Égypte.

Les troubles ont ensuite été progressivement résorbés entre 165 et 163. Ainsi, la circulaire adressée par le diocète Hérodès à ses subordonnés en septembre 164 (*UPZ* I 110) semble indiquer que le calme était alors res-

---

[61] Si le papyrus Erbach date bien d'avril 167, comme l'a suggéré récemment J. K. Winnicki, «Zur Deutung des demotischen Papyrus Erbach», dans *Festschrift für W. Huss* (*OLA* 104), Louvain-Paris-Sterling, 2001, pp. 311-321, on peut estimer que la région thébaine était exempte de troubles à cette époque. Le papyrus révèle en effet que des soldats furent détachés de la garnison stationnée aux Memnoneia pour être envoyés à *Sgntn*, un lieu que J. K. Winnicki propose de localiser au nord-est de l'Égypte, dans une des zones fréquemment touchées par les incursions nomades.

[62] Cf. K. Vandorpe, «Paying Taxes to the Thesauroi of the Pathyrites in a Century of Rebellion», dans *Politics, Administration and Society in the Hellenistic and Roman World, Proceedings of the International Colloquium* (Bertinoro, 19-24 juill. 1997), éd. L. Mooren (*Stud. Hell.* 36), Louvain, 2000, p. 406 et tableau p. 424.

[63] G. Vittmann, «Das demotische Graffito vom Satettempel auf Elephantine», *MDAIK* 53, 1997, pp. 263-281.

[64] Sur ce point, voir G. Vittmann, *op. cit.*, pp. 271-272 et *infra*, p. 147.

tauré dans la *chôra*[65]. Cette circulaire est en effet caractéristique d'une reprise en main. Hérodès parle de la situation intérieure comme d'une calamité (καταφθορά, l.126), évoque le désordre qui règne dans le pays entier et expose les mesures à prendre pour remettre en culture les terres abandonnées. À vrai dire, des mesures similaires avaient déjà été décrétées par les rois Ptolémée VI, Ptolémée VIII et Cléopâtre II en août-septembre 165 (cf. *PUG* III 92)[66]: ceci pourrait signifier que l'agitation intérieure avait été temporairement maîtrisée à cette date. De fait, comme nous venons de le voir, c'est aussi à l'automne 165 que furent repris les travaux dans le temple de Satis à Éléphantine. Néanmoins, la fin de l'année 165 ne marqua qu'un répit dans l'agitation intérieure. Les mesures prises dans le *PUG* III 92 durent être répétées en septembre 164 et, même après cette date, une *tarachè* agitait encore le nome Héracléopolite en octobre 164, *tarachè* à l'époque de laquelle Glaukias trouva la mort. En outre, dès la fin 164, les luttes dynastiques reprenaient: Ptolémée VI fut chassé d'Égypte à l'automne et ne revint qu'à l'été 163, rappelé par les Alexandrins. Peu après, une amnistie générale, entérinant le retour au calme, fut décrétée par Ptolémée VI, désormais seul souverain dans le pays. Cette amnistie, promulguée le 17 août 163, est évoquée dans une lettre royale adressée au stratège du nome Memphite, Dionysios, le 22 septembre 163. Nous n'en connaissons que la teneur générale:

> «Attendu que nous avons amnistié tous ceux qui se sont rendus coupables d'infractions involontaires ou intentionnelles jusqu'au 19 Epeiph (17 août 163), nous avons jugé utile de vous recommander de veiller à ce que justice soit faite aux hommes (...)» (*C. Ord. Ptol.* 35, 2-7).

On peut estimer qu'à l'automne 163 au plus tard, la *chôra* était pacifiée: dans sa lettre du 12 novembre (*UPZ* I 7) le reclus Ptolémaios évoque la révolte au passé, comme un temps révolu.

À peine sortie de la Sixième guerre de Syrie et d'un premier affrontement entre les deux Ptolémées, l'Égypte lagide a donc connu toute une série de troubles dans les années 168-164. Si nous admettons que la *tarachè* dont il est question dans le *P. Lond.* VII 2188 se rapporte bien aux

---

[65] Sur Hérodès, voir aussi le *P. Hels.* I 6, l. 16.

[66] Voir pour ce document L. M. Zingale, «Tra le nuove acquisizioni della collezione papirologica genovese il testo di un *prostagma* tolemaico», dans *Actes XVIIe Congrès* (Naples), 1984, pp. 889-900; *SB* XVI 12 821. Le fragment B contient aussi l'expression «τῆς προκειμένης φθορᾶς» (B, I, 12).

menées de Dionysios Pétosarapis dans le Delta, on peut dater sa tentative de coup d'État d'une période comprise entre la fin de l'été 168 et janvier 167. Des troubles éclatèrent ensuite dans plusieurs parties de l'Égypte, sans que nous sachions quels sont leurs rapports avec les événements d'Alexandrie. Au début de l'année 167, une opération militaire fut menée contre les rebelles dans le nome Héracléopolite, opération au cours de laquelle des Égyptiens furent réduits en esclavage (*P. Hamb.* I 91); l'Héracléopolite resta néanmoins sporadiquement agité jusqu'à l'automne 164 (*P. Gen.* III 128, *P. Hels.* I 6, *UPZ* I 14). Entre 167 et 164, des bandes d'*apostatai* agirent aussi en différents lieux du Fayoum (*P. Amh.* II 30, *P. Tebt.* III 781, 888, 934, 1043). Au cours de ces années, il est possible qu'Alexandrie ait été le théâtre d'une nouvelle tentative de coup d'État menée par un Grec originaire de Daphnae (*O. Hor* 7 et 60). Avant la fin de l'année 165, l'agitation se transmit à la région de Memphis (*UPZ* I 7, *UPZ* I 18-19), à la Thébaïde (Diodore XXXI, 17b; *SB* X 10574, E), et peut-être aussi au nome Kynopolite (*SB* XX 14186). La situation commença à se stabiliser à partir de l'été 165 (*PUG* III 92, graffito du temple de Satis), mais c'est seulement à l'automne 164 que l'essentiel des troubles semble avoir été résorbé (*UPZ* I 110). Le fait que la rupture entre les deux frères ait été consommée aussitôt après, à la fin octobre, n'est sans doute pas un hasard: on peut estimer que les deux Ptolémées avaient d'abord été contraints de faire front face aux difficultés intérieures, comme ce fut le cas à Alexandrie en 168 pour déjouer les manœuvres de Dionysios Pétosarapis.

II – LE MILIEU DU IIᵉ SIÈCLE

Après la restauration de Ptolémée VI en 163, le pays semble avoir connu quelques années de calme relatif. Mais de nouveaux signes de tensions apparaissent au milieu du IIᵉ siècle, entre la fin du règne de Ptolémée VI et le début du règne de Ptolémée VIII, d'abord dans la *chôra*, puis à Alexandrie après l'avènement du nouveau roi.

1 – Des troubles en Haute-Égypte?

Il semble tout d'abord que certaines régions de Haute-Égypte aient connu des troubles à la fin des années 150. Ceux-ci sont révélés de manière indirecte par les irrégularités constatées par K. Vandorpe dans le paiement de l'*épigraphè* pour le Pathyrite et l'Apollonopolite[67]. Ainsi, dans la toparchie sud du Pathyrite (Crocodilopolis, Arabia et Pathyris), la série des reçus émis par le *thesauros* s'interrompt après 157 et jusqu'en 133: pour ces années, un seul reçu a été retrouvé, daté de 152 ou 141[68]. En outre, c'est également vers 150 que des soldats furent installés en grand nombre dans les garnisons de Pathyris et Crocodilopolis fondées quelques décennies plus tôt[69]. Une telle coïncidence n'est certainement pas fortuite: les deux phénomènes, interruption des taxes et renforcement militaire, peuvent plutôt s'expliquer par des troubles survenus dans la région. Or la paix intérieure était à cette époque une nécessité pour Ptolémée VI, en raison de ses ambitions syriennes[70]. Dès 151 en effet, des troupes lagides appuyaient l'offensive de l'usurpateur Alexandre Balas contre le roi séleucide Démétrios Ier, qui fut défait à Antioche au cours de l'hiver 151/0[71]. Les garnisons de Pathyris et de Crocodilopolis n'assurèrent pas, cependant, le maintien d'un calme absolu dans les régions méridionales de l'Égypte. Ainsi, dans la toparchie nord de l'Apollonopolite, les reçus de taxes s'interrompent également pour la période 146 (ou 142)-131[72], ce qui pourrait indiquer une reprise d'agitation.

---

[67] K. Vandorpe, «The Ptolemaic Epigraphe or Harvest Tax (*shemu*)», *AfP* 46, 2000, pp. 169-232, «Paying Taxes to the Thesauroi of the Pathyrites», pp. 405-436 et «The Epigraphe or Harvest Tax in the Apollonopolite Nome», dans *Edfu. An Egyptian Provincial Capital in the Ptolemaic Period* (Bruxelles, 3 septembre 2001), éd. K. Vandorpe et W. Clarysse, Bruxelles, 2003, pp. 107-122.

[68] K. Vandorpe, «Paying Taxes to the Thesauroi of the Pathyrites», pp. 413 et 430.

[69] Voir à ce sujet P. W. Pestman, «Les archives privées de Pathyris à l'époque ptolémaïque. La famille de Pétéharsemtheus, fils de Panebkhounis», dans *Studia Papyrologica Varia*, éd. E. Boswinkel, P. W. Pestman et P. J. Sijpesteijn (*Pap. Lugd. Bat.* 14), 1965, pp. 47-102; J. K. Winnicki, *Ptolemäerarmee in Thebais* (*Archiwum Filologiczne* 38), Wrocław-Varsovie-Cracovie-Gdansk, 1978, pp. 68-78; K. Vandorpe, «Museum Archaeology or How to Reconstruct Pathyris Archives», dans *Acta Demotica* (Pise, 1994), *Egitto et Vicino Oriente* XVII, 1994, pp. 289-300. Pour J. K. Winnicki, *op. cit.*, p. 72, Crocodilopolis, où se trouvait un *phrourion*, contenait l'essentiel des troupes.

[70] D'autant que le pouvoir était momentanément fragilisé par la mort de l'héritier du trône, Ptolémée Eupator, en 152: voir M. Chauveau, *L'Égypte au temps de Cléopâtre*, p. 213 et E. Van 't Dack, «Encore le problème de Ptolémée Eupator», dans *Ptolemaica Selecta*, Louvain, 1988, pp. 156-174.

[71] Sur ces événements, voir Ed. Will, *Histoire politique*, II, pp. 365-375.

[72] Cf. K. Vandorpe, «The Epigraphe or Harvest Tax in the Apollonopolite Nome», p. 111.

Quant au règne de Ptolémée VIII Évergète II, à partir de 145, il débuta par deux événements intéressant surtout Alexandrie[73]. Le premier est la répression orchestrée contre les opposants du roi, en particulier les intellectuels[74], le second la tentative de coup d'État menée par un des anciens proches de Ptolémée VI, Galaistès: nous nous arrêterons sur cet événement en raison de ses éventuelles répercussions dans la *chôra*.

2 – L'affaire Galaistès

Les grandes lignes de l'affaire Galaistès sont connues grâce à Diodore (XXXIII 20 et 22). Athamane d'origine, Galaistès était passé au service de Ptolémée VI Philométor. Mais il tomba en disgrâce à l'avènement d'Évergète II et les *dôréai* dont il avait été gratifié par le roi lui furent confisquées. L. Criscuolo a pu retrouver des traces de ces confiscations dans deux papyrus provenant de l'Héracléopolite, les *P. Köln* V 223 et 224; elles se déroulèrent vraisemblablement dans les premières semaines du nouveau règne, en tout cas avant septembre 144[75]. Réfugié en Grèce, Galaistès rassembla alors les exilés hostiles au nouveau régime, projetant de renverser Évergète II et de mettre sur le trône d'Égypte un fils prétendument légitime que lui aurait confié Ptolémée VI (XXXIII 20). Tenta-t-il de débarquer en Égypte? C'est possible, car Diodore nous dit que certaines troupes en attente de leur solde étaient sur le point de se mutiner et de se rallier à lui (XXXIII 22). Cependant, cette tentative fut mise en échec par le stratège Hiérax, qui régla sur ses fonds propres les soldes en retard et «mit fin à toute l'affaire».

La datation exacte de ces différents événements reste à définir. D'après l'agencement des fragments de Diodore, l'ensemble de l'épisode

---

[73] Les conditions de l'avènement d'Évergète restent débattues: voir la discussion chez M. Chauveau, «Un été 145», *BIFAO* 90, 1990, pp. 135-168, et H. Heinen, «Der Sohn des 6. Ptolemäers im Sommer 145. Zur Frage nach Ptolemaios VII. Neos Philopator und zur Zählung der Ptolemäerkönige», dans *Actes XXIe Congrès* (Berlin), 1995, pp. 449-460, ainsi que le dernier état de la question par M. Chauveau, «Encore Ptolémée «VII» et le dieu Néos Philopatôr», *RdE* 51, 2000, pp. 257-261.

[74] Cf. W. Otto et H. Bengtson, *Zur Geschichte des Niederganges des Ptolemäerreiches. Ein Beitrag zur Regierungszeit des 8. und 9. Ptolemäers*, Munich, 1938, pp. 23-36; H. Volkmann, «Ptolemaios», col. 1726-1727.

[75] L. Criscuolo, «L'archivio di Philô e la confisca dei beni di Galestes, l'Atamano», *ZPE* 64, 1986, pp. 83-86, en partic. p. 85.

peut se placer entre 145 et 139. Comme nous venons de le voir, la confis-
cation des *dôréai* date d'une période comprise entre août 145 et septembre 144. Pour la tentative de coup d'État, l'année 140/139 a généralement été retenue, en admettant qu'une des raisons du passage à
Alexandrie de Scipion Emilien en 139 était précisément de désamorcer
les tensions nées de l'affaire Galaistès[76]. Selon M. Chauveau, ce dernier
espérait peut-être marier son protégé (le prétendu héritier du trône) à
Cléopâtre III, ce qui aurait poussé Évergète II à épouser lui-même cette
dernière[77]. Dans cette hypothèse, la tentative de coup d'État aurait eu
lieu en 141/0, car le mariage peut désormais être daté d'une période comprise entre mai 141 et janvier 140[78].

Cela dit, rien n'indique que les menées de Galaistès aient eu des
répercussions à l'intérieur du pays une fois les tensions désamorcées chez
les soldats grâce à Hiérax. Les années 130 en revanche furent le théâtre
d'une recrudescence de troubles en Égypte. Y eut-il à cette époque une
nouvelle usurpation du pouvoir comme au temps d'Haronnophris et de
Chaonnophris? Avant tout, il nous faut ici poser le problème du fameux
roi Harsièsis.

III – LA CRISE DES ANNÉES 130

1 – Le problème du «roi Harsièsis»

A l'origine de l'«affaire Harsièsis» se trouve le papyrus *UPZ* II 199,
daté du 10 novembre 131. Il s'agit d'une lettre adressée par le vice-thébarque Dionysios à Diogénès, le banquier du nome Périthèbes. Dionysios lui rappelle tout d'abord que les prêtres d'Amon ont acheté une
charge sacerdotale dotée de revenus — le γέρας πτεροφορίας — contre 250
talents de cuivre payés à la banque royale de Thèbes (*UPZ* II 199, 3-4). Il
reconnaît ensuite qu'il lui a ordonné de débloquer les fonds et de délivrer
sur cette somme un ordre de paiement de 90 talents au profit d'un certain Harsièsis, qualifié d'«ennemi des dieux»: ὁ θεοῖσιν ἐχθρὸς Ἀρσιῆσις

---

[76] Cf. W. Otto et H. Bengtson, *op. cit.*, p. 38; H. Volkmann, *op. cit.*, col. 1728; M.
Rostovtzeff, *Histoire*, pp. 615-616; Ed. Will, *Histoire politique*, II, p. 426.

[77] M. Chauveau, «Un été 145», p. 164.

[78] Cf. P. W. Pestman, *P. Survey* 14 et 15.

(ll. 4-5 et 21). Il reconnaît en outre avoir obtenu des prêtres d'Amon deux dépôts de 50 et 40 talents pour combler le déficit des 90 talents cédés à Harsièsis (ll. 5-7). Il ordonne enfin à Diogénès de faire disparaître les pièces compromettantes, le virement fait à Harsièsis et la présente lettre, sous la menace de révéler ses propres malversations (ll. 12-14 et 20-21).

Qui était ce mystérieux «ennemi des dieux» Harsièsis? Pour L. Koenen, qui a consacré une étude détaillée à l'*UPZ* II 199, la dénomination θεοῖσιν ἐχθρός indiquerait qu'Harsièsis fut un roi rebelle (*Gegenkönig*), comme Haronnophris et Chaonnophris l'avaient été avant lui[79]. Reprenant une suggestion formulée par E. Seidl, l'auteur a aussi proposé d'identifier ce personnage au pharaon «*Ḥr-s3-'Is.t s3 Wsỉr*», «Harsièsis, fils d'Osiris» qui apparaît dans les *P. Karara* 1 et 2 (*P. Bad.* I B), deux contrats de mariage démotiques datés du «27 Mésorè de l'an 2» et provenant de Karara, au sud de El-Hibeh[80]. Le règne d'Harsièsis couvrirait alors les années 132/1-131/0: en 131, mettant à profit les rivalités entre Évergète II et Cléopâtre II, temporairement maître de Thèbes, il aurait obtenu de Dionysios les 90 talents dont il est question dans l'*UPZ* II 199, avant de fuir la ville et d'être défait par les troupes lagides au cours de l'année 130/129[81]. Cette reconstruction n'a pas été, depuis, remise en cause et l'existence du «roi Harsièsis» a été globalement acceptée par les savants. Mais ce dernier ne serait-il pas en réalité, comme l'a proposé M. Chauveau, «un mythe historiographique»?[82]

Un premier problème concerne la datation des *P. Karara*, car les informations livrées par la paléographie peuvent être diversement interprétées. W. Spiegelberg, le premier à éditer les papyrus dans les *P. Bad.* I en 1923, avait ainsi proposé une fourchette assez large, «entre l'époque perse

---

[79] L. Koenen, «Ein einheimischer Gegenkönig», pp. 103-119.

[80] L. Koenen, *op. cit.*, p. 118. Selon L. Koenen, il est aussi possible que l'*Oracle du Potier* fasse allusion à Harsièsis. Il y serait désigné comme le «roi de deux ans» et soigneusement distingué par les rédacteurs du roi sauveur annoncé par la prophétie, cf. «Die Prophezeiungen des «Töpfers»», *ZPE* 2, 1968, pp. 190-191, «A Supplementary Note on the Date of the Oracle of the Potter», *ZPE* 54, 1984, pp. 9-13 et «Die Apologie des Töpfers an König Amenophis oder das Töpferorakel», dans *Apokalyptik und Ägypten*, éd. A. Blasius et B. U. Schipper, *OLA* 107, Louvain, 2002, p. 170, n. 35.

[81] L. Koenen, «Ein einheimischer Gegenkönig», p. 116 et p. 119.

[82] M. Chauveau a défendu cette thèse à l'occasion de ma soutenance de doctorat, premier état de cet ouvrage, en décembre 2000. Je le remercie de m'avoir autorisé à la développer ici.

et l'époque ptolémaïque», tandis que pour E. Lüddeckens, l'écriture présente les caractéristiques du «ptolémaïque tardif»[83]. De plus, l'identification entre les deux Harsièsis n'est pas sans poser problème. Admettons en effet que l'«ennemi des dieux» ait obtenu du vice-thébarque les 90 talents alors qu'il était maître de Thèbes. Il faudrait en conclure que trois autorités concurrentes se sont succédées dans la ville en l'espace de quelques mois seulement au cours de l'année 131. Les données disponibles sur les changements de souveraineté à Thèbes sont résumées dans le tableau suivant[84]:

Tableau 2 – L'évolution des pouvoirs à Thèbes en 131

Date	Roi	Doc.
26 juillet 131	Évergète II	*O. Tempeleide* 207
4-15 octobre	Cléopâtre II	*UPZ* II 224
16 octobre-9 novembre?	Harsièsis?	cf. *UPZ* II 199?
10 novembre	Évergète II	*UPZ* II 199
13 novembre	Cléopâtre II	*O. dém. Louvre* I 101
18 novembre	Cléopâtre II	*UPZ* II 225
22 novembre	Cléopâtre II	*UPZ* II 217
21 janvier 130	Évergète II	*UPZ* II 219

Ce tableau illustre tout d'abord la guerre pour le pouvoir entre Évergète II et Cléopâtre II, guerre qui débuta en 132/1[85]. Jusqu'au 26 juillet 131, les documents thébains sont datés selon le règne d'Évergète II (*O. Tempeleide* 207 = *O. BM dém.* 12.594)[86]. Début octobre en revanche, entre le 4 et le 15, c'est Cléopâtre II qui était reconnue à Thèbes (*UPZ* II 224)[87]. Après cette date, l'alternance s'accélère puisqu'on date selon Éver-

---

[83] W. Spiegelberg, *P. Bad.* I, 1923, pp. 20-37; E. Lüddeckens, *Ägyptische Eheverträge*, Wiesbaden, 1960, pp. 176-180 (= *P. dém. Ehev.* 11 D) et p. 231, n. 869. M. Chauveau m'a confirmé que les *P. Karara* sont très difficiles à dater.

[84] Voir P. W. Pestman, *Chronologie égyptienne d'après les textes démotiques*, Leyde, 1967, pp. 58-60; R. S. Bagnall, «An Unrecognized Date by the Rebellion of 131 B.C.», *ZPE* 56, 1984, pp. 58-60.

[85] Voir *infra*.

[86] Cf. P. W. Pestman, *op. cit.*, p. 58-59.

[87] L'*UPZ* 224 fait apparaître deux dates, le 10 Thoth et le 21 Thoth de l'an 2 et pose rétrospectivement l'équivalence «an 1 = an 39» (col. III, 15). P. W. Pestman, *op. cit.*, p. 128,

gète II le 10 novembre 131 (*UPZ* II 199), puis selon Cléopâtre II les 13, 18 et 22 novembre (*O. dém. Louvre* I 101 = *O. Louvre dém.* 9071; *UPZ* II 225; *UPZ* II 217)[88]. À compter du 21 janvier enfin, les actes sont désormais, et sans plus d'interruption, au nom d'Évergète II (*UPZ* II 219)[89]. La malversation concernant les 90 talents — et donc la domination d'Harsièsis à Thèbes, pourrait donc se placer, au maximum, entre le 27 juillet et le 3 octobre, ou bien entre le 16 octobre et le 9 novembre 131. La période qui va du 27 juillet au 21 août est de toute manière exclue, comme le montrent les observations de R. Bogaert sur les conditions de l'achat du γέρας πτεροφορίας: «au mois de Mésoré (21 août — 20 septembre 131), le thébarque Démétrios avait ordonné au banquier Diogénès de virer les 250 talents de cuivre, payés par les prêtres, du compte du βασιλικόν, auquel cette somme était destinée, au compte des dépôts, un compte bloqué pour la durée de l'examen et de la décision concernant les revenus du temple»[90]. Le déblocage d'une partie de ces fonds au profit d'Harsièsis n'a donc pas pu s'opérer avant le 21 août, au plus tôt. D'autre part, si le virement avait été fait dans les semaines suivantes, en septembre, le vice-thébarque Dionysios aurait vraisemblablement eu le souci d'en faire disparaître les traces bien avant le 10 novembre, date de l'*UPZ* II 199. En effet, c'est manifestement par crainte de sanctions[91] qu'il s'est vu contraint de combler le déficit et de faire disparaître tous les documents compromettants. L'ordre de paiement au profit d'Harsièsis doit donc avoir eu lieu peu de temps avant le 10 novembre. Mais à partir du 4 octobre au moins, et jusqu'au 15, la reine Cléopâtre II était reconnue à Thèbes. Donc, si l'on admet qu'Harsièsis a obtenu les 90 talents en tant qu'autorité souveraine, sa domination dans la ville doit se placer entre le 16 octobre et le 9 novembre, ce qui correspond à un laps de temps extrêmement réduit.

---

n'excluait pas que le document puisse se référer au règne d'Harsièsis. Selon R. S. Bagnall cependant, *op. cit.*, p. 60, l'équivalence «an 1 = an 39» amène à attribuer le papyrus à Cléopâtre II, car «il est plus vraisemblable qu'on ait associé les années de règne de deux souverains macédoniens (même en guerre l'un contre l'autre) plutôt que celles d'un rebelle égyptien et d'un roi macédonien».

[88] Cf. R. S. Bagnall, *op. cit.*, p. 59.

[89] Cf. P. W. Pestman, *op. cit.*, pp. 60-61.

[90] R. Bogaert, «Un cas de faux en écriture à la Banque Royale thébaine en 131 avant J.-C.», *CdE* 63, 1988, p. 145. Cette observation repose sur l'*UPZ* II 200.

[91] À juste raison semble-t-il, voir *infra*, p. 55.

Il est vrai que la dénomination ὁ θεοῖσιν ἐχθρός suscite le plus grand
intérêt, dans la mesure où il s'agit de l'exact équivalent grec de «*sb3 n n3
ntr.w*», l'expression employée par le deuxième décret de Philae pour
dénoncer Chaonnophris[92]. Mais L. Koenen a lui-même montré que l'expression θεοῖσιν ἐχθρός était un concept familier de la littérature grecque
dès l'époque classique: elle est employée entre adversaires politiques
(Démosthène en use contre Eschine), et elle sert aussi à qualifier divers
comportements jugés sacrilèges[93]. Par conséquent, Harsièsis n'aurait-il
pas suffisamment mérité ce qualificatif en raison de ses malversations
financières, qui ont non seulement lésé la banque de Thèbes, mais aussi
les prêtres d'Amon? R. Bogaert a bien montré que ceux-ci, loin d'avoir
volontairement financé Harsièsis, ont été victimes de la transaction. Ils
ont dû céder 90 talents à la demande de Dionysios (pour que ce dernier
maquille le déficit), et ils ne sont jamais rentrés dans leurs fonds[94]. Au
demeurant, dans l'*UPZ* II 199, le vice-thébarque reconnaît sa pleine responsabilité dans l'affaire. De même qu'il qualifie Harsièsis d'«ennemi
des dieux», il définit son propre comportement comme un «acte d'impiété», τὸ ἀσέβημα, acte qu'il a commis à l'encontre d'Amon «par igno-
rance» (l. 1) et qu'il veut réparer, afin de conserver la bienveillance du
dieu (ll. 8-9).

Compte-tenu des difficultés posées, et par la datation des *P. Karara*, et
par l'interprétation de l'*UPZ* II 199, nous laisserons donc de côté, dans
la suite de notre étude, le cas du «pharaon Harsièsis», dont l'existence ne
nous semble pas définitivement prouvée. Reste qu'un certain nombre de
documents témoignent de toute une série de désordres en Égypte entre
le début de la guerre dynastique entre Évergète II et Cléopâtre II (132/1)
et la grande ordonnance de pacification de 118[95].

---

[92] Cf. L. Koenen, «Ein einheimischer Gegenkönig», p. 112 et *infra*, chap. V.

[93] L. Koenen, *op. cit.*, pp. 113-114, en partic. n. 5.

[94] R. Bogaert, «Un cas de faux en écriture», pp. 148-151.

[95] Sur la guerre entre Évergète II et Cléopâtre II, l'étude de référence reste celle de W.
Otto et H. Bengtson, *Zur Geschichte des Niederganges des Ptolemäerreiches*, pp. 23-144. Voir
également H. Volkmann, «Ptolemaios», col. 1729-1734, Ed. Will, *Histoire politique*, II,
pp. 429-439, D. J. Thompson, «Egypt, 146-31 B. C.», dans *CAH* IX, 1994, pp. 310-314;
G. Hölbl, *A History of the Ptolemaic Empire*, pp. 197-204; W. Huss, *Ägypten in hellenistischer Zeit*, pp. 608-618.

2 – Guerre civile, *amixia* et conflits villageois de 132/1 à 118

Nous présenterons ici les sources dans l'ordre chronologique, en prenant comme date pivot 124, année qui marque la réconciliation et la reprise du règne conjoint entre Évergète II, Cléopâtre III et Cléopâtre II.

a – De 132/1 à 124

L'*UPZ* II 225, le *P. Tor. Amen.* 8 et les *UPZ* II 212-213

Le papyrus *UPZ* II 225, tout d'abord, atteste qu'une *tarachè* se produisit au cours de l'année 132 dans la région thébaine. Daté du 25 Phaophi d'un «an 2» qui peut être attribué à Cléopâtre II[96], soit du 18 novembre 131, ce document a pour sujet l'affermage de la taxe du «quart des pêcheurs» (τετάρτη τῶν ἁλιέων) dans le Périthèbes pour l'année en cours[97]. Un certain Ptolémaios a fait une offre de 25 talents pour obtenir cette ferme, offre qu'il se propose d'augmenter «si la *tarachè* se termine (τῆς ταραχῆς παυσαμένης)» et si les pêcheurs peuvent reprendre normalement leurs activités (ll. 13-14). Le contexte permet de comprendre que Ptolémaios était déjà fermier de la taxe l'année précédente[98]: il a subi des pertes qu'il se propose de rembourser si la ferme lui est adjugée (ll. 17-18)[99]. La *tarachè* qui sévit encore dans le Périthèbes en novembre 131, et à laquelle on peut imputer ces pertes, a donc débuté au cours de l'année 132/131.

Cette datation peut être précisée grâce à un autre document, le *P. Tor. Amen.* 8, daté de 116. Il s'agit d'une plainte rédigée par le *paraschistès* Petenephôtês contre son confrère Amenôthês. Petenephôtês accuse ce dernier d'avoir violé le contrat établi entre eux en 119, contrat qui organisait le partage géographique de leurs compétences dans la région thébaine (rive gauche à Petenephôtês, rive droite à Amenôthês, à l'exception des prêtres d'Amon et de leurs serviteurs)[100]. Sont évoqués à ce sujet les

---

[96] Voir *supra*, p. 50.

[97] Sur cette taxe, voir C. Préaux, *L'économie royale des Lagides*, Bruxelles, 1939, pp. 206-207.

[98] Cf. U. Wilcken, *UPZ* II, p. 292, commentaire de la ligne 13.

[99] Le basilicogrammate Héliodoros, donnant des instructions à l'économe du Périthèbes au sujet de l'attribution de cette ferme, évoque également le déficit survenu l'année précédente (ll. 23-25).

[100] Sur cette affaire, voir P. W. Pestman, *P. Tor. Amen.*, pp. 52-75.

individus qui résident «depuis l'an 40», soit 131/0, dans d'autres villages que les leurs (ll. 26-27): ils doivent faire appel au *paraschistès* de leur nouveau lieu de résidence, et non à celui dont relève leur ancien domicile. Cette clause laisse penser que des mouvements de réfugiés furent provoqués par les troubles de 132/1, et qu'ils furent importants: Petenephôtês, sur la rive gauche et Amenôthês, sur la rive droite, sont tous deux concernés par ce problème[101].

La confrontation entre ce document et l'*UPZ* II 225 permet de placer le début de la *tarachè* du Périthèbes entre janvier et septembre 131. Nous en ignorons les causes exactes mais elle est très certainement liée au conflit dynastique dans la mesure où elle coïncide avec l'apparition de Cléopâtre II en Haute-Égypte. En effet, au vu des documents datés selon l'«an 1» et l'«an 2» de la reine, la rupture entre cette dernière et Évergète II tombe en 132/1 (an 39 d'Évergète II). Plus précisément, cette rupture est antérieure au 11 novembre 132: un contrat démotique inédit provenant de Memphis, le *P. dém. BM.* 10.384, omet Cléopâtre II à cette date[102]. En tout cas, cette dernière était reconnue comme seule souveraine à Thèbes le 4 octobre 131 (*UPZ* II 224) et plus au sud, à Edfou, dès le 15 septembre 131 (*O. Edfou inv.* 77bis)[103]. Son autorité s'étendit même sur Eléphantine en 131/0 (*BGU* VI 1448). Il faut ajouter que la capitale se rallia aussi à la reine au cours de l'année 131/0[104]: chassé par une émeute alexandrine le roi Évergète II, accompagné de Cléopâtre III, dut se réfugier durant quelque temps à Chypre avant de revenir disputer le pouvoir à Cléopâtre II dans la *chôra*. Ce n'est qu'en 129 que cette dernière quitta finalement l'Égypte pour l'Asie, laissant Évergète seul souve-

---

[101] Le document montre aussi que les déclarations sur le retour des réfugiés, comme celle contenue dans le *C. Ord. Ptol.* 53, n'étaient pas toujours suivies d'effet: en 116, date du *P. Tor. Amen.* 8, les villageois concernés n'avaient toujours pas réintégré leur domicile.

[102] Cf. L. Mooren, «The Wives and Children of Ptolemy Euergetes II», dans *Actes XVIIIᵉ Congrès* (Athènes), II, 1988, p. 436, n. 10; M. Chauveau, «Un été 145», p. 154, n. 68; D. J. Thompson, «Egypt, 146-31 B. C.», p. 311, n. 7.

[103] Cf. R. S. Bagnall, «An Unrecognized Date by the Rebellion of 131 B.C.», pp. 58-60. Cet ostracon bilingue, publié par D. Devauchelle et G. Wagner, «Ostraca ptolémaïques bilingues d'Edfou», *ASAE* 68, 1982, doc. 1, pp. 90-91, avait d'abord été daté du 14 octobre 246.

[104] Cf. Ed. Will, *Histoire politique*, I, p. 431, d'après les observations de O. Mørkholm, «Ptolemaic Coins and Chronology: the Dated Silver Coinage of Alexandria», *ANSMN* 20, 1975, pp. 7-24. Sur l'émeute alexandrine, voir Diodore, XXXIII, 6-12 et Justin, XXXVIII, 8-12.

rain dans le pays jusqu'en 124[105]. Mis à part Alexandrie, les lieux où l'autorité de Cléopâtre II est attestée à partir de 132/1 sont donc les suivants:

Tableau 3 – Actes au nom de Cléopâtre II dans la *chôra*

Doc.	Date	Règne	Loc.
O. Edfou inv. 77 bis	15 septembre 131	an 1	Edfou
UPZ II 224	4-15 octobre 131	an 2	Thèbes
O. dém. Louvre I 101	13 novembre 131	an 2	Thèbes
UPZ II 225	18 novembre 131	an 2	Thèbes
UPZ II 217	22 novembre 131	an 2	Thèbes
O. Bodl. I 368[106]	3 juillet 130?	an 2	?
BGU VI 1448	131/130	an 2	Éléphantine
P. Bad. II 2	29 octobre 130	an 3	Hermonthis

Par conséquent, les *UPZ* II 212-213 peuvent aussi s'interpréter dans le contexte des luttes dynastiques. Ces deux reçus thébains au nom d'Évergète sont datés du printemps 130. Ils ont été adressés par des officiers lagides au banquier Diogénès et concernent la solde «des troupes qui accompagnent le roi»: «τῶν συνακολουθούντων τῶι βασ[ιλ]εῖ δυν[ά]μεων» (*UPZ* II 212, 3-4: avril — mai 130; cf. *UPZ* II 213, col. II, 7-8). En venant à Thèbes à la tête de ses troupes, Évergète voulait sans doute restaurer solidement son autorité sur la ville, mais aussi sur les autres localités de Haute-Égypte qui avaient pris le parti de Cléopâtre II, comme Edfou ou Éléphantine. C'est également dans le cadre de cette reprise en main que les responsables du détournement de fonds commis au profit d'Harsièsis furent punis. R. Bogaert a ainsi mis en lumière le remaniement administratif qui a touché, outre le vice-thébarque Dionysios, le banquier Diogénès et même le thébarque Démétrios: tous ces personnages furent remplacés au cours de l'été 130[107].

---

[105] Sur ces événements, voir W. Otto et H. Bengtson, *Zur Geschichte des Niederganges des Ptolemäerreiches*, pp. 94-97; H. Volkmann, «Ptolemaios», col. 1729-1732; Ed. Will, *Histoire politique*, I, pp. 429-434.

[106] Sur ce document et le suivant, voir A. E. Samuel, «Year 27 = 30 and 88 B.C. The Events of 88 B.C.», *CdE* 40, 1965, p. 390 et R. S. Bagnall, *op. cit.*, p. 59. Si la lecture du 3 juillet 130 est confirmée, l'*O. Bodl.* I 368 ne peut pas venir de Thèbes: il n'y a pas d'interruption des actes au nom d'Évergète durant tout l'été 130.

[107] R. Bogaert, «Un cas de faux en écriture», pp. 151-154 et «Liste chronologique des banquiers royaux thébains», pp. 115-138.

Les *P. Tebt.* I 72 et 61b (132/1)

Outre la région thébaine, le Fayoum également fut agité au début des années 130, comme en témoignent certains documents de Kerkéosiris. Le *P. Tebt.* I 72, rédigé en 114/3, indique ainsi que l'activité agricole était normale jusqu'à l'an 39 (132/1), «avant l'époque de l'*amixia*» (πρὸ τῶν τῆς ἀμειξίας χρόνων, ll. 45-46). Le *P. Tebt.* I 61b (118/7), quant à lui, confirme que certaines terres à Kerkéosiris furent laissées en friche «pendant l'*amixia*» (ἐν τῆι ἀμειξίαι, l. 31). Cette *amixia* du Fayoum est donc tout à fait contemporaine de la *tarachè* du Périthèbes.

Le *P. Dryton* 36 (130)

Le *P. Dryton* 36 (*W. Chrest.* 10) est une lettre adressée le 15 janvier 130 par le soldat Esthladas à son père Dryton à Pathyris. Elle révèle qu'une expédition se préparait contre Hermonthis en Tybi (23 janvier — 21 février 130) sous le commandement du général Paôs:

> «Nous avons appris que Paôs remontera le Nil au mois de Tybi, avec des forces suffisantes pour réprimer les masses à Hermonthis (τοὺς ἐν Ἑρμώνθει ὄχλους) et les traiter en insurgés (χρήσασθαι αὐτοῖς ὡς ἀποστάταις)» (ll. 8-12).

Cette expédition, antérieure à l'arrivée d'Évergète à Thèbes, peut à nouveau s'expliquer par la guerre dynastique. En effet, d'après le *P. Bad.* II 2, Cléopâtre II fut reconnue à Hermonthis le 29 octobre 130 (5 Phaophi de l'an 3)[108]. Dès lors, il est possible que la campagne de janvier 130 ait été motivée par les liens existant déjà, à cette date, entre la reine et les Hermonthites. C'est sans doute pour cette raison que ces derniers ne sont pas considérés à proprement parler comme des «rebelles», même si ordre a été donné aux troupes de les traiter comme tels: ὡς ἀποστάταις.

L'*UPZ* II 209 (129)

L'*UPZ* II 209, que nous avons déjà évoqué, est daté du 28 juillet 129. Il concerne le paiement de la solde de 84 soldats «du camp de Paôs», sous commandement d'Inarôs. Ces derniers ont été envoyés à Panopolis

---

[108] Selon W. Otto et H. Bengtson, *Zur Geschichte des Niederganges des Ptolemäerreiches*, p. 94, le titre honorifique d' ἀδελφοί porté par les κάτοικοι ἱππεῖς d'Hermonthis dans ce papyrus (l. 10) pourrait être une récompense accordée par Cléopâtre II à ces derniers en raison de leur fidélité. Voir sur cette question L. Mooren, *La hiérarchie de cour ptolémaïque*, Louvain, 1977, pp. 164-165.

pour y réduire un soulèvement au printemps de la même année[109]. On trouve des échos de ce soulèvement dans la grande ordonnance d'amnistie de 118 qui autorise les habitants du pays à reconstruire leurs maisons «détruites et incendiées», «sauf les habitants de Panopolis (πλὴν τ[ῶν] ἐκ Πανῶ[ν] πόλ[ε]ως)» (*C. Ord. Ptol.* 53, 134-138 = 147-154). Tandis que ces maisons «détruites et incendiées» montrent l'intensité des dommages dûs à la guerre civile, l'exception faite aux Panopolites donne une indication sur le soulèvement lui-même. Il ne s'identifie pas à un des épisodes de la guerre entre Évergète II et Cléopâtre II et doit avoir ses propres causes. Ainsi, la ville d'Hermonthis, clairement engagée dans les luttes dynastiques et châtiée par le roi lors de la campagne de 130, n'a pas fait l'objet d'un traitement spécifique dans l'ordonnance de 118.

Le *P. dém. Leid.* 373a (130)[110] et le *BGU* III 993 (127)

Le *P. dém. Leid.* 373a est un contrat de mariage rédigé à Memphis le 28 mai 130 et le *BGU* III 993 un acte notarial de Crocodilopolis, daté du 9 janvier 127. Ce sont les préambules de ces documents qui nous intéressent ici, dans la mesure où les prêtres éponymes ne sont pas présentés, selon la formule habituelle, comme les prêtres «qui se trouvent à Alexandrie», mais comme les prêtres «qui sont avec le pharaon» (*ntỉ ḫpr ỉrm pr-ˁ, P. dém. Leid.* 373a)[111] ou «qui se trouvent dans le camp du roi» (ἐν τῶι τοῦ βασιλέως στρατοπέδωι, *BGU* III 993, col. II, 6-7). Comme l'avaient déjà montré W. Otto et H. Bengtson pour le *BGU* III 993, ces mentions inhabituelles renvoient au fait qu'Alexandrie s'était rangée aux côtés de Cléopâtre II et qu'Évergète avait dû, pour cette raison, nommer de nouveaux prêtres éponymes[112]. Mais elles révèlent aussi que les

---

[109] Mais on ignore si la troupe de 84 hommes fut la seule force détachée pour rétablir l'ordre à Panopolis.

[110] Pour ce document, voir J. K. Winnicki, «Der zweite syrische Krieg im Lichte des demotischen Karnak-ostrakons und der griechischen Papyri des Zenon-Archivs», *JJP* 21, 1991, p. 93. Également D. J. Thompson, *Memphis*, p. 152 et n. 213; W. Clarysse, «The Ptolemies visiting the Egyptian Chora», dans *Politics, Administration and Society in the Hellenistic and Roman World, Proceedings of the International Colloquium* (Bertinoro, 19-24 juill. 1997), éd. L. Mooren (*Stud. Hell.* 36), Louvain, 2000, p. 49.

[111] Cf. J. K. Winnicki, *ibid.*, n. 36.

[112] W. Otto et H. Bengtson, *op. cit.*, pp. 95-96; en ce sens également H. Volkmann, «Ptolemaios», col. 1731. Trois autres papyrus datés selon Évergète II au cours des années 129-127 omettent la mention «à Alexandrie» en nommant les prêtres éponymes et pourraient être interprétés de la même manière: le *PSI* IX 1016 (Thèbes, 129), le *P. dém. Caire*

Alexandrins continuèrent à résister au roi après la fuite de Cléopâtre en Asie. De fait, la reconquête de la capitale n'eut lieu qu'au cours de l'année 127/126[113].

Il est plus difficile de savoir quelle était la situation dans la *chôra* à la même époque, d'autant que ces documents ne disent pas où se trouve le roi qu'accompagnent les prêtres[114]. Dans le Fayoum, le calme était revenu dès l'année 130/129, suffisamment en tout cas pour qu'Évergète puisse procéder à des installations de clérouques à Kerkéosiris: en l'an 41 (130/129), trente *machimoi* furent ainsi dotés de parcelles de 7 aroures, et huit *machimoi hippeis* de parcelles plus importantes; l'année suivante, en 129/8, quatre *machimoi* furent également établis[115]. En revanche, la situation restait confuse en Haute-Égypte, comme le montre le *P. Tor. Choach.* 11.

Le *P. Tor. Choach.* 11

Ce document, un des actes du procès d'Hermias, est daté de février / mars 119. Hermias y accuse les choachytes thébains d'avoir entrepris la construction d'un bâtiment sur les ruines de la maison qu'il revendique, «en se moquant (de lui), dans les vicissitudes de l'époque (ἐν τῆι τῶν καιρῶν περιστάσει), parce qu'(il était) domicilié autre part» (ll. 17-19; cf. *P. Tor. Choach.* 11 bis, col. I, 14-15). Or, d'après le *P. Tor. Choach.* 8, les choachytes, propriétaires du terrain depuis 153, procédèrent à cette reconstruction à l'automne 127 (ll. 24-25), alors qu'Hermias était encore en garnison à Ombos[116]. Les «vicissitudes» évoquées dans le *P. Tor. Choach.* 11 sont donc à dater des environs de l'année 127. Une nouvelle fois, les perturbations observées par K. Vandorpe dans le paiement de l'*épigraphè* peuvent livrer un éclairage complémentaire sur la question. Pour tout le nome Pathyrite, l'auteur n'a relevé aucun reçu de taxe entre

---

II 30607 / *P. dem. Ehev.* 7D (Tebtynis, février 128), et le *P. dém. Leid.* 376 (Thèbes, 9 août 127). Voir H. Volkmann, *ibid.*, et, pour le *P. dém. Leid* 376, J. K. Winnicki, *ibid.*, n. 38.

[113] Cf. W. Otto et H. Bengtson, *op. cit.*, p. 96 et p. 99; H. Volkmann, «Ptolemaios», col. 1732.

[114] Grâce à Justin XXXIX, 1, 3 on sait néanmoins qu'Évergète vint à Péluse au printemps 129 afin de barrer la route de l'Égypte à Démétrios II, allié de Cléopâtre II. Voir H. Volkmann, «Ptolemaios», col. 1731.

[115] Cf. B. P. Grenfell et A. S. Hunt, *P. Tebt.* I, Appendix I, §3, pp. 552-553; D. J. Crawford, *Kerkeosiris. An Egyptian Village in the Ptolemaic Period*, Cambridge, 1971, pp. 69-71.

[116] Cf. P. W. Pestman, *P. Tor. Choach.*, p. 88 et pp. 122-124.

131 et 126, et il en va de même pour l'Apollonopolite entre 131 et 120[117] : manifestement, le calme n'était pas revenu en Haute-Égypte après le départ de Cléopâtre II et la fin de la guerre dynastique proprement dite.

Le *P. Bad.* IV 48 (126)

Peu après la reconquête d'Alexandrie par Évergète II, il semble qu'une nouvelle expédition militaire ait eu lieu dans la *chôra*, sur la foi du *P. Bad.* IV 48. Il s'agit d'une lettre datée selon le roi et adressée le 28 octobre 126 par une femme, Dionysia, à son mari Théon «parti vers l'amont dans (le cadre d') une mobilisation royale» : «ἀναπεπλευκέναι (…) ἐμ βασι[λι]κῶι παραγγέλματι» (ll. 9-10). Dionysia rapporte qu'elle a un litige en cours avec un certain Néon et que, lors de sa comparution devant le «responsable de la cité» (ὁ ἐπὶ τῆς πόλεως, l. 7), elle a revendiqué, en tant que femme de soldat mobilisé, le statut d'«ἀποσκευή» (l. 9)[118]. La mention de l' ἐπὶ τῆς πόλεως permet de préciser la provenance du papyrus : en Égypte même, ce personnage est attesté uniquement à Alexandrie, où il semble avoir exercé les fonctions de gouverneur civil pour le compte du roi[119] ; par conséquent, Dionysia est très certainement une Alexandrine[120]. Le *Bad.* IV 48 montre donc qu'en octobre 126 Évergète II avait bien repris la capitale et que, d'autre part, il avait fait procéder à une mobilisation de troupes. L'emploi du verbe ἀναπλέω, «naviguer vers l'amont», révèle que ces troupes étaient dirigées vers la *chôra* égyptienne. Mais il est impossible de dire où et contre qui elles avaient été dépêchées[121].

---

[117] Cf. K. Vandorpe, «The Epigraphe or Harvest Tax in the Apollonopolite Nome», p. 111.

[118] Sur les privilèges judiciaires des personnes qualifiées d'«ἀποσκευή» ou de «ἐν τῆι ἀποσκευῆι», qui composent la famille et peut-être aussi la domesticité des soldats en campagne, voir M. Holleaux, «Ceux qui sont dans le bagage», *REG* 39, 1926, pp. 355-366 et M. Launey, *Recherches sur les armées hellénistiques* II, Paris, 1950 (réimpr. Paris, 1987), pp. 785-790.

[119] Voir U. Wilcken, *Grundzüge*, Leipzig, 1912, p. 14 ; P. M. Fraser, *Ptolemaic Alexandria*, I, Oxford, 1972, pp. 106-107 et II, pp. 193-195.

[120] Cf. F. Bilabel, *P. Bad.* IV, p. 13, n. 2.

[121] En revanche, la réalité de la mobilisation n'a pas à être mise en doute, même si Néon conteste la légitimité de l'action de Dionysia, affirmant que son mari n'est pas parti en tant que soldat, mais «en vue d'exercer un travail (χάριν ἐργασίας, l. 9)». En effet, l' ἐπὶ τῆς πόλεως d'Alexandrie était sans aucun doute au courant des campagnes royales ; or ici, il a décidé de suspendre la procédure jusqu'au retour de Théon, mais sans rejeter catégoriquement la requête de Dionysia, ce qui aurait été le cas si le subterfuge avait été manifeste.

De 132/1 à 124, l'Égypte connut donc plusieurs vagues de troubles, dont la cause principale est sans aucun doute la guerre entre Évergète II et Cléopâtre II. Néanmoins, des rébellions d'un autre ordre ont pu éclater au cours de la même période (ainsi à Panopolis), et les troubles ont continué dans certaines régions après la fuite de Cléopâtre II en Asie. Au cours de l'année 124, une réconciliation eut lieu entre les souverains[122]. Le plus ancien document dans lequel Cléopâtre II réapparaît aux côtés d'Évergète II et de Cléopâtre III date ainsi du 9 juillet 124 (*P. Survey* 34). Mais cette réconciliation ne marqua pas pour autant l'arrêt des violences dans le pays, comme le montrent les documents suivants.

b – De 124 à 118

Le *W. Chrest.* 11 (123) et le *PSI* III 168 (118)

Le *W. Chrest.* 11 concerne une fois de plus la ville d'Hermonthis. Il nous apprend qu'en 123 celle-ci mena une véritable petite guerre contre sa voisine, Crocodilopolis. Cette affaire nous est connue par deux textes. Le premier, une lettre écrite par un Crocodilopolite, permet de reconstituer les principales phases de l'affrontement: le 23 septembre 123, pendant l'inondation, les Hermonthites débutèrent les hostilités en ouvrant les vannes des digues des Crocodilopolites, «dans le but de rendre les terres (de ces derniers) stériles et d'affaiblir leur ville» (A, col. I, 8-9). Une agression similaire se déroula deux jours plus tard, à la suite de laquelle les Hermonthites marchèrent en armes contre Crocodilopolis, avant d'être finalement repoussés, précise le rédacteur de la lettre, «grâce à la *tychè* des rois, (σὺν τῆι τῶ[ν] βασιλέων (…) τ[ύ]χηι)» (l. 16). Quelque temps plus tard, c'est une véritable bataille rangée qui eut lieu entre les deux camps, opposant pas moins de 500 fantassins et 20 cavaliers du côté des Crocodilopolites, 40 cavaliers et un nombre inconnu de fantassins pour les Hermonthites (le chiffre est perdu). Le rédacteur précise que les Hermonthites «ne furent pas peu nombreux à être tués» (οὐκ ὀλίγο[υ]ς διαφθαρῆνα[ι, col. II, 44). La fin de la lettre est consacrée à la conclusion de la paix entre les deux parties: une représentation composée de neuf νεανίσκοι et d'Apollonios ὃς καὶ Phâbi, commandant des Crocodilopolites, vint à cette occasion à Hermonthis (col. III, 51-59). Le

---

[122] Sur cette réconciliation, voir W. Otto et H. Bengtson, *Zur Geschichte des Niederganges des Ptolemäerreiches*, pp. 103-106; H. Volkmann, «Ptolemaios», col. 1732-1733.

deuxième texte que contient le *W. Chrest.* 11 est une pétition adressée à l'hypomnématographe Amphiklès par les prêtres de Souchos de Crocodilopolis. Ces derniers, qui agissent manifestement au nom de toute la communauté, rappellent les dommages provoqués par les Hermonthites dans les champs des Crocodilopolites (B, a, 7) et précisent que le *phrourion* de Crocodilopolis a été assiégé au cours des hostilités (a, 10-11). Ils réclament ensuite des compensations pour les préjudices subis, mais il est difficile de saisir ce dont il s'agit exactement: peut-être une diminution des impôts pour l'année à venir et /ou des indemnités de la part des Hermonthites[123].

Les événements rapportés dans le *W. Chrest.* 11 ne peuvent en aucun cas s'identifier à une révolte dirigée contre le pouvoir ptolémaïque. Le conflit semble avoir eu des causes strictement locales et peut apparaître comme le maillon supplémentaire d'une très longue querelle opposant Hermonthis à ses voisines, Crocodilopolis et Pathyris[124]. On peut rapprocher de ce document le *PSI* III 168, une plainte du nome Thinite rédigée en 118 par un certain Héliodoros, fils d'Héliodoros: dans la nuit du 1er octobre 118, les gardes de la digue royale de Ποχρῖμις, dont faisait partie Héliodoros, furent assaillis par des hommes armés (ἐν ὅπλοις, l. 13) venus de villages voisins. À l'image des Hermonthites, ces derniers percèrent les digues, inondèrent les champs et provoquèrent de grands dommages aux paysans royaux.

Le *PSI* III 171 (122/1) et le *P. Dryton* 34

Malheureusement très fragmentaire, le *PSI* III 171 nous apprend que le nome Thinite avait déjà connu des troubles au cours de l'année 122/1 (an 49 d'Évergète II). Il y est notamment question de l'appropriation illégale d'une palmeraie «lors de l'*amixia* survenue dans la région» (ἐν τῆι γενηθείσηι ἐν τῶι τόπωι ἀμειξίαι, l. 34). Le *P. Dryton* 34 (*P. Lond.* II 401), quant à lui, est une plainte adressée à l'épistratège et stratège de Thébaïde Phommous par les cinq filles de Dryton (les demi-sœurs d'Esthladas) résidant à Pathyris. Elles y dénoncent les menées d'un Grec

---

[123] Voir U. Wilcken, *W. Chrest.* 11, p. 19.

[124] On en trouvera les principales étapes chez W. Clarysse et J. K. Winnicki, dans *War of Sceptres*, pp. 42-43. Cette hostilité ne prit pas fin en 123: dans un papyrus daté de 103, les Pathyrites évoquent encore les habitants d'Hermonthis par les termes «les impies Hermonthites» (τοὺς ἀσεβεῖς Ἑρμωνθίτας) (*P. Conflict* 1, 8).

de Thèbes, Ariston, fils d'Athénodotos, qui a pris illégalement possession d'un vignoble leur appartenant sur la rive est du Pathyrite, à Kochlax d'Arabia, «à l'époque de l'*amixia*»: «ἐν τοῖς τῆς ἀμειξίας [κ]αιροῖς» (l. 20).

Ce papyrus peut être daté de 115-110, sur la base des années d'exercice de l'épistratège Phommous[125]. L'*amixia* dont il est question ici est nécessairement postérieure à 126: à cette date, le vignoble en question a été légué par Dryton à son fils Esthladas[126], lequel Esthladas en a cédé la moitié à ses sœurs après la mort de son père, survenue au plus tôt le 29 juin 126. La fourchette chronologique pour cette *amixia* est donc assez large, de 126 à 110. Pour le premier éditeur du document, F. G. Kenyon, la disparition d'Évergète II en 116 aurait pu provoquer une recrudescence de troubles en Égypte[127]. Mais il est aussi possible, comme le suggère R. Scholl, de rapprocher l'*amixia* du Pathyrite de celle qui toucha le nome Thinite en 122/1[128]. Cette hypothèse se trouve renforcée par le fait que le paiement des taxes au *thesauros* de Crocodilopolis fut interrompu dans l'Arabia du Pathyrite de 131 à 121[129]. Or, cette interruption pourrait être mise en rapport avec l'*amixia* évoquée par les sœurs de Dryton, *amixia* au cours de laquelle Ariston s'empara du vignoble situé précisément à Kochlax d'Arabia.

Le *PSI* III 171 et le *P. Dryton* 36 offrent aussi les dernières attestations de troubles importants avant les grandes ordonnances de pacification promulguées par Évergète II, Cléopâtre II et Cléopâtre III à partir de 121/0 et réunies dans l'amnistie générale du 28 avril 118 (*P. Tebt.* I 5: *C. Ord. Ptol.* 53). Les dispositions de cette amnistie montrent l'état critique dans lequel se trouvait alors le pays, 15 ans après le début de la guerre dynastique.

Entre 132/1 et 118, l'Égypte fut donc le théâtre d'une série de troubles de nature apparemment très variée. Plusieurs reflètent la guerre entre

---

[125] Sur Phommous, voir L. Mooren, *Prosop.* 058.

[126] Il s'agit du troisième testament de Dryton, cf. E. Boswinkel et P.W. Pestman, «Copie d'un testament de Drytôn», dans *Textes grecs, démotiques et bilingues*, Leyde, 1978, pp. 30-37 et K. Vandorpe, *P. Dryton* 3.

[127] F. G. Kenyon, *P. Lond.* II, p. 14. En ce sens également K. Vandorpe, *P. Dryton*, p. 260.

[128] R. Scholl, «Drytons Tod», *CdE* 63, 1988, p. 144.

[129] Voir K. Vandorpe, «Paying Taxes to the Thesauroi of the Pathyrites», pp. 413 et 432.

Évergète II et Cléopâtre II: il en va ainsi de l'arrivée des troupes d'Évergète à Thèbes et de la campagne contre Hermonthis en 130 (*UPZ* 212-213
et *P. Dryton* 36), comme des déplacements des forces royales dans la
chôra de 131 à 127 (*P. dém. Leid.* 373a, *BGU* III 993). C'est aussi dans ce
contexte que s'expliquent, au moins en partie, la *tarachè* du Périthèbes et
l'*amixia* du Fayoum en 132/1 (*UPZ* II 225, *P. Tebt.* I 61b et 72). En
revanche, compte-tenu de la clause d'exception contenue dans l'ordonnance de 118, le soulèvement de Panopolis (*UPZ* II 209) ne peut pas être
réduit à un épisode de la lutte dynastique. Par ailleurs, les troubles se
sont poursuivis en Haute-Égypte après le départ de Cléopâtre II en 129:
ils sont attestés directement par le *P. Tor. Choach.* 11 et indirectement par
les interruptions dans le paiement des taxes. De même, l'*amixia* du Thinite et celle du Pathyrite (*PSI* III 171, *P. Dryton* 34) sont postérieures à la
réconciliation des souverains et à la restauration du règne conjoint en
124. Quant au *PSI* III 168 et au *W. Chrest.* 11, ils rapportent «seulement»
des conflits entre villages voisins survenus au cours de la même période.
Ils montrent néanmoins que les rivalités locales de ce type pouvaient
mener à de véritables petites guerres, comme celle qui opposa Crocodilopolis à Hermonthis en 123.

Chapitre III

DE PTOLÉMÉE X ALEXANDRE Iᵉʳ
À LA CONQUÊTE ROMAINE

I – LES DERNIERS PTOLÉMÉES

De manière générale, la situation intérieure de l'Égypte est plus mal connue pour le Iᵉʳ siècle que pour les périodes précédentes. Dans le cadre de notre étude, la grande révolte de Thébaïde, survenue au cours des années 80 et évoquée notamment par Pausanias, fait figure d'événement phare. Mais elle succède à toute une série de troubles attestés dans le Pathyrite, l'Apollonopolite et le Latopolite dès la fin du IIᵉ siècle, à l'époque des luttes de pouvoir entre Cléopâtre III, Ptolémée Alexandre Iᵉʳ et Ptolémée Sôter II.

1 – La révolte de la Thébaïde sous Alexandre Iᵉʳ et Sôter II

a – Pausanias et Platon

Au livre I de sa *Périégèse*, Pausanias, en rapportant le conflit entre Ptolémée Sôter II et Ptolémée Alexandre Iᵉʳ, évoque brièvement le soulèvement de Thèbes et le châtiment de la ville par Sôter II:

> «Convaincu du meurtre (de Cléopâtre III), Alexandre prit peur devant les citoyens d'Alexandrie et s'exila; ainsi Ptolémée revint et tint l'Égypte pour la seconde fois; il fit campagne contre Thèbes qui avait fait défection (litt.: il fit la guerre aux Thébains révoltés, Θηβαίοις ἐπολέμησεν ἀποστᾶσι) et, remportant la victoire deux ans après la défection (ἔτει τρίτῳ μετὰ τὴν ἀπόστασιν), il la ravagea au point de ne laisser à Thèbes (litt.: aux Thébains, Θηβαίοις) aucun vestige de la prospérité de jadis, prospérité telle pourtant que cette ville dépassa en richesse les Grecs les plus riches» (I, 9, 3).

Cette notice est corroborée par les cinq lettres de Platon, très probablement le stratège de Thébaïde[1], adressées à divers destinataires dans la

---

[1] Pour l'identification de Platon, voir E. Van 't Dack, «Recherches sur l'administration du nome dans la Thébaïde au temps des Lagides», *Aegyptus* 29, 1949, pp. 14-15;

ville de Pathyris au cours de l'année 88: il s'agit des *P. Bour.* 10, 11, 12, du *P. Lond.* II 465² et du *P. Bad.* II 16. Les *P. Bour.* 10 et *P. Lond.* II 465 ont été écrits le 28 mars 88, alors que Platon se trouvait encore à Latopolis, sans doute son quartier général³. Elles sont datées selon le règne d'Alexandre Iᵉʳ. La première est adressée à Nechthyris, qui exerce manifestement les fonctions de commandement de place à Pathyris comme le laisse entendre l'expression «Nechthyris qu'on vous a donné pour chef (Νεχθύρει τῶι ἐφ' ὑμῶν τεταγμένωι) » dans le *P. Lond.* II 465⁴. Il peut être identifié au *mr mš⁽* homonyme du *P. dém. Heid.* 650a, daté du 7 juillet 88⁵, et peut-être aussi à Nechthyris fils de Psenmônthês qui apparaît dans le *P. Conflict* 5 (*P. dém. Heid.* 746), au cours du conflit syro-judéo-égyptien de 103-101⁶. Dans le *P. Bour.* 10, Platon lui fait part de son arrivée prochaine et lui transmet des instructions en matière de maintien de l'ordre:

«Tu feras bien de surveiller la région, d'être sur la défensive, et si des individus tentent de ne pas t'obéir en s'engageant dans une nouvelle (?) sédition ([..].τέραι στάσει), de t'assurer de leur personne jusqu'à ce que nous soyons aussi vite que possible (ὅτι τάχος) arrivé près de toi» (*P. Bour.* 10, 11-23)⁷.

La seconde lettre est adressée «aux habitants de Pathyris». Platon leur annonce également son arrivée et leur fait les recommandations suivantes:

«Nous avons décidé de vous en informer, de vous inciter à garder votre sang-froid et à assister Nechthyris qu'on vous a donné comme chef (Νεχ-

---

L. Mooren, *Prosop.* 059; L. Mooren et E. Van 't Dack, «Le stratège Platon et sa famille», *Ant. Class.* 50, 1981, pp. 535-544. Également, pour la famille de Platon, L. Coulon, «Quand Amon parle à Platon (La statue Caire JE 38033)», *RdE* 52, 2001, pp. 85-111.

² Ce papyrus, seulement décrit par F. G. Kenyon dans le tome II des *P. Lond.*, a été publié par B. P. Grenfell, «A New Papyrus concerning the Revolt of the Thebaid in B. C. 88», *REG* 32, 1919, pp. 251-255, et republié avec des corrections par P. Collart, «La révolte de la Thébaïde en 88 avant J.-C.», dans *Recueil Champollion*, Paris, 1922, pp. 275-276.

³ Voir sur ce point L. Coulon, *op. cit.*, p. 100.

⁴ Cf. *PP* II/VIII 2123 et 2144.

⁵ Publié par W. Spiegelberg dans «Papyrus Erbach. Ein demotisches Brieffragment», *ZÄS* 42, 1905, pp. 52-54 (actuellement *P. dém. Heid.* 750a). Sur ce document, voir E. Van 't Dack, dans *War of Sceptres*, p. 145 et pp. 147-148, la révision de la date étant due à U. Kaplony-Heckel.

⁶ Voir W. Clarysse et J. K. Winnicki, dans *War of Sceptres*, p. 66.

⁷ Pour les lettres de Platon, nous suivons les traductions de P. Collart.

θύρει τῶι ἐφ' ὑμῶν τεταγμένωι) jusqu'à notre arrivée aussi prompte que possible sur les lieux» (*P. Lond.* II 465, 7-15).

La troisième lettre, le *P. Bour.* 11, est à nouveau adressée à Nechthyris. Très fragmentaire, elle est datée du 30 mars 88 et concerne le ravitaillement de Pathyris en blé, en orge et en pain (πυροῦ, l. 4; ἄρτος, l. 7; κριθῆι, l. 8). La situation était donc suffisamment préoccupante à cette date pour que Platon se prépare à l'éventualité d'un siège, ou tout au moins à des difficultés d'approvisionnement.

Enfin, les dernières lettres, le *P. Bad.* II 16 et le *P. Bour.* 12, sont toutes deux adressées «aux prêtres et aux autres à Pathyris». La date du *P. Bad.* II 16 est perdue mais il ne fait guère de doute que le papyrus appartient aussi à l'année 88, en raison de la similitude de contenu: Platon félicite en effet les prêtres pour les mesures qu'ils ont prises et les engage à redoubler d'efforts afin d'assurer la sécurité de la place pour leur «seigneur-roi» (κύριος βασιλεύς). Le *P. Bour.* 12, écrit cette fois au nom de Ptolémée Sôter II, est daté quant à lui du 1er novembre 88. Platon y annonce l'arrivée du nouveau roi à Memphis et la mise sur pied d'une armée commandée par le général Hiérax:

> «Platon, aux prêtres et aux autres à Pathyris. Mon frère Philoxène m'a informé dans une lettre que m'a apportée Orsès que le très grand dieu-roi Sôter est venu à Memphis et que Hiérax a été chargé de soumettre la Thébaïde avec de très grandes forces (μετὰ δυνάμεων μυρίων). Afin que ces nouvelles puissent ranimer votre courage, j'ai décidé de vous les communiquer. An 30, le 19 Phaophi» (*P. Bour.* 12).

Faut-il rattacher à ces événements la mobilisation (παρ[ά]γγελμα[8]) des soldats «qui sont avec Platon, parent et stratège», évoquée dans l'*O. Wilck.* 1535? Cette quittance d'origine thébaine date du IIe ou du début du Ier siècle[9] et pourrait concerner le même Platon[10]. Cependant, en l'absence d'une datation précise, il reste impossible de saisir le contexte dans lequel s'inscrit la mobilisation. En revanche, d'autres documents montrent clairement que les provinces situées au sud de Thèbes connurent des troubles bien avant les événements de l'année 88.

---

[8] D'après la restitution de O. Krüger, *P. Ross. Georg.* II, p. 29.

[9] Cf. U. Wilcken, *AfP* 8, 1927, p. 78.

[10] Voir sur ce point O. Krüger, *op. cit.*, pp. 27-30, pour qui la quittance pourrait dater précisément de 88.

b – Des troubles en Haute-Égypte avant 88

Un premier témoignage peut être apporté par le papyrus démotique *P. dém. Berlin* 13608[11]. Ce document administratif donne des informations de différents ordres pour les années 21, 23 et 24 d'un règne que les données prosopographiques permettent d'identifier à celui de Ptolémée Alexandre Ier (94/3, 92/1 et 91/0)[12]. Au recto se trouve inséré le brouillon d'un rapport rédigé le 8 octobre 91 par Nechoutês, fils de Peteharsemtheus, comogrammate de la toparchie sud du Pathyrite. Il concerne les événements qui se sont déroulés dans la nuit du 7 octobre. Il y est question de l'incursion des «hommes du rebelle» (*rmt nty bks*, l. 4) sur les terres du Pathyrite, et très probablement aussi du Latopolite[13]. Ces derniers sont accusés d'avoir battu à mort un dénommé Kaiès, fils de Patès, alors qu'il était endormi sur la «terre à cultiver» du dieu Harsemtheus à Pathyris, à la frontière du Latopolite[14]. Ce Kaiès peut être identifié au mari d'Apollonia / Senmouthis, l'aînée des filles de Dryton. Dans le *P. Dryton* 25 daté de 117, il apparaissait avec la qualité de «Πέρσης τῆς ἐπιγονῆς»[15]; établi à Crocodilopolis, il cultivait des terres dans le Pathyrite depuis plus de deux décennies[16].

Les troubles révélés par le *P. dém. Berlin* 13608 semblent avoir été de quelque importance. Comme l'a fait remarquer W. Spiegelberg, la mention, par le comogrammate Nechoutês, du «rebelle», sans autre précision, laisse à penser que ce dernier était alors suffisamment connu, tout au moins à l'échelle du nome, pour qu'il soit nécessaire de le nommer[17]. En fait, le Pathyrite et l'Apollonopolite voisin semblent avoir été agités à plusieurs reprises à partir de la fin du IIe siècle. Dans sa première lettre adressée à Nechthyris en mars 88 (*P. Bour.* 10), Pla-

---

[11] Sur ce document, voir W. Spiegelberg, «Eine neue Erwähnung eines Aufstandes in Oberägypten in der Ptolemäerzeit», *ZÄS* 65, 1930, pp. 53-57 et U. Kaplony-Heckel, «Demotische Verwaltungsakten aus Gebelein: der grosse Berliner Papyrus 13608», *ZÄS* 121, 1994, pp. 75-91.

[12] Cf. U. Kaplony-Heckel, *op. cit.*, p. 81.

[13] Voir W. Spiegelberg, *op. cit.*, p. 55, VII.

[14] Pour la «terre à cultiver» du dieu Harsemtheus, voir P. W. Pestman, «Les archives privées de Pathyris», p. 50, n. 25 et p. 85, n. 261.

[15] Cf. P. W. Pestman, «A proposito dei documenti di Pathyris II», *Aegyptus* 43, 1964, pp. 15-62, n° 29.

[16] U. Kaplony, *op. cit.*, pp. 85-86.

[17] W. Spiegelberg, *op. cit.*, p. 57.

ton laisse entendre que la ville de Pathyris s'était déjà soulevée anté-rieurement: à la ligne 18, il évoque en effet un «[..].τέραι στάσει» qui selon P. Collart pourrait correspondre à [δε]υτέραι στάσει ou [ἐν] ἑτέ-ραι στάσει[18], et qu'il propose de rendre par «nouvelle sédition». Un autre papyrus, le *P. dém. Caire* II 30963 (recto), indique que des inci-dents s'étaient déjà produits dans le Pathyrite en 102/1[19]: dans un contexte très fragmentaire, il est question de pillages (ll. 9-11) et peut-être de l'envoi d'une force armée ou d'une force de police (ll. 11-12). On peut également évoquer le *P. Grenf.* II 36, une lettre adressée en mai 95 par Petesouchos, fils de Panobkhounis, à ses frères et à d'autres personnes résidant à Pathyris. Petesouchos semble avoir été engagé, avec d'autres soldats, dans une opération de maintien de l'ordre assez périlleuse, mais dans une région malheureusement indéterminée. Il informe ses correspondants que lui-même est sauf, mais précise: «ne soyez pas affligés à cause de ceux qui ont péri; ils s'attendaient à être tués» (*P. Grenf.* II 36, 9-11). Le 30 juin de la même année, il écrit à nouveau: «Je suis en bonne santé, ainsi que les jeunes recrues (...). Le stratège Ptôlion nous protège grandement et nous lui en sommes énor-mément reconnaissants» (*P. Lips.* I 104 corr. Witkowski, *Epistulae* 64[20], ll. 10-11 et 22-27)[21].

Les documents fiscaux permettent d'affiner les connaissances sur la situation en Haute-Égypte sous les règnes de Cléopâtre III, Ptolémée Alexandre Ier et Ptolémée Sôter II. Quatre grandes périodes peuvent en effet être distinguées dans le paiement de l'*épigraphè* pour le Pathyrite et l'Apollonopolite[22]:

---

[18] P. Collart, «La révolte de la Thébaïde en 88», p. 275, n. 1.

[19] Voir P. W. Pestman, «Les archives privées de Pathyris», p. 50, n. 25, et la nouvelle lecture de la date par le même auteur dans la *Demotische Berichtigungsliste* (an 16 = an 13 au lieu de an 26 = an 23).

[20] S. Witkowski, *Epistulae privatae Graecae*, Leipzig, 1911, n° 64.

[21] Trad. J.-L. Fournet citée par M. Chauveau, *L'Égypte au temps de Cléopâtre*, p. 222. Pour Ptôlion, qui pourrait être un stratège purement militaire, voir L. Mooren, «The Governors General of the Thebaid in the Second Century B.C.», I, *Anc. Soc.* 4, 1973, pp. 131-132. Il existe une autre lettre adressée par Petesouchos à ses frères la même année, rédi-gée cette fois en démotique, le *P. dém. Claude* 2 (inédit). Voir M. Chauveau, *ibid.*

[22] Voir K. Vandorpe, «Paying Taxes to the Thesauroi of the Pathyrites», pp. 415 et 433-436 et «The Epigraphe or Harvest Tax in the Apollonopolite Nome», p. 112.

1. De 107 à 103. Les reçus émis par le *thesauros* de Pathyris s'interrompent une première fois au cours de cette période et il en va de même à Edfou de 107 à 94.

2. En 103 et 102. Les reçus du *thesauros* de Pathyris réapparaissent.

3. De 102 à 94/3. Les reçus disparaissent à nouveau.

4. De 94/3 à 91 (ou 89[23]). En 94/3, la série des reçus reprend à Pathyris et ne présente plus d'interruption jusqu'en 91. De même, c'est en 94 que réapparaissent les reçus à Edfou.

À en juger par ces interruptions dans l'encaissement des taxes, le nome Pathyrite, ainsi que plus au sud l'Apollonopolite, furent donc troublés bien avant l'année 88[24]: une première fois après 107, une seconde fois après 103/2. Ces perturbations sont certainement liées, au moins en partie, aux luttes dynastiques, dans la mesure où les années 107 et 103/2 correspondent à des épisodes clés du conflit entre Cléopâtre III et ses deux fils: en 107, Sôter II fut expulsé d'Alexandrie; de 103 à 101, Cléopâtre III et Alexandre Iᵉʳ menèrent contre lui une campagne en Syrie; enfin, cette campagne fut suivie par la rupture entre Alexandre Iᵉʳ et sa mère, et par l'assassinat de cette dernière en 101[25]. L'agitation ne semble pas avoir touché Thèbes, où la série des reçus émis par la banque royale ne présente pas d'interruption entre la fin du IIᵉ siècle et le début du Iᵉʳ siècle[26]. En revanche, des troubles sont bien attestés pour le Pathyrite en 102/1 (*P. dém. Caire* II 30963) et, au vu de la désorganisation administrative, ils se poursuivirent dans ce nome et dans l'Apollonopolite voisin au cours des années 90. Il est d'ailleurs possible que les opérations militaires de 95, évoquées dans le *P. Grenf.* II 36, aient été menées dans la région.

On trouve peut-être aussi un écho de l'agitation des provinces situées au sud de Thèbes dans la liste géographique du temple d'Edfou gravée sous le règne de Ptolémée Alexandre Iᵉʳ. Il faut pour cela admettre que cette liste, qui ajoute 28 «districts supplémentaires» aux nomes tradi-

---

[23] Cf. K. Vandorpe, «Paying Taxes to the Thesauroi of the Pathyrites», p. 414.

[24] Cf. K. Vandorpe, *op. cit.*, p. 420.

[25] Sur ces événements, voir E. Van 't Dack, «Les Lagides au tournant du IIᵉ / Iᵉʳ siècle», dans *War of Sceptres*, pp. 18-24.

[26] Voir *PP* I/VIII 1241 (Képhalos) et R. Bogaert, «Liste chronologique des banquiers royaux thébains», p. 131.

tionnels, correspond à un remaniement administratif réel[27]. D. Devauchelle et J.-C. Grenier interprètent ainsi dans le sens d'une «reprise en
mains» la réorganisation des huit nomes les plus méridionaux de
l'Égypte[28], où l'on note en particulier l'apparition d'un «district supplémentaire» de l'Hermonthite, détaché du Pathyrite, ainsi que trois districts séparés du Latopolite. Si l'on adopte cette grille de lecture, il faudrait dater ce remaniement administratif des environs de 94/3, au
moment où le calme semble revenu à la fois à Pathyris et à Edfou[29]. Par
ailleurs, les nouveaux districts du Latopolite pourraient indiquer que ce
nome avait lui aussi connu des troubles au début du Ier siècle, sous le
règne d'Alexandre I[er][30].

Par la suite, dès le 7 octobre 91 des rebelles étaient actifs à la frontière du
Latopolite et du Pathyrite (*P. dém. Berlin* 13608), et peut-être le nome
Pathyrite tout entier sombrait-il à nouveau dans l'agitation car nous n'avons
aucun reçu émis par le *thesauros* pour la fin de 91 et pour l'année 90. Quant
à la première sédition de la ville évoquée par Platon (*P. Bour.* 10), deux possibilités demeurent: soit il faut la dater de la période qui va de 102 à 94/3,
soit entre 91/0 et 88. D'après le ton de la lettre, la deuxième hypothèse est
néanmoins plus probable car Platon fait manifestement allusion à des événements récents, pour lesquels il vient de donner des instructions: sans
doute cette première sédition a-t-elle eu lieu peu de temps auparavant, à la
fin de l'année 89 ou au début de l'année 88. Reste maintenant à savoir à
quelle date a débuté la grande révolte évoquée par Pausanias.

c – Chronologie de la révolte thébaine

La principale difficulté consiste ici à articuler les informations transmises par Pausanias et par la documentation directe. En fait, deux points
importants peuvent être considérés comme établis:

---

[27] Sur cette inscription, voir H. Gauthier, *Les Nomes d'Égypte depuis Hérodote jusqu'à
la conquête arabe*, Le Caire, 1935, pp. 52-67; D. Devauchelle et J.-C. Grenier, «Remarques
sur le nome Hermonthite à la lumière de quelques inscriptions de Tôd», *BIFAO* 82, 1982,
pp. 157-169.

[28] D. Devauchelle et J.-C. Grenier, *op. cit.*, p. 158.

[29] En tout cas, ce remaniement ne peut pas être une conséquence de la révolte de 88,
dans la mesure où la liste est au nom de Ptolémée Alexandre Ier.

[30] Mais à la différence de l'Hermonthite, ces districts ne sont pas attestés par d'autres
documents. Voir à ce sujet H. Gauthier, *op. cit.*, p. 61.

1. D'après le témoignage de Pausanias, la révolte a duré deux ans (cf. ἔτει τρίτῳ en grec) *et a été réprimée par Ptolémée Sôter II.*

Or Ptolémée Sôter II est rentré en Égypte au cours de l'année 89/88. Il fut accueilli par les Alexandrins sans doute dès le début de 88, en tout cas avant le mois de septembre, comme le montrent les sources numismatiques[31]. En ce qui concerne la *chôra*, il était reconnu à Thèbes peut-être dès le 14 février 88; dans le Fayoum à coup sûr le 21 mai 88 (*P. dém. Caire* II 30614) et à Pathyris le 4 octobre 88 (*P. dém. Strasb.* 8: an 27 = an 30)[32].

2. D'après les papyrus et les ostraca, l'année 88 apparaît comme le terminus post quem de la révolte:

– selon le *P. Bour.* 12, le soulèvement touchait «la Thébaïde» au Ier novembre 88.

– en revanche, les troubles venaient à peine de débuter dans le Pathyrite au printemps de la même année (cf. *P. Bour.* 10 et *P. Lond.* II 465). En effet, au vu de l'empressement que Platon manifeste à venir de Latopolis à Pathyris en mars 88 (cf. ὅτι τάχος), il est probable qu'il se serait déplacé plus tôt si la révolte avait commencé longtemps auparavant[33]. En outre, dans les documents datés de mars, il n'est pas question d'un soulèvement de «la Thébaïde», comme dans le *P. Bour.* 12.

– à Thèbes, la situation était normale jusqu'au 5 juin 88. Cette information essentielle nous est fournie par la série des reçus de taxes émis par la banque royale et par le grenier de Thèbes au cours des années 90. En revanche, ces reçus s'interrompent après le 5 juin 88 (le dernier étant l'*O. Bodl.* I 199)[34].

---

[31] Cf. O. Mørkholm, «Ptolemaic Coins and Chronology: the Dated Silver Coinage of Alexandria», pp. 14-15 et E. Van 't Dack, «Le retour de Ptolémée IX Sotèr II en Égypte», dans *War of Sceptres*, pp. 143-144.

[32] Cf. E. Van 't Dack, *op. cit.*, pp. 144-146.

[33] En ce sens P. Collart, «La révolte de la Thébaïde en 88», p. 278; B. McGing, «Revolt Egyptian Style», p. 298.

[34] Cf. *PP* I/VIII 1241 (Képhalos); R. Bogaert, «Liste chronologique des banquiers royaux thébains», p. 131; Z. Packman, *The Taxes in Grain in Ptolemaic Egypt. Granary Receipts from Diospolis Magna 164-88 B. C. (American Studies in Papyrology 4)*, New Haven-Toronto, 1968, p. 18.

– de même, les reçus de taxes ne sont plus attestés pour Edfou à partir d'octobre 88 et et toute documentation disparaît de Pathyris peu de temps après la lettre adressée aux prêtres par Platon le 1ᵉʳ novembre ³⁵.

On en déduira que les événements d'octobre 91 rapportés dans le *P. dém. Berlin* 13608, et à plus forte raison les indices d'une agitation antérieure dans le Pathyrite, ne peuvent pas être reliés à la grande révolte dont parle Pausanias. Cette révolte débuta en fait dans la première moitié de l'année 88, c'est-à-dire dans les premiers mois du retour de Sôter II en Égypte. Dès le mois de mars 88, le Pathyrite était agité, mais le soulèvement s'étendit surtout à partir de l'été 88, si bien qu'en novembre la plus grande partie de la Thébaïde était embrasée. Enfin, le calme ne fut rétabli que deux ans plus tard, donc au cours de l'année 86³⁶.

Nous n'avons aucun autre témoignage sur les actes commis pendant la révolte, mais la Haute-Égypte paya manifestemement un lourd tribut à l'insurrection, comme le laisse deviner la chute de la documentation à Thèbes, Edfou et Pathyris pour le reste du Iᵉʳ siècle. La ville de Pathyris en particulier se trouva désertée, comme sa voisine Crocodilopolis: non seulement la documentation papyrologique s'interrompt brutalement après 88³⁷, mais des blocs provenant des temples des deux villes servirent même à construire les fondations du lac sacré de Tôd, situé à quelques kilomètres³⁸. Le nome Pathyrite lui-même fut rebaptisé Hermonthite après le transfert de la métropole de Pathyris à Hermonthis³⁹. Reste que la cause précise de cet abandon nous échappe: Pathyris et Crocodilopolis ont-elles été prises d'assaut par les rebelles⁴⁰? Ou bien le dépeuple-

---

³⁵ Voir sur ces différents points K. Vandorpe, «Paying Taxes to the Thesauroi of the Pathyrites», p. 415 et «The Epigraphe or Harvest Tax in the Apollonopolite Nome», p. 112. Également P. W. Pestman, «Les archives privées de Pathyris», p. 51 et n. 28. Le 27 novembre néanmoins, la situation était encore normale à Pathyris, comme en témoigne la lettre adressée par Platon le Jeune aux πρεσβύτεροι de la ville, lettre consacrée à un problème mineur, en l'occurrence au vol d'une ânesse (*P. Ross. Georg.* II 10).

³⁶ Il faut donc admettre que la grande offensive de Hiérax, en novembre 88, n'eut pas le succès escompté.

³⁷ Cf. P. W. Pestman, *op. cit.*, p. 51.

³⁸ Cf. D. Devauchelle et J.-C. Grenier, *op. cit.*, p. 168.

³⁹ Sur les nomes Pathyrite et Hermonthite, voir H. Gauthier, *op. cit.*, pp. 116-121.

⁴⁰ Ainsi K. Vandorpe, «Paying Taxes to the Thesauroi of the Pathyrites», p. 420.

ment est-il la conséquence d'un choix stratégique des Lagides et du déplacement des garnisons[41]?

2 – De la révolte de la Thébaïde à la conquête romaine

La révolte de 88 semble avoir été le dernier acte des grands soulèvements de la *chôra* sous les Ptolémées. Néanmoins, un rapport sur la rentrée des taxes dans différentes toparchies de l'Héracléopolite évoque «*l'amixia* qui a saisi le nome» vers 84/3 (*BGU* XIV 2370, col. III, 39-40: τῆς ἐπειληφυίας τὸν νο[μὸν] ἀμειξίας). Les troubles cependant restèrent circonscrits, et seule la toparchie Agèma, et le village Alilaïs en particulier, semblent en avoir subi les conséquences (ll. 37-38)[42].

Vers 58 d'autre part, sous le règne de Bérénice IV et Cléopâtre VI, le *BGU* VIII 1762 révèle que l'Héracléopolite fut le lieu d'une violente protestation populaire contre «les gens d'Hermaïskos» (τῶν περὶ τὸν Ἑρμαΐσκον, l. 6). Il s'agissait manifestement d'agents du fisc particulièrement brutaux[43]: la foule, plus nombreuse de jour en jour, réclama en effet au stratège de faire un rapport auprès des reines «et du diocète» (καὶ τὸν διο[ι]κητὴν, l. 9), de sorte que les gens d'Hermaïskos soient exclus du nome (ll. 8-10). Selon le rédacteur anonyme, le stratège promit de faire le rapport en question et la foule se dispersa (ll. 10-12): de fait, nous n'avons aucune trace d'une éventuelle extension du conflit[44].

Évoquons enfin le jugement de César sur les troupes disparates dont disposait Ptolémée XIII Philopator en 48, à la veille de la Guerre d'Alexandrie. Selon lui, elles avaient mené des guerres «contre les Égyptiens»:

---

[41] En ce sens, P. W. Pestman, *ibid.*; D. Devauchelle et J.-C. Grenier, *op. cit.*, pp. 161-162. Pour ces derniers, les garnisons de Crocodilopolis et Pathyris furent transférées à Ermant et à Tôd.

[42] Sur ce document et le suivant, voir H. Maehler, «Egypt under the Last Ptolemies», *BICS* 30, 1983, p. 6.

[43] Cf. M. Chauveau, *L'Égypte au temps de Cléopâtre*, p. 26. Et plutôt qu'une bande de brigands comme le suggère H. Maehler, *ibid.*

[44] Le *P. IFAO* II 3 mentionne bien des troubles, ταραχάς, survenus en aval de l'Héracléopolite, mais la datation du papyrus est très incertaine (Iᵉʳ siècle av. ou Iᵉʳ siècle ap.): voir J. Bingen, «Les deux lettres P. IFAO II 1 et 3», *CdE* 46, 1971, pp. 133-135.

«Toutes ces troupes lagides avaient vieilli dans les nombreuses guerres d'Alexandrie, elles avaient rétabli sur son trône Ptolémée le père (Ptolémée Aulète), elles avaient massacré deux fils de Bibulus, elles avaient guerroyé contre les Égyptiens (*bella cum Aegyptiis gesserant*). Telle était leur expérience militaire» (*Guerre civile* III, 110, 6).

Toutefois, il est difficile de savoir si César se réfère à des événements précis, ou bien, comme le laisse penser le ton du passage, si cette mention avait pour but de souligner la faible valeur militaire de l'armée lagide. De fait, bien que les règnes des derniers Ptolémées aient été marqués par de grandes difficultés sur le plan intérieur aussi bien qu'extérieur[45], les sources ne mentionnent pas explicitement de révoltes[46]. En revanche, quelques mois seulement après la conquête romaine, au début de l'année 29, deux soulèvements durent être réprimés par le préfet Caius Cornelius Gallus.

II – LE DOUBLE SOULÈVEMENT DE 29

Le double soulèvement de 29 est attesté par deux sources contemporaines. Strabon tout d'abord, qui voyagea en Égypte de 27 à 20 environ[47], lui consacre une rapide notice au livre XVII de sa *Géographie*. Il distingue deux foyers de révoltes, le premier à Héroônpolis (Pithom), à l'est du Delta, le second en Thébaïde:

«Cornelius Gallus, le premier préfet établi en Égypte par César, attaqua Héroônpolis, la prit avec seulement une poignée (de soldats) (δι' ὀλίγων) et, en peu de temps (ἐν βραχεῖ), brisa une sédition survenue en Thébaïde pour le paiement du tribut (στάσιν τε γενηθεῖσαν ἐν τῇ Θηβαΐδι διὰ τοὺς φόρους)» (XVII, 1, 53)[48].

La campagne de Thébaïde est également mentionnée dans une stèle trilingue (grec, latin, hiéroglyphes) élevée par le préfet Gallus à Philae le 17

---

[45] Voir H. Maehler, *op. cit.*, pp. 1-16; L. Ricketts, «The Administration of Late Ptolemaic Egypt», dans *Life in a Multicultural Society*, éd. J. H. Johnson, Chicago, 1992, pp. 275-291.

[46] Voir cependant n. 44.

[47] Cf. J. Yoyotte dans J. Yoyotte, P. Charvet et S. Gompertz, *Strabon. Le Voyage en Égypte*, Paris, 1997, pp. 17-18.

[48] Trad. P. Charvet.

avril 29 afin de commémorer sa victoire sur les Égyptiens et ses succès contemporains en Éthiopie (*IG Philae* II 128)[49]. Les versions grecque et latine apportent quelques détails sur les opérations menées en Haute-Égypte (la version hiéroglyphique évoque uniquement les opérations éthiopiennes et ne mentionne pas la révolte thébaine):

> «En l'espace de quinze jours (…) il vainquit l'ennemi dans deux batailles rangées, de la Thébaïde qui avait fait défection (*defectionis Thebaidis*), après avoir pris d'assaut (cinq) villes, Borèsis, Coptos, Kéramikè, Diospolis Magna, Ophieum, s'être emparé des chefs de ces défections (*ducibus defectionum*)» (texte latin, 3-5).

> «Après avoir vaincu par la force, par deux fois, dans une bataille rangée (δὶς ἐν παρατάξει), en quinze jours, la Thébaïde qui s'était révoltée (ἀποστᾶσαν), en s'emparant des chefs des adversaires, pris cinq villes, les unes dès le premier assaut, les autres par siège (πολιορκίας), Borèsis, Koptos, Kéramikè, Diospolis Mégalè, Ophieum» (texte grec, 11-14)[50].

Le texte latin qualifie en outre la Thébaïde, désormais pacifiée, de «communi effroi de tous les rois (*communi omnium regum formidine*)» (l. 7). Quant au texte grec, il va jusqu'à affirmer que Gallus soumit alors la Thébaïde entière «qui n'avait pas été soumise par les rois (μὴ ὑποταγεῖσαν τοῖς βασιλεῦσιν)» (l. 16). À l'évidence, ces deux phrases sont destinées à grandir les exploits du préfet. Toutefois, il est possible d'y voir un écho des révoltes survenues dans la région sous les Ptolémées.

Il est difficile de savoir quelle fut l'importance du soulèvement d'Héroônpolis: Strabon dit que Gallus prit la ville avec «une poignée (de soldats)» (δι' ὀλίγων), mais il n'est pas impossible qu'il veuille souligner par un effet de style l'efficacité de l'armée romaine. En tout cas, les opérations menées en Thébaïde ne furent pas négligeables. Certes, la campagne fut courte: quinze jours seulement (ἐν βραχεῖ chez Strabon), contre deux ans de révolte sous Sôter II. Néanmoins, deux batailles rangées et des opérations de siège furent nécessaires pour réduire les insur-

---

[49] E. Bernand, *Les inscriptions grecques de Philae*, II, Paris, 1969, n° 128. L'*IG Philae* II 128 donne les textes grec et latin du décret. La version hiéroglyphique a été éditée par H. G. Lyons, L. Borchardt et A. Erman, «Eine trilingue Inschrift von Philae», dans *Sitz. preuss. Akad. Wiss.*, 1896, pp. 469-478: on trouvera une traduction de J. Yoyotte dans *Strabon. Le voyage en Égypte*, pp. 262-264. Voir également sur ce document H. Hauben, «On the Gallus inscription at Philae», *ZPE* 22, 1976, pp. 189-190; L. Koenen et D. B. Thompson, «Gallus as Triptolemos on the Tazza Farnese», *BASP* 21, 1984, pp. 132-142.

[50] Traduction E. Bernand, *op. cit.*, pour les deux passages.

gés. L'énumération des «villes» conquises par Gallus permet d'avoir un aperçu de l'extension des troubles. Outre Thèbes elle-même (Diospolis Magna), se trouvent mentionnées Coptos et Médamoud (Kéramikè[51]), à respectivement 42 et 7 km en aval de Karnak. Le toponyme Ophieum quant à lui a tout d'abord été identifié à Louxor[52]; selon J. Yoyotte cependant, le terme désignerait plutôt le vieux bourg d'Héfô, situé en amont de Thèbes[53]. La localisation de Borèsis reste énigmatique, mais on peut supposer qu'il s'agit d'un village situé en aval de Coptos car Gallus énumère manifestement les villes dans l'ordre où il les a conquises, en venant du nord. Après cette dernière rébellion, la région thébaine semble avoir été définitivement pacifiée. Une cinquantaine d'années plus tard, en 23 de n.è., la légion romaine installée à Thèbes, sans doute pour rétablir l'ordre après la révolte, put même être retirée[54].

BILAN

Entre l'avènement de Ptolémée III Évergète et les premiers mois de la domination romaine, l'Égypte fut donc le théâtre de troubles à plusieurs reprises. Certains d'entre eux ont pu être identifiés à des conflits locaux entre villages voisins: même d'ampleur parfois considérable, ils ne rentrent pas à proprement parler dans le cadre de notre étude. D'autres sont à rattacher aux guerres subies par le pays: guerre contre la Syrie et conflits dynastiques. D'autres encore correspondent en fait à des tentatives de coup d'État menées par des Grecs, le mystérieux *Tmpn / Démophon* (?) vers 167 et l'Athamane Galaistès vers 141/0.

Dans le tableau suivant apparaissent les révoltes qui ne peuvent pas être rattachées avec certitude à l'un ou l'autre de ces facteurs et que, à ce stade de la réflexion, nous supposerons donc être des «révoltes égyptiennes». Sur un plan chronologique, sept grands pics d'agitation peuvent être dégagés pour la période considérée. Le premier se situe en 245, peu de temps après l'avènement de Ptolémée III Évergète. Le second couvre

---

[51] Sur l'identification Médamoud / Kéramikè, voir A. Bataille, «L'emplacement des Kerameia thébains», *CdE* 21, 1946, pp. 237-244.

[52] Cf. E. Bernand, *IG Philae* II, pp. 42-43.

[53] J. Yoyotte dans *Strabon. Le Voyage en Égypte*, p. 263.

[54] Voir M. P. Speidel, *Roman Army Studies* I, Amsterdam, 1984, pp. 317-321.

les dernières années du règne de Philopator et la majeure partie du règne d'Épiphane, de 207/6 à 185 ou même 182. Le troisième débute à la fin de la Sixième guerre de Syrie et correspond au règne conjoint de Ptolémée VI et Ptolémée VIII (168-164). Après une décennie de répit, les désordres reprirent en Haute-Égypte dans les années 150, puis embrasèrent tout le pays au début des années 130, avec la guerre opposant Ptolémée VIII Évergète II à Cléopâtre II. Nous avons vu qu'un certain nombre d'opérations militaires attestées pour cette époque sont à rattacher au conflit entre les souverains. D'autres événements sont certainement liés aux luttes dynastiques, mais dans des proportions qu'il est impossible de déterminer: c'est le cas de la *tarachè* du Périthèbes, de l'*amixia* du Fayoum, mais aussi des «vicissitudes» (*péristasis*) de Haute-Égypte. Enfin, certains faits ne peuvent pas être imputés directement aux luttes dynastiques, comme le soulèvement de Panopolis en 129 ou bien l'*amixia* du Pathyrite et du Thinite à la fin des années 120. Quant au Ier siècle, il fut marqué par une double période d'agitation. Les premiers troubles se déroulèrent en Haute-Égypte dans les années 107-94/3, sous le règne de Ptolémée Alexandre Ier. Les suivants s'identifient à la grande révolte de Thébaïde réprimée par Ptolémée Sôter II entre 88 et 86. Enfin, deux derniers soulèvements eurent lieu en 29, quelques mois après la conquête romaine.

Sur le plan géographique, il faut noter que toute l'Égypte fut marquée par des troubles à une période ou une autre, non seulement la Thébaïde au sens classique du terme, de Lycopolis / Assiout à Eléphantine, mais aussi les régions situées au nord de Lycopolis: le nome Kynopolite (deuxième moitié du IIe siècle), l'Héracléopolite (de 167 à 164 et en 84/3), le Fayoum (au cours des années 160 et de 132/1 à 130/9), la région memphite (vers 165). Le Delta lui aussi, pourtant à proximité immédiate des centres du pouvoir lagide, fut agité à plusieurs reprises: de la fin du IIIe siècle à 182, à Lycopolis du Bousirite, dans le Saïte et sans doute à Diospolis d'aval; puis en 168/7 avec Dionysios Pétosarapis; enfin en 29 à Héroônpolis. En revanche, aucune des révoltes attestées par les sources ne toucha simultanément l'ensemble du territoire: seule l'invasion d'Antiochos IV et les guerres dynastiques, sans parler de la conquête romaine, eurent des répercussions, au moins indirectes, sur toute l'Égypte.

Sur la base des données établies dans ces premiers chapitres, nous chercherons maintenant à comprendre la nature et les causes de ces révoltes, en nous intéressant tout d'abord aux chefs rebelles attestés par la documentation.

Tableau 4 – Les «révoltes égyptiennes» (245-29 av.)

Dates		Basse et Moyenne Égypte	Haute-Égypte
245		**Basse-Égypte?** (*P. Haun.* I 6, 15; Justin, XXVII 1; saint Jérôme *F.Gr.Hist.* II 260, F 43)	**Haute-Égypte?** (*P. Haun.* I 6, 15; Justin, XXVII 1; saint Jérôme *F.Gr.Hist.* II 260, F 43)
Fin IIIe s. - début IIe s.	207/6	**Début des troubles dans le Delta?** (*Memphis*, 27; *Memphis*, dém. 16)	**Apollonopolite** (*Edfou* IV, 8, 1-4 et VII, 6,6-7,1) **Pathyrite** (*P. Grenf.* I 11) **Thèbes et la région thébaine** (Stèle dém. Caire 38.258; *P. dém. BM Reich* 10079D; *P. dém. Ehev.* 27et 29; *P. dém. Berl. Kaufv.* 3142 + 3144 et 3146; *P. dém. BM Andrews* 4 et 19; *P. dém. Tor. Botti* 2; *P. Tor. Choach.* 12; *SB* V 8033; *Philae II*, Sethe, *Urk.* II, 217, 7) **Pathyris** (*P. dém. BM* 10.486) **Apollonopolite** (*SB* VIII 9681) **Coptite** (*P. dém. Carnavon* 1 + 2; *P. dém. Lugd. Bat.* XVII 12) **Abydos** (graffito *P. Recueil* 11, graffiti Abydos 32 et 32 bis)
	àp de 205		
	198	**Basse-Égypte** (*SB* XX 14659)	**Haute-Égypte** (*SB* XX 14659)
	197	**Lycopolis du Bousirite** (Polybe, XXII, 17, 1-3; *Memphis*, 21-28; *Memphis*, dém. 12-16)	
	v. 190		**Lycopolis de Haute-Égypte** (*SB* XXIV 15972)
	->185	**Saïte** (Polybe, XXII, 17, 3-6)	
	182?	**Diospolis d'aval?** (décret de l'an 23,34-35)	
Années 160	168/7	**Delta** (Diodore, XXXI 15 a; *P. Lond.* VII 2188)	
	167-164	**Héracléopolite** (*P. Hamb.* I 91; *P. Gen.* III 128; *P. Hels.* I 6; *UPZ* I 14) **Fayoum** (*P. Amh.* II 30; *P. Tebt.* III 781, 888, 934, 1043) **Kynopolite** (*SB* XX 14186)	

Tableau 4 (suite)

Dates		Basse et Moyenne Égypte	Haute-Égypte
	v. 165	Memphite (*UPZ* 7 et 19)	**Panopolis** (Diodore XXXI, 17 b) **Autres lieux en Thébaïde** (Diodore XXXI, 17 b; *SB* X 10574, E) dont le Pathyrite (*supra*, p. 43)
Années 150-140			
	ap. 157		Pathyrite (*supra*, p. 46)
	ap. 146/2		**Apollonopolite** (*supra*, p. 46)
Années 130			
	132/1	**Fayoum** (*P. Tebt.* I 72 et 61b)	**Périthèbes** (*UPZ* II 225; *P. Tor. Amen.* 8)
	ap. 131		**Apollonopolite** (*supra*, pp. 58-59) Pathyrite (*supra*, pp. 58-59 et 62)
	129		**Panopolis** (*UPZ* II 209)
	127		**Haute-Égypte** (*P. Tor. Choach.* 11)
	126	**Basse-Égypte?** (*P. Bad.* IV 48)	**Haute-Égypte?** (*P. Bad.* IV 48)
	122/1		**Thinite** (*PSI* III 171)
	122/1?		Pathyrite (*P. Dryton* 34)
Fin IIe s. - début Ier s.			
	107-94/3		Pathyrite (*supra*, p. 69) **Apollonopolite** (*supra*, p. 69)
	102/1		Pathyrite (*P. dém. Caire* II 30963)
	95		**Apollonopolite ou Latopolite?** (*P. Grenf* II 36; *P. Lips* I 104; *P. dém. Claude* 2)
	91		Pathyrite (*P. dém. Berlin* 13608) **Latopolite** (*P. dém. Berlin* 13608)
	88		Pathyrite (*P. Bour.* 10, 18; *P. Lond.* II 465; *P. Bour.* 11; *P. Bad.* II 16; *P. Bour.* 12)
	88-86		**Thèbes et la Thébaïde** (Pausanias, I, 9, 1-3; *P. Bour.* 12)
	84/3	**Héracléopolite** (*BGU* XIV 2370)	
29		**Héroônpolis** (Strabon, XVII, 1, 53)	**Coptos** (*IG Philae* II 128) **Thèbes et ses environs** (Strabon, XVII, 1, 53; *IG Philae* II 128)

DEUXIÈME PARTIE

RÉVOLTES ET RÉVOLTÉS

Chapitre IV

LES CHEFS REBELLES

Un bon nombre de sources mentionnent la présence de chefs à la tête
des révoltes mais le plus souvent de manière très imprécise. Certains sont
totalement anonymes, comme «le rebelle» (*bks*) dont les hommes lancè-
rent une incursion dans le Pathyrite en 91 (*P. dém. Berlin* 13608), ou les
«chefs des adversaires» de Thébaïde évoqués dans la stèle de Gallus (τοὺς
ἡγεμόνας τῶν ἀντιταξαμένων, *IG Philae* II 128, 13)[1]. Les responsables du
soulèvement de Lycopolis sous Ptolémée V ne sont pas non plus nom-
més: Polybe parle simplement des «chefs des Égyptiens» (οἱ δυνάσται
τῶν Αἰγυπτίων, XXII, 17, 1) et le décret de Memphis évoque «ceux qui
s'étaient mis à la tête des rebelles» en grec (τοὺς ἀφηγησαμένους τῶν
ἀποστάντων, *Memphis*, 27), «les ennemis qui avaient rassemblé une
armée et qui étaient à sa tête» en démotique (*Memphis*, dém. 16), ou
encore «ceux qui avaient rassemblé des troupes et qui étaient à leur tête»
en hiéroglyphes (*Memphis*, hiérog. 1)[2]. On peut néanmoins supposer que
ces chefs de Lycopolis poursuivaient, au moins en partie, des objectifs
d'ordre politique. En effet, selon les rédacteurs du décret de Memphis, le
roi Ptolémée V dut à cette occasion «défendre son propre trône»
(ἐπαμύνων (…) τῆι ἑαυτοῦ βασιλείαι, ll. 27-28).

D'un autre côté, nous possédons parfois le nom des meneurs, mais
sans aucune information sur leurs motivations. C'est le cas des chefs du
Delta capturés vers 185, présentés par Polybe comme «les (derniers) chefs
encore vivants» (ἔτι διασωζόμενοι τῶν δυναστῶν) et dont nous pouvons
seulement dire qu'ils portaient des noms à consonance égyptienne: Athinis, Pausiras, Chésouphos et Irobastos (XXII, 17, 4). Pourtant, ils avaient
acquis une notoriété suffisante en Égypte pour que Polybe prenne la
peine de les citer dans son œuvre. Quant à l'«ennemi des dieux» de
l'*UPZ* II 199, Harsièsis, rien ne dit qu'il ait été un roi usurpateur et non
pas seulement un individu engagé dans des malversations financières

---

[1] Dans la version latine: «les chefs des défections», *ducibus defectionum* (l. 4).

[2] Pour la traduction du démotique et des hiéroglyphes, cf. S. Quirke et C. Andrews,
The Rosetta Stone, p. 19.

lèsant à la fois la banque de Thèbes et les prêtres d'Amon. Compte-tenu de toutes ces incertitudes, nous centrerons ici la réflexion sur les chefs rebelles les mieux connus, Haronnophris et Chaonnophris d'une part, Dionysios Pétosarapis d'autre part. Nous chercherons à préciser leur identité et à définir la nature de leurs ambitions.

I – HARONNOPHRIS ET CHAONNOPHRIS

1 – Égyptiens ou Éthiopiens[3]?

Un premier problème consiste à déterminer l'origine des rois Haronnophris et Chaonnophris. En effet, ces derniers ont souvent été considérés comme des dynastes «éthiopiens» ou «nubiens»[4], sans que cette hypothèse soit toujours argumentée. Si l'on excepte l'allusion, trop vague, contenue dans les inscriptions d'Edfou, sur le fait que la rébellion a débuté «dans la région du sud» (De Wit, *Edfou*, IV, 8, 2; cf. VII, 6, 7), quatre types d'arguments pourraient en fait être retenus en faveur de cette interprétation. Tout d'abord, le deuxième décret de Philae mentionne, aux côtés de Chaonnophris, «les bandes de Nubiens qui s'étaient joints à lui» dans la version hiéroglyphique (*ṯsw n[t] Nḥs.w dmd=sn ḥnꜥ=f*), et «l'armée des Koushites qui était jointe à lui» dans la version démotique (*[mš]ꜥ n nꜣ ꞌIkš.w (ꞌi).ir twtw irm=f*», *Philae II*, Müller hiérog. 5b / dém. 4c: Sethe, *Urk.* II, 217, 9; cf. Müller, hiérog. 12a-b: Sethe, *Urk.*

---

[3] L'emploi du terme appelle un certain nombre de remarques. Les Grecs en effet nommaient Αἰθίοπες ceux que les Égyptiens appelaient *Nḥs.w* ou *ꞌIkš.w*, et qui étaient en fait les populations sédentaires établies le long de la vallée du Nil, entre le sud de l'Égypte et le nord du Soudan, en Nubie, loin de l'Éthiopie actuelle. Dans ce chapitre, nous emploierons indifféremment le terme d'éthiopien ou de nubien pour désigner ces populations.

[4] Ainsi, par exemple, W. Otto, *Priester und Tempel im hellenistischen Aegypten*, I, Leipzig, 1905, p. 271, n. 10; W. Spiegelberg, «Zwei Kaufverträge aus der Zeit des Königs Harmachis», *Rec. Trav.* 35, 1913, pp. 151-152; K. Sethe, «2. Philae-Dekret», p. 44; P. Jouguet, «Les Lagides et les indigènes égyptiens», *RBPH* 2, 1923, p. 437; M. Rostovtzeff, *Histoire*, p. 501; C. Préaux, «Esquisse», pp. 531-532; P. Barguet, *La stèle de la famine à Séhel*, Le Caire, 1953, p. 33; S. Sauneron et J. Yoyotte, «La campagne nubienne de Psammétique II et sa signification historique», *BIFAO* 50, 1952, p. 206; H. Volkmann, «Ptolemaios», col. 1699; A. Bernand, *IG Philae* I, p. 133; Ed. Will, *Histoire politique*, II, p. 41; G. Husson et D. Valbelle, *L'État et les institutions en Égypte*, Paris, 1992.

II 224, 2)[5]. D'autre part, la titulature des rois rebelles de Haute-Égypte présente certaines similitudes avec celle des souverains éthiopiens contemporains de Ptolémée IV et Ptolémée V: Arnekhamani, Ergamène II / Arkamani et Adikhalamani[6]. De plus, dans la version démotique du deuxième décret de Philae, le terme d'«ennemi», appliqué à Chaonnophris, est parfois identifié par le déterminatif des peuples étrangers. Enfin, les événements des années 206-186 semblent avoir eu des incidences sur les rapports entre l'Égypte et Méroé, et sur la délimitation de la frontière entre les deux royaumes. À première vue, ces indices semblent concordants. Pourtant, aucun n'est véritablement déterminant, à commencer par la mention des «bandes de Nubiens» dans le décret de Philae.

a – «Les bandes de Nubiens qui s'étaient joints à lui»

En effet, il n'est pas nécessaire que Chaonnophris ait été lui-même éthiopien pour expliquer la présence de *Nḥs.w* dans son armée: le recrutement de populations mériodonales au service des rois était une pratique ancienne en Égypte[7]. De fait, la formule «qui s'étaient joints à lui», «*dmd=sn ḥnꜥ=f*», laisse penser, comme l'avait déjà souligné K. Sethe, que les propres troupes de Chaonnophris n'étaient pas éthiopiennes[8]. De plus, à la lumière des sources dont nous disposons, la sphère d'action d'Haronnophris et de Chaonnophris fut incontestablement égyptienne, et le centre de leur pouvoir se trouvait à Thèbes et non en Basse-Nubie: sur les 13 documents rédigés au nom de l'un ou l'autre rois, 8 proviennent de Thèbes et des Memnoneia et 3 des nomes limithrophes (Coptite et Pathyrite). Quant au dernier combat livré par Chaonnophris contre les troupes lagides en 186, il se déroula, sur la foi du décret de Philae, «en Haute-Égypte, dans le district de Thèbes (*m Ṱ-*

---

[5] Nous suivons ici les translittérations de R. H. Pierce dans *FHN* II, n° 134, p. 603.

[6] Pour un état récent des connaissances sur ces rois, voir T. Eide, T. Hägg, R. Holton et L. Török, *FHN* II, n°s 124-132, pp. 580- 596.

[7] Voir à ce sujet R. O. Faulkner, «Egyptian Military Organization», *JEA* 39, 1953, pp. 32-47; H. G. Fischer, «The Nubian Mercenaries of Gebelein during the First Intermediate Period», *Kush* 9, 1961, pp. 44-79; L. D. Bell, *Interpreters and Egyptianized Nubians in Ancient Egyptian Foreign Policy. Aspects of the History of Egypt and Nubia*, Univ. de Pennsylvanie, 1976, *UMI*, 1980.

[8] K. Sethe, «2. Philae-Dekret», p. 44; voir également M. Alliot, «La Thébaïde en lutte», p. 438.

rs, m ww n W3s.t» (*Philae II*, Müller, hiérog. 4f-5a: Sethe, *Urk.* II, 217, 7). D'autre part, bien que la rébellion ait commencé «dans la région du sud», sur la foi des inscriptions d'Edfou, c'est essentiellement vers le nord que les rois de Haute-Égypte tentèrent d'étendre leur domination au cours des années 206-186: Haronnophris est ainsi attesté à Abydos (graffito *P. Recueil* 11: 201/200) et Chaonnophris à Lycopolis (*SB XXIII* 15972: vers 190-186). Au contraire, nous ne possédons nulle trace certaine de leur activité au sud d'Edfou.

b – Aimés d'Amon, aimés d'Isis

Les titulatures de Chaonnophris et Haronnophris ne sont pas plus explicites. W. Spiegelberg avait fait remarquer au début du siècle que, par le biais de leurs épithètes «aimé d'Amon» et «aimé d'Isis», les rois se plaçaient sous la protection de deux des principaux dieux d'Éthiopie[9]. Certes, les trois souverains méroïtiques Arnekhamani, Ergamène II et Adikhalamani portent, comme Haronnophris et Chaonnophris, l'épithète «*mrj 'Is.t*», «aimé d'Isis»[10]. Mais c'est aussi le cas de Ptolémée IV, et il semble bien qu'Arnekhamani, le premier des rois éthiopiens à avoir adopté cette épithète, ait précisément suivi l'exemple du souverain lagide[11]. Ceci expliquerait notamment que les cartouches les plus anciens de son règne le désignent comme «*mrj Jmn*», «aimé d'Amon», et les plus récents comme «*mrj 'Is.t*»[12]. De même, le choix de l'épithète «aimé d'Isis» par Haronnophris et Chaonnophris pourrait être autant une réponse à la titulature adoptée par Ptolémée IV (sous le règne duquel a éclaté leur rébellion) qu'une conformité avec les traditions religieuses de l'Éthiopie. D'autre part, si Amon est incontestablement un grand dieu

---

[9] W. Spiegelberg, «Zwei Kaufverträge aus der Zeit des Königs Harmachis», p. 151.

[10] Sur les titulatures des rois de Méroé, voir H. Gauthier, *Le livre des rois d'Égypte*, IV, Le Caire, 1916, pp. 1-64 et pp. 423-429, J. von Beckerath, *Handbuch der ägyptischen Königsnamen*, Munich, 1984, pp. 130-134 et *FHN* II, n°ˢ 124, 128, 130.

[11] Cf. F. Hintze, *Die Inschriften des Löwentempels von Musawwarat es Sufra*, Berlin, 1962, pp. 14-16. Dans le même sens, S. Wenig, «Bemerkungen zur Chronologie des Reiches von Meroe», *MIO* 13, 1967, p. 7; W. Huss, *Untersuchungen zur Aussenpolitik Ptolemaios' IV.*, Munich, 1976, p. 180; L. Török, «Geschichte Meroes. Ein Beitrag über die Quellenlage und den Forschungsstand», dans *ANRW* II. 10. 1, 1988, p. 174 et *FHN* II, p. 581.

[12] Selon les inscriptions 1, 4, 5 du temple d'Apedemak à Musawwarat es Sufra, cf. F. Hintze, *ibid.* et *FHN* II, pp. 580-581.

éthiopien, il est aussi et surtout le grand dieu de Thèbes, la ville où les dynastes ont établi leur pouvoir. De plus, contrairement aux usages méroïtiques, les noms de règne choisis par Haronnophris et Chaonnophris ne font pas intervenir Amon, à la différence d'Arnekh/amani, Arq/amani et Adikhal/amani[13].

c – Chaonnophris et le décret de Philae

Dans ces conditions, comment expliquer la désignation de Chaonnophris dans le deuxième décret de Philae? Le problème se pose en fait pour la version démotique où, à trois occasions, les termes de *s3b*[14] ou *sb3*, appliqués à Chaonnophris, comportent, avant le déterminatif de l'ennemi, celui des peuples étrangers: Sethe, *Urk.* II 217, 10 (note n) / Müller, dém. 4d; Sethe, *Urk.* II 221, 8 (note e) / Müller, dém. 7c; Sethe, *Urk.* II 228, 9 (note g) / Müller, dém. 13a[15]. Dans son étude de 1917, K. Sethe en concluait sans hésitation que Chaonnophris «n'était pas d'origine égyptienne»[16]. Cette interprétation a été suivie par C. Préaux[17] et, chez les historiens suivants, elle est souvent implicitement à la base de la «thèse nubienne» quant à l'origine des rois. Pourtant, le décret lui-même ne présente pas de cohérence à cet égard. Ainsi, comme c'est logique, le nom Chaonnophris n'est pas désigné comme étranger dans la version démotique. De même, la version hiéroglyphique n'utilise que des variantes de l'homme vaincu pour déterminer les mots «ennemi» et «Chaonnophris». En réalité, rien n'indique que le déterminatif des peuples étrangers ait dans ce décret une véritable signification ethnique. Il faut plutôt le considérer comme un élément de délégitimation du roi rebelle, au même titre que les diverses épithètes injurieuses qui lui sont accolées. C'est sans doute pour la même raison que, d'après la lecture confirmée par le deuxième exemplaire inédit du décret de Philae (stèle Caire 27/11/58/4), le nom Chaonnophris est écrit en hiéroglyphes *Ḥr-*

---

[13] Voir à ce sujet L. Török, «Geschichte Meroes», p. 228 et pp. 177-182; A. A. Gasmelseed, «A propos de noms et de titres des rois kouchites», dans *Hommages à J. Leclant* II, réunis par C. Berger, G. Clerc et N. Grimal Le Caire, 1994, pp. 135-140.

[14] Plutôt que *s3b3* en *Urk.* II 221, 8, cf. P. W. Pestman, «Haronnophris and Chaonnophris», p. 120, n. 62.

[15] Ce dernier exemple, très effacé, est restitué par Sethe.

[16] K. Sethe, «2. Philae-Dekret», p. 42.

[17] C. Préaux, «Esquisse», p. 531, n. 2: «Ces rois sont désignés comme étrangers par l'inscription de Philae».

wn-nf(r) au lieu de *ʿnḫ-wn-nfr*[18]. Pour E. Winter, il faut y voir une déformation volontaire du nom de l'adversaire, le signe de vie *ʿnḫ* étant remplacé par celui de l'ennemi *ḫr*[19]: il s'agirait alors d'une forme de *damnatio memoriae* à l'égyptienne.

d – Les rapports entre Alexandrie et Méroé

Reste à déterminer si Haronnophris et Chaonnophris ont été soutenus par les rois éthiopiens. Pour répondre à cette question, il faut revenir brièvement sur les relations entre Alexandrie et Méroé au cours du IIIe siècle et en particulier sur la situation en Dodékaschène, vaste région de douze schènes (σχοῖνοι) située en Basse-Nubie, d'Éléphantine à Hiéra Sykaminos / Maharraqa[20]. L'extension de la domination lagide dans cette région remonte au moins au règne de Ptolémée II Philadelphe, qui y mena campagne aux alentours de 274[21]; c'est probablement à la suite de cette expédition qu'il fit graver, dans le temple d'Isis à Philae, une liste de onze districts nubiens apportant leur tribut à la déesse[22]. Par la suite, aucun souverain méroïtique n'est attesté en Dodékaschène jusqu'à Ergamène II / Arqamani. À la différence de ses prédécesseurs, ce dernier a été actif à Dakkeh, dans le temple de Thot, à Kalabsha, dans le temple d'Arensnouphis ayant précédé celui de Mandoulis, mais aussi à Philae, dans le temple d'Arensnouphis[23]. Quant à Adikhalamani, il fit construire

---

[18] Voir E. Winter, *Tempel und Kult* (*Äg. Abh.* 46), Wiesbaden, 1987, p. 71. Également P. W. Pestman, «Haronnophris and Chaonnophris», p. 127.

[19] E. Winter, *ibid.* et n. 23 pour des parallèles. L'auteur interprète dans le même sens la curieuse orthographe du groupe *nf(r)*, déjà repérée par W. Clarysse, «Hurgonaphor et Chaonnophris», p. 248: outre l'omission du *r* final, le groupe est rendu en phonogrammes unilitères, comme si le signe hiéroglyphique de la perfection, *nfr*, avait été refusé au roi rebelle. Sur cette question, voir aussi W. Huss, *Der makedonische König und die ägyptischen Priester. Studien zur Geschichte des ptolemäischen Ägypten*, Stuttgart, 1994, pp. 96-97.

[20] Sur la Dodékaschène à l'époque hellénistique, voir notamment L. Török, «To the History of the Dodekaschoenos between ca. 250 B. C. and 298 A. D.», *ZÄS* 107, 1980, pp. 76-86 et G. Dietze, «Philae und die Dodekaschoinos in ptolemäischer Zeit», *Anc. Soc.* 25, 1994, pp. 63-110.

[21] Sur cette campagne, voir L. Török, «Geschichte Meroes», pp. 145-146; J. Desanges, *Recherches sur l'activité des Méditerranéens aux confins de l'Afrique*, Rome, 1978, pp. 252-262.

[22] Cf. K. Sethe, *Urk.* II 120, §27 et *FHN* II, n° 112.

[23] Pour le temple de Dakkeh: G. Roeder, *Der Tempel von Dakke*, Le Caire, 1930 et *PM*

à Dabod une chapelle dédiée à l'Amon local et à l'Isis de Philae[24]. En outre, à Philae même, la partie supérieure d'une stèle découverte à la fin des années 1970 le montre présentant des offrandes aux principaux dieux de l'île[25].

La présence d'Ergamène II et d'Adikhalamani dans la Dodékaschène représente donc une nouveauté qu'il convient d'analyser. En 1937, F. L. Griffith, avait déjà posé l'alternative suivante: «la présence d'Ergamène et d'Adikhalamani dans ces temples pourrait s'expliquer de deux manières: soit en raison d'une coopération amicale avec les premiers Ptolémées; soit par un soutien actif apporté à la révolte thébaine d'Harmachis qui chassa les Ptolémées de Haute-Égypte et de Nubie pendant vingt ans»[26]. Pendant lontemps, la première de ces hypothèses a été privilégiée. Le fait que Ptolémée IV ait participé, comme Ergamène II, à la construction du temple de Thot à Dakkeh et à celle du temple d'Arensnouphis à Philae a laissé penser que les souverains lagides et méroïtiques avaient entretenu des relations amicales, établissant une sorte de co-souveraineté sur la Dodékaschène[27]. L'exemple de Dakkeh est le plus frappant car Ergamène II et Ptolémée IV y apparaissent tous deux faisant des offrandes aux dieux, le premier sur les murs de la chapelle qui porte son nom, le second sur la porte donnant accès à cette chapelle par l'intermédiaire d'un vestibule (*Querraum*). Dans cette optique, le martelage postérieur de certains cartouches d'Ergamène II a souvent été interprété

VII, 40-50. Pour Kalabsha, voir D. Arnold, *Die Tempel von Kalabsha*, Wiesbaden-Berlin, 1975, p. 6 et E. Henfling, dans *LÄ* III, 1980, col. 295: c'est à l'occasion du déplacement du temple de Kalabsha qu'ont été retrouvés des blocs de remploi portant le cartouche d'Ergamène II. Pour le temple d'Arensnouphis à Philae, voir *PM* VI, 211 et E. Vassilika, *Ptolemaic Philae*, Louvain, 1989, pp. 49-52.

[24] Cf. G. Roeder, *Debod bis Bab Kalabsche* I, Le Caire, 1911, pp. 22-25 et «Die Kapellen zweier nubischer Fürsten in Debod und Dakke», *ZÄS* 63, 1928, pp. 126-141. Également *PM* VII, 4.

[25] Cf. A. Farid, «The Stela of Adikhalamani found at Philae», *MDAIK* 34, 1978, pp. 53-56; *FHN* II, n° 132.

[26] F. L. Griffith, *Catalogue of the Demotic Graffiti of the Dodecaschoenus*, I, Oxford, 1937, pp. 2-3.

[27] Voir notamment P. Jouguet, «Les Lagides et les indigènes égyptiens», *RBPH* 2, 1923, p. 437; E. Bevan, *Histoire*, p. 277; G. Roeder, *Dakke*, pp. 250-251, §577; A. J. Arkell, *A History of the Sudan*, 2ᵉ éd., Londres, 1961, p. 159; W. Y. Adams, *Nubia, Corridor to Africa*, Londres, 1977, p. 335; J. Desanges, *Recherches*, pp. 279-280; A. Bernand, *IG Philae* I, p. 133.

comme le signe d'un renversement diplomatique survenu à l'occasion de la révolte de Haute-Égypte. Pour W. Huss, la rupture serait le fait d'Ergamène II lui-même: après avoir mené une politique de collaboration avec Ptolémée IV jusqu'en 207, le roi éthiopien aurait adopté une attitude hostile vis-à-vis de l'Égypte[28]. Selon M. Alliot en revanche, Ergamène II aurait gardé jusqu'à la fin de son règne de bons rapports avec les rois lagides, et le martelage de ses cartouches à Philae ne serait pas imputable au pouvoir ptolémaïque, mais aux rebelles eux-mêmes, déçus de n'avoir pas rencontré d'appui auprès du souverain de Méroé[29].

Des recherches plus récentes amènent cependant à remettre en cause ces deux types d'interprétation, en reconsidérant la présence du roi éthiopien dans les temples de Dodékaschène comme le signe, non d'une collaboration, mais bien d'une rivalité entre les cours d'Alexandrie et de Méroé. En effet, à Dakkeh comme à Philae, le pouvoir méroïtique a en fait remplacé le pouvoir lagide. Concernant le temple d'Arensnouphis à Philae, il est établi depuis longtemps qu'Ergamène II y a continué les travaux de décoration entrepris par Ptolémée IV[30]. Selon E. Winter, cette succession de phases distinctes s'applique également au temple de Thot à Dakkeh. Pour lui, la porte décorée par Philopator n'entretient aucun rapport architectonique avec les murs du vestibule qui lui sont contigus, et semble plutôt avoir été conçue pour commander l'entrée dans une enceinte de briques; rien ne certifie par conséquent que la chapelle d'Ergamène lui soit antérieure[31]. Or, si l'on admet que le souverain

---

[28] W. Huss, *Untersuchungen zur Aussenpolitik Ptolemaios' IV.*, pp. 181-183. Également, du même auteur, *Ägypten in hellenistischer Zeit*, p. 424.

[29] M. Alliot, «La Thébaïde en lutte», pp. 428-429. L'auteur oppose également l'attitude d'Ergamène, hostile aux prêtres d'Amon, à celle de son successeur Adikhalamani, qui se serait allié avec les clergés de Napata et de Thèbes. Mais cette interprétation repose sur l'identification, aujourd'hui rejetée, entre le roi Ergamène évoqué par Diodore, III, 6 (Ergamène I / Arkamaniqo) et Ergamène II / Arqamani. Voir à ce sujet F. Hintze, *Die Inschriften des Löwentempels von Musawwarat es Sufra*, pp. 13-17, S. Wenig, «Bemerkungen zur Chronologie des Reiches von Meroe», p. 43 et *FHN* II, pp. 566-567.

[30] Cf. *supra*, p. 89, n. 23 et G. Dietze, «Philae und die Dodekaschoinos», p. 70.

[31] E. Winter, «Ergamenes II., seine Datierung und seine Bautätigkeit in Nubien», *MDAIK* 37, 1981, pp. 509-513 (et déjà les remarques de G. Roeder, *Dakke*, pp. 49-50). En ce sens également E. Lanciers, «Die ägyptischen Tempelbauten 1», *MDAIK* 42, 1986, pp. 95-96; A. Burkhardt, *Ägypter und Meroiten im Dodekaschoinos*, Berlin, 1985, p. 14; L. Török, «Geschichte Meroes», p. 271 et *FHN* II, p. 589; G. Dietze, *op. cit.*, p. 104.

méroïtique a succédé à Philopator, à Dakkeh comme à Philae, la thèse de la collaboration entre les deux rois s'effondre. Au contraire, les travaux d'Ergamène II dans les temples en question pourraient être compris dans le sens d'une mainmise éthiopienne sur la Basse-Nubie au cours du règne de Ptolémée IV. Cette hypothèse se trouve renforcée par une inscription sur le mur sud de la chapelle d'Ergamène II à Dakkeh, selon laquelle le roi éthiopien a offert la Dodékaschène à la déesse Isis, affirmant du même coup sa souveraineté sur la région[32]. Quant à la chapelle méroïtique de Dabod et à la stèle retrouvée à Philae, elles montrent que la présence éthiopienne au sud de la première cataracte se prolongea sous le règne d'Adikhalamani.

Les souverains Ergamène II et Adikhalamani ont donc réussi à rétablir la domination de Méroé sur la Basse-Nubie entre la fin du IIIe siècle et le début du IIe siècle. Il n'est pas impossible qu'ils soient allés jusqu'à Syène, mais le document sur lequel se fonde cette hypothèse, un graffito démotique publié par E. Bresciani, ne donne pas d'indications certaines à ce sujet[33]. En tout cas, en 198, la situation était normale, comme l'atteste un contrat de mariage démotique, le *P. dém. Ehev.* 28, rédigé par le notaire de Syène et Éléphantine entre le 12 octobre et le 10 novembre 198. Le signataire de ce contrat, *P3-tj-Wsjr*, vient de *'fnt*, un camp militaire situé à proximité de Syène; ce camp était donc également sous contrôle ptolémaïque à cette date[34]. D'autre part, en 187, Syène était bien aux mains du pouvoir d'Alexandrie: la présence d'une importante force lagide dans la ville est attestée par le dossier papyrologique *SB* VI

---

[32] G. Roeder, *Dakke*, p. 250, §557. Le problème posé par cette donation avait déjà été soulevé par E. Bevan, *Histoire*, p. 278: «La théorie suivant laquelle la Dodékaschoinos était territoire neutre (…) se concilie difficilement avec la déclaration hiéroglyphique d'Ergamène». L'auteur conclut néanmoins: «La présence curieuse des deux royautés, lagide et éthiopienne, semble cependant s'expliquer plus facilement par quelque arrangement amiable entre les deux cours que par l'hypothèse d'une alternance de deux puissances rivales».

[33] E. Bresciani et S. Pernigotti, *Assuan*, Pise, 1978, n° 43, pp. 141-143. Pour E. Bresciani, ce graffito témoigne d'une «occupation nubienne» d'Assouan entre l'an 16 et l'an 10 du règne d'un «Ptolémée, fils de Ptolémée» identifié à Ptolémée V: l'occupation aurait donc duré de 196 à 190. Mais les critères de datation du document sont incertains et, selon P. W. Pestman, «Haronnophris and Chaonnophris», p. 136, l'inscription toute entière est difficile à lire.

[34] Cf. P. W. Pestman, *op. cit.*, p. 115, aa et n. 39. Sur *'fnt*, voir W. Spiegelberg, «Demotische Beiträge», *AfP* 9, 1930, pp. 59-60.

9367 publié en 1952 par T. Reekmans et E. Van 't Dack[35]; il comporte vingt-sept documents concernant l'approvisionnement par voie fluviale des troupes royales stationnées dans la ville entre le 30 mai et le 26 août 187. Au cours de ces trois mois, plus de 11 000 artabes de blé (entre 330 000 et 480 000 litres) ont été transportées dans la garnison de Syène[36]. Ces données ne permettent pas une estimation précise des troupes présentes à cette époque: les quantités de blé n'ont pas été conservées dans tous les documents et l'archive elle-même est sans doute incomplète. Mais il est certain que la garnison lagide comptait plusieurs centaines de soldats à l'été 187. Plus au sud, à Philae, l'autorité lagide fut restaurée dès le règne d'Épiphane, comme l'indiquent les travaux entrepris au nom du roi dans le temple d'Imhotep en l'an 21 (185/4)[37]. Dans la Dodékaschène, la situation est plus difficile à appréhender: à Dakkeh, le nom du roi Ptolémée V n'apparaît qu'à titre posthume dans une liste de souverains lagides[38], tandis qu'à Kalabsha les cartouches de la chapelle ptolémaïque d'abord considérés comme les siens ont dû être réattribués à Ptolémée IX Sôter II[39]. En revanche, il est certain que sous Ptolémée VI les régions comprises entre la première et la deuxième cataracte étaient bien rentrées dans l'orbite lagide[40].

---

[35] T. Reekmans et E. Van 't Dack, «A Bodleian Archive on Corn Transport», *CdE* 27, 1952, pp. 149-195. Les documents, provenant sans doute des archives du sitologue de Syène, avaient d'abord été attribués par les éditeurs au règne de Ptolémée VI Philométor. L. Mooren, *La hiérarchie de cour*, pp. 78-79, les a redatés du règne de Ptolémée V Épiphane. Voir également sur ces documents K. Vandorpe, «The Chronology of the Reigns of Hurgonaphor and Chaonnophris», pp. 295-296; H. Hauben, «Des bateaux de Diospolis Mikra?», dans *Actes XVIIIᵉ Congrès* (Athènes), 1988, pp. 243-253; P. W. Pestman, *op. cit.*, p. 119.

[36] T. Reekmans et E. Van 't Dack, *op. cit.*, p. 164.

[37] E. Lanciers, «Die ägyptischen Tempelbauten 1», pp. 96-97; G. Dietze, «Philae und die Dodekaschoinos», pp. 70-71.

[38] Cf. *PM* VII, 44 et E. Lanciers, *op. cit.*, p. 95, n. 99.

[39] Cf. H. De Meulenaere, «Ptolémée IX Sôter II à Kalabcha», *CdE* 36, 1961, pp. 100-103; E. Lanciers, «Die ägyptischen Tempelbauten zur Zeit des Ptolemaios V. Épiphanes (204- 180 v. Chr.)», Teil 2, *MDAIK* 43, 1987, pp. 176-177.

[40] Voir J. Desanges, *Recherches*, pp. 283-286, L. Török, «Geschichte Meroes», pp. 273-274 et *FHN* II, nᵒˢ 137-141 pour les sources. Quant à la campagne lagide en Éthiopie rapportée par Agatharchidès (I, 11-19), elle peut se placer sous le règne de Ptolémée V ou sous celui de Ptolémée VI. Voir la discussion chez D. Woelk, *Agatharchides von Knidos, Über das Rote Meer. Übersetzung und Kommentar*, Bamberg, 1966, pp. 101-102 et J. Desanges, *Recherches*, p. 82. Le fragment rapporte la formation d'un corps de 500 cavaliers de Grèce «en vue de la guerre contre les Éthiopiens» (εἰς τὸν κατὰ Αἰθιόπων πόλεμον).

La mainmise éthiopienne sur la Basse-Nubie au tournant des IIIe et IIe siècles est donc tout à fait contemporaine de la rébellion d'Haronno-phris et de Chaonnophris. Il ne saurait s'agir d'une coïncidence: il est plus probable que les rois éthiopiens mirent à profit les difficultés ren-contrées par les Ptolémées en Haute-Égypte pour étendre leur propre souveraineté dans la Dodékaschène. Cette articulation entre révolte en Haute-Égypte et avancée éthiopienne se répéta deux siècles plus tard, lors du soulèvement thébain de 29. La stèle de Gallus rapporte ainsi que le préfet, après avoir assiégé et conquis les «cinq villes» de la Thébaïde révoltée, fit passer ses troupes au-delà de la première cataracte, donna audience à Philae aux ambassadeurs éthiopiens (πρέσβεις Αἰθιόπων, *IG Philae* II 128, 16) et établit un τύραννος sur la Triakontaschène (l. 17)[41]. Ces faits laissent penser qu'une fois encore les troubles de Thébaïde avaient été exploités par le pouvoir de Méroé, l'amenant à pousser davantage vers le nord une autorité qui, à cette époque, s'étendait déjà sur une bonne partie de la Dodékaschène.

Dans le cas des événements de 29, l'hypothèse d'une alliance entre Thébains et Éthiopiens est hors de propos: l'inscription de Gallus pré-sente les campagnes de Thébaïde et de Nubie comme successives et bien distinctes. De plus, comme l'a fait remarquer E. Bernand, «il est peu probable que Cornélius Gallus ait eu à combattre une coalition, car l'inscription destinée à exalter ses hauts faits n'aurait pas manqué de le signaler»[42]. En ce qui concerne la révolte de 206-186, le deuxième décret de Philae amène à être plus nuancé. Dans la version hiéroglyphique, la mention des «bandes de Nubiens», *ṯsw n[t] Nḥs.w*, est assez floue. En effet, le terme *Nḥs.w* n'a pas de signification ethnographique ni politique précise en égyptien: il ne vise pas seulement les sujets des rois éthiopiens, mais il peut désigner aussi, avec le sens général de «méridionaux», tous les habitants des pays situés au sud de l'Égypte, y compris les nomades Mégabares ou Blemmyes[43]. En revanche, l'«armée des Koushites» du texte démotique (*[mš]ꜥ n nꜣ ꞌIgš.w*) ne peut guère s'appliquer qu'aux forces de Méroé. Il faut donc admettre que les souverains éthiopiens

---

[41] Sur les événements éthiopiens, voir L. Török, «Inquiries into the Administration of Meroitic Nubia: I-II», *Orientalia* 46, 1977, pp. 34-46.

[42] E. Bernand, *IG Philae* II, p. 44.

[43] Voir à ce sujet G. Posener, «*Nḥsj.w et Mḏꜣj.w*», *ZÄS* 83, 1958, pp. 38-43 et K. Zibe-lius, *Afrikanische Orts- und Völkernamen in hieroglyphischen und hieratischen Texten*, Wies-baden, 1972, pp. 140-141 et 165-169.

dépêchèrent des troupes pour appuyer Chaonnophris dans son dernier combat contre Komanos en 186[44]. Néanmoins, nous ne pensons pas que la révolte de Haute-Égypte ait été soutenue par Méroé dès ses origines. En effet, les troupes nubiennes de Chaonnophris ne sont attestées que pour une époque où le roi rebelle avait déjà été refoulé loin vers le sud[45]. Le dossier *SB* VI 9367 montre ainsi que, dès 187, les principaux nomes de Haute-Égypte échappaient à son contrôle: le blé destiné aux troupes lagides de Syène fut chargé depuis les ports de Diospolis Mikra, Tentyris et Latopolis, diverses localités des nomes Coptite, Pathyrite et Tentyrite, ainsi que Diospolis Magna (ou Apollinopolis Magna[46]). En revanche, le soin apporté au ravitaillement de la garnison de Syène pourrait indiquer que l'autorité lagide redoutait à cette date une collusion entre les révoltés de Haute-Égypte et le pouvoir de Méroé, alors incarné par Adikhalamani. On peut ainsi penser que la reconquête ptolémaïque suscita une communauté d'intérêts entre Chaonnophris et Adikhalamani et que ce dernier, lui-même menacé par l'avancée ptolémaïque, envoya des troupes soutenir le roi rebelle.

En définitive, rien n'indique qu'Haronnophris et Chaonnophris aient été des «rois nubiens»: leurs noms de règne étaient égyptiens, leurs troupes, dans leur majorité, n'étaient pas éthiopiennes et le centre de leur pouvoir était situé à Thèbes et non en Basse-Nubie, laquelle ne semble pas avoir fait l'objet d'une attention particulière de leur part jusqu'en 187/6. Quant à la poussée méroïtique dans la Dodékaschène sous Ergamène II et Adikhalamani, elle apparaît plus comme une conséquence que comme une cause de la *tarachè* de Haute-Égypte, le royaume de Méroé ayant su mettre à profit les difficultés lagides pour étendre son influence jusqu'à Philae. En revanche, à partir de 187/6, le roi rebelle

---

[44] En ce sens, M. Alliot, «La Thébaïde en lutte», pp. 427-428; B. G. Haycock, «Landmarks in Cushite History», *JEA* 58, 1972, p. 234; E. Winter, «Ergamenes II», pp. 512-513; L. Török, «Geschichte Meroes», pp. 138-140; G. Hölbl, *A History of the Ptolemaic Empire*, pp. 138-140.

[45] Cf. P. W. Pestman, «Haronnophris and Chaonnophris», p. 109. Notons que dès 201/0 le contrat démotique *P. dém. Lugd. Bat.* XVII 12, daté selon l'an 5 d'Haronnophris, fait intervenir le Nubien Puoris. Mais il s'agit d'une coïncidence fortuite: Puoris appartient à une famille établie depuis longtemps en Égypte, cf. P. W. Pestman, *P. dém. Lugd. Bat.* XVII, pp. 104-105.

[46] Selon la lecture adoptée pour le document *SB* VI 9367, n° 1, qui ne donne que [μεγά]ληι.

Chaonnophris, chassé de Thèbes et repoussé vers le sud de l'Égypte, bénéficia manifestement d'un soutien de la part du roi méroïtique, lui-même menacé par la reconquête ptolémaïque. Bien que la révolte surve-nue en Haute-Égypte entre 206 et 186 ait eu des répercussions impor-tantes sur les relations entre Alexandrie et Méroé, elle ne peut donc pas être considérée comme une révolte «éthiopienne». Par conséquent, c'est bien par des facteurs internes, et non externes, que doit s'expliquer le soulèvement. Pour mieux comprendre ces facteurs, il nous faut mainte-nant nous interroger sur le sens des noms et des épithètes choisis par Haronnophris et Chaonnophris.

2 – Noms et épithètes des rois rebelles

Les noms des rois sont tout d'abord dignes d'intérêt, dans la mesure où ce sont très vraisemblablement des noms à programme. Cette affir-mation est soutenue par deux éléments: d'une part, le parallélisme Haronnophris / Chaonnophris qui, selon W. Clarysse, «suggère un modèle dynastique»[47]; d'autre part la force des prétentions politico-reli-gieuses contenues dans les deux noms où domine la figure d'Osiris, pre-mier roi de l'Égypte unifiée avant de devenir roi de l'au-delà. Haronno-phris (*Ḥr-wn-nfr*) et Chaonnophris (*ʿnḫ-wn-nfr*) sont en effet tous deux construits sur l'élément *wn-nfr* qui correspond à Onnophris[48]; *Ḥr-wn-nfr* signifie donc «Horus-Onnophris» et *ʿnḫ-wn-nfr* «Onnophris vit»[49]. Or si Onnophris apparaît assez fréquemment comme nom de personne, il est aussi employé comme épithète d'Osiris depuis le Moyen Empire[50]. Selon A. C. Gardiner, cette épithète permet tout particulièrement de caractériser le dieu comme «un roi ressuscité, rétabli dans son pouvoir et

---

[47] W. Clarysse, «Hurgonaphor et Chaonnophris», p. 252. En ce sens également P. W. Pestman, «Haronnophris and Chaonnophris», p. 107.

[48] Pour les autres attestations de ces noms, voir H. Ranke, *Die ägyptischen Personen-namen*, I, Glückstadt, 1935, p. 63, 9 et p. 246, 17; E. Lüddeckens *et al.*, *Demotisches Namenbuch*, Wiesbaden, 1980-2000, I, 11, pp. 794-795 et I, 2, p. 98.

[49] Sur le sens des noms en *ʿnḫ*, voir J. F. Quack, «Über die mit *ʿnḫ* gebildeten Namenstypen und die Vokalisation einiger Verbalformen», *GM* 123, 1991, pp. 91-100, en particulier p. 93.

[50] Cf. A. C. Gardiner, «'Oνῶφρις», dans *Miscellanea Academica Berolinensia*, II, 2, Berlin, 1950, pp. 44-53.

sa prospérité par la piété de son fils Horus»[51]. W. Clarysse, de son côté, a montré que les occurrences d'Osiris / Onnophris se sont multipliées à Basse Époque, et qu'au cours de la période ptolémaïque la coutume s'est répandue d'entourer le nom divin Onnophris d'un cartouche, «ce qui revient à élever Osiris-Onnophris au rang de pharaon mythique idéal»[52]. Autrement dit, en adoptant les noms *Ḥr-wn-nfr* et *ʿnḫ-wn-nfr*, les rois que nous appelons ici «rebelles» par commodité se présentaient en fait comme les restaurateurs d'une royauté légitime en Égypte. Du même coup, les pharaons Ptolémées étaient relégués au rang d'usurpateurs: en s'affirmant comme les héritiers d'Osiris rétabli dans son pouvoir, Haronnophris et Chaonnophris désignaient implicitement les rois lagides comme les ennemis d'Osiris, les serviteurs de Seth.

D'autres informations importantes sont apportées par les documents rédigés au nom des deux rois égyptiens. Ces derniers y apparaissent avec le titre de pharaon, *pr-ʿ3*, et portent les épithètes suivantes:

- «aimé d'Isis, aimé d'Amonrasontèr, le grand dieu» (*mr ʾIs.t mr ʾImn-Rʿ-nsw-ntr.w p3 ntr ʿ3*): dans les 5 contrats démotiques datés selon Chaonnophris et dans 5 contrats sur 6 dans le cas d'Haronnophris.
- «aimé d'Isis, aimé du grand dieu»: dans le *P. dém. BM* 10.486, le sixième contrat au nom d'Haronnophris[53].
- «aimé d'Amonrasontèr le grand dieu» (*mr ʾImn-Rʿ-nsw-ntr.w p3 ntr ʿ3*) dans la stèle démotique Caire 38.258 (Haronnophris)[54].
- «aimé d'Isis et d'Osiris, aimé d'Amonrasontèr, le grand dieu» (en transcription égyptienne: *mr ʾIs.t ìrm Wsìr mr ʾImn-Rʿ-nsw-ntr.w p3 ntr ʿ3*) dans le graffito en lettres grecques d'Abydos (Haronnophris).

Outre Osiris, les deux rois se placent donc sous la protection d'Isis et d'Amon. La référence à ces deux divinités est particulièrement insistante puisque, comme W. Clarysse l'a noté, elle apparaît même dans les contrats notariaux, ce qui est inhabituel: dans ce même type de documents, les rois lagides portent seulement leurs épithètes de Philopator, Épiphane, Évergète, sans autres éléments de titulature royale[55]. Comme

---

[51] A. C. Gardiner, *op. cit.*, p. 49.

[52] W. Clarysse, *op. cit.*, p. 252.

[53] L'épithète contenue dans ce papyrus non publié est signalée par P. W. Pestman, «Harmachis et Anchmachis», p. 158, n. 1.

[54] Avec sans doute [*mr ʾIs.t*] à restituer dans la lacune qui précède, cf. W. Spiegelberg, «Zwei Kalksteinplatten mit demotischen Texten», *ZÄS* 50, 1912, B, pp. 35-36.

[55] W. Clarysse, *op. cit.*, p. 251, n. 1.

nous l'avons vu plus haut, l'épithète «aimé d'Isis» peut apparaître comme une réponse à la titulature adoptée par Ptolémée IV au début de son règne[56]. Quant à l'épithète «aimé d'Amon», elle montre que c'est avec le grand dieu thébain que les rois Haronnophris et Chaonnophris revendiquaient une relation privilégiée, même si leur autorité a aussi été reconnue ailleurs qu'à Thèbes, notamment à Coptos et à Pathyris. Or, en faisant sanctionner leur légitimité par Amon, Haronnophris et Chaonnophris se démarquaient nettement des rois lagides. Depuis le milieu du IIIe siècle en effet, c'est à Ptah, le dieu de Memphis, que les Ptolémées se sont référés en premier lieu, alors qu'Amon a été progressivement « relégué à l'arrière-plan dans leur titulature»[57]. On constate en effet, à partir d'Alexandre, l'évolution suivante dans les titulatures des rois d'Égypte[58]:

1. Sous Alexandre, Philippe Arrhidée, Ptolémée Ier et Ptolémée II, la titulature mentionne seulement les dieux Amon et Rê: dans leur *praenomen* les rois portent régulièrement l'épithète de «*mrj Jmn*», «aimé d'Amon»; quant à Alexandre IV, il est qualifié de «*stp-n-Jmn*», «élu par Amon»[59].

2. À partir de Ptolémée III Évergète, la formule «*mrj Jmn*» disparaît définitivement des titulatures royales; le roi est qualifié dans son *praenomen* de «*sḫm-ʿnḫ-n-Jmn*», «image vivante d'Amon», mais dans le *nomen* intervient désormais l'épithète «*mrj Ptḥ*», «aimé de Ptah».

3. Avec Ptolémée IV Philopator, l'épithète «*mrj ʾIs.t*», «aimé d'Isis» remplace « aimé de Ptah» dans le *nomen*, mais le *praenomen* contient la formule «*stp-n-Ptḥ*», «élu par Ptah».

4. Enfin, à partir de Ptolémée V Épiphane, la titulature comprend régulièrement les deux épithètes «élu par Ptah» dans le *nomen* et «aimé de Ptah» dans le *praenomen*.

---

[56] Dans l'Osireion d'Abydos, cette épithète est logiquement complétée par «aimé d'Osiris».

[57] Cf. W. Clarysse, *op. cit.*, p. 251 et n. 2.

[58] Sur les titulatures royales, voir M. Gauthier, *Le livre des rois d'Égypte*, IV, pp. 214-288; D. Kurth dans *LÄ* IV, 1982, col. 1193-1197; J. von Beckerath, *Handbuch der ägyptischen Königsnamen*, pp. 117-122 et pp. 285-295.

[59] Le dieu thébain avait lui-même disparu des titulatures royales depuis la fin de la XXVe dynastie, à l'exception du *praenomen* de Darius Ier. Voir à ce sujet S. M. Burstein, «Pharaoh Alexander: a Scholarly Myth», *Anc. Soc.* 22, 1991, p. 142, n. 20 et les références chez J. von Beckerath, *op. cit.*, p. 113 et p. 278.

Cette évolution est résumée dans le tableau suivant:

Tableau 5 – Évolution des épithètes dans le *praenomen* et le *nomen* des rois
d'Égypte d'Alexandre à Ptolémée V

	Praenomen	Nomen
Alexandre III	*stp-n-Rˁ* / *mrj Jmn*	*ˀIksndrs*
Philippe Arrhidée	*stp-k3-n-Rˁ* / *mrj Jmn*	*p(h)l(j)pws*
Alexandre IV	*ḫˁˁ-ỉb-Rˁ* / *stp.n-Jmn*	*ˀIksndrs*
Ptolémée I	*stp-n-Rˁ* / *mrj Jmn*	*ptwlmjs*
Ptolémée II	*wsr-k3-n-Rˁ* / *mrj Jmn*	*ptwlmjs*
Ptolémée III	*jwˁ-n-nṯrwj-snwj* / *stp-n-Rˁ* / *shm-ˁnḫ-(n)-Jmn*	*ptwlmjs* / *ˁnḫ-ḏt* / *mrj Ptḥ*
Ptolémée IV	*jwˁ-n-nṯrwj-mnḫwj* / *stp-(n)-Ptḥ* / *wsr-k3-Rˁ* / *shm-ˁnḫ-(n)-Jmn*	*ptwlmjs* / *ˁnḫ-ḏt* / *mrj ˀIs.t*
Ptolémée V	*jwˁ-n-nṯrwj-mr(wj)-ỉt* / *stp-(n)-Ptḥ* / *wsr-k3-Rˁ* / *shm-ˁnḫ-(n)-Jmn*	*ptwlmjs* / *ˁnḫ-ḏt* / *mrj Ptḥ*

C'est donc tout un programme politique qui se décline à travers les noms et les titulatures d'Haronnophris et de Chaonnophris, mais un programme politique conçu et exprimé sous une forme religieuse. Dotés du titre de *pr-ˁ3*, les deux hommes se présentent tout d'abord comme la seule autorité légitime en Égypte. Ceci peut expliquer la violence avec laquelle, selon le deuxième décret de Philae, leurs troupes s'en prirent aux administrateurs lagides:

> «[They did] abominable things (to) (the) rulers (of) nomes» (*Philae II*, Müller, dém. 7e) / «treating violently (those who) administrated the nomes» (*Philae II*, Müller, hiérog. 9c-d).

Le pillage des «taxes des nomes», dénoncé par ce même décret, peut s'interpréter dans le même sens: «They robbed the taxes (*ḥtr*) of the (administrative) districts» (*Philae II*, Müller, hiérog. 10a-b). Le passage n'est malheureusement pas très explicite: les rois indigènes ont-il réussi à lever l'impôt pour leur propre compte, ou bien ont-ils simplement mis la main sur les fonds des banques et des *thesauroi* des nomes touchés par la révolte? En tout état de cause, ce «vol» des taxes a un sens autant politique qu'économique, car le système de prélèvement fiscal incarne aussi l'autorité lagide. Mais, des rois lagides aux rois indigènes, il ne s'agit pas d'un simple changement de souveraineté. En tant qu'Onnophris,

Haronnophris et Chaonnophris s'affirment en effet comme les héritiers d'Osiris, ce qui sous-tend l'idée d'une restauration du pouvoir pharaonique: implicitement, les pharaons d'Alexandrie, les Ptolémées, sont considérés comme des usurpateurs et sont repoussés du côté des ennemis d'Osiris. De même, avec l'épithète *mrj 'Is.t*, les rois égyptiens se présentent comme les véritables «aimés d'Isis» et contestent de ce fait aux Ptolémées les liens affirmés avec la déesse depuis Philopator. Enfin, en tant qu'«aimés d'Amon» ils prennent le contre-pied des Lagides, «aimés de Ptah», et reconnaissent du même coup Thèbes, et non Memphis, comme la source de leur légitimité.

Par tous ces éléments, Haronnophris et Chaonnophris peuvent apparaître comme des «figures messianiques»[60], instaurateurs d'un règne idéal en Égypte. À cet égard, leur révolte contre les Ptolémées, à la fois politique et religieuse, n'est pas sans rappeler celle qui, quelques décennies plus tard, opposera en Judée les Maccabées aux Séleucides. Il serait néanmoins imprudent d'en tirer dès à présent des conclusions trop générales sur l'ensemble des soulèvements égyptiens. En effet, l'attitude de ces deux rois ne présume pas des motivations de leurs partisans, ni des objectifs poursuivis par les différents chefs de rébellion. De fait, le seul autre meneur relativement bien connu, Dionysios Pétosarapis, présente un cas très différent.

II – DIONYSIOS PÉTOSARAPIS

1 – Grec ou égyptien?

Une nouvelle fois, le problème de l'identité du personnage se pose en raison du double nom révélé par Diodore: Dionysios / Pétosarapis (Διονύσιος ὁ καλούμενος Πετοσάραπις)[61]. Faut-il y voir un Égyptien hel-

---

[60] Cf. K. Vandorpe, «City of Many a Gate, Harbour for Many a Rebel», dans *Hundred-Gated Thebes*, p. 232. Voir aussi Ed. Will et C. Orrieux, *Ioudaïsmos – Hellènismos. Essai sur le judaïsme judéen à l'époque hellénistique*, Nancy, 1986, p. 23 et, sur le phénomène du messianisme en général, B. U. Schipper, ««Apokalyptik», «Messianismus», «Prophetie». Eine Begriffsbestimmung», dans A. Blasius et B. U. Schipper (éd.), *Apokalyptik und Ägypten*, OLA 107, Louvain, 2002, pp. 21-40.

[61] Sur le phénomène des doubles noms, voir notamment R. Calderini, «Ricerche sul doppio nome personale nell'Egitto greco-romano», I-II, *Aegyptus* 21, 1941, pp. 221-260 et

lénisé ou un Grec pourvu d'un nom égyptien[62]? Tout d'abord, l'élément
Pétosarapis appelle un certain nombre de remarques. Il s'agit en effet
d'un nom théophore qui renvoie à première vue à la divinité protectrice
d'Alexandrie, et qui semble donc s'inscrire dans un contexte plutôt grec.
Mais en réalité le nom Pétosarapis apparaît bien plus fréquemment dans
un cadre égyptien à l'époque ptolémaïque, sous la forme démotique *P3-
tj-Wsir-Hp*[63] en référence à la figure égyptienne de Sarapis, *Wsir-Hp*,
c'est-à-dire Osiris-Apis (ou Oserapis). À ce titre, il semble avoir été surtout porté dans la région memphite: les stèles démotiques du Sérapeum
font ainsi apparaître au moins 6 individus de ce nom entre le règne de
Ptolémée VI et le Ier siècle[64]. *P3-tj-Wsir-Hp*, transcrit en grec Πετοσάρα-

---

22, 1942, pp. 3-45; V. Martin, «L'onomastique comme indice des rapports entre indigènes
et occupants dans l'Égypte gréco-romaine», dans *Actes VIIIe Congrès* (Vienne), 1956, pp.
85-90; W. Peremans, «Ethnies et classes dans l'Égypte ptolémaïque», dans *Recherches sur
les structures sociales dans l'Antiquité Classique*, Paris, 1970, pp. 213-223 et «Sur l'identification des Égyptiens et des étrangers dans l'Égypte des Lagides», *Anc. Soc.* 1, 1970, pp. 25-
38; W. Clarysse, «Greeks and Egyptians in the Ptolemaic Army and Administration»,
Aegyptus 65, 1985, pp. 57-66; J. Quaegebeur, «Greco-Egyptian Double Names as a Feature
of a Bi-Cultural Society», dans *Life in a Multicultural Society*, pp. 265-272.

[62] W. Huss, *Ägypten in hellenistischer Zeit*, p. 563, privilégie la seconde solution. Sur
un plan onomastique, celle-ci ne peut pas, en effet, être exclue: à titre d'exemple, dans le
papyrus démotique *P. Sorb. inv.* 567 publié par W. Clarysse, «Some Greeks in Egypt»,
dans *Life in a Multicultural Society*, pp. 54-55, un personnage issu d'une famille entièrement grecque porte, dès 223, le double nom Séleucos / Sobek-Hapi.

[63] Voir les références chez E. Lüddeckens, *Demotisches Namenbuch*, I, 5, p. 302, aux-
quelles on ajoutera les stèles Vienne 5825 et 5837 (voir ci-dessous), soit en tout 10 attestations. En revanche, pour l'époque ptolémaïque, l'équivalent grec Πετοσαρᾶπις (ou Πετο-
σοράπις) n'est attesté que dans le *P. Tebt.* III 880, 49 (IIe s.), alors que les exemples sont
plus nombreux pour l'époque romaine: voir F. Preisigke, *Namenbuch*, Heidelberg, 1922,
pp. 319-320 et D. Foraboschi, *Onomasticon*, Milan, 1967-1971, pp. 255-256.

[64] Il s'agit des stèles de Vienne publiées par E. Bresciani, «Stele demotiche dal Serapeo di Menfi nel Kunsthistorisches Museum di Vienna», *Oriens Antiquus* 6, 1967, pp. 23-
45: stèles 5825, 6; 5837, x + 6 et x + 8; 5843, x + 13; 5850, 12; 5856, 7; 5851, 5. Un *P3-tj-
Wsir-Hp* apparaît aussi dans une dédicace à Sarapis publiée par H. Brugsch, *Thesaurus*, V,
Leipzig, 1891, p. 997, n° 73, et un autre fait partie des habitants du village de l'Anoubieion, cf. E. A. E. Jelinkova, «Sale of Inherited Property in the First Century B. C. (P.
Brit. Mus. 10075, ex Salt Coll. n° 418), *JEA* 43, 1957, p. 48 (§4) et *JEA* 45, 1959, p. 62 et
p. 73, n. 47. Un seul document non-memphite fait apparaître un individu portant le nom
P3-tj-Wsir-Hp, cf. W. Erichsen, *Die Satzungen einer ägyptischen Kultgenossenschaft aus der
Ptolemäerzeit nach einem demotischen Papyrus in Prag*, Copenhague, 1959 (col. B, 29). Le
papyrus provient de Tebtynis, mais l'origine du *P3-tj-Wsir-Hp* n'est pas précisée.

πις, était donc bien un nom susceptible d'être porté, dans les années 160, par un Égyptien «de souche». Quant à «Dionysios Pétosarapis», on peut y voir un nom double au sens propre du terme[65]. *P3-tj-Wsir-Hp* signifie en effet *stricto sensu* «celui qu'Osiris-Apis a donné»[66] et la formation adjective *Dionysios* peut apparaître comme son équivalent grec, en raison du syncrétisme entre Osiris et Dionysos en Égypte. Le texte de Diodore nous livre donc un nouvel exemple d'adaptation entre noms théophores grecs et égyptiens. Il s'agit en outre d'un exemple original, sachant que l'équivalence la plus fréquente pour Dionysios n'est pas Pétosarapis mais Pétosiris, *P3-tj-Wsir*, «celui qu'Osiris a donné»[67].

Mais, pour intéressant qu'il soit, le nom de Dionysios Pétosarapis ne permet pas de déterminer l'origine du personnage, et il faut sur ce point interroger de plus près le texte de Diodore. Au début du passage, ce dernier précise que Dionysios Pétosarapis l'emportait «sur <u>tous les Égyptiens</u> dans les périls de la guerre (πάντων Αἰγυπτίων προέχων ἐν τοῖς κατὰ πόλεμον κινδύνοις)» (ll. 4-5). Le problème réside ici dans le fait que les sources littéraires emploient parfois le terme d'Égyptiens au sens ethnique, mais qu'elles peuvent aussi l'utiliser pour désigner, de manière générale, les habitants du royaume des Ptolémées. C'est souvent le cas chez Polybe[68], la principale source de Diodore pour le livre XXXI[69]. Néanmoins, il nous semble que l'ambiguïté n'est pas de mise ici en raison de la cohérence interne du texte et des termes employés par Diodore au sujet de la retraite de Dionysios Pétosarapis après la défaite d'Éleusis:

> «Le roi marcha contre eux et fut victorieux. Il en tua certains, poursuivit les autres, et contraignit Dionysios à traverser, nu, le fleuve et à se retirer <u>chez les Égyptiens</u> (εἰς τοὺς Αἰγυπτίους), où il se mit à inciter les masses à la révolte» (ll. 23-26).

Dans ce contexte, le terme d'«Égyptiens» ne peut être employé qu'au sens strict, sinon le passage entier devient incompréhensible. Dès lors, il

---

[65] Sur l'expression ὁ καλούμενος, voir R. Calderini, *op. cit.* (II), p. 327.

[66] Cf. H. Ranke, *Die ägyptischen Personennamen*, I, p. 123, 1 et E. Lüddeckens, *Demotische Namenbuch*, I, 5, p. 302.

[67] Cf. R. Calderini, *op. cit.* (II), p. 34, 7 et p. 35, 19; V. Martin, *op. cit.*, p. 86.

[68] Cf. W. Peremans, «Sur la *domestica seditio* de Justin», p. 633; K. Goudriaan, *Ethnicity in Ptolemaic Egypt*, pp. 109-110.

[69] Cf. E. Schwartz, *Griechische Geschichtschreiber*, Berlin, 1957, pp. 74-76 et F. Chamoux, *Introduction générale à la Bibliothèque Historique*, Paris, Les Belles-Lettres, 1993, p. XXIV.

existe de fortes présomptions pour qu'il en aille de même aux lignes suivantes: «Comme il était homme d'action et populaire <u>auprès des Égyptiens</u> (παρὰ τοῖς Αἰγυπτίοις), il eut rapidement beaucoup de gens qui voulaient agir de concert avec lui» (ll. 27-29). De même pour la phrase qui nous intéresse plus particulièrement: «il l'emportait <u>sur tous les Égyptiens</u> (πάντων Αἰγυπτίων) dans les périls de la guerre».

Nous pensons donc que Dionysios Pétosarapis était bien, soit un Égyptien hellénisé soit, peut-être, un individu issu d'une famille mixte à l'image de Dioskouridès, diocète sous Ptolémée VI, ou de Platon, fils du Platon stratège de Thébaïde en 88, dont les origines doubles ont été récemment révélées[70]. De fait, Dionysios Pétosarapis apparaît chez Diodore comme un homme à la rencontre de deux cultures: «populaire auprès des Égyptiens» (l. 27), mais aussi «doté de beaucoup de crédit parmi les gens de la Cour» (ἰσχύων γὰρ μάλιστα τῶν περὶ τὴν αὐλήν, l. 4) et d'assez haut rang pour appartenir aux amis du roi (τῶν φίλων Πτολεμαίου, l. 2). En outre, les conditions dans lesquelles il «entreprit de s'approprier les affaires de l'État» (ἐπεχείρησεν ἐξιδιοποιεῖσθαι τὰ πράγματα, l. 2) le rapprochent beaucoup plus d'un personnage comme l'Athamane Galaistès que des chefs égyptiens Haronnophris et Chaonnophris.

2 – La tentative de coup d'État

Pour analyser la tentative de coup d'État, il faut tout d'abord rappeler que l'épisode rapporté par Diodore au livre XXXI 15a se décompose en trois temps. À l'origine, Dionysios Pétosarapis tenta de soulever la foule alexandrine contre Ptolémée VI, sous prétexte que ce dernier avait ourdi un complot contre son cadet; alors que les Alexandrins, réunis dans le stade, étaient décidés à assassiner Ptolémée VI et à donner la couronne à son frère, les deux rois se présentèrent devant la foule et démentirent la rumeur de leur désaccord (ll. 1-19). Après cet échec d'ordre politique, Pétosarapis partit rassembler une armée qui livra combat aux forces lagides aux portes de la capitale, à Éleusis (ll. 19-24). Enfin, défait sur le

---

[70] Voir respectivement P. Collombert, «Religion égyptienne et culture grecque: l'exemple de Διοσκουρίδης», *CdE* 75, 2000, pp. 47-63 et L. Coulon, «Quand Amon parle à Platon (La statue Caire JE 38033)», *RdE* 52, 2001, pp. 85-111.

plan militaire, il se retira dans l'intérieur de l'Égypte pour tenter d'inciter les masses à la révolte (ll. 24-29). Nous nous intéresserons tout d'abord ici aux événements d'Alexandrie.

a – Les événements d'Alexandrie

À Alexandrie même, Pétosarapis a organisé son action en véritable homme de cour: ce soulèvement, tant dans sa forme que dans ses objectifs, présente de fortes analogies avec les autres tentatives de coups d'État survenues dans la capitale. Tout d'abord, et même s'il est établi que la population d'Alexandrie comptait une proportion non négligeable d'Égyptiens[71], c'est aux Alexandrins dans leur ensemble que Pétosarapis s'est adressé, et pas uniquement à la composante indigène de la cité. Au demeurant, la foule soulevée par son discours contre Ptolémée VI accourut dans un premier temps vers le stade (εἰς τὸ στάδιον, l. 10), un lieu de sociabilité grecque: en 203, le stade était déjà le point névralgique de la contestation, et c'est là que les Alexandrins réunis avaient massacré le régent Agathoklès et les membres de sa famille[72]. Or, si la foule de la capitale était prompte à s'émouvoir, comme en témoigne la longue série des soulèvements alexandrins[73], elle ne répondait pas cependant à n'importe quel appel à la révolution. Ainsi, lorsque qu'en 219 Cléomène III de Sparte, réfugié en Égypte et placé en résidence surveillée à Alexandrie, tenta de soulever la cité en profitant d'une absence du roi Ptolémée IV, son appel à la liberté n'entraîna aucun ralliement:

> «(Cléomène et ses compagnons) appelèrent la population à se soulever pour se libérer. Mais, étant donné le caractère tout à fait extraordinaire de cette entreprise, leur appel resta sans écho et personne ne se joignit à eux» (Polybe, V, 37, 7)[74].

---

[71] Sur la population d'Alexandrie, voir R. Todd, *Popular Violence and Internal Security in Hellenistic Alexandria*, Univ. de Californie, 1963, *UMI*, 1982, pp. 9-14; P. M. Fraser, *Ptolemaic Alexandria*, I, Oxford, 1972, pp. 38-92.

[72] Polybe, XV, 32-33. Lors des troubles de l'année 80 (cf. *infra*), c'est dans le gymnase que fut assassiné le roi Ptolémée XI Alexandre II (Appien, *Guerres Civiles* I, 102).

[73] Voir *infra*, p. 108.

[74] Voir également Plutarque, *Agis et Cléomène*, 37, 8-12: «(Ils) se mirent à courir à travers les rues en appelant la foule à la liberté. Mais le peuple, paraît-il, avait juste assez de courage pour louer et admirer l'audace de Cléomène; quant à le suivre et à lui apporter du renfort, nul ne s'y risqua (...). Cléomène se remit à courir au hasard par la ville, sans que personne se joignît à lui: tout le monde fuyait avec épouvante. Alors il s'arrêta et dit

Il fallait donc un talent certain pour manœuvrer les Alexandrins, talent que Dionysios Pétosarapis possédait à l'évidence puisque, suite à ses allégations, la foule réunie dans le stade était décidée à «assassiner l'aîné (des deux Ptolémées)» et à «remettre le royaume au plus jeune» (ll. 10-11). En fait, Pétosarapis a réussi à accomplir cette première partie de son programme parce qu'il a utilisé à bon escient un argument auxquels les Alexandrins étaient particulièrement sensibles, la dénonciation du crime de lèse-majesté: «déclarant qu'un complot avait été ourdi contre le plus jeune Ptolémée par son frère» (φάσκων ἐπιβουλεύεσθαι τὸν νεώτερον Πτολεμαῖον ὑπὸ τοῦ ἀδελφοῦ, ll. 8-9). En 203, peu avant le soulèvement des Alexandrins, le régent Agathoklès avait, de la même manière, cherché à se défendre contre les accusations de son rival Tlépolèmos «en répandant des calomnies contre Tlépolèmos, l'accusant d'intriguer contre le roi» (Polybe, XV, 25, 37). Après 145 d'autre part, lors de la succession de Ptolémée VI, Galaistès tenta de ravir le pouvoir à Ptolémée VIII en s'affirmant comme le protecteur de l'héritier légitime du trône d'Égypte, le fils que lui aurait confié Philométor avant sa mort: «Affirmant que le roi Ptolémée Philométor lui avait confié un fils né de Cléopâtre pour qu'il soit élevé à la royauté, il plaça le diadème sur la tête de ce dernier et, soutenu par un grand nombre de réfugiés, il se prépara à restaurer l'enfant sur le trône de son père» (Diodore XXXIII 20). Quant à Cléopâtre III, lorsqu'elle décida en 107 d'éliminer son fils Ptolémée Sôter II, avec qui elle était associée au trône, elle eut recours à une mise en scène procédant de la même logique. Selon Pausanias, «elle fit blesser les eunuques qu'elle considérait comme particulièrement dévoués à sa cause, elle les amena devant le peuple, comme si elle avait été l'objet d'un complot de la part de Ptolémée. Les Alexandrins se soulevèrent et voulurent tuer Ptolémée » (I, 9, 2): le stratagème fonctionna si bien que le roi ne dut son salut qu'à la fuite. En 80 enfin, le roi Ptolémée XI Alexandre II, bâtard de Ptolémée X et protégé de Sylla, fut lynché par la foule de la capitale après seulement trois semaines de règne, pour avoir orchestré le meurtre de Bérénice III, sa belle-mère et récente épouse qui l'avait associé au trône (Appien, *Guerres Civiles* I, 102).

Tous ces épisodes montrent combien le crime de lèse-majesté, réel ou supposé, était un argument efficace pour faire réagir la foule de la capi-

---

à ses amis: «Il n'est nullement surprenant, en vérité, que des femmes gouvernent un pays dont les habitants fuient la liberté! » ».

tale. Pour convaincre les Alexandrins du bien-fondé de ses propos, Péto-sarapis sut aussi utiliser les rancœurs nées de la Sixième guerre de Syrie, captant les bénéfices de la rivalité dynastique comme Antiochos IV lui-même avait tenté de le faire au cours du conflit[75]. Il est significatif en effet que ses attaques se soient, dans un premier temps, porté contre l'aîné des deux rois. En 169, après l'invasion d'Antiochos IV et la perte de Péluse, Ptolémée VI avait entamé des négociations avec le souverain séleucide[76]. En réaction à ces négociations, une révolte avait éclaté à Alexandrie; la foule avait contraint Ptolémée VI à se réfugier à Memphis et avait proclamé Ptolémée VIII seul roi, brisant de ce fait la corégence établie en 170[77]. À la suite de cette scission au sein de la royauté, la capi-tale eut à subir un long siège mené par Antiochos IV sous prétexte de rétablir son protégé sur le trône[78]. Après le premier retrait séleucide fin 169, la paix fut finalement signée entre les deux frères à l'hiver 169/8 et la corégence restaurée. Mais en suivant Tite-Live, on devine que les Alexandrins ne reçurent Ptolémée VI qu'à contre-cœur, sous la menace du blocus et de la famine:

> « Ptolémée, pensant que tant qu'il tenait son frère cadet sous le coup de la crainte du siège, il pouvait être ramené à Alexandrie grâce à l'aide de sa sœur et sans opposition de la part des amis de son frère, ne cessa d'écrire d'abord à sa sœur, ensuite à son frère et à ses amis, jusqu'à ce qu'il eût assuré avec eux une paix solide (…). La paix conclue, il est accueilli dans Alexandrie sans même avoir à affronter l'opposition de la foule: pendant la guerre, celle-ci avait en effet, et cela non seulement pendant la durée du siège, mais même après qu'on se fût éloigné des remparts, été affaiblie par la disette en toutes choses, car rien n'arrivait d'Égypte» (XLV, 11, 2 et 7).

---

[75] Sur la Sixième guerre de Syrie et la politique d'Antiochos, voir notamment E. Bikerman, «Sur la chronologie de la Sixième guerre de Syrie», *CdE* 27, 1952, pp. 396-403; L. Mooren, «Antiochos IV. Epiphanes und das ägyptische Königtum», dans *Actes XVᵉ Congrès* (Bruxelles), 1978, pp. 78-86; Ed. Will, *Histoire politique*, II, pp. 311-325.

[76] Cf. Polybe, XXVIII, 23 au sujet de l'ambassade rhodienne en Égypte: «Antiochos finit par couper la parole au Rhodien, en lui disant qu'il n'était pas besoin de tant de phrases, que le royaume d'Égypte appartenait à l'aîné des Ptolémées, qu'il s'était depuis longtemps récon-cilié avec ce dernier et qu'ils étaient l'un pour l'autre des amis. Si donc les gens de la ville voulaient le faire revenir, Antiochos n'y mettrait aucun obstacle» (trad. D. Roussel).

[77] Cf. Polybe, XXIX, 23, 4.

[78] Tite-Live, XLIV, 19, 8-9: «Antiochus, roi de Syrie, qui avait été otage à Rome, sous l'honnête prétexte de ramener sur le trône l'aîné des Ptolémées, était en guerre contre le jeune frère de ce dernier, lequel tenait alors Alexandrie; il avait remporté à Péluse une vic-toire navale et (…) assiégeait Alexandrie plongée dans la terreur».

Même après le retrait définitif d'Antiochos en juillet, la tension continuait de régner entre les deux camps. Les ambassadeurs romains durent ainsi contribuer par leur influence à «consolider l'entente des deux frères» au cours de l'été 168 (Tite-Live, XLV, 12, 7).

Or, comme nous l'avons vu, le soulèvement de Dionysios Pétosarapis peut être daté d'une période comprise entre août 168 et janvier 167: en accusant Ptolémée VI de fomenter le meurtre de son cadet, Pétosarapis exploitait des dissensions encore récentes. En outre, la guerre contre Antiochos avait déjà révélé la fragilité de la cohésion des élites grecques et égyptiennes autour du pouvoir, autant que la naissance d'appétits personnels. C'est ce que montre notamment le papyrus *P. Köln* IV 186, un rapport militaire écrit par un chef de troupes pendant la Sixième guerre de Syrie. Le rédacteur y précise qu'un grand nombre d'individus, 120 en tout, ont été capturés par les forces lagides et qu'il s'agit de personnes en vue (ἐπίσημοι). Trois d'entre elles, probablement les plus importantes, sont citées nommément et désignées comme appartenant «au parti d'Antiochos» (τῶν Ἀντιοχείων, l. 10): Harkonnêsis, Apollonios et Euphron fils d'Hakôris. Les deux premiers ne sont connus que par leur nom[79]. En revanche, la famille d'Euphron a pu être reconstituée sur trois générations par W. Clarysse[80]. Le père d'Euphron, Hakôris fils d'Herieus, fut l'auteur d'une dédicace grecque à Isis en 199/194 (*OGIS* I 94: *IG Akôris* 1)[81]. Plus tard, il participa aux préparatifs de l'offensive menée par Komanos contre Chaonnophris en 187 (cf. le *P. Col.* VIII 208)[82]. Selon le *P. Köln* IV 186, Euphron bénéficia d'ailleurs d'un traitement de faveur et fut libéré «à cause des services rendus par son père Hakôris» (l. 12)[83].

---

[79] Néanmoins, Harkonnêsis est peut-être identique au Harchonêsis évoqué dans l'*UPZ* I 13 (158): voir à ce sujet D. J. Thompson, ««When Égypt divorced itself»: Ptolemaic *tarachè* and the *elpis* of Harchonesis», dans *Studies on Ancient Egypt in Honour of H. S. Smith*, éd. A. Leahy et J. Tait, Londres, 1999, pp. 325-326.

[80] W. Clarysse, «Hakoris, an Egyptian Nobleman and his Family», *Anc. Soc.* 22, 1991, pp. 235-243.

[81] E. Bernand, *Inscriptions grecques et latines d'Akôris*, Le Caire, 1988 (= *IG Akôris*), n° 1.

[82] Hakôris était chargé d'accueillir l'escorte de Komanos dans le nome Hermopolite. Peut-être était-il stratège de ce nome, ou bien du nome Kynopolite, cf. W. Clarysse, *op.cit.*, p. 242.

[83] Tous les autres prisonniers furent envoyés dans un certain lieu (l. 11), sans doute à Alexandrie, dans l'attente de leur châtiment.

Or cet Euphron fils d'Hakôris et Dionysios Pétosarapis présentent plusieurs similitudes. Tout d'abord, tous deux appartiennent à un milieu de rencontre entre culture grecque et culture égyptienne. Ainsi, le père d'Euphron porte un nom égyptien mais la dédicace qu'il a consacrée à Isis est en grec; comme W. Clarysse l'a montré, le nom grec Euphron est lui-même l'exacte traduction du nom égyptien *Hrj.w*, porté sous la forme transcrite Herieus par le père d'Hakôris[84]. Pétosarapis et Euphron offrent également des exemples complémentaires d'intégration aux sphères du pouvoir ptolémaïque, l'un étant «ami du roi», l'autre considéré par un chef de troupes lagide comme «ἐπίσημος». Mais l'invasion de l'Égypte par les Séleucides a conduit ces deux personnages à adopter des stratégies différentes. Euphron a choisi le «parti d'Antiochos», qui pourrait bien, dans ce contexte, être celui de Ptolémée VI[85]. Quant à Dionysios Pétosarapis, les «périls de la guerre» au cours desquels il s'est illustré sont très certainement ceux de la Sixième guerre de Syrie, mais menée dans le camp de Ptolémée VIII au vu de son attitude ultérieure. Il est même possible qu'il ait joué un rôle dans la destitution de Ptolémée VI en 169. Selon Tite-Live en effet, Ptolémée VIII, après avoir mis en place le blocus d'Alexandrie, espérait être rappelé dans la capitale «grâce à l'aide de sa sœur et sans opposition de la part des amis de son frère» (XLV, 11, 2). Si Ptolémée VI redoutait la réaction de ces derniers, c'est sans doute parce qu'ils avaient joué un rôle important dans la proclamation royale de 169. À cette date, Ptolémée VIII n'était encore qu'un très jeune adolescent (âgé de 11 à 14 ans): ce n'est certainement pas lui qui prit l'initiative du coup d'État. Si Pétosarapis faisait bien partie des «amis» de Ptolémée VIII dès cette époque, on comprend mieux alors sa place prééminente à la cour évoquée par Diodore, tout comme son crédit auprès de la foule de la capitale. En tout cas, la réaction des Alexandrins à son discours montre bien que toute méfiance n'était pas éteinte à l'encontre de l'aîné des Ptolémées à la fin de 168.

La première partie de l'action de Pétosarapis révèle donc une très bonne connaissance des rouages de la politique alexandrine. Reste à savoir quels étaient exactement les objectifs du personnage. À cet égard, le récit de Diodore présente apparemment une contradiction. Selon l'auteur, Dionysios Pétosarapis voulait «s'approprier les affaires de l'État»

---

[84] W. Clarysse, *op. cit.*, p. 240.
[85] En ce sens M. Gronewald, *P. Köln* IV 186, p. 154.

(ἐξιδιοποιεῖσθαι τὰ πράγματα, l. 2) et «usurper la royauté» (τὴν βασιλείαν (...) σφετερίσασθαι, l. 14). Pourtant, devant les Alexandrins, il ne fit que dénoncer le prétendu complot contre Ptolémée VIII. Il est probable qu'il ne manifesta pas en public son désir de pouvoir personnel puisque, suite à cette harangue, la foule se trouva certes décidée à éliminer Ptolémée VI, mais dans l'intention de «remettre le royaume au plus jeune» (ἐγχειρίσαι τῷ νεωτέρῳ τὴν βασιλείαν, l. 10), non de renverser les deux rois à son profit. De fait, malgré les différentes révolutions qu'a pu connaître la capitale, il apparaît les Alexandrins sont restés indéfectiblement attachés à la famille royale pendant toute l'époque ptolémaïque. Destitutions et restaurations se sont en effet toujours effectuées au sein de la dynastie, comme le montre un résumé succint des soulèvements auxquels ont participé les Alexandrins à partir des années 160[86]:

Tableau 6 – Les révolutions alexandrines aux IIe et Ier siècles[87]

169	La foule d'Alexandrie destitue Ptolémée VI et reconnaît Ptolémée VIII comme seul roi. En 168, la corégence est restaurée, mais dès la fin de l'année 164, Ptolémée VIII chasse son frère d'Égypte.	Polybe, XXIX, 23, 4; Porphyre *apud* Eusèbe, dans *F.Gr.Hist.* II 260, F2, 7; Tite-Live XLIV, 19 et XLV, 11.
163	Les Alexandrins contraignent Ptolémée VIII à l'exil et rappellent Philométor.	Diodore XXXI, 20 et 17c; Polybe, XXXI, 10, 4.
131	La capitale se soulève contre Ptolémée VIII Évergète II; Cléopâtre II est reconnue comme seule souveraine.	Diodore XXXIII, 6 et 12; Justin, XXXVIII, 8, 11-12.
107	Ptolémée Sôter II, qui en 116 avait été associé au pouvoir par Cléopâtre II à la demande des Alexandrins, est chassé par la foule et s'enfuit d'Égypte: la reine associe au trône son fils cadet Ptolémée Alexandre Ier.	Pausanias, I, 9, 1-2; Justin, XXXIX, 3, 1-2; Porphyre *apud* Eusèbe, dans *F.Gr.Hist.* II 260, F2, 8.
88	Expulsion de Ptolémée Alexandre Ier et rappel de Sôter II.	Pausanias, I, 9, 3; Justin, XXXIX, 5, 9; Porphyre *apud* Eusèbe, dans *F.Gr.Hist.* II 260, F2, 9.
80	Ptolémée XI Alexandre II, fils de Ptolémée Alexandre Ier, est lynché par les Alexandrins; la couronne est offerte à Ptolémée XII Aulète.	Appien, *G. Civ.*, I, 102; Porphyre *apud* Eusèbe, dans *F.Gr.Hist.* II 260, F2, 11; Cicéron, *De rege Alex.*, fr. 8-9.
58	Des émeutes à Alexandrie contraignent Ptolémée Aulète à se réfugier à Rome; la royauté revient à son épouse, la reine Cléopâtre VI Tryphaina et à leur fille Bérénice IV.	Dion Cassius, *Hist. rom.* XXXIX, 12-13; Porphyre *apud* Eusèbe, dans *F.Gr.Hist.* II 260, F2, 14; Dion Chrysostome, *Oratio* 32, 70; Plutarque, *Caton le Jeune*, 35, 4.

Dionysios Pétosarapis n'a donc sans doute jamais revendiqué devant les Alexandrins un pouvoir personnel. Son attitude au début du soulèvement lui donnerait même plutôt l'apparence d'un agent de Ptolémée VIII, bien que cette hypothèse soit infirmée par la suite des événements et par le désaveu du jeune roi. Pétosarapis a bien exploité les rivalités entre les deux frères, mais la révolte qu'il a suscitée ne peut pas se comprendre comme une des étapes de la lutte fratricide elle-même. Mais, si c'est pour son compte qu'il agissait, et si l'assassinat de Ptolémée VI n'était pour lui qu'une étape préalable à la prise d'un pouvoir personnel, comment comptait-il procéder? Compte-tenu de la jeunesse de Ptolémée VIII, sans doute songeait-il à une mise sous tutelle, au moins dans un premier temps. Ses deux principaux arguments n'étaient-ils pas l'âge (τὴν ἡλικίαν) et l'inexpérience (τὴν ἀπειρίαν, l. 6) des deux rois? En insistant sur ces deux points, Pétosarapis ne se présentait pas directement en candidat à la royauté, mais semblait bien se proposer comme soutien du trône. Au demeurant, il pouvait se prévaloir de l'expérience acquise sur le champ de bataille et ses attaques contre la jeunesse des deux frères amènent à penser que lui-même était alors un homme d'âge mûr. Le pays venait d'ailleurs de connaître une situation de régence entre 176 et 170, avec Eulaios et Lènaios, ce qui pouvait donner des idées à un homme ambitieux[88]; en outre, les premières années de la minorité de Ptolémée V avaient montré qu'une régence pouvait être l'occasion d'exercer une autorité de fait[89]. Les ambitions de Pétosarapis en 168, tout comme celles de Galaistès une génération plus tard, allaient peut-être au-delà, mais ce n'est pas en les dévoilant immédiatement qu'il comptait soulever la foule alexandrine.

---

[86] Sur ces soulèvements, voir H. Volkmann, «Ptolemaios», col. 1702-1755; R. Todd, *Popular Violence and Internal Security in Hellenistic Alexandria*, Univ. de Californie, 1963, *UMI*, 1982, pp. 42-113; P. M. Fraser, *Ptolemaic Alexandria*, I, Oxford, 1972, pp. 119-125; Ed. Will, *Histoire politique*, II, pp. 316-320; 360-361; 429-432; 440-445; 517-525.

[87] Ce tableau ne fait apparaître que les textes mentionnant explicitement le rôle joué par les Alexandrins. Pour les autres sources se rapportant aux luttes dynastiques dans la capitale, on se reportera aux ouvrages cités dans la note précédente.

[88] Cf. Diodore, XXX, 15-16; Polybe, XXVIII, 10, 8.

[89] Cf. Polybe, XV, 25, 32: «(Tlépolémos) ne désespérait pas d'obtenir lui-même la tutelle de l'enfant-roi, avec le pouvoir suprême».

b – D'Alexandrie à Éleusis

Après son échec à Alexandrie en revanche, Dionysios Pétosarapis semble avoir infléchi sa politique et décidé d'affronter directement le pouvoir en place. Après s'être enfui de la capitale, il envoya en effet des courrier aux soldats qui étaient «mûrs pour la sédition» (τοὺς οἰκείους ἀποστάσεως, l. 21) afin de les rallier à sa cause. Nous ignorons quels étaient les «espoirs» (ἐλπίδων, l. 22) qu'il les invita à partager. En tout cas, Alexandrie demeurait toujours, à ce moment-là, le centre de ses préoccupations. Après s'être retiré «au loin» (ἐκποδών), c'est en effet à Éleusis, dans les faubourgs de la capitale, qu'il revint livrer bataille. Il tenait là une position stratégique, comme Antiochos IV avant lui lors de la Sixième guerre de Syrie, car c'est à Éleusis qu'aboutissait le canal canopique alimentant Alexandrie en marchandises[90]. Cependant, l'armée des mécontents avait visiblement été préparée à la hâte, et le chiffre donné par Diodore de 4000 hommes, quoique loin d'être négligeable, ne pouvait faire le poids face aux forces lagides. Dionysios Pétosarapis espérait-il un retournement de la foule d'Alexandrie en sa faveur? Toujours est-il que l'armée des rebelles fut vaincue et que son chef, après deux échecs successifs, se retira cette fois dans l'intérieur de l'Égypte.

c – Vers la chôra

C'est seulement lors de cette troisième phase de la révolte, évoquée très brièvement dans le texte de Diodore (ll. 24-29), que l'action de Pétosarapis semble prendre un caractère davantage «égyptien». Après avoir tenté de soulever la foule (τὰ πλήθη) d'Alexandrie (ll. 7, 10, 18), puis les soldats (τῶν στρατιωτῶν, ll. 20, 23), c'est en effet vers «les Égyptiens» qu'il se tourna une fois la défaite consommée à Éleusis: «(il se retira) chez les Égyptiens (εἰς τοὺς Αἰγυπτίους), où il se mit à inciter les masses à la révolte (πρὸς ἀπόστασιν) » (ll. 25-26). C'est la première fois dans le passage que le terme d'Égyptiens est employé: jusqu'alors, la foule et les soldats étaient indéterminés. Pour Diodore, cet appel à l'*apostasis* aurait été efficace, tout au moins dans un premier temps: «comme (Pétosarapis) était homme d'action et populaire auprès des Égyptiens (παρὰ τοῖς Αἰγυπτίοις), il eut rapidement beaucoup de gens qui voulaient agir de concert avec lui» (ll. 27-29). Malheureusement, c'est aussi

---

[90] Voir A. Bernand, «Alexandrie et son cordon ombilical», *BSFE* 48, 1967, pp. 13-23.

sur ces mots que se clôt le passage et nous ignorons ce qu'il advint ensuite du personnage. En effet, à l'exception notable de la *tarachè* du *P. Lond.* VII 2188, il n'est pas possible d'établir avec certitude un lien entre Dionysios Pétosarapis et les troubles qui éclatèrent dans la *chôra* au cours des années 160.

En tout cas, on notera que Dionysios Pétosarapis n'a tenté de s'appuyer sur l'Égypte et sur les Égyptiens qu'après avoir échoué dans ses autres entreprises. À la différence des autres meneurs de coups d'État à Alexandrie, il ne chercha pas non plus de soutiens à l'étranger. Vers 219, Théodotos, gouverneur de la Coélé-Syrie pour le compte de Ptolémée IV, avait comploté contre le roi en se liguant avec Antiochos III[91]. Quant à Agathoklès en 204-203, il s'était occupé de recruter des mercenaires en Grèce pour renforcer son pouvoir personnel[92]. De même, lorsque Galaistès tomba en disgrâce au début du règne d'Évergète II et se résolut à tenter un coup d'État, il partit en Grèce réunir autour de lui des partisans[93]. Dionysios Pétosarapis ne semble pour sa part n'avoir eu d'autre possibilité que de se replier sur la *chôra*. Ceci pourrait tenir à son origine égyptienne et à sa faible insertion dans les réseaux d'alliances hellénistiques. Mais il est tout aussi vrai que la situation internationale lui était alors défavorable: Rome, qui venait de remporter la Troisième guerre de Macédoine et d'œuvrer à la réconciliation des deux Ptolémées, n'aurait certainement pas vu d'un bon œil des Grecs intervenir dans les affaires intérieures de l'Égypte. En Syrie d'autre part, Antiochos IV, affaibli par son retrait devant Popilius Laenas, était sans doute tout aussi peu disposé à aider Dionysios Pétosarapis, d'autant moins si ce dernier avait pris part à la Sixième guerre de Syrie dans le camp de Ptolémée VIII.

En résumé, Dionysios Pétosarapis se différencie très nettement d'Haronnophris et Chaonnophris. Ces derniers cherchèrent à remplacer le pouvoir ptolémaïque, considéré comme illégitime, par un pouvoir approuvé par les dieux d'Égypte, avec pour centre la vieille capitale égyptienne de Thèbes. Dionysios Pétosarapis tenta pour sa part d'usurper la royauté ptolémaïque, appuyé sur les Alexandrins, et c'est en dernier ressort, et pourrait-on dire par défaut, qu'il se replia sur la *chôra*. Par conséquent, ses origines égyptiennes (totalement ou en partie) apparaissent

---

[91] Cf. Polybe V, 61, 3-5.
[92] Cf. Polybe, XV, 25, 16-18.
[93] Cf. Diodore XXXIII 20.

tout à fait peu déterminantes par rapport aux objectifs poursuivis. Les deux exemples développés dans ce chapitre montrent donc qu'il n'y eut pas nécessairement unité d'intention chez ceux qui prirent la tête des révoltes à l'époque ptolémaïque. Nous allons voir si le même constat peut être dressé pour les partisans des soulèvements.

Chapitre V

LES PARTISANS DES SOULÈVEMENTS

Comme nous l'avons fait dans le cas d'Haronnophris, Chaonnophris et Dionysios Pétosarapis, nous tenterons ici d'identifier les rebelles et de dégager la nature de leurs actes. Dans un premier temps, nous fonderons notre analyse sur le vocabulaire, en cherchant à savoir par quels termes les différentes sources désignent les révoltes et les révoltés.

I – Essai d'identification: l'apport du vocabulaire

1 – Les sources littéraires

Dans les sources littéraires, quatre des révoltes qui éclatèrent en Égypte sous les Ptolémées sont présentées comme révoltes «des Égyptiens»: il s'agit de celles des années 245, 206-186, 160 et 88. Tout d'abord, le *P. Haun.* I 6 définit la révolte de 245 comme une «*apostasis* des Égyptiens», «Αἰγυπτίων ἀπόστασις» (l. 15). Selon Polybe, c'est aussi «contre les Égyptiens» que le roi Ptolémée IV, vers la fin de son règne, se trouva contraint de mener une guerre (τὸν πρὸς τοὺς Αἰγυπτίους πόλεμον, V, 107, 1). Par ailleurs, il présente les meneurs de la résistance de Lycopolis en 197 comme «les chefs des Égyptiens»: «οἱ δυνάσται τῶν Αἰγυπτίων» (XXII, 17, 1). De même, pour Diodore de Sicile, Dionysios Pétosarapis trouva «auprès des Égyptiens» (παρὰ τοῖς Αἰγυπτίοις) beaucoup de gens qui voulaient agir de concert avec lui après son échec à Alexandrie (XXXI 15a). L'auteur désigne également comme Égyptiens «les plus actifs des rebelles» (οἱ πρακτικώτατοι τῶν ἀφεστηκότων) retranchés à Panopolis vers 165: «Ptolémée, [constatant] le désespoir des Égyptiens (τὴν ἀπόνοιαν †ἐν Αἰγυπτίων) et la force de la place, se prépara à l'assiéger» (XXXI 17b). Nous avons déjà soulevé le problème posé par ce qualificatif d'Égyptien dans les sources littéraires, le terme pouvant désigner aussi bien un Égyptien de souche que tout «habitant de l'Égypte»[1].

---

[1] Voir *supra*, p. 101.

Parmi les témoignages cités ici, le *P. Haun.* I 6 est particulièrement équivoque en raison du caractère fragmentaire du document; en outre, l'expression «*domestica seditio*», employée par Justin au sujet de la même révolte, n'est pas plus explicite. Par conséquent, nous pouvons seulement supposer que l'«*apostasis* des Égyptiens» était bien, dans l'esprit de l'auteur, une révolte égyptienne[2]. En revanche, les passages de Polybe et de Diodore sont moins ambigus et le contexte permet de prendre le terme au sens propre. Pausanias lui aussi pensait certainement aux Égyptiens de Thèbes en évoquant la guerre menée par Ptolémée Sôter II contre les «Thébains révoltés» (Θηβαίοις ἀποστᾶσι, I, 9, 3). En effet, ce n'est qu'à eux que peut s'appliquer la précision suivante: «il ravagea (la ville) au point de ne laisser aux Thébains aucun vestige de la prospérité de jadis».

Ces données doivent être confrontées avec celles des sources directes, contemporaines des événements, c'est-à-dire les sources papyrologiques et épigraphiques. Quel est, en Égypte même, le vocabulaire de la révolte? Les tableaux suivants offrent un récapitulatif des termes que nous avons pu relever dans les documents grecs (a), démotiques (b) et hiéroglyphiques (c) d'époque ptolémaïque. Nous y avons ajouté la stèle de Gallus relative au soulèvement de 29. Dans les colonnes du milieu sont cités les passages où révoltes et rebelles portent des qualificatifs particuliers et sont déterminés de manière relativement précise, c'est-à-dire autrement que par les expressions du type «la révolte qui a eu lieu» ou «les rebelles qui ont été vaincus».

2 – Les données papyrologiques et épigraphiques

a – *Textes grecs*

a' – les révoltes

ταραχή		*Memphis*, 20; *SB* XX 14659, 9; *SB* VIII 9681, 9; *SB* XXIV 15972, A, II, 39; *SB* V 8033, 7-8; *P. Tor. Choach.* 12, 28-29; *P. Amh.* II 30, I, 11; *P. Gen.* III 128, 9; *UPZ* I 14, 9; *P. Tebt.* III 934, 11; *P. Lond.* VII 2188, 256-257; *UPZ* II 225, 13

---

[2] Voir sur ce point W. Peremans, «Sur la *domestica seditio* de Justin», p. 633 et K. Goudriaan, *Ethnicity in Ptolemaic Égypt*, p. 112, n. 46.

	τῆς ἐν τῆι χώραι ταραχῆς «la *tarachè* dans la *chôra*»	*SB* XX 14659, 9
	τῆι ταραχῆι τῶν Αἰγυπτίων «la *tarachè* des Égyptiens»	*SB* VIII 9681, 9
	τὴν Χαοννώφριος ταραχήν «la *tarachè* de Chaonnophris»	*SB* XXIV 15972, A, II, 39
ἀπόστασις ou στάσις		*UPZ* I 7, 13 *UPZ* II 209, 10 (?)[3]; *P. Bour.* 10, 18
ἀμιξία / ἀμειξία		*UPZ* I 19, 9-10 (ἀμείκτοις καιροῖς); *P. Gen.* III 128, 5-6; *P. Tebt.* I 61b, 31; *P. Tebt.* I 72, 46; *PSI* III 171, 34; *P. Dryton* 34, 20; *BGU* XIV 2370, 39-40
	τῆι γενηθείσηι ἐν τῶι τόπωι ἀμειξίαι «l'*amixia* survenue dans la région»	*PSI* III 171, 34
	τῆς ἐπειληφυίας τὸν νομὸν ἀμειξίας «l'*amixia* qui a saisi le nome»	*BGU* XIV 2370, 39-40

a" – les rebelles

ἀποστάται		*P. Tebt.* III 781, 7; 888, 11; 1043, 45 et 54; *P. Amh.* II 30, 34; *SB* XX 14184, 6; *P. Dryton* 36, 12
	τῶν Αἰγυπτίων ἀποστατῶν «les rebelles égyptiens»	*P. Tebt.* III 781, 7; *P. Amh.* II 30, 34
ou ἀποστάντες et ἀποστάς		*Memphis*, 27
	τὴν Θηβαΐδα ἀποστᾶσαν «la Thébaïde qui s'était révoltée»	*IG Philae* II 128, 11-12[4]
ἀσεβεῖς		*Memphis*, 23 et 26

---

[3] Voir n. 54, p. 41.

[4] Dans la version latine: «la Thébaïde qui avait fait défection», «*defectionis Thebaidis*» (ll. 2-3).

b – Textes démotiques

b' – les révoltes

tḥtḥ		*Memphis*, dém. 11, 5; 16, 1
	tḥtḥ i̓.ir ḫpr Km.t «la rébellion qui survint en Égypte»	*Memphis*, dém. 11, 5
bks		*Philae II*, Müller, dém. 7d: Sethe, *Urk.* II 221, 9; Sethe, *Urk.* II 223, 8[5]
	bks ḫnw Kmj «la révolte en Égypte»	*Philae II*, Müller, dém. 7d: Sethe, *Urk.* II 221, 9

b" – les rebelles

sb3 / s3b		*Memphis*, dém. 13, 1; 13, 3; 15, 3, 16, 1 *Philae II*: Müller, dém. 4d: Sethe, *Urk.* II 217, 10; Müller, dém. 7c-d: Sethe, *Urk.* II 221, 8; Müller, dém. 9b: Sethe, *Urk.* II 223, 8; Müller, dém. 13a: Sethe, *Urk.* II 228, 9
	sb3 n n3 ntr.w «l'ennemi des dieux» (Chaonnophris)	*Philae II*, Müller, dém. 7c-d: Sethe, *Urk.* II 221, 8
	sb3.w (…) i̓w=w ḫ3ꜥ p3 myt n p3 *ꜥ-sḥn n pr-ꜥ3 i̓rm p3 ꜥ-sḥn n n3 ntr.w* «les ennemis (…) qui avaient abandonné le chemin du comman- dement de Pharaon et celui du commandement des dieux»[6]	*Memphis*, dém. 13, 4-14,1
	sb3.w (…) i̓w=w ḫ3ꜥ p3 myt n pr-ꜥ3 *i̓rm p3y=f i̓t* «les ennemis (…) qui avaient abandonné le chemin de Pharaon et de son père»	*Memphis*, dém. 16, 1-3
bks		*P. dém. Berlin* 13608, 4 (*rmt ntj bks*) *Philae II*, Müller, dém. 9 g-h: Sethe, *Urk.* II 224, 5 (*n3 rmt.w (r.)wn.n3.w bks*); Sethe, *Urk.* II 228, 9 (*rmt i̓w=f bks*)[7]

---

[5] Lecture de K. Sethe uniquement pour la ligne 9d du texte démotique.

[6] Traduction du passage et du suivant d'après D. Devauchelle, *La Pierre de Rosette*, p. 25.

[7] Lecture de K. Sethe uniquement pour la ligne 13a du texte démotique, suivie notamment par P. W. Pestman, «Haronnophris and Chaonnophris», p. 121.

c – Textes hiéroglyphiques

c' – les révoltes

ḥnn		*Edfou*, IV, 8, 2; VII, 6, 6; VII, 7, 1
bꜥr		*Philae II*, Müller, hiérog. 9b: Sethe, *Urk.* II 221, 9
	bꜥr jmty Km.t «le combat en Égypte»	
hꜣy		*Philae II*, Müller, hiérog. 11d: Sethe, *Urk.* II 223, 8

c" – les rebelles

sby		*Décret de l'an 23*, l. 34 *Philae II*, Müller, hiérog. 5a: Sethe, *Urk.* II 217, 7; Müller, hiérog. 11d: Sethe, *Urk.* II 223, 8; Müller, hiérog. 12a: Sethe, *Urk.* II 224, 1
	sbyw ḫft(y) nṯr.w «l'ennemi des dieux» (Chaonnophris)	Müller, hiérog. 5a: Sethe, *Urk.* II 217, 7
btnw[8]		*Philae II*, Müller, hiérog. 9a: Sethe, *Urk.* II 221, 8 Müller, hiérog. 15e: Sethe, *Urk.* II 228, 9 *Edfou*, IV, 8, 2 et 4; VII, 6, 7
	btnw ḫmw «les rebelles ignorants»	*Edfou*, IV, 8, 2; VII, 6, 7
	btn n nṯr(.w) «l'ennemi des dieux»	*Philae II*, Müller, hiérog. 9a: Sethe, *Urk.* II 221, 8
ḫfty		*Philae II*, Sethe, *Urk.* II 217, 8[9]
sntyw		*Philae II*, Sethe, *Urk.* II 217, 10[10]
ꜥwny		*Philae II*, Müller, hiérog. 9c: Sethe, *Urk.* II, 221, 10

---

[8] C'est également le terme *btnw* qui est employé dans les inscriptions autobiographiques du diocète Dioskouridès commentées par P. Collombert, «Religion égyptienne et culture grecque: l'exemple de Διοσκουρίδης », pp. 47-63, partic. p. 53. La col. 5 évoque «l'écrasement des rebelles (du pays) (*btnw=f*)». Mais il est difficile de savoir si l'expression se rapporte à des événements réels.

[9] Lecture de K. Sethe pour les lignes 5a-b du texte hiéroglyphique.

[10] Lecture de K. Sethe pour la ligne 5c du texte hiéroglyphique, suivi par R. H. Pierce, *FHN* II, n° 134, p. 603. En revanche, selon les corrections de W. Clarysse, «Hurgonaphor et Chaonnophris», pp. 249-250, le mot *sntyw* ne peut plus être lu en *Urk.* II 223, 10.

Ces tableaux appellent divers commentaires. Côté grec, les mouvements de révolte peuvent être exprimés au moyen de quatre termes: ἀπόστασις ou στάσις, «révolte, soulèvement, défection»; ταραχή, qui est la désignation la mieux attestée et qui peut désigner une révolte particulière tout comme un état de troubles plus général; enfin, ἀμιξία, qui tend à remplacer ταραχή dans ses deux emplois à partir de la fin du II⁰ siècle sans qu'une réelle différence de sens entre les termes soit possible à déterminer[11]. Les rebelles quant à eux sont presque toujours qualifiés d' ἀποστάται, voire d' ἀποστάντες (*Memphis*, 27). Ils sont aussi désignés comme «impies», ἀσεβεῖς, dans le décret de Memphis (*Memphis*, 23 et 26).

Du côté égyptien, une distinction doit être opérée entre sources démotiques et sources hiéroglyphiques, dans la mesure où les premières renvoient à la langue de communication courante à l'époque ptolémaïque, les secondes à une langue morte, uniquement écrite et érudite[12].

Les documents démotiques emploient deux termes pour qualifier les troubles intérieurs: *bks*, «révolte, rébellion»[13] et *tḥtḥ* qui contient la notion de désordre[14], mais qui apparaît aussi au sens de «révolte» comme l'équivalent du grec ταραχή dans le décret de Memphis[15]:

• version grecque, l. 20: «(ceux) qui avaient manifesté des sentiments hostiles à l'époque de la révolte (ἐν τοῖς κατὰ τὴν ταραχὴν καιροῖς)».
• version démotique, l. 11: «those who had been on the other side in the rebellion (*p3 tḥtḥ*)»[16].

---

[11] Voir à ce sujet mon article à paraître dans les *Actes du XXIIIᵉ Congrès de Papyrologie* (Vienne, 2001).

[12] Sur les rapports entre hiéroglyphique et démotique à l'époque ptolémaïque, voir M. Chauveau, «Bilinguisme et traduction» dans *Le décret de Memphis. Colloque de la fondation Singer-Polignac à l'occasion de la célébration du bicentenaire de la découverte de la Pierre de Rosette* (Paris, 1999), sous la dir. de D. Valbelle et J. Leclant, Paris, 2000, pp. 25-29.

[13] Cf. K. Sethe, «2. Philae-Dekret», p. 44; W. Spiegelberg, «Eine neue Erwähnung eines Aufstandes im Oberägypten in der Ptolemäerzeit», p. 55; W. Erichsen, *Demotisches Glossar*, Copenhague, 1954, p. 125.

[14] Cf. W. Erichsen, *op. cit.*, p. 651.

[15] À la ligne 16, 1, *tḥtḥ* est aussi employé comme verbe. Il y est question des «ennemis» (*sb3.w*) qui ont rassemblé une armée pour «troubler» (*r tḥtḥ*) les nomes.

[16] Pour ce passage et les suivants nous suivons la traduction de S. Quirke et C. Andrews.

Pour les rebelles, le principal terme employé est celui d'«ennemi»: *sb3* / *s3b*[17]. On notera que dans le décret de Memphis il correspond en deux occasions au grec ἀσεβεῖς:

- grec, 22-24: «s'étant rendu aussi à Lycopolis du nome Bousirite (...) car depuis longtemps l'esprit de révolte s'y était installé parmi les impies (τοῖς ἀσεβέσιν) qui s'étaient rassemblés dans cette ville (...), il assiégea cette place en l'entourant de talus, de fossés et de remparts solides».
- dém. 13: «he laid siege to the stronghold in question with a wall around its exterior on account of the enemies (*n3 sb.w*) who were within it».
- grec, 26: «il a pris en peu de temps la ville de vive force et détruit tous les impies (ἀσεβεῖς πάντας) qui s'y trouvaient».
- dém. 15: «he prevailed over the enemies (*n3 sb3.w*) who were within it».

Par ailleurs, le terme *bks*, qui désigne la révolte, peut aussi être utilisé au sujet des rebelles. Dans nos sources, il est employé de deux manières:

- soit en substantif pour désigner «le révolté, le rebelle» comme dans le *P. dém. Berlin* 13608, 4: *rmt nty bks*, «les hommes du rebelle»[18].
- soit en construction verbale: «*n3 rmt.w (r.)wn.n3.w bks*», «les gens qui s'étaient révoltés» (*Philae* II, Müller, dém. 9 g-h: Sethe, *Urk.* II 224, 5); «*rmt iw=f bks*», «l'homme qui se révolte» (Sethe, *Urk.* II 228, 9 pour la ligne dém. 13a)[19].

Les sources hiéroglyphiques enfin utilisent un vocabulaire bien plus diversifié que les documents démotiques pour qualifier révoltes et révoltés: sans doute faut-il y voir un reflet des recherches stylistiques qui caractérisent les textes hiéroglyphiques à l'époque hellénistique[20]. Pour

---

[17] W. Erichsen, *op. cit.*, p. 420.

[18] Cf. W. Spiegelberg, *op. cit.*, p. 55.

[19] Nous suivons ici les traductions de P. W. Pestman, «Haronnophris and Chaonnophris», p. 121.

[20] L'existence de véritables catalogues de synonymes à la diposition des prêtres est ainsi révélée par des papyrus tels que l'*Onomasticon* de Tebtynis publié par J. Osing, *The Carlsberg Papyri 2. Hieratische Papyri aus Tebtynis* I, Copenhague, 1998. Voir également, du même auteur, «La science sacerdotale», dans *Le décret de Memphis*, pp. 135-138.

les révoltes, trois termes apparaissent: d'une part *ḫnn*, «troubles, tumulte, confusion»[21]; d'autre part, *b'r*, le «combat»[22]; enfin, *h3y*, un mot qui semble être une variante de l'ancien *h3j*, «révolte, combat intérieur»[23]. Quant aux rebelles, ils sont désignés de cinq manières différentes:

– *sby*, équivalent du démotique *sb3 / s3b*[24]
– *btnw*, «ennemi, insoumis, impie»[25]
– *sntyw*, «révolté, insurgé»[26]
– *ḫfty*, «ennemi, adversaire»[27]
– enfin *'wny.w* «pillards, malfaiteurs»[28].

Les sources ptolémaïques disposent donc de tout un pannel de termes pour qualifier les révoltes et les révoltés. Mais elles précisent rarement la composition des troupes rebelles. S'agit-il toujours d'Égyptiens?

3 – Des rebelles égyptiens?

Les tableaux a, b et c montrent que, dans les sources directes, les révoltes sont le plus souvent déterminées uniquement de manière géographique: «révolte dans la *chôra*» (*SB* XX 14659, 9), *amixia* «du lieu» (*PSI* III 171, 34) ou «du nome» (*BGU* XIV 2370, 39-40) dans les documents grecs d'époque ptolémaïque; «révolte en Égypte» dans la version démotique du décret de Memphis (*Memphis*, dém. 11, 5) et dans le décret de Philae (*Philae II*, Müller, hiérog. 9b / dém. 7d: Sethe, *Urk.* II 221, 9); «Thébaïde révoltée» dans la stèle de Gallus (*IG Philae* II 128, 11-12).

---

[21] Cf. A. Erman et H. Grapow, *Wb* III, 383; P. Wilson, *A Ptolemaic Lexikon*, OLA 78, Louvain, 1997, p. 77.

[22] *Wb* I, 447.

[23] Cf. K. Sethe, *op. cit.*, p. 45, M. Alliot, «La Thébaïde en lutte», p. 440 et *Wb* III, 30 pour *h3j*.

[24] *Wb* IV, 87; P. Wilson, *Lexikon*, p. 819. Également N. Grimal, *Les termes de la propagande royale égyptienne*, Paris, 1986, p. 649.

[25] *Wb* I, 486; P. Wilson, *Lexikon*, pp. 337-338; N. Grimal, *op. cit.*, p. 649-650.

[26] *Wb* IV, 519; P. Wilson, *Lexikon*, p. 874.

[27] *Wb* III, 276-277; P. Wilson, *Lexikon*, p. 725; N. Grimal, *op. cit.*, p. 649.

[28] Cf. *Wb* I, 172 et P. Wilson, *Lexikon*, p. 142.

Quant aux rebelles, désignés de manière générale comme «ennemis» dans les documents égyptiens, ils sont surtout qualifiés par leurs aspects négatifs. Ceci ne surprend pas, dans la mesure où toutes les sources relevées sont des sources orientées, rédigées soit par le parti adverse, soit par des individus qui ont eu à souffrir des révoltes. Les rebelles sont ainsi identifiés à des «pillards» dans le décret de Philae (*Philae II*, Müller, hiérog. 9c: Sethe, *Urk.* II, 221, 10). À Edfou, ils sont présentés comme *ḥmw* (*Edfou*, IV, 8, 2; VII, 6, 7), c'est-à-dire comme des individus ignorants des lois de l'Égypte et du pharaon. Selon P. Wilson en effet, «Derived from *ḥm* «be ignorant» referring to «those who are ignorant» of Egypt and her customs (…), *ḥmy* denotes the enemies of the temple. *Ḥmyw* implies rebellious enemies of Egypt and the king: rebellion and strife arose in Egypt after «ignorant ones revolted in the Thebaïd» (…). Here it refers to disaffected Egyptians or those who had become ignorant of the king's authority»[29]. De fait, d'après le décret de Memphis, les révoltés ont non seulement «abandonné le chemin du commandement de Pharaon» et de son père, mais aussi celui «du commandement des dieux» (*Memphis*, dém. 13-14 et 16). Autrement dit, ce sont des «ennemis des dieux» en égyptien (*Philae II*, Müller, dém. 7c-d et hiérog. 9a: Sethe, *Urk.* II 221, 8), des «impies» en grec (*Memphis*, 23 et 26).

Un certain nombre de documents donnent tout de même des informations plus précises sur l'identité des révoltés. Ainsi, le grand soulèvement de Haute-Égypte est qualifié de «révolte (*tarachè*) de Chaonnophris» dans le *SB* XXIV 15972. Le décret de Philae exprime la même notion en présentant Chaonnophris comme celui «qui avait commencé la révolte (*bks*) en Égypte» dans la version démotique[30], et comme celui «qui commença le combat (*bʿr*) à l'intérieur de l'Égypte» dans le texte hiéroglyphique[31] (*Philae II*, Müller, hiérog. 9b / dém. 7d: Sethe, *Urk.* II 221, 9). D'autre part, à trois reprises dans les sources papyrologiques les rebelles sont explicitement qualifiés d'«égyptiens»: «rebelles égyptiens» dans le *P. Tebt.* III 781 et dans le *P. Amh.* II 30 qui datent tous deux des années 160, «révolte des Égyptiens» dans le *SB* VIII 9681 qui se rapporte à la révolte de 206-186. De même, selon l'oracle délivré par Hor de Sébennytos vers 165, c'est contre «les Égyptiens» que l'armée lagide était

---

[29] P. Wilson, *Lexikon*, p. 727.
[30] Trad. W. Clarysse, «Hurgonaphor et Chaonnophris», p. 246.
[31] W. Clarysse, *ibid.* Cf. S. Sauneron, *BIFAO* 62, 1964, p. 23.

censée marcher avec succès (cf. [τὸ τάγμα] (?) τῶν Αἰγυπτίων: *SB* X 10574, texte A, 6; B, 7; E, 10)[32]. Même si la composition des troupes rebelles est rarement précisée dans les sources directes, lorsque le cas se présente, c'est donc bien comme «égyptiens», à la manière des sources littéraires, que les révoltés se trouvent désignés.

Ceci nous amène à poser deux questions principales. Premièrement, ces révoltes n'ont-elles toujours concerné que les Égyptiens? Nous ne reviendrons pas ici sur les troubles attestés dans la *chôra* lors des luttes dynastiques entre Ptolémée VI et Ptolémée VIII, puis entre Évergète II et Cléopâtre II. Dans ce cas de figure, la véritable opposition se fit entre partisans de l'un et l'autre camp, et non pas entre Grecs et Égyptiens; c'est bien d'ailleurs ce que montre l'expression employée par Hor de Sébennytos au sujet de la guerre fratricide de 169/8, et qui pourrait aussi s'appliquer à celle de 132/1-124: «le moment où l'Égypte s'était déchirée»[33]. De fait, parmi les exemples relevés dans les tableaux ci-dessus, il est impossible de savoir dans quelle mesure la *tarachè* du Périthèbes (*UPZ* II 225) et l'*amixia* du Fayoum (*P. Tebt.* I 61b et *P. Tebt.* I 72), survenues toutes deux en 132/1, sont imputables à la guerre civile qui débuta cette même année entre Cléopâtre II et Évergète II. Les doutes sur l'identité des insurgés subsistent aussi dans le cas de l'«*apostasis* des Égyptiens» de 245, attestée par le *P. Haun.* I 6: on ne peut affirmer que les Égyptiens de souche furent les seuls à se soulever, même si, de toute manière, ils étaient majoritaires au sein des «habitants de l'Égypte»[34]. Mais des questions légitimes se posent même dans le cas des révoltes les mieux désignées comme égyptiennes par les sources directes et par les auteurs anciens: celle de 206-186 et celle des années 160.

---

[32] Voir *supra*, p. 42.

[33] Voir *supra*, p. 27. Ceci n'empêche pas que les Égyptiens aient parfois été plus nombreux dans un camp que dans l'autre. En l'occurrence, lors de la Sixième guerre de Syrie, la *chôra* se rangea manifestement aux côtés de Ptolémée VI, lui-même soutenu par Antiochos III, contre Ptolémée VIII et les Alexandrins. Le *P. Köln* IV 186 donne peut-être un exemple de ces «Égyptiens de la *chôra*» (l. 16) ralliés à Philométor, cf. M. Gronewald, *P. Köln* IV 186, p. 154, n. 8 et p. 160, à comparer avec Tite-Live XLV, 12, 2. Sur les troubles liés à la Sixième guerre de Syrie, voir aussi D. J. Thompson, ««When Egypt divorced itself»: Ptolemaic *tarachè* and the *elpis* of Harchonesis», pp. 325-326.

[34] Cf. H. Hauben, «L'expédition de Ptolémée III en Orient et la sédition domestique de 245», p. 33, n. 34.

Tout d'abord, l'identité des *machimoi* grâciés par Épiphane en 196, à l'époque de la prise de Lycopolis, reste sujette à débat. Le terme apparaît dans la version grecque du décret de Memphis, là où le texte démotique parle de «guerriers», «*rmt.w ḳnḳn* » (dém. 11, 4). Il est dit que le roi a grâcié, parmi les gens revenant d'exil, «les *machimoi* et les autres (personnes) qui avaient manifesté des sentiments hostiles à l'époque de la révolte (τῶν μαχίμων καὶ τῶν ἄλλων ἀλλότρια φρονησάντων ἐν τοῖς κατὰ τὴν ταραχὴν καιροῖς)» (ll. 19-20). Ces *machimoi* ont généralement été identifiés aux soldats indigènes évoqués par Polybe au livre V, lorsqu'il présente les origines de la guerre entre Ptolémée IV et les Égyptiens (V, 107, 1-3). Mais Polybe lui-même n'emploie pas le terme *machimos* dans ce passage, pas plus que dans sa description de la bataille de Raphia. En outre, nous savons qu'il existait, au moins à partir de la fin du IIe siècle, des *machimoi* grecs[35].

On peut également s'interroger sur l'identité des 4000 soldats rassemblés par Pétosarapis en 168/7, soldats que Diodore, au livre XXXI 15a, qualifie de «mûrs pour la rébellion» (οἰκείους ἀποστάσεως) «séditieux» (ταραχωδῶν) et partisans «de la révolution» (τοὺς νεωτερίζειν προαιρουμένους) — si nous prenons le verbe νεωτερίζειν ici dans son sens fort. S'agissait-il uniquement de soldats égyptiens? En fait, la tentative de coup d'État menée par Galaistès vers 141/0 montre que les forces lagides dans leur ensemble pouvaient être sujettes à la sédition. Selon Diodore, alors que les finances d'Évergète étaient au plus bas, certaines troupes en attente de leur solde furent sur le point de se mutiner et de rallier la cause de l'Athamane; pour mettre fin à l'agitation, le stratège Hiérax dut régler sur ses fonds propres les soldes en retard (XXXIII 22). Or, au sortir de la Sixième guerre de Syrie, la situation des soldats n'était pas meilleure comme le montrent deux papyrus du Sérapeum de Memphis, les *UPZ* I 59 et 60, datés du 29 août 168, soit de très peu antérieurs au déclenchement de la révolte de Pétosarapis. Ces deux lettres ont été adressées à un soldat grec, Héphaistion, par sa femme Isias et par son

---

[35] Voir à ce sujet K. Goudriaan, *Ethnicity in Ptolemaic Egypt*, pp. 121-125. D'après K. Sethe, «2. Philae-Dekret», p. 45, suivi par M. Alliot, «La Thébaïde en lutte», pp. 439-440, le décret de Philae indiquerait que des soldats grecs avaient déserté l'Égypte à l'époque de la révolte de Chaonnophris. Mais, ce sur ce point, les lectures de Sethe et Müller diffèrent trop pour qu'il soit possible de se prononcer: cf. *Philae II* chez Müller, hiérog. 10d-11d / dém. 8d-9b et chez Sethe, *Urk.* II 223.

frère Dionysios. Elles révèlent que nombre de soldats avaient trouvé refuge au Sérapeum à la fin du conflit avec Antiochos IV. À la différence de ses camarades, Héphaistion semble avoir choisi de rester parmi les reclus, sans doute pour échapper aux malheurs du temps décrits par Isias:

> «Tu ne reviens pas alors que tous les autres sont de retour. Je trouve que c'est odieux. Après avoir mené à bon port ma barque et celle de ton enfant, à travers une telle tourmente, après en être arrivée à toute extrémité à cause du prix du blé, j'espérais, grâce à ton retour, goûter un peu de repos; mais tu ne te soucies pas de revenir et tu ne considères pas notre misère» (*UPZ* I 59, 11-21)[36].

Nous ignorons ce qu'il advint d'Héphaistion. Mais il n'est pas impossible que Dionysios Pétosarapis ait amené des soldats grecs aussi désemparés à partager ses entreprises. N'avait-il pas réussi, quelques temps auparavant, à gagner la confiance des Alexandrins? De plus, comme nous l'avons vu, il ne se tourna vers l'Égypte et les Égyptiens qu'après avoir échoué, à la tête de ses 4000 soldats, dans l'affrontement d'Eleusis.

Un deuxième problème concerne les documents officiels relatifs aux révoltes, amnisties lagides et décrets issus des synodes sacerdotaux. En effet, ces documents ne distinguent jamais entre Grecs et Égyptiens lorsqu'ils évoquent les rébellions[37]. Le fait est frappant en ce qui concerne la révolte de 206-186, alors même que c'est la mieux documentée et la plus clairement définie comme égyptienne («révolte des Égyptiens» dans le *SB* VIII 9681, «révolte de Chaonnophris» dans le *SB* XXIV 15972 et le décret de Philae). Pourtant, dans le décret de Memphis les rebelles ne sont pas désignés comme Égyptiens, mais comme «impies», ou bien par des périphrases: en grec, «les *machimoi* et les autres (personnes) qui avaient manifesté des sentiments hostiles à l'époque de la révolte» (ll. 19-20); en démotique, «les guerriers et les autres personnes entraînées sur le mauvais chemin, celui de la révolte» (dém. 11), «les ennemis (…) qui avaient abandonné le chemin du commandement de Pharaon et celui du commandement des dieux» (dém. 13-14) et «les ennemis (…) qui avaient abandonné le chemin de Pharaon et de son père» (dém. 16)[38].

---

[36] Trad. C. Préaux, «Esquisse», p. 539.

[37] Cf. K. Goudriaan, *Ethnicity in Ptolemaic Egypt*, p. 111.

[38] D'après la traduction de D. Devauchelle. Les deux dernières phrases (dém. 13-14 et 16) n'ont pas d'équivalent exact dans la version grecque.

On remarquera que la seule classification adoptée au sujet des rebelles est d'ordre socio-professionnel: les *machimoi* (ou les *guerriers*) et les «autres personnes» (τῶν μαχίμων καὶ τῶν ἄλλων / *rmt.w ḫnḫn irm pȝ sp rmt*). De même, le deuxième décret de Philae présente les rebelles comme des ennemis, des pillards et des sacrilèges, mais pas comme des Égyptiens. En ce qui concerne les documents issus de la chancellerie lagide, il est vrai que le *prostagma* du 12 novembre 198, connu par le *SB* XX 14659, qualifie d'«égyptiens» les individus asservis dans le contexte de la révolte: «au sujet de ceux qui possèdent des esclaves égyptiens suite à la *tarachè* dans la *chôra*» (περὶ τῶν ἐχόντων σώματα Αἰγύπτια ἀπὸ τῆς ἐν τῇ χώραι ταραχῆς», ll. 8-9). Mais le critère ethnique sert ici à clarifier les conditions d'acquisition des esclaves, et non à désigner directement les partisans de la *tarachè*. Le même silence vaut pour l'ordonnance d'amnistie de 186 dont sont exclus les «meurtriers et sacrilèges» (*P. Köln* VII 313, col. I, 4-6). Tout en étant une disposition classique dans les ordonnances d'amnistie, l'exception vise sans doute, dans ce contexte bien particulier, les rebelles eux-mêmes. Mais ces derniers sont une fois de plus identifiés par leurs actes, et non par leur appartenance ethnique. De plus, l'amnistie s'adresse à «tous les fonctionnaires et tous les autres habitants du pays et d'Alexandrie» (*P. Köln* VII 313, col. I, 6-10).

Pourtant, le pouvoir lagide semble avoir été convaincu de ce que la révolte avait été menée par des Égyptiens: le *prostagma* de 198 évoqué plus haut mentionne explicitement «les Égyptiens» asservis durant la *tarachè*; d'autre part, le couronnement pharaonique de 196 répondait certainement au désir de renforcer l'adhésion de la population autochtone au pouvoir lagide[39]. De même, il n'est pas anodin qu'à la fin des troubles des années 160 les fonctionnaires égyptiens chargés d'encaisser les taxes aient été remplacés par des fonctionnaires grecs dans plusieurs nomes de Haute-Égypte. Cette évolution a été mise en lumière par K. Vandorpe pour le Pathyrite: de 186 à 168, les reçus pour l'*épigraphè* émis par «les *thesauroi* du Pathyrite», sont écrits en démotique par Harsièsis, fils de Nepherpres; en revanche, après l'interruption des années 168-165, ces reçus sont désormais rédigés en grec par trois fonctionnaires, Dionysios, Euklès, ainsi qu'un troisième dont le nom est perdu[40]. Les choses ne sont pas aussi nettes à Thèbes, au nord, et à Edfou, au sud, dans la

---

[39] Voir *infra*, p. 187-194.

[40] K. Vandorpe, «Paying Taxes to the Thesauroi of the Pathyrites», pp. 407-408.

mesure où la série des reçus émis par les greniers ne commence, dans les deux cas, qu'en 164. On observe néanmoins que les premiers documents sont en grec et qu'ils ont été rédigés par des fonctionnaires portant des noms grecs: Isidoros à Edfou (164-161), Philotas puis Asklépiadès à Thèbes (164 et 163)[41].

Pour conclure sur ce point, même si la participation de certains soldats grecs aux mouvements de révolte ne saurait être totalement exclue, principalement en ce qui concerne les *machimoi* évoqués dans le décret de Memphis et les troupes de Dionysios Pétosarapis, on peut estimer, au vu de l'ensemble de la documentation, que les grands soulèvements considérés dans ce travail furent bien le fait d'Égyptiens. Pourquoi alors les documents officiels ne désignent-ils jamais les révoltes comme «égyptiennes»? Trois hypothèses pourraient être avancées pour expliquer ce silence. Soit l'identité des révoltés était trop évidente, aux yeux des rédacteurs, pour qu'il soit nécessaire de la préciser. Soit l'absence de référence aux Égyptiens fait partie de la politique de pacification mise en place par le roi. Ou bien, ce qui nous semble plus probable, il faut admettre que l'identification ethnique des rebelles ne revêtait pas une importance capitale aux yeux du pouvoir lagide. Ceci pourrait notamment s'expliquer par l'absence de clivage net entre Grecs et Égyptiens du côté des victimes des «révoltes égyptiennes». C'est ce que nous allons maintenant chercher à mettre en lumière, en examinant de plus près les agissements des rebelles.

II – LES ACTES DE LA RÉVOLTE

Au livre V de son *Histoire*, Polybe analyse les prémices de la guerre entre Ptolémée IV et les Égyptiens de la manière suivante:

> «Enorgueillis (φρονηματισθέντες) par leur succès à Raphia, (les Égyptiens) ne pouvaient plus supporter l'autorité et ils cherchaient un chef et une personnalité, se croyant capables de se suffire à eux-mêmes (ὡς ἱκανοὶ βοηθεῖν ὄντες αὑτοῖς)» (V, 107, 3).

---

[41] Pour Edfou, voir K. Vandorpe, «The Epigraphe or Harvest Tax in the Apollonopolite Nome», p. 109-110 et pour Thèbes Z. Packman, *The Taxes in Grain in Ptolemaic Egypt*, p. 43 et p. 47.

Ce témoignage revêt une grande importance, dans la mesure où nous avons là une des deux seules explications livrées par les sources anciennes sur le déclenchement des révoltes[42]. Sur un plan historiographique, il est également essentiel car il a jeté les bases de l'interprétation «nationaliste» des soulèvements. Mais il pose en fait plus de problèmes qu'il n'en résout. En effet, à supposer que Polybe ait été bien informé sur les motivations des Égyptiens à la fin du IIIe siècle (un demi-siècle avant son propre passage à Alexandrie), qu'entendait-il par ce «ils se croyaient capables de se suffire à eux-mêmes»? Voulait-il dire que les Égyptiens s'étaient soulevés pour reconquérir leur indépendance, que le soulèvement était dirigé contre les Grecs installés à la tête du pays?

Une grande partie du problème vient de ce que, excepté les informations livrées par les noms royaux Haronnophris et Chaonnophris, nous ne possédons aucun témoignage sur le programme des insurgés, aucun texte où ces derniers expliquent et justifient leur action[43]. Les textes prophétiques d'époque ptolémaïque, tels que la *Chronique Démotique*, l'*Oracle du Potier* ou l'*Oracle de l'Agneau*, combleraient-ils cette lacune[44]? Ces textes ont longtemps été considérés comme l'expression d'une «littérature de résistance», qui reflèterait l'hostilité des Égyptiens à la présence grecque en Égypte[45]. Tous trois prédisent effectivement l'avènement d'un roi sauveur, destiné à instaurer un Âge d'or dans le pays. De plus, l'*Oracle du Potier* annonce l'abandon d'Alexandrie, la cité des étrangers et des partisans de Seth (les Typhoniens), ainsi que le départ du dieu protecteur, Agathos Daimon / Kmêphis, pour Memphis. Mais l'interprétation traditionnelle de ces prophéties est aujourd'hui remise en

---

[42] L'autre est due à Strabon et concerne la révolte de Thébaïde en 29: nous y reviendrons plus loin.

[43] Voir sur ce point M. Chauveau, *L'Égypte au temps de Cléopâtre*, p. 67.

[44] Pour un état de la recherche sur ces prophéties, qui ont suscité de très nombreuses études, on se reportera à A. Blasius et B. U. Schipper, «Die «Apokalyptischen Texte» aus Ägypten. Ein Forschungsüberblick», dans *Apokalyptik und Ägypten*, pp. 7-20.

[45] En ce sens notamment S. K. Eddy, *The King is Dead. Studies in the Near Eastern Resistance to Hellenism, 334-331 B. C.*, Lincoln, 1961, pp. 257-294; K. Müller, «Die Ansätze der Apokalyptik» dans J. Maier et J. Schreiner (éd.), *Literatur und Religion des Frühjudentums*, Würzburg-Gütersloh, 1973, pp. 33-39; A. B. Lloyd, «Nationalist Propaganda in Ptolemaic Egypt», *Historia* 31, 1982, pp. 33-55; W. Huss, *Der makedonische König*, pp. 143-179 et «Le basileus et les prêtres égyptiens», dans *Le décret de Memphis*, pp. 123-126.

question[46]. Pour H. Felber, qui pousse plus loin les critiques déjà formulées par J. H. Johnson[47], la *Chronique Démotique* serait en fait un
écrit de propagande pro-ptolémaïque: le roi venu d'Héracléopolis, restaurateur de l'Âge d'or, devrait être identifié à Ptolémée Ier, fondateur de
la dynastie[48]. De même, selon L. Koenen, l'*Oracle du Potier* ne peut plus
être considéré comme un texte hostile aux Grecs; l'annonce de l'abandon d'Alexandrie et le retour du dieu à Memphis seraient plutôt l'expression de «tensions sociales entre la *chôra* et Alexandrie»[49]. H.-J. Thissen, pour sa part, note que l'*Oracle de l'Agneau*, composé dans sa version
définitive au IIe siècle av., ne prophétise pas l'avènement d'un roi déterminé mais exprime plus généralement l'espoir de temps plus heureux[50].
La discussion n'est pas entièrement clause mais, dans tous les cas, il est
manifeste que ces textes ne nous éclairent guère sur les révoltes réelles de
l'époque ptolémaïque, d'autant qu'ils ne sont pas, de toute manière, de
la main des rebelles. Par conséquent, c'est seulement au travers des actes
que les objectifs de ces derniers peuvent être appréhendés. En nous
appuyant sur une des interprétations possibles du passage de Polybe,
nous nous demanderons avant tout s'il est possible d'attribuer un caractère «anti-grec» aux différents soulèvements. Que risquait-on à être Grec
en période de révolte?

---

[46] Voir les remarques déjà formulées par F. Dunand, «L'Oracle du Potier et la formation de l'Apocalyptique en Égypte», dans *L'Apocalyptique*, (*Etudes d'histoire des religions* 3),
Paris, 1977, p. 67, «Grecs et Égyptiens en Égypte lagide», p. 61 et, pour un bilan des
recherches actuelles, A. Blasius et B. U. Schipper, «Apokalyptik und Ägypten? Erkenntnisse und Perspektiven» dans *Apokalyptik und Ägypten*, partic. pp. 294-297.

[47] J. H. Johnson, «The Demotic Chronicle as an Historical Source», *Enchoria* 4, 1974,
pp. 1-17, «The Demotic Chronicle as a Statement of a Theory of Kingship», *JSSEA* 13, 2,
1983, pp. 61-72 et «Is the Demotic Chronicle an Anti-Greek Tract?», dans *Grammata
Demotica. Festschrift E. Lüddeckens*, Würzburg, 1984, pp. 107-124.

[48] H. Felber, «Die demotische Chronik», dans *Apokalyptik und Ägypten*, pp. 106-110.

[49] L. Koenen, «Die Apologie des Töpfers an König Amenophis oder das Töpferorakel», dans *Apokalyptik und Ägypten*, p. 179.

[50] H.-J. Thissen, «Das Lamm des Bokchoris», dans *Apokalyptik und Ägypten*, pp. 119-
126 et p. 136.

1 – Le sort des Grecs

a – Militaires et fonctionnaires

Tout d'abord, il est incontestable qu'un certain nombre de soldats et de fonctionnaires grecs furent victimes des révoltes. À la fin du IIIᵉ siècle, les administrateurs des nomes, encore grecs dans leur majorité à cette époque, furent ainsi la cible des violences des hommes de Chaonnophris:

> «[They did] abominable things (to) (the) rulers (of) nomes» (*Philae II*, Müller, dém. 7e) / «treating violently (those who) administrated the nomes» (*Philae II*, Müller, hiérog. 9c-d).

D'autre part, nous connaissons plusieurs exemples de militaires qui disparurent au cours de la lutte contre les rebelles. Lors de la grande *tarachè* de Haute-Égypte, Ptolémaios, le père d'Hermias, dut ainsi abandonner sa maison, tout comme le père du cavalier d'Edfou mentionné dans le *SB* VIII 9681. Tous deux furent probablement réquisitionnés pour le service armé. Ptolémaios en effet est explicitement désigné comme soldat dans le *P. Tor. Choach.* 12. Dans le *SB* VIII 9681, la qualité du père du plaignant n'est pas précisée mais, étant donné que ce dernier fait partie des «cavaliers» d'Edfou, il appartient vraisemblablement à une famille de militaires[51]. Or, d'après les efforts manifestés par leurs héritiers respectifs pour rentrer en possession de leurs maisons, on peut penser que ni Ptolémaios, ni le père du cavalier d'Edfou ne revinrent sains et saufs de la guerre[52]. En octobre 164, Glaukias, *katoikos* dans le nome Héracléopolite et père du reclus Ptolémaios, perdit lui aussi la vie «à l'époque de la *tarachè*» (*UPZ* I 14, 8-9). Dans ce cas également, on peut supposer qu'il prit part aux opérations menées par l'armée lagide contre les rebelles; Ptolémaios insiste en effet sur les circonstances de la mort de son père dans une requête qui vise à obtenir du roi l'incorporation de son frère Apollonios dans la garnison de Memphis. Le *P. Gen.* III 128 offre un exemple simi-

---

[51] Sur les clérouques à Edfou, voir T. Christensen, «P. Haun. inv. 407 and Cleruchs in the Edfu Nome», dans *Edfu. An Egyptian Provincial Capital in the Ptolemaic Period* (Bruxelles, 3 septembre 2001), éd. K. Vandorpe et W. Clarysse, Bruxelles, 2003, pp. 11-16.

[52] C'est peut-être le même sort qui attendit le Grec Myron, fils de Moschos, établi dans le Pathyrite et dont les terres furent vendues aux enchères à Thèbes en tant qu'*adespota* en 191 ou 187 (*BGU* III 992, col. I, 6-7). Cf. *infra*, p. 166.

laire, toujours pour les années 160 et pour l'Héracléopolite. Dans cette
plainte adressée au stratège par un dénommé Ptolémaios, le Juif Mardonios, fils d'Euboulidès, est accusé de s'être illégalement emparé des terres
d'un certain Amyntas au cours de la *tarachè*. À cette occasion, Ptolémaios
précise qu'Amyntas est mort, «tombé au combat» (πεπτωκότος, l. 8): au
vu du terme employé et du contexte de l'époque, on peut estimer que lui
aussi périt au cours de la lutte contre les rebelles.

Néanmoins, ces données ne sont pas véritablement significatives dans
la mesure où les militaires et les fonctionnaires, agents du pouvoir lagide,
représentaient une catégorie nécessairement surexposée lors des révoltes.
Il serait donc plus instructif de connaître le sort des populations civiles.
Les informations sont rares sur ce sujet, mais pas totalement inexis-
tantes. Trois exemples, à des échelles différentes, pourraient ainsi témoigner de la situation difficile vécue par les Grecs pendant les troubles: à
Thèbes à l'époque de la grande révolte, durant la domination d'Haronnophris et Chaonnophris, dans l'Héracléopolite et à Memphis au cours
des années 160.

b – Les Grecs de Thèbes à l'époque de la grande révolte

Ce premier exemple provient de l'étude menée par W. Clarysse sur les
Grecs de Thèbes à l'époque ptolémaïque[53]. Ces derniers représentaient
une petite minorité dans la ville, «quelques milliers de personnes sur une
population de peut-être 50 000 habitants»[54]. W. Clarysse a en particulier
dressé une liste de 36 personnes au nom ou au patronyme grec agissant
comme témoins dans des contrats démotiques rédigés entre 284 et 99[55].
Certes, ces témoins ne sont pas tous Grecs au sens ethnique du terme.
Des origines mixtes sont ainsi révélées par les nombreuses «filiations
anormales» telles que «Pyrrhos (ou Philon), fils de Psenminis» (n° 6 /
230 av.), «Ptolémaios, fils d'Harpaesis» (n° 18 / 150 av.), ou bien «Psen-
thotes, fils d'Apollonios» (n° 2 / 252 av.) et «Pamonthes, fils de Sara-
pion» (n° 21 / 140 av.). De plus, tous les individus considérés sont
capables de signer en démotique. Mais, qu'ils soient des Grecs de souche

---

[53] W. Clarysse, «Greeks in Ptolemaic Thebes», dans *Hundred-Gated Thebes*, pp. 1-19.
[54] W. Clarysse, *op. cit.*, p. 1.
[55] *Op. cit.*, pp. 13-15. Ce tableau prend également en compte 8 témoins attestés à Hermonthis.

familiarisés avec la culture égyptienne ou des Égyptiens hellénisés, ils n'en représentent pas moins le milieu de la «grécité» à Thèbes[56]. Or tous les témoins de ce type ont disparu des contrats démotiques à l'époque de la grande *tarachè* de Haute-Égypte: sur l'ensemble des 36 individus recensés, 13 sont attestés entre 284 et 210, puis 23 entre 182 à 98, mais aucun de 210 à 182.

Que faut-il en déduire? Selon W. Clarysse, «soit les Grecs avaient fui, soit les personnes en question préférèrent ne pas utiliser leur nom grec au cours de cette période»[57]. Quelle que soit la résolution de l'alternative, ces données montrent qu'être Grec, ou simplement apparaître comme Grec, fut ressenti comme un risque à l'époque de la révolte. Ceci est certainement à mettre en rapport avec l'installation d'Haronnophris et Chaonnophris à Thèbes et avec leur programme de restauration d'une royauté légitime protégée des dieux égyptiens. Il est probable que, dans un tel contexte, tout individu manifestant des signes d'hellénisme aurait été identifié aux partisans des Ptolémées, et donc considéré comme un ennemi potentiel du nouveau pouvoir, qu'il s'agisse d'un Grec de souche ou d'un Égyptien hellénisé. Du reste, le sort «abominable» réservé aux administrateurs lagides, selon les termes du décret de Philae, avait de quoi justifier l'inquiétude des intéressés. Il est donc possible d'attribuer à la politique d'Haronnophris et Chaonnophris (sinon à leurs partisans) un caractère «anti-grec», suscité par la rivalité entre les deux pouvoirs pharaoniques concurrents, celui d'Alexandrie et celui de Thèbes. En serait-il allé de même dans l'Héracléopolite au cours des années 160?

c – Les familles d'Amyntas et de Paron (Héracléopolite / années 160)

Nous avons vu plus haut que l'Amyntas mentionné dans le *P. Gen.* III 128 était vraisemblablement un soldat qui périt dans la lutte menée contre les rebelles durant les années 160. Son héritage fut ensuite usurpé par Mardonios fils d'Euboulidès, sans doute par le biais d'un faux testament[58]. Or, selon le rédacteur du document, cette usurpation fut facilitée par la mort de tous les parents d'Amyntas au cours de la révolte: «à

---

[56] *Op. cit.*, p. 3.
[57] *Op. cit.*, p. 15.
[58] Voir P. Schubert, *P. Gen.* III, p. 89.

l'époque de la *tarachè*, aucun parent n'a survécu» (ἐν τοῖς κατὰ τὴν ταραχὴν χρόνοις κατ' ἀγχιστείαν [μηδέν]α πε[ρ]ιεῖναι, ll. 9-10). La famille d'un autre individu au nom grec, Paron, a sans doute connu le même destin, comme le laisse entendre la fin de la ligne 10: «De même, en ce qui concerne les [descendants] de Paron [...] (ὡσαύτως δὲ καὶ τῶν Πάρωνος [...])». Le passage qui traite de cette deuxième affaire est très mutilé, mais Mardonios a manifestement tenté de s'emparer, dans les mêmes conditions, de l'héritage de ce Paron[59]. Ces élements semblent donc indiquer que les Grecs du nome Héracléopolite, et pas seulement les militaires, furent pris en grand nombre dans la tourmente des troubles. Au demeurant, Mardonios lui-même, Juif hellénisé, dut chercher refuge «dans l'oasis» pendant deux ans avant de revenir à Héracléopolis (ll. 5-6).

d – Le reclus Ptolémaios

Le troisième exemple concerne un cas individuel bien connu, celui du reclus du Sérapeum de Memphis, Ptolémaios, fils de Glaukias et «Macédonien». Dans une plainte adressée au stratège Dionysios le 12 novembre 163 Ptolémaios dénonce les violences commises contre lui par le personnel du temple (*UPZ* I 7). À cette occasion, il précise que de tels événements s'étaient déjà déroulés «lors de la révolte» (οὔσης ἀποστάσεως, l. 13) et il affirme que ces agressions ont eu lieu «parce qu'(il est) Grec» (παρὰ τὸ Ἕλληνά με εἶναι, l. 14)[60]:

> «Le 12 novembre 163, ils vinrent à la petite chapelle d'Astarté dans laquelle je suis reclus et entrèrent de force dans l'intention de m'expulser et de m'emmener, tout comme ils essayèrent de le faire auparavant lors de la révolte (οὔσης ἀποστάσεως), parce que je suis Grec (παρὰ τὸ Ἕλληνά με εἶναι)» (*UPZ* I 7, 9-14).

L'apostasis dont il est question ici a éclaté à Memphis quelques années auparavant, sans doute en 165[61]. Les accusés sont des auxiliaires du culte qui résident dans l'Anoubieion et exercent dans le Sérapeum un office par roulement, sans doute un mois par an, en Phaophi[62]. Il s'agit

---

[59] P. Schubert, *ibid.*

[60] Sur le sens de παρὰ τὸ + Inf., voir E. Mayser, *Grammatik*, II 1, Berlin / Leipzig, 1926, p. 331 et II 2, 1934, p. 491.

[61] Voir *supra*, pp. 36-38.

[62] Cf. U. Wilcken, *UPZ* I, p. 137.

des balayeurs et des boulangers du sanctuaire, d'Harchebis le médecin, Mys le marchand de vêtements et d'autres dont le reclus ignore le nom (ll. 5-9).

Comment interpréter le témoignage de Ptolémaios et ce «parce que je suis Grec»? D. J. Thompson a montré que l'affrontement entre le reclus et les desservants du Sérapeum s'inscrit dans tout un quotidien conflictuel qui ne se limite pas à l'*apostasis* des années 160 et qui, en outre, repose en grande partie sur une concurrence économique. Ptolémaios était notamment impliqué dans un petit commerce de textiles et de nourriture: ces activités ont pu lui valoir l'hostilité de personnes telles que le marchand de vêtements ou les boulangers qui sont au nombre de ses assaillants[63]. Reste que Ptolémaios, en tant que Gréco-macédonien, était un corps étranger au sein d'un temple égyptien. Or le domaine religieux pouvait parfois être générateur de tensions entre les deux communautés, comme le laisse entendre le papyrus démotique *P. Louvre* E 3333, publié par J. D. Ray[64]. Ce document est une lettre d'introduction rédigée par les prêtres de Thot d'Hermopolis Magna pour un embaumeur d'ibis, Herieu. Ce dernier a été chargé d'une mission dans certains sanctuaires du nome Hermopolite et les rédacteurs, s'adressant aux prêtres qu'Herieu va être amené à rencontrer, s'expriment en ces termes:

«We have sent (the) embalmer of the Ibis Herieu, who performs the services, to do the work of the Ibis (…). Do not let them allow him to be impeded in (any) respect. You know their (?) news (?); they know the attitude (?) (of the) Greeks [in the nome] of Hermopolis» (*P. Louvre* E 3333, 3-4).

Certes, ce passage est loin d'être clair, d'autant que la datation est très imprécise (an 7 d'un règne indéterminé)[65]. Néanmoins, les prêtres de

---

[63] D. J. Thompson, *Memphis*, pp. 229-230.

[64] J. D. Ray, «The Complaint of Herieu», *RdE* 29, 1977, pp. 97-116.

[65] J. D. Ray, *op. cit.*, p. 113, propose de dater le document de l'an 7 d'Épiphane (198) en raison de l'allusion aux Grecs contenue dans le passage: «The latter suggests some sort of political danger, or at least disquiet, and makes one think of the period following the battle of Raphia». Mais cette hypothèse reste fragile: le contexte est en effet très imprécis et, si les difficultés que semblent redouter les rédacteurs du document étaient en rapport avec la rébellion intérieure, on s'attendrait plutôt à une allusion à l'attitude (?) «des Égyptiens» ou «des rebelles». De son côté, P. W. Pestman, *Chronologie égyptienne*, p. 79, suggère de dater le *P. Louvre* E 3334, une lettre d'Herieu concernant la même mission, de l'année 75/4.

Thot semblent bien avoir redouté que les Grecs du nome entravent, d'une manière ou d'une autre, la mission d'Herieu et donc le bon accomplissement des rituels religieux.

Pour en revenir au Sérapeum, Ptolémaios ne fut pas, cependant, la seule cible des violences commises par les membres du personnel. Ainsi, lors de l'agression du 12 novembre 163, son compagnon de chambre, l'Égyptien Harmaïs, fut lui aussi pris à partie et battu «avec des racloirs en bronze» (*UPZ* I 7, 15-17). Le conflit entre les reclus et les desservants du temple ne recoupe donc pas systématiquement les frontières ethniques. De plus, il est possible que par l'affirmation «parce que je suis Grec», Ptolémaios ait surtout voulu s'assurer la sollicitude du stratège Dionysios à qui la plainte est adressée. Dans une *enteuxis* rédigée en 218, le Grec Hérakleidès s'indignait pour des raisons similaires d'avoir été agressé par une Égyptienne, Psenobastis, alors qu'il passait par le bourg de Psya, dans le Fayoum: «Je te prie donc, ô roi, si bon te semble, de ne pas me voir outragé ainsi sans raison par une Égyptienne, moi qui suis Grec et hors de mon bourg d'origine (litt. «moi qui suis grec et étranger»: Ἕλληνα ὄντα καὶ ξένον)» (*P. Enteux.* 79, 9-10)[66].

Le témoignage de Ptolémaios soulève donc de multiples interrogations et l'interprétation que le reclus donne de son agression reste sujette à caution. Néanmoins, on ne saurait exclure que les Grecs de Memphis se soient sentis collectivement menacés lors des troubles des années 160, tout comme ceux de Thèbes l'avaient été pendant la *tarachè* de Haute-Égypte. Une fois de plus, cette inquiétude n'était pas totalement injustifiée si l'on songe à la mort de tous les parents d'Amyntas «à l'époque de la *tarachè*» dans le nome Héracléopolite voisin. Mais ceci ne signifie pas que les Grecs aient été menacés uniquement en raison de leur appartenance ethnique, ni qu'ils aient été les seuls à devoir redouter les agissements des rebelles. En effet, la population égyptienne se trouva elle aussi victime de ces derniers, et ce lors de toutes les périodes de révolte.

---

[66] Sur le parallélisme entre les deux documents, voir D. J. Thompson, «Hellenistic Hellenes: The Case of Ptolemaic Egypt», dans *Ancient Perceptions of Greek Ethnicity*, éd. I. Malkin, Cambridge, 2001, pp. 313-314.

2 – Les victimes égyptiennes

a – Tableau général

Tout d'abord, on notera que les documents administratifs et les décrets sacerdotaux ne distinguent pas plus entre Grecs et Égyptiens pour désigner les victimes des révoltes qu'ils ne le font pour identifier les rebelles. Ainsi, selon le décret de Memphis ces derniers ont fait, de manière générale, «beaucoup de mal (πολλὰ κακὰ) aux sanctuaires et aux habitants de l'Égypte» (l. 23, cf. dém. 13: «de grands dommages à l'Égypte»). Ils ont «troublé la *chôra* et causé du tort aux temples» (καὶ τὴν χώραν ἐ[νοχλήσ]αντας καὶ τὰ ἱερὰ ἀδικήσαντας, l. 27, cf. dém. 16: «les chefs rebelles qui avaient rassemblé une armée pour semer le désordre dans les provinces, qui avaient fait du tort aux temples»). Le deuxième décret de Philae reproduit cette condamnation, tout en apportant davantage de précisions sur les déprédations commises dans les temples égyptiens. Nous donnons ici la traduction de W. M. Müller pour l'ensemble du passage concerné:

> *Philae II*, hiérog. 9c-10b: «Treating violently (those who) administered the nomes, profaning the sanctuaries vio[lating] their [sacred idols?] together with those that were (in) the temples of them and (?) their altars [pro]hibiting to do that which is proper (for) them (…). They devastated (?) the cities together with their populace (?) (even) of [women (?) and little children committing crimes] of such kind other ones (…). They robbed the taxes of the (administrative) districts; they damaged the water (constructions)»[67].

> *Philae II*, dém. 7e-8b: «[They did] abominable things [to] (the) rulers (of) nomes; they profaned (?) many temples injuring (?) [their] divine [statues] … and their priests? … suppressing (?) [the] due honor[s for their altar]s (and) their sacrifices (?) in their divine shrines (?) (…) [doing to women (?) and] young children (…), [committing] crimes (?) other ones [stealing] the [taxes of the nom]es. They damaged (the) water (works)».

Un certain nombre de documents permettent d'entrevoir cette violence généralisée. Dans le papyrus de Lycopolis, un administrateur lagide témoigne ainsi des ravages provoqués par la révolte de Chaonnophris parmi les *laoi* de la région: «suite à la révolte de Chaonnophris (ἀπὸ τῶν κατὰ τὴν Χαοννώφριος ταραχὴν καιρῶν), il advint que la plupart des *laoi*

---

[67] Cf. K. Sethe, *Urk.* II 221-222. M. Alliot, «La Thébaïde en lutte», p. 439, donne aussi une traduction, beaucoup moins littérale, de ce passage.

ont été tués » (*SB* XXIV 15972, A, col. II, 39-40). On notera aussi que les Grecs ne furent pas seuls à fuir les zones de troubles à cette époque. En témoigne le destin de Tsenompmous, la femme du plaignant du papyrus Baraize (*SB* V 8033). Cette dernière possédait une terre de 80 aroures dans le Périthèbes mais, «au cours de la révolte» (ἐν τῆι γενομένηι ταραχῆι), cette terre a été vendue comme *adespotès*, alors que sa propriétaire se trouvait encore «dans les districts d'aval» (ἐν τοῖς κάτω τόποις, l. 11). On peut donc estimer que Tsenompmous chercha refuge hors de Thébaïde, et que c'est pour cette raison qu'elle abandonna ses 80 aroures[68].

Des violences «inter-égyptiennes» sont également attestées pour les années 160. Les exemples les mieux documentés concernent des membres du clergé: ils sont illustrés par le *P. Tebt.* III 781 et par le *P. Amh.* II 30, tous deux provenant du Fayoum. Le premier est la pétition adressée au stratège de l'Arsinoïte par le chef (τοῦ προστάντος) de l'Ammonieion, sanctuaire situé à Moéris. Ce dernier y détaille les destructions commises par les «rebelles égyptiens» après une première mise à sac du temple par les soldats séleucides:

> «Le (sanctuaire) du dit temple fut (saccagé) par les gens d'Antiochos dans le... de la IIe année (168). Ensuite, le sol sacré reconquis, le temple fut restauré dans sa structure ancienne. Après cela, les rebelles égyptiens (Αἰγύπτιοι ἀποστάται) lui donnèrent l'assaut et ils ne se contentèrent pas d'en détruire quelques parties accessoires, mais ils ont fendu les ouvrages de pierre du sanctuaire; ils ont endommagé aussi les portes d'entrée et les autres portes au nombre de plus de 110; ils ont encore fait tomber une partie de la toiture. Moi, après quelque temps, j'entrai dans la lutte; je barricadai toutes les portes et les issues pour que le reste de la colonnade pût se maintenir...» (*P. Tebt.* III 781)[69].

Le second document est l'acte du procès opposant le prêtre Tesenouphis à la prêtresse Thembôs pour la possession d'une maison située à Soknopaiou Nèsos. À l'occasion de l'audition des témoins, nous apprenons que les rebelles ont brûlé les actes de propriété de Tesenouphis à la métropole du nome:

> «De même, Kondylos, un des pêcheurs, qui avait été cité, prouva qu'il avait eu les contrats du père de Tesenouphis concernant la maison en question et (déclara) "Je fus contraint par les rebelles égyptiens (ὑπὸ τῶν

---

[68] Pour les mouvements de réfugiés attestés également lors des luttes dynastiques, voir le *P. Tor. Amen.* 8, *supra*, pp. 53-54.

[69] Trad. C. Préaux, «Esquisse», p. 540.

Aἰγυπτίων ἀποστατῶν) d'apporter les contrats (τὰς συγγραφὰς) et de les brûler à la métropole"» (*P. Amh.* II 30, col. II, 28-36).

Datant également des années 160, les papyrus *P. Tebt.* III 888 et 1043 sont bien plus fragmentaires. Ils indiquent néanmoins que les rebelles ont dérobé du vin (*P. Tebt.* 888, 11) et du blé (*P. Tebt.* III 1043, 45 et 54) dans la région. On signalera enfin que lors des troubles qui touchèrent le Latopolite et le Pathyrite en 91, le villageois Kaiès, fils de Patès, fut battu à mort par les «hommes du rebelle» (*P. dém. Berlin* 13608)[70].

Que retirer de ces sources disparates? Ces différents témoignages ne se réduisent sans doute pas à une interprétation unique. Dans certains cas, il semble ainsi que la violence ait véritablement un sens politique, alors que dans d'autres elle reflète surtout les tensions socio-économiques présentes au sein même de la société égyptienne.

b – Des violences / sanctions

Nous avons déjà souligné la dimension politique du traitement violent réservé aux administrateurs des nomes, symboles du pouvoir lagide, pendant la révolte de Chaonnophris[71]. C'est peut-être aussi pour sanctionner des refus de soumission que des massacres eurent lieu parmi la population civile égyptienne, le décret de Philae concordant sur ce point avec le *SB* XXIV 15972 (massacre des *laoi* du Lycopolite). Dans le même ordre d'idées, on peut également relever les destructions opérées au cours de la révolte dans les «ouvrages d'eau»: «They damaged (the) water (works) (*mw*)» (*Philae II*, Müller, dém. 8b, cf. hiérog. 10b). Cet acte, qui inclut sans doute la rupture des digues par les rebelles[72], pourrait être interprété de deux manières. Tout d'abord, il s'agit peut-être d'une tactique de guerre destinée à entraver les opérations de l'armée lagide. Lors de la Quatrième guerre de Syrie, le procédé avait été employé par Ptolémée IV lui-même contre les troupes d'Antiochos III: «Ayant ensuite appris que Ptolémée s'était rendu à Memphis, tandis que ses troupes se

---

[70] Rappelons cependant que ce Kaiès peut être identifié au gendre du cavalier crétois Dryton, dont il a épousé la fille aînée, Apollonia / Senmouthis. Il appartient donc lui-même, au moins par alliance, à un milieu gréco-égyptien. Voir sur ce personnage K. Vandorpe, *P. Dryton*, p. 10 et n°s 23-28, 51-53.

[71] *Supra*, p. 129.

[72] Cf. W. M. Müller, *Philae II*, p. 71, n. 3.

trouvaient rassemblées à Pélousion, et que l'ennemi faisait ouvrir les vannes des canaux et combler les citernes d'eau potable, (Antiochos III) renonça à marcher sur cette dernière place» (Polybe, V, 62, 4)[73]. Mais l'on peut aussi songer à une mesure punitive prise par les rebelles à l'encontre de villageois récalcitrants. De fait, une telle mesure semble avoir été fréquemment employée lors des conflits les plus aigus entre villages voisins. C'est ce que montrent, pour la fin du IIe siècle, le *W. Chrest.* 11 et le *PSI* III 168. En septembre 123, pendant l'inondation, les Hermonthites ouvrirent ainsi les vannes des digues des Crocodilopolites, «dans le but de rendre les terres (de ces derniers) stériles et d'affaiblir (leur) ville (πρὸς τὸ ἀσπορῖσαι τὰ πεδία ἡμῶν καὶ τὴν πόλιν ἀποθλιβῆναι)» (*W. Chrest.* 11, A, col. I, 8-9). Des événements similaires se produisirent en 118 dans le nome Thinite: dans la nuit du 1er octobre, les gardes de la digue royale de Ποχρῖμις furent assaillis par des hommes armés venus de villages voisins: ces derniers percèrent la digue, inondant les champs (ἀναβροχήσαντας τὸ πεδίον) et causant de grands dommages aux paysans royaux (*PSI* III 168)[74]. Pour en revenir au décret de Philae, il est bien possible que la destruction de ces «*water works*» ait poursuivi en fait les deux objectifs à la fois. En tout état de cause, ce sont les paysans, et leurs récoltes, qui en subirent les conséquences.

En ce qui concerne les années 160, les événements rapportés dans le *P. Tebt.* III 781 laissent aussi penser à une sorte d'expédition punitive. Dans ce document, le plaignant fait état d'une véritable tentative de destruction du temple: les rebelles ont fendu les «ouvrages de pierre», fait tomber la toiture, endommagé les portes (les «110 portes»), à tel point que la colonnade était sur le point de s'effondrer. Certes, cette destruction partielle pourrait répondre à des besoins des rebelles en matériaux stratégiques tels que le bois et la pierre[75]. Mais l'impression d'ensemble est davantage celle d'un saccage que d'un pillage, et un tel acharnement doit avoir des causes bien particulières. Une piste de compréhension est offerte par le texte lui-même, dans la mesure où le plaignant présente son sanctuaire comme «l'Ammonieion des clérouques à quarante-cinq aroures de Moéris»: «τοῦ ἐμ Μοήρει Ἀμμωνιείου τῶν (τεσσαρακονταπενταρούρων)» (l. 3). On peut donc imaginer que c'est en tant que «sanc-

---

[73] Trad. D. Roussel.
[74] Sur ces deux documents, voir *supra*, pp. 60-61.
[75] En ce sens, B. McGing, «Revolt Egyptian Style», pp. 292-293.

tuaire des clérouques» que l'Ammonieion a subi les foudres des rebelles[76]. Mais, dans ce cas, les clérouques étaient-ils visés en tant que Grecs, ou bien en tant que privilégiés, parce qu'ils étaient dotés de possessions foncières importantes? En fait, bien des agissements des révoltés nous semblent refléter les compétitions économiques existant, déjà au quotidien, au sein des communautés villageoises.

c – Les enjeux économiques

S'intéressant au *P. Amh.* II 30, M. Rostovtzeff avait fait remarquer que le type d'incident révélé par ce document, la destruction des contrats, était «caractéristique des révolutions sociales en général»[77]. Il évoquait à titre de comparaison la révolte qui toucha quelque temps plus tard la cité de Dymè, en Achaïe, révolte au cours de laquelle la foule mit le feu aux bureaux des archives[78]. Ces événements nous sont connus par une lettre adressée à la cité par le proconsul de Macédoine, Q. Fabius Maximus, aux environs de 144/3[79]. La gravité des actes commis, aux yeux du pouvoir romain, y est exprimée en des termes explicites:

> «Les synèdres (…) m'ont informé des actes criminels qui ont été commis chez vous, je veux dire l'incendie et la destruction des archives et des documents publics, tous ces troubles dont l'instigateur a été Sôsos, fils de Tauroménès, celui qui a également proposé des lois contraires au régime politique rendu aux Achéens par les Romains» (*Syll.*[3] II 684: R. K. Sherk, *Roman Documents from the Greek East*, Baltimore, 1969, n° 43)[80].

Les événements de Dymè reflètent les graves luttes sociales qui touchaient alors la Grèce, et qui s'expriment par une double revendication d'abolition de dettes et de redistribution de terres. Même si à Soknopaiou Nèsos le contexte était différent – et l'idée de rédiger une nouvelle constitution hors de propos – le *P. Amh.* II 30 révèle des problèmes sociaux similaires. Effectivement, en brûlant les contrats à la métropole du nome, les insurgés remettaient en cause la répartition de la propriété dans la région. De fait, le témoin Kondylos ne dit pas que les seuls

---

[76] C'est une des interprétations proposées par M. Rostovtzeff, *Histoire*, p. 510.

[77] M. Rostovtzeff, *ibid.* Voir également C. Préaux, «Esquisse», pp. 540-541.

[78] M. Rostovtzeff, *op. cit.*, p. 536 et n. 25.

[79] Pour ce document et la datation 144/3, voir J.-L. Ferrary, *Philhellénisme et impérialisme*, Paris-Rome, 1988, pp. 186-199. La lettre avait d'abord été datée de l'année 116.

[80] Trad. J.-L. Ferrary, *op. cit.*, p. 186.

contrats détruits furent ceux du prêtre Tesenouphis. Au contraire, on peut penser que les autres propriétaires du nome Arsinoïte se trouvèrent victimes de cette destruction (à commencer par les clérouques à 45 aroures du *P. Tebt.* III 781).

Un autre témoignage sur les transferts de propriété survenus lors des troubles peut être offert par le *P. Grenf.* I 11, cette fois pour la grande révolte de Haute-Égypte. Ce document daté de 181 rapporte le conflit opposant deux individus, Panas et Thotortaios, au sujet des parcelles qu'ils possèdent dans le Pathyrite. Lors de la tentative de conciliation organisée par l'épistate, Panas dut prêter serment et jurer que les limites des parcelles étaient telles qu'il l'affirme «jusqu'à l'an 16 de Philopator (207/6)» (col. II, 14-16). Étant donné que cet an 16 correspond au début de la grande *tarachè*, on en déduira qu'au cours des troubles un certain nombre de terres privées changèrent de propriétaires.

Cela dit, les appropriations abusives ne furent pas nécessairement le seul fait des rebelles: l'âpreté des compétitions autour de l'accès à la terre se lit également dans les actes commis au cours des troubles par des individus n'appartenant pas aux rangs de la révolte. Le rédacteur du *SB* XXIV 15972 précise ainsi que «certains des survivants», parmi les *laoi*, ont profité de la situation anarchique provoquée par le passage de Chaonnophris dans le Lycopolite: ils ont «empiété sur la terre bordant la leur» et ont pris «plus que ce qui était permis (πλεῖον τῆς καθη-κούσης)» (ll. 42-43). De même, à la lumière du papyrus Baraize, les 80 aroures abandonnées par Tsenompmous «lors de la *tarachè*» ont donné lieu à une contestation de propriété entre Petearoêris, le veuf, et Pemsais qui a acheté 53 de ces aroures lors d'une vente aux enchères et qui a ensuite occupé arbitrairement le reste du terrain[81]. De son côté, le *P. Amh.* II 30 montre qu'à Soknopaiou Nèsos la prêtresse Thembôs a exploité la situation de non-droit créée par les rebelles pour mettre la main sur la maison de Tesenouphis[82]. Notons enfin que les abus de ce type se sont reproduits dans toutes les périodes d'anarchie: l'ordonnance de 118 contient également des dispositions au sujet de ceux qui ont occupé «plus de terres que ce à quoi ils ont droit» au cours des années

---

[81] Cf. *supra*, p. 17.

[82] C'est d'ailleurs à ce dernier que le tribunal donna raison, cf. *P. Amh.* II 30, 40-45: «nous avons ordonné à Thembôs de se retirer de la maison et, s'étant enquise du délai, elle a dit qu'elle se retirerait dans dix jours».

précédentes (*C. Ord. Ptol.* 53, 36-48). L'incendie des contrats commis par les rebelles à Arsinoé-Crocodilopolis est certes une mesure plus radicale et mieux organisée que ces empiètements spontanés. Néanmoins, il révèle comme eux des rivalités socio-économiques fortes au sein des communautés égyptiennes.

On peut interpréter dans le même sens les attaques menées contre les temples au cours des révoltes. Les décrets de Memphis et de Philae brossent en effet un sombre tableau de l'attitude des rebelles qui ont «causé du tort aux temples» (*Memphis*, 27), profané les sanctuaires et les statues divines, maltraité leurs desservants (*Philae II*, Müller, hiérog. 9d-e et dém. 7e-f: Sethe, *Urk.* II 221, 11-222, 7)[83]. Les demeures des dieux ont aussi souffert pendant les années de guerre civile entre Évergète II et Cléopâtre II. Nous en sommes informé de manière indirecte par l'ordonnance de 118 qui autorise les habitants du pays à reconstruire non seulement les maisons «détruites et incendiées», mais aussi les temples: «καὶ τὰ ἱερὰ» (*C. Ord. Ptol.* 53, 137). Néanmoins les attaques contre les temples ne sont pas des actes exceptionnels, circonscrits aux périodes de crise. Au contraire, ceux-ci ont toujours constitué des objets de convoitise, pour les brigands comme pour les villageois, et leurs desservants n'étaient pas à l'abri de violences au quotidien[84]. Ainsi, en 241, dans le

---

[83] Faut-il également attribuer aux rebelles certaines destructions de temples révélées par l'archéologie? À Médamoud, à huit kilomètres au nord de Karnak, un petit sanctuaire élevé au sud-ouest du temple de Montou par Ptolémée III ou Ptolémée IV a ainsi été démoli vers la fin du IIIe siècle, et l'aire sacrée toute entière a dû être réaménagée au IIe siècle, vraisemblablement à partir du règne de Ptolémée V Épiphane, cf. K. Vandorpe, «City of Many a Gate», pp. 221-222 et p. 232. Des indices de destructions ont aussi été relevés à Thèbes pour la première moitié du Ier siècle; une partie de l'enceinte du temple de Montou, au nord du grand temple d'Amon, a été incendiée et reconstruite vers la fin de l'époque lagide (K. Vandorpe, *op. cit.*, p. 212). Mais, en l'absence d'autres données, l'attribution de ces destructions aux rebelles reste très incertaine. La même prudence vaut pour les traces de destruction volontaire observées sur certains exemplaires des décrets sacerdotaux: cf. A. Bayoumi et O. Guéraud, «Un nouvel exemplaire du décret de Canope», *ASAE* 46, 1947, p. 382; J. Lauffray *et al.*, «Rapport sur les travaux de Karnak», *Kêmi*, 20, 1970, pp. 73-75. On ignore en effet par qui, et à quelle date, ces destructions ont été opérées.

[84] Voir à ce sujet F. Dunand, «Droit d'asile et refuge dans les temples en Égypte lagide», dans *Hommages S. Sauneron*, II, sous la dir. de J. Vercoutter, Le Caire, 1979, pp. 77-97 et «La classe sacerdotale et sa fonction dans la société égyptienne à l'époque hellénistique», dans *Sanctuaires et clergés* (*Études d'histoire des religions* 4), Paris, 1985, pp. 57-58.

petit village d'Arsinoé-de-la-Digue, dans le Fayoum, l'isionome Ammoneus et sa femme ont été attaqués dans leur sanctuaire à l'instigation d'une dénommée Tnepherôs «qui habite le même bourg» (*P. Enteux.* 80). Au IIe siècle, à Bérénikè Thesmophori, le pastophore et isionome Poregebthios fut molesté par plusieurs individus qui dérobèrent aussi divers objets dans le temple (*P. Tebt.* III 797). Comme dans le document précédent, les agresseurs sont dénoncés nommément: il s'agit donc d'individus bien connus du plaignant. Il en va de même dans le *P. Stras.* II 91, qui rapporte l'attaque menée en 87 contre l'Hermaion de Tebtynis et contre son desservant, l'*ibiotaphos* et *hiérakotaphos* Harmiysis, par «le fils de Phanesis, Siouêris, fils de Siouêris, et son fils»[85].

De tels documents donnent une idée des conflits quotidiens dans la *chôra* égyptienne. Ils montrent aussi que même les sanctuaires les plus humbles pouvaient être l'objet de convoitises. Ainsi, le butin fait à Bérénikè Thesmophori est très modeste: les assaillants ont pris du miel, un linge, ainsi qu'une bourse contenant quelques drachmes de bronze (*P. Tebt.* III 797, 20-24). En revanche, dans l'Hermaion de Tebtynis, où les villageois ont emporté les vêtements de byssos des statues de faucons et d'ibis, ainsi que le propre manteau du desservant, le montant de la réparation réclamée par les prêtres est très élevé (*P. Stras.* II 91, 15-31). De fait, la prospérité relative des membres du clergé, comparé au reste de la société égyptienne, est bien attestée par différents documents[86]. Par conséquent, les attaques menées contre les temples au cours des révoltes semblent, tout comme les agressions sporadiques, s'expliquer avant tout par l'appât du gain[87]. Dès lors, la différence entre rebelles et brigands devient très difficile à établir[88], ce que confirme l'évolution du terme *apostatès / apostatai* à l'époque ptolémaïque.

---

[85] Sur ce document, voir aussi K. A. D. Smelik, «The Cult of the Ibis in the Graeco-Roman Period», dans *Studies in Hellenistic Religions*, éd. M. J. Vermaseren, Leyde, 1979, pp. 232-233.

[86] Voir notamment J. Quaegebeur, «Documents égyptiens et rôle économique du clergé en Égypte hellénistique», dans *State and Temple Economy*, II, éd. E. Lipinski, Louvain, 1979, pp. 707-729 et J. H. Johnson, «The Role of the Egyptian Priesthood in Ptolemaic Egypt», dans *Egyptian Studies in the honour of R. A. Parker*, éd. L. H. Lesko, Hanovre, 1986, pp. 70-84.

[87] Cf. F. Dunand, «Droit d'asile», p. 83, au sujet des agressions quotidiennes.

[88] Sur la complexité de la figure du brigand dans l'Égypte hellénistique et romaine, voir B. McGing, «Bandits, Real and Imagined in Greco-Roman Egypt», *BASP* 35, 1998, pp. 159-183.

d – «Comme des rebelles»

Dans le chapitre précédent, nous avons relevé les sources qui désignent les rebelles sous le terme ἀποστάται. Mais à partir de la fin du IIᵉ siècle, le mot fut aussi employé dans des contextes qui ne se réfèrent pas à des révoltes. Dans le papyrus *P. Tor. Amen.* 8 par exemple, daté de 116, le *paraschistès* Petenephôtês dénonce les agissements de son confrère Amenôthês, l'accusant d'avoir violé l'accord que tous deux avaient établi en 119[89]. Il souligne que ce dernier a agi «à la manière d'un rebelle» (ἀποστατικῶι τρόπωι, l. 69) et «comme s'il n'y avait pas de roi dans le pays» (ὡς ἂν εἴ τις ἀβασιλευσίαι περιεχομένοις, ll. 83-84). Dans le papyrus *BGU* VI 1253, daté de la première moitié du IIᵉ siècle, il est question de deux Égyptiens, Petesouchos et Onnophris, qui ont assailli un garde et dérobé des richesses «ἀποστατικῶς» (l. 7). L'expression «ἀποστατικῷ τρόπῳ» apparaît aussi dans les fragments du papyrus *BGU* VIII 1763 (l. 9) qui se rapportent à des combats livrés dans le pays à une date indéterminée. Le même glissement de sens s'observe dans deux papyrus datant des débuts de la domination romaine, le *P. Lond.* II 354 (entre 7 et 4 av.) et le *P. Stras.* VI 566 (7 ap.). Le premier est une pétition adressée au préfet Caius Turranius par Satabous et son fils Pisois: ils y accusent deux frères, Opis l'Aîné et Opis le Jeune, de leur avoir causé du tort, créant pour cela l'expression «αἰεὶ ἀποστατικώτερον» (l. 6), «de manière toujours plus séditieuse»[90]. Le *P. Stras.* VI 566 quant à lui, beaucoup plus fragmentaire, est une plainte adressée au stratège et relative à des coups et blessures commis «[ἀ]ποστατικῆ» (l. 5).

Au cours des deux derniers siècles avant notre ère, le terme d'*apostatès*, doté d'un sens nettement péjoratif, en est donc venu à définir une certaine manière d'agir, combinant violence et arbitraire. Par ce glissement de sens, les rebelles sont repoussés du côté des brigands, qui eux aussi agissent en bande, et sont généralement désignés sous les termes de λῃσταί (brigands) ou de λῃστήριον (troupe de brigands). De fait, il existe un parallélisme étroit entre l'expression «ἀποστατικῶι τρόπωι» employée pour qualifier un comportement délictueux, et la formule «λῃστρικῶι ou λῃστικῶι τρόπωι», «à la manière d'un brigand», égale-

---

[89] Sur la teneur de cet accord, voir *supra*, p. 53-54.

[90] Littéralement: «toujours plus à la manière d'un rebelle». Voir aussi le papyrus *CPR* XV 15, qui constitue une autre version de la même pétition.

ment utilisée par des victimes d'agressions. Ainsi, dans le *P. Tebt.* I 53, pétition adressée en 110 à Petesouchos, successeur de Menchês à Kerkéosiris, un certain Hôros fils de Konnôs, cultivateur de la terre royale, affirme avoir été attaqué, alors qu'il gardait les troupeaux sacrés, par deux individus agissant «à la manière de brigands», «ληστικῶι τρόπωι» (l. 11). Dans le *BGU* VIII 1858, rédigé au cours du Ier siècle, des habitants de l'Héracléopolite utilisent la même expression pour décrire l'irruption de plusieurs individus dans leur village et les méfaits commis à cette occasion: les assaillants ont dérobé toutes les provisions des habitants, et obligé ces derniers à prendre la fuite. La formule «ληστρικῶς» apparaît en outre dans le *BGU* VIII 1832, une plainte pour vol adressée au stratège Séleukos par le Macédonien Héracleidès aux environs de l'an 50 (l. 10)[91].

Le parallèle entre «acte de rebelle» et «acte de brigand» est encore plus frappant si l'on examine les comparaisons à l'aide desquelles les plaignants renforcent parfois leurs accusations. Dans le *P. Tor. Amen.* 8, Petenephôtês dit ainsi qu'Amenôthês a agi «à la manière d'un rebelle» (ἀποστατικῶι τρόπωι, l. 69) et «comme le ferait quelqu'un en l'absence de pouvoir royal» (ὡς ἂν εἴ τις ἀβασιλευσίαι περιεχόμενος, ll. 83-84). De même, dans le *BGU* VIII 1858, les villageois dénoncent une agression «à la manière de brigands» (ληστρικῶι τρόπωι, ll. 1-2) et «comme dans une situation d'anarchie» (ὡς ἐν πραγμάτων ἀναρχίαι, l. 3). Dans l'esprit des contemporains, les concepts de révolte, brigandage et anarchie semblent donc avoir été très proches, ce qui jette quelques lueurs sur les agissements des «véritables» *apostatai*. On peut ainsi penser que les violences commises par ces derniers au cours des soulèvements des IIIe et IIe siècles ont marqué les mentalités collectives, provoquant la naissance et la diffusion des formules du type «ἀποστατικῶι τρόπωι».

En définitive, les actes commis au cours des révoltes nous semblent refléter deux phénomènes complémentaires. Le premier est la précarité dans laquelle vivait, au quotidien, la grande majorité des Égyptiens. Dès la première moitié du IIIe siècle, à une époque où le pays jouit d'un calme relatif, de nombreux documents illustrent ainsi le désarroi de cul-

---

[91] D'après les dates d'exercice du stratège Séleucos, cf. *PP* I/VIII 330 et L. Mooren, *Prosop.*, n° 0104.

tivateurs «épuisés» par une fiscalité trop lourde[92]: comme l'*anachorêsis* et le brigandage, les pillages opérés au cours des révoltes peuvent être considérés comme le reflet de cette misère rurale. D'autre part, les agissements des rebelles renvoient aussi aux inégalités de la société ptolémaïque: c'est ce que montrent, en particulier, les attaques contre les possesseurs de biens. Dans ce domaine, l'opposition entre Grecs et Égyptiens a une pertinence: statistiquement, les Grecs, qui représentaient 10 à 20 % de la population[93], connaissaient une situation économique meilleure que les Égyptiens, en pratique mais aussi sur le plan juridique puisqu'ils étaient privilégiés sur le plan fiscal[94]. Il n'est donc pas étonnant qu'ils aient subi de plein fouet le choc des révoltes, dans la mesure où leurs biens suscitaient déjà des convoitises en temps normal. Nous pouvons prendre pour exemple la maison laissée par Glaukias à Psichis, dans l'Héracléopolite, et dans laquelle résidaient les frères du reclus Ptolémaios: en 161/0 — donc bien après la fin des troubles – elle était toujours l'objet de tentatives d'empiètement de la part de voisins égyptiens (cf. *UPZ* I 9-11). Comme le souligne D. J. Thompson «en de telles périodes, la propriété est toujours vulnérable: beaucoup ont pu s'irriter à la vue des colons grecs, avec leurs plus grandes terres et leurs plus grandes maisons»[95]. De fait, on peut noter que l'héritage des deux familles disparues au cours de la *tarachè* de l'Héracléopolite, celle d'Amyntas et celle de Paron, s'élevait à au moins 300 talents (*P. Gen.* III 128)[96]. Pour autant, la fracture entre les rebelles et leurs victimes ne se réduit pas à un clivage ethnique et les Égyptiens ont eux aussi souffert des révoltes. D'autre part, si la pauvreté et les inégalités expliquent en grande partie l'insécurité endémique de la *chôra*, elles n'ont pas toujours

---

[92] Voir notamment C. Préaux, *Économie*, pp. 492-520; J. Bingen, «Les tensions structurelles de la société ptolémaïque», dans *Actes XVIIᵉ Congrès* (Naples), 1984, pp. 921-937; F. Dunand, «L'exode rural en Égypte à l'époque hellénistique», *Ktèma* 5, 1980, pp. 137-150; I. Biezunska-Malowist, «Formes de résistance dans l'Égypte grecque et romaine», dans *Forms of Control and Subordination in Antiquity*, éd. Y. Tory et D. Masakoi, Tokyo, 1988, pp. 239-245.

[93] Cf. D. J. Thompson, «Hellenistic Hellenes», p. 302.

[94] Cf. W. Clarysse, «Some Greeks in Egypt», dans *Life in a Multicultural Society*, p. 52; D. J. Thompson, *op. cit.*, pp. 307-312; W. Clarysse et D. J. Thompson, *Counting the People* (*P. Count*), Cambridge U.P., 2004.

[95] D. J. Thompson, ««When Egypt divorced itself»», p. 323.

[96] Cf. P. Schubert, *P. Gen.* III 128, p. 89.

amené à la révolte armée. Aussi, dans un dernier temps, chercherons-nous à analyser plus précisément le contexte dans lequel les grands soulèvements ont pris naissance.

3 – Les facteurs déclenchants

Si l'on reprend l'ensemble du corpus, on constate qu'une corrélation peut être établie entre les révoltes et deux facteurs principaux: un affaiblissement temporaire du pouvoir royal et une dégradation brutale des conditions de vie.

- En 245 tout d'abord, la révolte se produisit lors de la Troisième guerre de Syrie, alors que Ptolémée III était au loin, en Mésopotamie. En outre, d'après le témoignage du *P. Haun* I 6, elle a éclaté dans les temps qui suivirent la défaite d'Andros devant Antigonos Gonatas[97]. À cette époque, les armées lagides étaient donc mobilisées sur deux fronts à l'extérieur. Nous ignorons quelle était la situation intérieure de l'Égypte à la même époque. Néanmoins, le décret de Canope promulgué en 238 témoigne d'une situation critique provoquée quelques temps auparavant par une crue insuffisante (*I. Prose* 8, 10-14). Pour remédier à la famine, et «assurer le salut des habitants de l'Égypte», le roi dut importer du blé de Syrie, de Phénicie, de Chypre et de «beaucoup d'autres endroits» (ll. 10-14). Le décret ne dit pas en quelle année la mauvaise crue s'est produite mais, pour D. Bonneau, elle pourrait précisément être datée de 246/5[98]. Il se peut donc qu'elle ait joué un rôle dans la révolte qui éclata quelques mois plus tard.
- Par la suite, la grande *tarachè* des règnes de Ptolémée IV et Ptolémée V coïncida avec le début d'une grave crise économique et monétaire en Égypte, crise suscitée en partie par les efforts de guerre qui permirent la victoire de Raphia; c'est alors que la parité qui existait entre la drachme de cuivre et la drachme de bronze fut rompue[99]. D'autre part, les premières années de la révolte furent contemporaines des

---

[97] Voir *supra*, p. 4 et H. Hauben, «L'expédition de Ptolémée III en Orient et la sédition domestique de 245», p. 35.

[98] D. Bonneau, *Le Fisc et le Nil*, Paris, 1971, pp. 125-130. Également H. Hauben, *op. cit.*, p. 34

[99] Sur cette crise, voir T. Reekmans, «The Ptolemaic Copper Inflation», dans *Stud. Hell.* 7, 1951, pp. 61-119 et «Economic and Social Repercussions of the Ptolemaic Copper

luttes de pouvoir provoquées à Alexandrie par la mort de Philopator et par la minorité de Ptolémée V (entre 204 et 203), puis de la Cinquième guerre de Syrie marquée par une défaite lagide et par la perte de la Coelé-Syrie (202-198)[100].

- En 168, à la veille du soulèvement de Dionysios Pétosarapis à Alexandrie et des rébellions dans la *chôra*, les mêmes facteurs étaient réunis: guerre contre la Syrie et dégradation de la situation économique. La crise que traversait l'Égypte à cette époque peut être mise en lumière par les *UPZ* I 59 et 60 du 29 août 168, les deux lettres adressés au soldat Héphaistion réfugié au Sérapeum. Leurs auteurs, Isias et Dionysios, exhortent le nouveau reclus à revenir chez lui pour soutenir ceux qui ont vécu «de tels temps», «une telle situation»: τοιοῦτος καιρός (*UPZ* I 59, 13; 23; *UPZ* I 60, 13), τοσοῦτος χρόνος (*UPZ* I 59, 22). Isias précise notamment qu'elle en est arrivée à toute extrémité «à cause du prix du blé» (διὰ τὴν τοῦ σίτου τιμήν, *UPZ* I 59, 16). Cette hausse du prix du blé est confirmée par le graffito démotique d'Éléphantine publié par G. Vittmann[101]. Elle s'explique d'autant mieux que la guerre avec la Syrie s'était déroulée, cette fois-ci, sur le sol même de l'Égypte.

- En ce qui concerne les années 150, les perturbations révélées en Haute-Égypte par l'interruption dans le paiement des taxes restent assez mystérieuses. En revanche, à partir de 132/1 c'est incontestablement la guerre pour le pouvoir entre Cléopâtre II et Évergète II qui déclencha une série de troubles dans tout le pays, bien que ces troubles ne s'identifient pas systématiquement à des épisodes de la lutte dynastique. Cette période de guerre civile fut aussi marquée par une dernière grande dévaluation de la monnaie de bronze entre 130 et 127[102].

Inflation», *CdE* 24, 1949, pp. 324-342; H. Cadell et G. Le Rider, *Prix du blé et numéraire dans l'Égypte lagide de 305 à 173*, Bruxelles, 1997; W. Clarysse et E. Lanciers, «Currency and the Dating of Demotic and Greek Papyri from the Ptolemaic Period», *Anc. Soc.* 20, 1989, pp. 117-132.

[100] Voir Ed. Will, *Histoire politique*, II, pp. 108-112 et pp. 118-119.

[101] G. Vittmann, «Das demotische Graffito vom Satettempel auf Elephantine», *MDAIK* 53, 1997, pp. 271-272.

[102] Voir T. Reekmans «The Ptolemaic Copper Inflation», p. 104; K. Maresch, *Bronze und Silber. Papyrologische Beiträge zur Geschichte der Währung im ptolemäischen und römischen Ägypten bis zum 2. Jahrhundert n. Chr. (Papyrologica Coloniensia 25)*, Opladen, 1996, pp. 66-67; H. Cadell et G. Le Rider, *op. cit.*, p. 86.

- De manière similaire, l'agitation perceptible en Haute-Égypte dès la fin du IIe siècle, dans le Pathyrite et l'Apollonopolite notamment, épouse les principales étapes du conflit entre Cléopâtre III, Ptolémée Alexandre Ier et Ptolémée Sôter II[103]. En outre, la révolte de la Thébaïde éclata l'année même où l'Égypte fut disputée entre Alexandre Ier et Sôter II. Rien n'autorise à identifier les Thébains à des partisans d'Alexandre Ier soulevés contre le retour de Sôter II. En revanche, on peut penser que l'extension des troubles fut favorisée par la présence de deux partis concurrents sur le sol égyptien au cours de l'année 89/88. De fait, le soulèvement n'en était encore qu'à ses débuts en mars 88, alors qu'il avait pris une grande ampleur en novembre[104]. Or c'est dans ce même intervalle que se déroula la lutte entre les partisans des deux rois dans la *chôra*, lutte révélée par l'incertitude des formules de datation «an 26 = an 29» et an «27 = an 30»[105].
- En 29 enfin, la dernière révolte de Thébaïde fut provoquée par la nouvelle fiscalité romaine. Strabon rapporte en effet que la sédition (*stasis*) se produisit «à cause des impôts», «διὰ τοὺς φόρους » (XVII, 1, 53)[106]. Or, on peut le supposer bien informé, du fait de son long séjour en Égypte (de 27 à 20 av. environ) et de son amitié avec le nouveau préfet nommé par Auguste en 27, Aelius Gallus, en compagnie duquel il remonta le Nil jusqu'à Syène au début de l'année 26[107]. Cette remarque de Strabon suscite l'intérêt à deux égards. Tout d'abord, avec Polybe, il s'agit de la seule autre explication livrée par un auteur ancien sur une des révoltes de notre corpus. D'autre part, elle confirme la prudence avec laquelle les sources mentionnant des «révoltes» et des «rebelles» doivent être interprétées, ainsi que l'inté-

---

[103] Cf. *supra*, p. 69.

[104] Cf. *supra*, p. 71.

[105] Sur l'interprétation des doubles dates «an 26 = an 29» et an «27 = an 30» voir E. Van 't Dack, «Le retour de Ptolémée IX Sotèr II en Égypte», dans *War of Sceptres*, p. 146 et n. 148.

[106] On peut évoquer, à titre de comparaison, la révolte des Égyptiens survenue peu après l'avènement d'Artaxerxès Ier, vers 464. Selon Diodore en effet, les Égyptiens «se révoltèrent, expulsèrent ceux des Perses qui étaient chargés de lever les tributs en Égypte et installèrent comme roi le nommé Inaros» (XI, 71, 3). Voir à ce sujet P. Briant, «Ethnoclasse dominante et populations soumises dans l'empire achéménide: le cas de l'Égypte», dans *Ach. Hist.* III, 1988, p. 140 et *Histoire de l'Empire perse*, Paris, 1996, pp. 591-594.

[107] Voir J. Yoyotte, dans *Strabon. Le Voyage en Égypte*, pp. 17-18 et p. 47.

rêt évident d'une double documentation. En effet, sans ce témoignage explicite, n'aurait-il pas été tentant de conclure, sur la foi de la stèle de Gallus, à un sursaut «national» des Thébains contre une nouvelle domination étrangère, la domination romaine?

Quelle qu'ait pu être l'intensité de l'agitation quotidienne au sein de la *chôra*, les révoltes d'une certaine ampleur se sont donc déclenchées dans des contextes bien particuliers. Tout d'abord, la dégradation brutale des conditions économiques semble avoir joué un rôle important: ce fut le cas peut-être en 245, assurément à la fin du IIIe siècle, au début des années 160, et enfin en 29 (pour des motifs sensiblement différents). Il est probable qu'une chute rapide du niveau de vie, exacerbant la pression fiscale ordinaire et les conflits d'intérêt, amena davantage d'individus à adopter des comportements de refus et à rejoindre les rangs des rebelles. À titre d'exemple, la crise que connaissait l'Égypte au sortir de la Sixième guerre de Syrie pourrait expliquer que Dionysios Pétosarapis ait recruté «rapidement», selon Diodore, de nombreux partisans à l'intérieur du pays («ταχὺ πολλοὺς ἔσχε τοὺς κοινοπραγεῖν βουλομένους», XXXI 15a, ll. 27-29). Par ailleurs, il est manifeste que les révoltes elles-mêmes contribuèrent à dégrader la situation économique et à fournir de nouveaux motifs de protestation[108]. D'autre part, on constate que la plupart des soulèvements correspondent à des périodes où le contrôle royal sur le pays était amoindri, du fait des guerres extérieures et / ou des luttes dynastiques[109]. Certes, on ne saurait considérer ni les unes ni les autres comme les causes premières des révoltes, encore qu'elles aient pu contribuer à entamer la cohésion autour de la monarchie lagide, comme ce fut le cas lors de la Sixième guerre de Syrie[110]. En revanche, ces moments de fragilité du pouvoir ont dû être des périodes propices à l'extension des rébellions, en raison de la mobilisation des troupes sur les différents théâtres d'opération: à l'extérieur pendant les guerres de Syrie de 245 et 202-198, en Égypte même dans les années 130 et à partir de la fin du IIe siècle. Il est probable en effet que l'insécurité des campagnes n'en était

---

[108] Sur les conséquences économiques des révoltes, voir *infra*, pp. 179-180.

[109] Voir déjà les remarques de C. Préaux, «Esquisse», pp. 525-526. Également A. Blasius, «Zur Frage des geistigen Widerstandes im griechisch-römischen Ägypten. Die historische Situation» dans *Apokalyptik und Ägypten*, p. 44.

[110] Cf. le *P. Köln* IV 186, *supra*, pp. 106-107.

qu'accrue et que les troubles locaux, relativement fréquents au quotidien, pouvaient plus difficilement être circonscrits par le pouvoir.

Évidemment, ces observations n'offrent qu'une trame générale: on aimerait savoir quels événements jouèrent, au cas par cas, le rôle de catalyseur, transformant une protestation populaire en une révolte armée. Nous ne possédons pas d'exemple précis, mais un document comme le *BGU* VIII 1762 peut donner quelques indications sur le phénomène. Ce rapport rédigé vers 58 témoigne de la colère des habitants de l'Héracléopolite contre les «gens d'Hermaïskos», que le contexte permet d'identifier à des agents du fisc particulièrement brutaux[III]. La protestation, visant à exclure ces individus du nome, semble s'être accrue jour après jour. La situation devint suffisamment préoccupante pour que le stratège mène lui-même une enquête:

> «Le lendemain, une foule plus grande encore (litt. «plus de gens encore»: πλείο[νες] μᾶλλον) se réunit à la porte de... et réclama l'aide des reines et des troupes. Le stratège, assisté de son «interlocuteur» (*eisagogeus*) Chairas et des Alexandrins habitant le pays, rencontra ces gens; il apprit à nouveau de nombreux autres méfaits commis envers chacun par les gens d'Hermaïskos. Les plaignants maintinrent qu'ils refuseraient de se charger d'aucun travail privé ou royal si le stratège ne faisait pas aux reines et au ministre des finances (diocète) un rapport tel que les gens d'Hermaïskos soient exclus du nome. Le stratège et les autres les ayant exhortés au calme et leur ayant promis de faire rapport sur leurs dénonciations, ils se dispersèrent. C'est pourquoi nous faisons ce rapport» (*BGU* VIII 1762, 2-12)[112].

En l'occurrence, grâce à la médiation du stratège, le calme semble avoir été restauré dans l'Héracléopolite. Mais le document donne bien les caractéristiques d'une situation pré-insurrectionnelle avec le rassemblement d'une foule mécontente, qui proteste et grossit de jour en jour. On peut imaginer que des conflits de ce type, s'ils n'étaient pas désamorcés à temps, pouvaient se transformer en véritables révoltes.

[III] Cf. *supra*, p. 73.
[112] Trad. C. Préaux, «Esquisse», pp. 551-552.

Bilan

Il est temps de dresser un bilan provisoire de cette étude sur les révoltes et les révoltés. Comme nous l'avons constaté plus haut, la fracture entre les rebelles et leurs victimes ne se réduit pas à un clivage ethnique entre Grecs et Égyptiens et reflète plutôt deux phénomènes complémentaires: la misère rurale et les inégalités de la société ptolémaïque. L'interprétation socio-économique des révoltes, défendue il y a déjà longtemps par C. Préaux, semble donc confirmée par les documents publiés depuis un demi-siècle. Faut-il pour autant opposer terme à terme des «révoltes nationales» à des «révoltes sociales»? Le débat sur cette question est tout d'abord faussé par l'utilisation du terme de «nationalisme» pour une époque où le concept de nation n'existe pas encore mais où, en revanche, politique et religion sont intrinsèquement liées[113]. L'idée d'une revendication telle que «l'Égypte aux Égyptiens» est donc profondément anachronique. Il faudrait par conséquent essayer de reformuler le problème en des termes différents: les rebelles désiraient-ils restaurer un pouvoir légitime, approuvé par les dieux, à la place d'un pouvoir considéré comme illégitime et impie?

Si l'on songe aux meneurs des rébellions, on peut répondre à cette question par la négative dans le cas de Dionysios Pétosarapis: parfait homme de cour lagide, ce dernier chercha plutôt à usurper la royauté ptolémaïque, appuyé sur les Alexandrins, et il ne chercha qu'en dernier recours le soutien des Égyptiens. En revanche, cette grille de lecture pourrait être adoptée dans le cas d'Haronnophris et Chaonnophris: proclamés pharaons, protégés des dieux égyptiens, ils se sont clairement affirmés comme rivaux des Ptolémées et menèrent dans les régions qu'ils contrôlaient une politique aux accents messianiques hostile aux Grecs dans leur ensemble (qu'il s'agisse de Grecs de souche ou d'Égyptiens hellénisés). Par ailleurs, le succès relatif de leur révolte laisse penser que la religion a effectivement pu cristalliser, en certaines occasions, le mécon-

---

[113] Voir en particulier A. Blasius, «Zur Frage des geistigen Widerstandes im griechisch-römischen Ägypten», dans *Apokalyptik und Ägypten* p. 42, et les analyses de D. Frankfurter, *Elijah in Upper Egypt. The Apocalypse of Elijah and Early Egyptian Christianity* (*Studies in Antiquity and Christianity* 30), Minneapolis, 1993, pp. 250-257. Également H. Felber, «Die demotische Chronik», dans *Apokalyptik und Ägypten*, p. 107.

tentement et le refus des Égyptiens[114]. De fait, ce type de phénomène est bien attesté pour d'autres sociétés coloniales de l'histoire[115]. Néanmoins, la *tarachè* dont Haronnophris et Chaonnophris ont pris la tête a aussi été marquée, comme tous les autres soulèvements, par des actes de violence et de pillage qui révèlent l'acuité des tensions socio-économiques au sein de la *chôra*.

Tout en admettant donc le rôle fondamental de ces tensions dans les causes des révoltes intérieures, une seconde remarque doit être formulée: compte-tenu des structures de la société lagide, il était inévitable que les Grecs, très minoritaires par rapport à l'ensemble de la population du pays[116], soient particulièrement touchés par les agissements des rebelles, en raison de la double «convergence statistique»[117] entre Grecs, militaires et administrateurs d'une part, Grecs et possesseurs de biens d'autre part[118]. Par conséquent, même les révoltes les plus profondément «sociales» durent nécessairement avoir un aspect «anti-grec». À cet égard, la «situation coloniale»[119] de l'Égypte ptolémaïque reste assurément une des composantes du terreau sur lequel les révoltes se sont enracinées.

Pour creuser ces réflexions, nous nous proposons désormais de quitter les rebelles pour nous intéresser à l'attitude face aux révoltes de deux pôles structurants de la société ptolémaïque: le roi lagide et les prêtres égyptiens. De quelle manière ces derniers ont-ils réagi lors des troubles qui touchèrent le pays? Et que nous apprennent ces réactions sur les révoltes elles-mêmes?

---

[114] Voir les tensions déjà perceptibles dans l'affaire Herieu, *supra*, p. 133.

[115] Voir notamment, pour la période contemporaine, G. Balandier, *Sociologie actuelle de l'Afrique noire. Dynamique sociale en Afrique centrale*, Paris, 1955, 4ᵉ éd. Paris, 1982, pp. 417-487 et 496-497; E. Benz (éd.), *Messianische Kirchen, Sekten und Bewegungen im heutigen Afrika*, Leyde, 1965; W. Mühlmann *et al.*, *Messianismes révolutionnaires du Tiers-Monde*, Paris, 1968 (Berlin, 1961).

[116] Voir *supra*, p. 145.

[117] Cf. K. Goudriaan, «Les signes de l'identité ethnique en Égypte ptolémaïque», p. 57 et p. 59.

[118] Mais sans oublier qu'on trouve, parmi les personnes identifiées comme Grecs dans la documentation, non seulement des descendants de familles mixtes, mais aussi des individus d'origine entièrement égyptienne. Voir à ce sujet D. J. Thompson, «Hellenistic Hellenes», pp. 310-311 (*tax Hellenes*); C. La'da, «Ethnicity Occupation and Tax-status in Ptolemaic Egypt», dans *Acta Demotica. Acts of the Fifth International Conference for Demotists* (Pise, 4-8 sept. 1993) (*Egitto e Vicino Oriente* 17), Pise, 1994, pp. 183-189.

[119] Sur la notion de «situation coloniale», appliquée aux royaumes hellénistiques d'Orient, voir en particulier Ed. Will et C. Orrieux, *Ioudaïsmos – Hellènismos*, p. 17 et pp. 20-23.

TROISIÈME PARTIE

LES RÉACTIONS FACE AUX RÉVOLTES

Chapitre VI

LE ROI LAGIDE

Face aux révoltes, la réaction du pouvoir lagide se caractérise par un double volet. Le premier est répressif. Outre les opérations militaires, il se traduit par le châtiment des rebelles selon trois axes principaux: les exécutions, avec un traitement particulier réservé aux chefs de la rébellion; les confiscations de biens; enfin, les réductions en esclavage, ce dernier point nous amenant à examiner les conséquences de la répression sur les populations civiles. À ces mesures *ad hoc* se trouve articulé un effort plus général de pacification, destiné à rétablir l'ordre intérieur et à assurer la reprise de l'activité économique mais aussi à renforcer, sur le plan symbolique, la légitimité royale fragilisée par les troubles. À cet égard, nous verrons que les révoltes ont pu servir de catalyseur pour un certain nombre d'innovations concernant l'exercice du pouvoir.

I – LA LUTTE CONTRE LES REBELLES

1 – Les opérations militaires

On peut tout d'abord s'interroger sur la nature des opérations militaires menées contre les rebelles. Au cours des troubles du règne d'Épiphane, des offensives durent être lancées sur plusieurs fronts; elles furent orchestrées dans un premier temps par les tuteurs alexandrins de Ptolémée V, Aristoménès puis Polykratès d'Argos[1]. Les sources qui s'y rapportent permettent de nuancer le tableau brossé par Polybe sur la rébellion au temps de Philopator: «guerre qui, si l'on excepte les manifestations réciproques de cruauté et de mépris du droit, ne donna lieu à aucune bataille rangée, aucun combat naval, aucun siège de cité, ni rien d'autre qui méritât une mention (οὐδὲν μνήμης ἄξιον)» (XIV, 12, 4). Ainsi, dans la première phase de la révolte, entre 206 et 197, le pouvoir lagide dut

---

[1] Cf. Polybe, XXII, 17; XVIII, 54-55.

mener au moins deux opérations de siège: à Abydos en 199 et à Lycopolis à la fin de l'été 197. La reconquête de Lycopolis notamment imposa, selon le décret de Memphis, des travaux importants et coûteux: l'inondation risquant de rendre la ville inexpugnable, des ouvrages d'endiguement furent entrepris — sans doute en juin ou juillet 197, avant la montée du Nil — pour empêcher l'eau d'arriver jusqu'à la butte[2]. En ce qui concerne la Haute-Égypte, les préparatifs de l'offensive qui aboutit à la défaite de Chaonnophris devant Komanos le 27 août 186 sont connus par le dossier *SB* VI 9367 (30 mai — 26 août 187), le *P. Col.* VIII 208 (mars / avril ou septembre / octobre 187)[3], et les *P. Med.* 21, 22 et 24 (septembre 188)[4]. Ces documents donnent l'image d'une opération d'envergure: en trois mois, plus de 11 000 artabes de blé ont été transportées dans la garnison de Syène en 187. Ils confirment aussi l'importance stratégique de la maîtrise du Nil en temps de troubles: tous concernent en effet l'acheminement de biens aux soldats par voie fluviale[5]. Quant au combat décisif livré le 27 août 186, il n'est évoqué que brièvement dans le deuxième décret de Philae (Müller, hiérog. 4f-5e / dém. 3h-4d: Sethe, *Urk.* II 217, 5-10). Le rapport d'Aristonikos montre cependant que, loin d'une opération de guérilla, l'affrontement prit la forme d'une véritable bataille rangée entre les troupes de Komanos et celles de Chaonnophris[6].

Des moyens importants ont donc été mis en œuvre sous Épiphane pour réduire les révoltes du Delta et de Haute-Égypte. De même, au

---

[2] *Memphis*, 23-25: «Il assiégea cette place en l'entourant de talus, de fossés et de remparts solides; et le Nil ayant fait une grande crue dans la huitième année, et ayant comme à l'accoutumée inondé les plaines, il l'a contenu, fortifiant en maints endroits l'embouchure des canaux et en dépensant pour cela des sommes qui n'étaient pas minces, et il a établi des cavaliers et des fantassins pour garder ces points-là».

[3] Sur ce document, voir *supra*, p. 106, n. 82.

[4] C. Laʼda, que je remercie, m'a fait part d'un papyrus qu'il publiera prochainement dans les *CPR* (P. Vindob. G. 56636) et qui se rapporte sans doute aussi aux opérations menées par l'armée lagide contre les rebelles: il concerne des transports de vivres pour les soldats (τὰ μετρήματα) en 192/1. On peut également évoquer le *P. Tebt.* III 919, daté du début du IIe siècle, qui mentionne un chef (ἡγεμών) et un navire apportant du blé (σιτηγόν), cf. M. Rostovtzeff, *Histoire*, p. 504.

[5] Voir à ce sujet E. Van 't Dack et H. Hauben, «L'apport égyptien à l'armée navale lagide», dans *Das ptolemäische Ägypten*, pp. 60-61.

[6] *Philae II*, Müller, hiérog. 4f-5a: «(there) was fought in the land of the South in the territory of Thebes, with the impious man, the enemy of the gods, (who) had been assembling from (?) the warriors (?) and troops of the Ethiopians who had united with him» / cf. dém. 9c-d: «the battle (*p3 mlḫ*) delivered with him in the year 19».

cours des troubles des années 160, après l'affrontement d'Éleusis entre l'armée royale et les 4000 soldats rassemblés par Pétosarapis, c'est selon Diodore avec de «nombreuses forces» que le roi Ptolémée VI marcha sur les rebelles rassemblés à Panopolis (μετὰ πολλῆς δυνάμεως, XXXI 17b, l. 3) et la prise de la ville elle-même nécessita une nouvelle opération de siège. Lors des événements de 88 enfin, le général Hiérax fut chargé de soumettre la Thébaïde, selon le stratège Platon, «avec de très grandes forces » (μετὰ δυνάμεων μυρίων, *P. Bour.* 12, 14-15). Certes, l'indication reste vague, et il est possible que Platon grossisse l'importance de l'armée de Hiérax pour encourager les Pathyrites dans leur résistance. Il n'en reste pas moins que lui-même n'avait pu jusqu'à cette date résorber les troubles: l'armée rassemblée par Hiérax dépassait donc les forces à disposition du stratège de Thébaïde[7].

Outre l'effort logistique déployé, l'importance accordée à la guerre contre les rebelles se lit aussi dans le choix des acteurs chargés de la répression. Tout d'abord, il est possible que le roi lagide en personne ait parfois pris la tête des opérations. Ainsi, selon Diodore, Ptolémée VI dirigea l'offensive contre Dionysios Pétosarapis à Éleusis en 168/7 (XXXI 15 a) puis vers 165 le siège de Panopolis (XXXI 17b). De son côté, Ptolémée Évergète II fut actif en différents lieux de la *chôra* lors des années de guerre civile, notamment à Thèbes (*UPZ* II 212) et à Hermonthis (*BGU* III 993). Quant à Ptolémée V, s'il accompagna ses troupes à Lycopolis alors qu'il n'était qu'un enfant, il ne mena pas lui-même la lutte contre les rebelles[8]. Néanmoins, sous son règne, c'est à de grands personnages de la Cour que furent confiées les opérations militaires. En 185, Polykratès d'Argos, ancien régent et principal conseiller du roi, fut ainsi chargé de mener l'offensive contre les derniers chefs rebelles du Saïte (Polybe, XXII 17, 3). Un an auparavant, en 186, l'élimination de Chaonnophris avait été l'œuvre de Komanos. Présenté comme «un des premiers amis du roi» dans le décret de Philae et le papyrus *P. Col.* VIII 208, Komanos porte dès 187 un titre de cour exceptionnellement élevé: L. Mooren a établi qu'il était à cette date épistratège de la *chôra*, soit un des premiers personnages du royaume[9]. Ses services lui valurent manifestement une

---

[7] En ce sens P. Collart, «La révolte de la Thébaïde en 88», p. 279.

[8] Cf. Polybe pour qui le roi n'avait encore, à l'époque des exécutions de Saïs, pris part à aucun combat (XXII, 17, 7).

[9] L. Mooren, *Prosop.* 042 et *La hiérarchie de cour*, pp. 74-82. Les arguments tiennent tout d'abord à la nature des activités de Komanos, actif en divers points de la *chôra*

reconnaissance durable, car il poursuivit par la suite une carrière exemplaire[10]. Enfin, un troisième personnage joua un rôle essentiel dans la
lutte contre les rebelles: l'eunuque Aristonikos. Compagnon de Ptolémée V depuis l'enfance (σύντροφος τῷ βασιλεῖ)[11], ce-dernier avait été
proxène de Delphes en 188/7 et prêtre d'Alexandre et des Ptolémées à
Alexandrie pour l'année 187/6[12]. Lors de la bataille contre Chaonnophris,
en août 186, il exerçait le commandement de la cavalerie et c'est lui qui
apporta la nouvelle de la victoire à la Cour (*Philae II*, Müller, hiérog. 4c-
e: Sethe, *Urk*. II 217, 4-5). La confiance accordée par le roi à ce personnage ne se démentit pas au cours des années suivantes: en 182 il fut
chargé de mener campagne en Syrie / Phénicie et de réduire un dernier
foyer de rébellion dans le Delta[13]. À une autre échelle, les soldats ayant
participé à la guerre contre les rebelles bénéficièrent eux aussi de la
reconnaissance royale. Divers papyrus de Tebtynis datés du IIe siècle
nous apprennent en effet que quatre mille de «ceux qui ont pris part à
l'offensive en Thébaïde» (οἱ ἀναζεύξαντες εἰς τὴν Θηβαίδα ou οἱ εἰς τὴν
Θηβαίδα) furent dotés de clérouchies dans le Fayoum[14]. Il s'agit d'attributions importantes qui couvrent en moyenne 50 aroures[15]: le pouvoir
royal semble donc, à différents niveaux, avoir su récompenser les fidélités.

Pour résumer, les documents qui se rapportent aux opérations menées
contre les rebelles montrent qu'il s'agit d'entreprises bien distinctes de
simples opérations de police, qui se traduisent par l'envoi de forces
armées non négligeables, confiées à des personnages de premier plan, et

---

(Thébaïde, Hermopolite, Arsinoïte), ensuite à son titre aulique (τῶν πρώτων φίλων) qui
le distingue des stratèges et le rapproche du premier épistratège de la *chôra* attesté par les
sources, Hippalos. Sur l'épistratégie, voir *infra*, pp. 181-183.

[10] Voir L. Mooren, *ibid.*; W. Peremans et E. Van 't Dack, «Komanos des premiers
amis», dans *Prosopographica*, Louvain, 1953, pp. 21-33; C. B. Welles, «The Problem of
Comanus», *BASP* 2, 1965, pp. 93-104.

[11] Cf. Polybe, XXII, 22.

[12] Cf. W. Clarysse et G. Van der Veken, *The Eponymous Priests of Ptolemaic Egypt* (*Pap.
Lugd. Bat.* 24), Leyde, 1983, p. 22, n° 104; L. Mooren, *Prosop.* 0191.

[13] Cf. *supra*, pp. 10-11.

[14] *P. Tebt.* I 62, 43; 63, 43; 79, 69-85; III 998, 3-4; IV 1108, 6; 1109, 16; 1110, 47; 1114,
20; 1115, 1. Voir à ce sujet D. J. Crawford, *Kerkeosiris*, p. 60 et P. W. Pestman, «Haronnophris and Chaonnophris», p. 123, zz.

[15] D. J. Crawford, *ibid.*.

qui représentent un coût certain pour le Trésor royal. Le pouvoir s'occupa aussi activement d'organiser la surveillance des régions récemment pacifiées: ainsi, c'est très probablement aux lendemains de la grande *tarachè* de Chaonnophris que furent fondées les deux garnisons de Crocodilopolis et Pathyris, à une trentaine de kilomètres au sud de Thèbes, à un endroit stratégique où la vallée du Nil se rétrécit[16]. Certes, la mobilisation dans le cas des révoltes intérieures ne saurait se comparer aux campagnes menées par les Lagides contre les Séleucides. Face à Antiochos III à Raphia en 217, Ptolémée IV aurait ainsi aligné 70 000 fantassins, 5000 cavaliers et 73 éléphants (Polybe, V, 79). Quelque soit le nombre des troupes réunies en Haute-Égypte en 186 pour la bataille contre Chaonnophris, il est certainement inférieur. Néanmoins, la victoire du roi fut célébrée dans les deux cas de la même manière. Le décret de Raphia imposait une cérémonie anniversaire de cinq jours pour fêter la victoire remportée sur le roi séleucide le 10 Pachon[17]:

> «On célébrera des fêtes et des panégyries dans les temples et dans toute l'Égypte en l'honneur du roi Ptolémée, éternellement vivant, aimé d'Isis, depuis le 10 Pachon, jour où Pharaon a vaincu la mauvaise fortune, et pendant cinq jours, chaque année» (*Raphia*, dém. 36-37).

Le deuxième décret de Philae prescrit lui aussi l'établissement de grandes fêtes annuelles dans tous les temples du pays pour commémorer le 23 Epeiph, jour de la victoire de Komanos sur Chaonnophris, et le 3 Mésorè, date à laquelle le roi fut informé de cette victoire:

> «And be made [the 12th] month day 3 (= 3 Mésorè), [the day] of reporting it towards His Majesty (…) [about?] the capture of the (most) wicked (one) of the rebel(s), and the 11th month day [23] (= 23 Epeiph) (when) caused (…) [that enemy of?] His Majesty to be captured on it as a festival a big one in the sanctuaries (of both parts of Egypt) each year, at each (corresponding) time (?)» (Müller, hiérog. 15b-16b: K. Sethe, *Urk.* II, 228-229).

Des dispositions similaires furent également prises pour faire graver, sur les exemplaires de chacun des décrets, une représentation du roi victorieux mettant à mort un ennemi vaincu:

---

[16] Sur ces garnisons, voir J. K. Winnicki, *Ptolemäerarmee in Thebais*, pp. 68-78. Également K. Vandorpe, «City of Many a Gate», p. 233.

[17] Sur cette fête, voir W. Spiegelberg, «Die Siegesfeier des Ptolemaios Philopator in Alexandrien», dans *Sitz. bayer. Akad. Wiss.*, 1926, 2. Abh., pp. 3-17.

«L'image du roi que l'on gravera sur la stèle où sera gravé le décret le mon-
trera ... avec ses armes de guerre sur lui, apparaissant dans l'attitude de cir-
constance et massacrant une figure d'homme agenouillé» (*Raphia*, dém. 35-
36) // «an image of His Majesty (be?) engraved on the stela of (?) this
decree [on top of it?]. It is executed slaying an enemy, (while there) is the
local (?) god giving to him the royal sickle sword of victory» (*Philae II*,
Müller, hiérog. 15a-b: Sethe, *Urk.* II, 227).

Dans l'idéologie royale, les victoires remportées sur l'envahisseur étranger en 217 et sur l'usurpateur égyptien en 186 furent donc mises sur le
même plan et célébrées de manière identique.

2 – Les modes de répression

a – Exécutions

Parallèlement aux opérations militaires, le pouvoir s'occupa d'organiser le châtiment des rebelles. De manière générale, celui-ci se caractérise
par sa sévérité, comme l'atteste, dans un autre contexte, la lettre que le
soldat Esthladas écrivit à son père à l'occasion de l'expédition préparée
par Paôs contre Hermonthis en 130 (*P. Dryton* 36). Faisant part de la
volonté de Paôs de traiter la «populace d'Hermonthis» (τοὺς ἐν Ἑρμών-
θει ὄχλους) en «insurgés» (ὡς ἀποστάταις), il laisse deviner la radicalité
du traitement d'ordinaire réservé à ces derniers. De fait, on lit chez
Polybe au sujet de la prise de Lycopolis en 197, et chez Diodore à l'occasion du siège de Panopolis vers 165, la terreur que suscita chez les rebelles
l'approche des troupes royales:

- «Quand Ptolémée, le roi d'Égypte, mit le siège devant Lycopolis, les
  chefs des Égyptiens (οἱ δυνάσται τῶν Αἰγυπτίων), frappés de crainte, s'en
  remirent à la merci du roi... Mais il les traita avec dureté (κακῶς)»
  (Polybe, XXII, 17, 1-2).

- «Ptolémée, [constatant] le désespoir (τὴν ἀπόνοιαν) des Égyptiens et la
  force de la place, y mit le siège» (Diodore, XXXI, 17 b, ll. 7-8).

En l'occurrence, les rebelles pris au combat — à la différence des fugitifs
concernés par les amnisties postérieures — ne semblent avoir bénéficié
d'aucune mesure de grâce. Selon le décret de Memphis, les révoltés de
Lycopolis faits prisonniers furent massacrés sur-le-champ par les troupes
royales: version grecque, « il a détruit tous les impies qui s'y trouvaient»
(l. 26) / version démotique, «il s'empara des rebelles qui étaient à l'inté-

rieur et les fit abattre» (dém. 15). À Saïs d'autre part, Épiphane méprisa
la parole donnée aux chefs qui vinrent se livrer à sa merci (Polybe, XXII,
17, 6). Ce sont peut-être de tels événements qui inspirèrent à Diodore
une remarque sur l'inflexibilité du jeune roi: «de jour en jour plus bru-
tal (...) il fut détesté des Égyptiens et risqua de perdre sa couronne
(ἐμισήθη μὲν ὑπὸ τῶν Αἰγυπτίων, ἐκινδύνευσε δὲ ἀποβαλεῖν τὴν βασιλείαν)» (XXVIII, 14). Un demi-siècle plus tard, la ville de Thèbes fut
également, selon Pausanias, châtiée avec une extrême sévérité par Ptolémée IX Sôter II: «il la ravagea au point de ne laisser aux Thébains aucun
vestige de la prospérité de jadis (ὡς μηδὲ ὑπόμνημα λειφθῆναι Θηβαίοις
τῆς ποτε εὐδαιμονίας)» (I, 9, 3). En fait, comme nous le verrons plus
loin, ce jugement doit être nuancé: les temples thébains continueront
ainsi à être l'objet de la sollicitude des rois lagides au cours du Ier siècle[18].
Néanmoins, un déclin de la ville se devine à plusieurs indices, comme
l'interruption de l'activité bancaire après 84[19] mais aussi, de manière plus
générale, la raréfaction de la documentation papyrologique pour le reste
du Ier siècle[20].

Dans le cadre de cette répression, les chefs des révoltes firent l'objet
d'un traitement spécifique. Les exemples datant du règne d'Épiphane
montrent en effet que si ces derniers étaient «naturellement» voués à la
peine capitale pour leur double crime, haute trahison envers l'État et
sacrilège[21], leur exécution releva d'un cérémonial plus soigné. Ils furent
en effet pris vivants pour être mis à mort dans le cadre de cérémonies
publiques: mort par bastonnade pour les chefs de Lycopolis à l'occasion
du couronnement du roi à Memphis en 196; mort dans les supplices
pour les derniers meneurs du Delta à Saïs vers 185:

  – «(Les chefs rebelles...) les dieux permirent que le pharaon s'emparât
    d'eux à Memphis lors de la fête de l'accession à la fonction suprême
    obtenue de la main de son père; il les tua par le bâton» (*Memphis*, dém.
    16).

---

[18] Cf. *infra*, pp. 237-238.
[19] Cf. R. Bogaert, «Liste chronologique des banquiers royaux thébains», p. 133. Les
activités bancaires à Thèbes ne reprirent qu'en 21 av., au début de la domination romaine.
[20] Voir A. Bataille, *Les Memnonia*, Le Caire, 1952, pp. 262-263 et K. Vandorpe, «City
of Many a Gate», p. 235.
[21] Voir R. Taubenschlag, *The Law of Greco-Roman Egypt*, 2e éd., Varsovie, 1955,
pp. 473-474 et F. Bluche, «La peine de mort dans l'Égypte ptolémaïque», *RIDA*, 3e série,
22, 1975, pp. 160-162.

– «Il en fut de même quand Polykratès mit les rebelles en son pouvoir. En effet, Athinis, Pausiras, Chésouphos et Irobastos, les chefs encore vivants (ἔτι διασῳζόμενοι τῶν δυναστῶν), forcés par les circonstances, vinrent à Saïs pour se livrer à la merci du roi. Mais Ptolémée, ayant violé sa parole et les ayant attachés nus à des chars, les traîna (par les rues), puis les fit mourir dans les supplices» (Polybe, XXII, 17, 3-6).

Les supplices eux-mêmes, que Polybe ne détaille pas, sont communs aux modes de répression grecs comme égyptiens[22]. En revanche, l'exécution des rebelles de Lycopolis par bastonnade au cours des fêtes du couronnement avait sans doute un sens particulier. Le roi manifestait par ce biais la nature d'Horus vainqueur de Seth qui venait de lui être reconnue par le sacre, et qui se trouve sanctionnée dans la titulature pharaonique par l'épithète d'Horus d'or: *Ḥr nb.tj* / en grec, ἀντιπάλων ὑπέρτερος, «supérieur à ses adversaires»[23]. Ces exécutions avaient aussi, à l'évidence, une vertu pédagogique. Consignée dans le décret de Memphis, la mort des rebelles de Lycopolis était par conséquent rendue publique dans tous les temples «de premier, de deuxième et de troisième rang» devant reproduire une copie du décret (*Memphis*, 54). Quant aux chefs du Delta, ils furent traînés par les rues afin d'être offerts à la vue de tous les habitants de Saïs[24]. La nécessité de l'exemplarité de la peine lors des crimes de haute-trahison se lisait déjà dans l'affaire de Cléomène III de Sparte; après l'échec de sa tentative de coup d'État vers 219, celui-ci se suicida et son cadavre fut, sur ordre de Ptolémée IV, crucifié et exposé sur un gibet: «Ptolémée fut informé de tout; il ordonna de pendre le corps de Cléomène, enfermé dans un sac de cuir»[25].

Mais une question, pourtant essentielle, reste en suspens: celle du sort du principal adversaire de Ptolémée V, Chaonnophris. Le problème

---

[22] Sur les formes d'exécution sous les Ptolémées, cf. F. Bluche, *op. cit.*, pp. 157-158 et P. Ducrey, *Le traitement des prisonniers de guerre dans la Grèce antique des origines à la conquête romaine*, Paris, 1968, nouvelle éd. revue et augmentée, Paris, 1999, pp. 201-214. Pour le volet égyptien, voir W. Boochs dans *LÄ* VI, col. 68-72.

[23] Cf. *infra*, p. 192. Se conformant sans doute à la même symbolique, c'est également à l'occasion de son couronnement à Memphis en 145/144 que le roi Évergète II fit mettre à mort des Cyrénéens de son entourage, coupables d'avoir critiqué la concubine royale, Irène (Diodore XXXIII, 13).

[24] D'après Quinte-Curce, IV, 6, 25-29, Alexandre fit subir le même châtiment au commandant de Gaza, Bétis: lié par les talons à un char, il fut traîné autour de la ville.

[25] Plutarque, *Vie de Cléomène*, 38, 4.

vient des divergences de lecture dans les deux publications du décret de Philae pour la ligne 12 du texte hiéroglyphique et la ligne 9 du texte démotique (= Sethe, *Urk.* II 224, 3-4). Le début du passage ne présente pourtant pas de difficultés: K. Sethe et W. M. Müller ont tous deux établi que Chaonnophris avait été «amené au lieu où se trouve Sa Majesté» (hiérog. 12b: «*iw=sn in im=f [iw] st nty r ḥm=f <im>*»; dém. 9f «*iw=w in im=f r pꜣ mꜣꜥ nti iw Pr-ꜥꜣ im=f*»[26]). Mais pour W. M. Müller, il est dit ensuite que Chaonnophris fut puni de mort en raison de ses crimes[27], alors que pour K. Sethe une supplique fut présentée en sa faveur, et cette supplique fut couronnée de succès[28]. Sans un nouvel examen de l'inscription du *mammisi* de Philae, et dans l'attente de la publication du deuxième exemplaire du décret, il reste impossible de trancher entre ces deux versions. Néanmoins, deux arguments nous semblent aller dans le sens de la lecture de W. M. Müller. Tout d'abord, le contexte laisse entendre que Chaonnophris avait été destiné, lui aussi, à subir une mise à mort spectaculaire. En effet, il avait été pris «vivant» sur le champ de bataille (*iw=f ꜥnḫ*: Müller, démot. 9d; Sethe, *Urk.* II 224, 1), à la différence de son fils, de ses lieutenants égyptiens et des auxiliaires nubiens tués sur place. Il fut ensuite amené en présence du roi, comme les autres chefs rebelles de Lycopolis ou du Saïte avant leur exécution. D'autre part, le passage litigieux est immédiatement suivi de la comparaison suivante, lue de la même manière par les deux savants:

– «*mj ir n sbjw nn wn tp-ꜥ m [...]*» (Müller, hiérog. 12 c-d: Sethe, *Urk.* II 224, 5): «as was done for those rebels who were previously in [...]»[29].

---

[26] Nous donnons ici la translittération de R. H. Pierce dans *FHN* II, n° 134, p. 605, d'après le texte de Sethe.

[27] W. M. Müller, *Philae II*, p. 75.

[28] K. Sethe, *Urk.* II 224 et «2. Philae-Dekret», p. 46. C'est cette lecture que suivent notamment M. Alliot, «La Thébaïde en lutte», p. 440, et R. H. Pierce et L. Török dans *FHN* II, n° 134, pp. 600-607. Pour K. Sethe, «2. Philae-Dekret», p. 46, «le contexte dans lequel la supplique est évoquée laisse présumer que celle-ci fut couronnée de succès». M. Alliot est plus catégorique: selon lui, la version hiéroglyphique du décret dit sans ambiguïté que le roi accorda la vie à Chaonnophris, mais l'auteur ne donne pas de nouvelle transcription du passage. W. Clarysse en revanche, «De grote opstand der Egyptenaren (205-186 v.C)», dans *Zij Schreven Geschiedenis. Historische documenten uit het Oude Nabije Oosten (2500-100 v. Chr.)*, red. R. J. Demarrée et K. R. Veenhof, Louvain, 2003, p. 454, se range à la lecture de Müller.

[29] Translittération et traduction des deux passages par R.-H. Pierce, *op. cit.*, p. 605.

– «*[...] ḥȝt nȝ rmw (r.)wnw bks n nȝ [...]*» (dém. 9 g-h: *Urk.* II 224, 5):
«[...] with regard to the people who revolted among the [...]».

Est-il fait référence à une grâce accordée antérieurement à des rebelles,
ou au contraire au châtiment qui s'abattit sur ces derniers? Compte-tenu
de la phraséologie pharaonique, la seconde interprétation semble plus
vraisemblable, d'autant que la même idée se trouve exprimée dans le
décret de Memphis au sujet des révoltés de Lycopolis et dans le décret de
Raphia à l'occasion de la victoire sur les troupes séleucides:

> – «Pharaon prit le fort de manière violente en peu de temps; il s'empara des
> rebelles qui étaient à l'intérieur et les fit abattre conformément à ce qu'ont
> fait Rê et Horus, fils d'Isis à ceux qui s'étaient révoltés contre eux dans les
> mêmes lieux auparavant» (*Memphis*, dém. 15-16).

> – «Ceux qui, parmi les ennemis, finirent par s'approcher de lui dans cette
> bataille, il les tua de sa main, tout comme Harsièsis, jadis, avait massacré ses
> ennemis» (*Raphia*, dém. 11-12).

Il nous semble donc que Chaonnophris subit bien le même sort que les
autres rebelles du règne d'Épiphane, et que l'exceptionnalité de son cas
ne réside pas dans une supplique présentée en sa faveur (par les prêtres
ou par d'autres[30]), mais dans la gravité de son crime aux yeux du pouvoir.

b – Confiscations

Outre les exécutions, le châtiment des révoltés se traduisit aussi par
des confiscations. Une des clauses du décret de Memphis montre ainsi
que les rebelles en fuite auraient subi, n'eût été la magnanimité royale, la
saisie de leurs biens: «que tous les émigrés revenant d'exil, qu'ils fissent
partie des *machimoi* (τῶν μαχίμων) et des autres groupes qui avaient
manifesté des sentiments hostiles à l'époque de la révolte conservent à
leur retour la possession de leurs biens (μένειν ἐπὶ τῶν ἰδίων κτήσεων)»
(*Memphis*, 19-20) / «il ordonna encore qu'on permît aux rebelles et aux
autres personnes entraînées sur le mauvais chemin, celui de la révolte, de
rentrer chez eux et de retrouver leurs biens» (dém. 11-12). L'amnistie
n'évoque que le cas des fugitifs; il est vraisemblable que les biens des

---

[30] Pour K. Sethe et M. Alliot, la supplique en faveur de Chaonnophris aurait été présentée par les prêtres. En revanche, selon L. Török, dans *FHN* II, n° 134, p. 606, c'est
Aristonikos qui demanda la grâce du rebelle.

rebelles tués à Lycopolis avaient déjà été repris par l'État. De fait, les confiscations sont une pénalité habituelle, principale ou additionnelle, pour un grand nombre de crimes et délits dans l'Égypte ptolémaïque[31]. Elles font également partie de l'arsenal répressif qui sera mis en place par les Lagides à d'autres occasions. Le décret d'amnistie d'Évergète II promulgué en 145/4 précise ainsi que: «ceux qui ont fui... pour avoir été l'objet d'inculpations, rentreront chez eux, reprendront les activités qu'ils exerçaient auparavant, et recouvreront ceux de leurs biens saisis pour ces motifs qui n'ont pas encore été vendus» (*C. Ord. Ptol.* 41, 3-7). La grande amnistie de 118 contient exactement les mêmes dispositions (*C. Ord. Ptol.* 53, 6-9).

Des indices de confiscations sont également donnés par les documents mentionnant des ventes aux enchères à la fin des périodes de troubles, en particulier celles organisées par les autorités grecques en Haute-Égypte au cours des années 190-180[32]. Le *BGU* III 992 (*W. Chrest.* 162) atteste ainsi qu'entre le 9 et le 15 novembre 191 (ou entre le 8 et le 14 novembre 187[33]) eut lieu à Thèbes une vente de terres confisquées par la Couronne[34]. La vente, annoncée par un héraut (προκήρυξις, l. 10), s'est déroulée sous la direction d'un phrourarque (l. 11), ce qui renvoie au contexte de la *tarachè*. Un autre document, le *P. dém. Boston MFA* 38.2063, témoigne de la tenue d'une vente aux enchères à Dendérah vers la même époque[35]. Il s'agit d'un acte rédigé le 5 mars 175 par un pastophore d'Hathor, Hor fils de Psemminis, qui cède à son fils aîné Abaa, parmi d'autres biens, plusieurs terrains achetés auparavant à la «vente

---

[31] Cf. R. Taubenschlag, *Law* [2], p. 555.

[32] Pour les sources grecques concernant les ventes aux enchères à l'époque ptolémaïque, voir E. Seidl, *Ptolemäische Rechtsgeschichte*, 2e éd., Glückstadt, 1962, p. 127 et pour les sources démotiques K.-Th. Zauzich, « *jš n pr-ʿ3*», *Enchoria* I, 1971, pp. 79-82 et *Enchoria* 17, 1990, pp. 161-162.

[33] Voir *supra*, pp. 19-20.

[34] Les *P. dém. Schreibertr.* 30 et 115, datés de mai 184, font également allusion à cette «vente aux enchères de Pharaon », cf. K.-Th. Zauzich, *Enchoria* I, 1971, B[1] et B[2]. Voir également K. Vandorpe, «The Chronology of the Reigns of Hurgonaphor and Chaonnophris», p. 297 et «The Ptolemaic Epigraphe or Harvest Tax (*shemu*)», pp. 194-195; P. W. Pestman, «Haronnophris and Chaonnophris», p. 117, kk.

[35] Publié par R. A. Parker, «A Demotic Property Settlement from Deir el-Ballas», *JARCE* 3, 1964, p. 97, avec des rectifications de K.-Th. Zauzich, *Enchoria* I, 1971, C[1-6]. Sur la famille de Hor, voir également R. A. Parker, «A Demotic Marriage Document From Deir el Ballas», *JARCE* 2, 1963, pp. 113-116.

aux enchères de Pharaon». Encore une fois, les surfaces concernées ne
sont pas négligeables: Hor a acheté en association avec ses cousins trois
lots couvrant 77 aroures en tout. Enfin, le papyrus Baraize (*SB* V 8033),
daté de 182, fait également allusion à une vente de terres situées cette fois
dans le Périthèbes; cette vente a eu lieu alors que l'autorité lagide était
rétablie à Thèbes, mais toujours, dit le plaignant, lors de la *tarachè* (ll. 7-
8), donc au cours d'une période comprise entre 191 et août 186. On peut
penser qu'une partie au moins des terres attribuées lors de ces différentes
ventes aux enchères ont été confisquées aux rebelles, même si d'autres
appartenaient sans doute à de simples propriétaires disparus pendant les
troubles: c'est le cas de l'Égyptienne Tsenompmous dans le papyrus
Baraize[36], sans doute aussi celui du Grec Myron, fils de Moschos, dont
la terre située dans le Pathyrite fut vendue à Thèbes en 191 (*BGU* III 992,
col. I, 6-7).

Comme les exécutions, les confiscations sont caractéristiques de la
législation pénale habituellement appliquée aux fauteurs de troubles.
Mais une autre sanction, plus inhabituelle, fut également mise en œuvre
à l'occasion des révoltes: les réductions en esclavage.

c – Réductions en esclavage

Le témoignage du *SB* XX 14659 (*C. Ptol. Sklav.* 9)

Notre principale source à ce sujet est le *SB* XX 14659, que nous avons
déjà évoqué. Il s'agit d'une lettre adressée le 7 janvier 197 par le diocète
Athénodoros aux agoranomes afin qu'ils enregistrent l'achat d'une
esclave égyptienne pour le compte d'une femme dénommée Thaubastis,
Égyptienne d'origine syrienne. À ces instructions est jointe une copie de
la lettre adressée au diocète par le *praktor* Pyrrhos, datée du 5 janvier de
la même année. Elle atteste que Thaubastis a bien acquitté le prix (500
drachmes de cuivre) et les taxes (20 % environ) correspondants (ll. 18-
20). Le tout a été versé sur le compte royal à la banque d'un certain Philippos (ll. 15-17). Pyrrhos rappelle à cette occasion que l'opération s'est
déroulée selon les dispositions contenues dans un *prostagma* promulgué
le 12 novembre 198 au sujet «de ceux qui possèdent des esclaves égyptiens suite à la *tarachè* dans la *chôra*» (περὶ τῶν ἐχόντων σώματα
Αἰγύπ[τι]α ἀπὸ τῆς ἐν τῆι χώραι ταραχῆς, ll. 8-9). Au cours de la révolte

---

[36] Voir *supra*, p. 136.

du règne d'Épiphane, il y eut donc asservissement par l'État de populations égyptiennes sur le mode des prisonniers de guerre. Ce n'est pas à la suite de la prise de Lycopolis que ces Égyptiens furent réduits en esclavage car le *prostagma* est antérieur à l'événement, mais peut-être s'agit-il de prisonniers capturés en Haute-Égypte lors de la reprise en main de 198/7[37]. Le *SB* XX 14659 nous révèle en outre que les asservissements n'ont pas frappé uniquement les rebelles. L'objet de la vente est en effet une jeune fille nommée Thasion, âgée «d'environ dix-huit ans» (l. 13 et l. 29). Cette information amène à penser qu'une disposition générale fut appliquée aux familles des Égyptiens impliqués dans les troubles, voire aux autres populations civiles qui se trouvaient sur les lieux d'affrontement[38].

Le *SB* XX 14659 nous apprend donc l'existence d'une nouvelle source de l'esclavage dans l'Égypte ptolémaïque[39]. Il jette aussi une lumière nouvelle sur la réaction lagide face aux révoltes intérieures. Certes, l'asservissement de prisonniers de guerre était une pratique courante au IIIe siècle, comme le montre l'ordonnance de Ptolémée II promulguée en 260 pour la Syrie et la Phénicie (*C. Ord. Ptol.* 21-22)[40]. La deuxième partie du document impose ainsi un recensement des esclaves sous vingt jours et mentionne l'existence de ventes publiques royales[41]. Mais il s'agit alors, comme dans les autres documents mentionnant des prisonniers de guerre[42], d'esclaves étrangers (en l'occurrence asservis dans le contexte de

---

[37] Voir *supra*, p. 19.

[38] En ce sens R. Scholl, *C. Ptol. Sklav.*, p. 60. Dans le droit ptolémaïque comme dans le droit pharaonique, la famille du coupable pouvait être exécutée en cas de crime politique grave, cf. F. Bluche, «La peine de mort dans l'Égypte ptolémaïque», p. 162. Selon Plutarque, *Vie de Cléomène*, 38, 4, la famille de Cléomène fut ainsi égorgée après le suicide de ce dernier.

[39] Sur les esclaves dans l'Égypte hellénistique, voir I. Biezunska-Malowist, *L'esclavage dans l'Égypte gréco-romaine*, I, Varsovie, 1974. Également H. Heinen, «Ägyptische und griechische Traditionen der Sklaverei im ptolemäischen Ägypten», dans *Das ptolemäische Ägypten*, pp. 227-237.

[40] Cf. H. Liebesny, «Ein Erlass des Königs Ptolemaios II. Philadelphos über die Deklaration von Vieh und Sklaven in Syrien und Phönizien (PER Inv. Nr. 24552 gr.)», *Aegyptus* 16, 1936, pp. 257-291. Voir également *C. Ptol Sklav.* 3.

[41] Voir W. L. Westermann, «Enslaved Persons who are Free», *AJPh* 59, 1938, p. 26; E. Biezunska-Malowist, *op. cit.*, pp. 20-22 et 24-26.

[42] Sur les prisonniers de guerre en Égypte, voir P. van Minnen, «Prisoners of War and Hostages in Graeco-Roman Egypt», *JJP* 30, 2000, pp. 155-163.

la Première guerre de Syrie). Au contraire, dans le *prostagma* de 198 le procédé est appliqué à des Égyptiens. Un contrôle très étroit semble d'ailleurs avoir été mis en place pour l'acquisition de cette catégorie d'esclaves. L'enregistrement passe en effet par le plus haut fonctionnaire du royaume, le diocète: c'est à lui que Pyrrhos a envoyé l'attestation de paiement de Thaubastis, et c'est lui qui donne ordre aux agoranomes de procéder à l'enregistrement. Selon R. Scholl, le rôle joué par ce personnage pourrait indiquer qu'un enregistrement central avait été mis en place, afin de permettre à l'État de surveiller plus étroitement de telles transactions[43].

Autres documents: le *C. Ptol. Sklav.* 5 (*P. Col. inv. 480*) et le *P. Hamb.* I 91[44]

Bien que le *SB* XX 14659 soit la seule attestation formelle d'asservissements ἀπὸ τῆς ταραχῆς, deux autres documents peuvent également être pris en considération. Le premier est le célèbre *diagramma* au sujet des esclaves de 198/7, qui établit les taxes à payer sur les transactions portant sur différentes catégories d'esclaves (*P. Col. inv.* 480: *C. Ptol. Sklav.* 5)[45]. Parmi les clauses concernant les ventes conduites par les fonctionnaires de l'État, le paragraphe 4 évoque «ceux qui ont été vendus par l'intermédiaire d'un *praktor xenikôn* (διὰ ξενικῶν πράκτορ[ος)» (l. 15). Ce fonctionnaire étant connu pour ses fonctions d'exécuteur de créances privées, il a été admis qu'il s'agissait ici d'esclaves vendus pour rembourser les dettes privées de leurs maîtres — par opposition au paragraphe suivant qui concerne les esclaves vendus pour exécution de dettes fiscales (ll. 19-24)[46]. Or, le papyrus *SB* XX 14659, qui date de la même année, atteste une autre fonction du *praktor*, vendeur d'esclaves issus de la *tarachè*[47].

---

[43] R. Scholl, *C. Ptol. Sklav.*, p. 61.

[44] Réédité par W. Clarysse: cf. *supra*, pp. 32-33.

[45] Cf. W. L. Westermann, *Upon Slavery in Ptolemaic Egypt* (*P. Col. Inv.* 480), Bruxelles, 1929. Voir aussi F. Pringsheim, «A Suggestion on P. Colombia Inv. n° 480», *JJP* 5, 1951, pp. 115-120; J. Mélèze, «Servitude pour dettes ou legs de créances? (Note sur P. Jud. 126)», *Rech. de pap.* 2, 1962, pp. 75-98; E. Biezunska-Malowist, *op. cit.*, pp. 31-34 et pp. 88-102.

[46] Sur les fonctions de ce personnage, voir S. Plodzien, «The Origin and Competence of the ΠΡΑΚΤΩΡ ΞΕΝΙΚΩΝ», *JJP* 5, 1951, pp. 217-227 et C. Préaux, «Sur les fonctions du πράκτωρ ξενικῶν», *CdE* 30, 1955, pp. 107-111. Également R. Scholl, *C. Ptol. Sklav.*, p. 60.

[47] Bien que le *praktor* du *C. Ptol. Sklav.* 5 n'ait pas de désignation spécifique, il s'agit vraisemblablement du πράκτωρ ξενικῶν: d'autres exemples montrent que la terminologie officielle n'était pas toujours strictement appliquée, cf. S. Plodzien, *op. cit.*, p. 223.

De plus, les taxes qui frappent l'achat de l'esclave Thasion sont similaires à celles qui sont définies dans le paragraphe 4 du *diagramma* (à
hauteur de 20 %)[48]. On conviendra donc, avec R. Scholl, que ces
esclaves vendus par le *praktor xenikôn* pourraient être non seulement
des esclaves vendus pour rembourser les dettes privées de leurs maîtres,
mais aussi des individus libres asservis dans le contexte de la révolte.
L'apparition d'une nouvelle catégorie d'esclaves pourrait d'ailleurs expliquer la nécessité de statuer, à cette période précisément, sur les différents tarifs en vigueur.

Le second document est le *P. Hamb.* I 91 d'Héracléopolis, daté du 3
juillet 167. Il s'agit de la requête du soldat Hérakleidès concernant des
esclaves obtenus à la suite d'une opération militaire que nous avons proposé de rattacher à une révolte de l'Héracléopolite plutôt qu'aux luttes
dynastiques[49]. Ces esclaves sont désignés une fois par le terme de
[σώ]ματα (l. 5)[50] et à deux reprises par celui d'[αἰχμά]λωτα (ll. 17 et 22).
Or l'un d'eux au moins est, comme dans le *SB* XX 14659, une jeune fille
ou une femme égyptienne (cf. ἡ [αἰχμάλ]ωτος, ll. 21-22), dont le père
réside à Pois, dans le nome Héracléopolite. Il existe cependant une différence de statut entre les esclaves du *prostagma* de 198 et les prisonniers de
guerre d'Hérakleidès. Dans le *SB* XX 14659, il s'agit d'esclaves «publics»
vendus à un particulier sous le contrôle du *praktor*. Dans le *P. Hamb.* I 91
au contraire, il s'agit d'esclaves «privés» qu'Hérakleidès a obtenus au
cours du partage du butin: «comme part du butin fait à Tebetnoi, il me
fut attribué quatre esclaves par mes compagnons d'armes (ἀπὸ τῶν γενο-
μένων σκύλ[ω]ν ἐν Τεβέτνοι παρεδόθη μοι ὑπὸ τ[ῶν συν]στρατιω[τῶν
σώ]ματα δ)» (ll. 3-5). La pratique consistant pour les soldats à faire du
butin humain est bien attestée pour le IIIᵉ siècle, dans le cadre des campagnes de Syrie. L'ordonnance de 260 menace ainsi de confiscations
«ceux qui, en Syrie et en Phénicie, ont acheté un indigène libre, ou l'ont
saisi et détenu, ou l'ont acquis d'une autre façon» (*C. Ord. Ptol.* 22, 1-4).
Selon I. Biezunska-Malowist, ceci montre que «la coutume était alors de
transformer les prisonniers capturés pendant les campagnes des Lagides
en esclaves, par surcroît en esclaves privés», mais aussi «que les premiers

---

[48] *SB* XX 14659, 18-20: 100 drachmes et 5 oboles sur un prix d'achat de 500 drachmes;
C. Ptol. Sklav. 5, 15-18: 21 drachmes par mine.

[49] Voir *supra*, p. 33.

[50] Lecture de W. Clarysse dans *AfP* 48, 2002, p. 103.

Lagides combattaient ce genre de pratique»[51]. L'ordonnance précise en effet que tous les hommes d'origine libre seront confisqués, tandis que l'acquisition est garantie pour les esclaves achetés dans les ventes publiques royales (ll. 14-16). De fait, il est bien possible que des abus de ce type aient joué un rôle dans la promulgation du *prostagma* du 12 novembre 198 et dans le contrôle strict auquel sont soumis les possesseurs d'esclaves égyptiens. Dans le cas du *P. Hamb.* I 91 cependant, la pratique semble avoir été autorisée par l'État. Le soldat Hérakleidès apparaît sûr de son bon droit: il rappelle à quel détachement il appartient et il ne craint pas de préciser le contexte dans lequel a eu lieu le butin. De plus, la requête elle-même a été validée par le stratège du nome, Kydias, comme le montre la souscription de sa main[52].

Plusieurs questions subsistent néanmoins au sujet de ces asservissements. Nous ignorons ainsi le nombre d'Égyptiens concernés, même si certains indices laissent à penser qu'il n'a pas été négligeable: en 198 tout d'abord, le phénomène a eu une ampleur suffisante pour qu'il soit nécessaire de légiférer à ce sujet; dans l'épisode du *P. Hamb.* I 91 d'autre part, un seul soldat a obtenu comme butin quatre esclaves. On peut également s'interroger sur le sort des Égyptiens réduits en esclavage. En tout cas, parmi les clauses de l'amnistie de 186, on ne lit aucune disposition en faveur des individus asservis au cours de la révolte. De fait, le caractère imprescriptible des droits de propriété après achat d'un esclave public était déjà énoncé dans l'ordonnance de 260: «Quant aux hommes vendus dans les ventes publiques royales, même s'ils prétendent être d'origine libre, l'acquisition en sera garantie aux acheteurs» (*C. Ord. Ptol.* 22, 14-17)[53].

Pour sévère qu'elle soit, la répression dont nous venons de brosser les grands traits ne fut cependant qu'un des outils grâce auxquels le pouvoir affronta les différentes rébellions intérieures. En effet, l'élimination des rebelles ne signifiait pas, à elle seule, le retour de l'ordre dans le pays. Aussi le rétablissement de la souveraineté lagide s'est-il également manifesté par un effort général de pacification.

---

[51] E. Biezunska-Malowist, *op. cit.*, p. 22.

[52] Cf. P. M. Meyer, *P. Hamb.* I, p. 244.

[53] Les amnisties elles aussi entérinent les acquisitions faites au cours des troubles, avant leur promulgation, cf. *infra*, pp. 178-179.

II – La pacification du pays

Après avoir triomphé des rebelles sur le plan militaire, les rois lagides tentèrent en effet d'apporter aux révoltes une réponse plus politique afin de faire face à la désorganisation du pays, et en particulier à la déstructuration de l'économie (à la fois en termes de production et de perception). Cette politique, qui s'adresse à l'ensemble des habitants de l'Égypte, se traduit par un effort législatif important, au premier rang duquel on trouve les amnisties et autres *philanthrôpa* accordés par le roi à la fin des révoltes.

1 – Les mesures d'apaisement

a – Amnisties royales[54]

Après la *tarachè* du règne d'Épiphane, deux amnisties ponctuèrent les grandes phases de la reprise en main lagide dans le pays. La première fut promulguée lors des cérémonies accompagnant le couronnement du roi, sans doute le 26 mars 196 (voir *infra*); nous n'en possédons pas l'original, mais le décret de Memphis en reproduit certaines clauses[55]. Peut-être le gouvernement d'Alexandrie pensait-il que la rébellion était alors terminée, après la prise de Lycopolis et le rétablissement contemporain de l'autorité lagide à Thèbes. Cette proclamation était cependant prématurée: dans le sud, les rebelles résistèrent encore une dizaine d'années aux troupes royales et Ptolémée V dut attendre jusqu'en 186 la reddition de Chaonnophris; quant au Delta, il resta agité jusqu'en 185 et même 182. Par la suite, de nouveaux *philanthrôpa* furent accordés après la victoire de Komanos. Le deuxième décret de Philae tout d'abord, daté du 6 sep-

---

[54] Sur les amnisties des rois lagides, voir notamment M.-Th. Lenger, «Les lois et les ordonnances des Lagides», *CdE* 19, 1944, pp. 108-146, «Les Prostagmata des rois Lagides», *RIDA* 1, 1948, pp. 119-132, «La notion de «bienfait» royal et les ordonnances des rois lagides», dans *Studi Arangio-Ruiz*, I, Naples, 1952, pp. 483-499; L. Koenen, *Eine ptolemäische Königsurkunde (= P. Kroll)*, Wiesbaden, 1957; C. Préaux, «La paix à l'époque hellénistique», dans *Recueils de la Société Jean Bodin* XIV, 1961, pp. 260-264; H. S. Smith, «A Note on Amnesty», *JEA* 54, 1968, pp. 209-214.

[55] Le décret de Memphis, décret de reconnaissance des prêtres égyptiens, reste centré sur les questions intéressant le clergé et résume une ordonnance qui était probablement plus détaillée: cf. L. Koenen, *op. cit.*, p. 9.

tembre 186, contient des mesures en faveur des rebelles et des concessions octroyées aux temples égyptiens. Une ordonnance générale fut
ensuite promulguée par Épiphane, vraisemblablement le 9 octobre 186
(*P. Köln* VII 313). Elle amnistie tous les sujets du royaume des fautes
commises jusqu'au mois de Mésorè (4 septembre-3 octobre 186). Enfin,
reprenant peut-être certaines clauses de cette amnistie, le premier décret
de Philae en 185 fait allusion à des remises de taxes accordées aux prêtres
et aux temples égyptiens jusqu'à l'an 19[56].

Certaines de ces mesures d'amnistie concernent explicitement les
rebelles. Le décret de Memphis nous apprend ainsi que Ptolémée V a
grâcié «les *machimoi* et les autres (personnes) qui avaient manifesté des
sentiments hostiles à l'époque de la révolte» (*Memphis*, 19-20). Ce type
de dispositions illustre les limites de la politique de répression menée par
le pouvoir, l'indulgence du roi étant sans doute elle-même guidée par
des impératifs économiques face au problème des terres abandonnées[57].
Cependant, il est peu probable que tous les rebelles encore en vie aient
bénéficié de la magnanimité royale: en témoigne la clause d'exception à
l'encontre des « meurtriers et sacrilèges» dans l'amnistie du 9 octobre (*P.
Köln* VII 313, col. I, 4-6). Enfin, comme nous venons de le voir, il n'est
pas question dans ces amnisties des Égyptiens asservis dans le contexte
de la *tarachè*. Les autres mesures d'indulgence sont beaucoup plus générales et ne font pas expressément référence à la révolte:
— amnistie pénale pour tous les sujets du royaume (ni meurtriers, ni
   sacrilèges), y compris les fonctionnaires: «il amnistie également tous
   les fonctionnaires et tous les autres habitants du pays et d'Alexandrie
   de leurs infractions intentionnelles et involontaires» (*P. Köln* VII 313,
   col. I, 6-10)[58]; «à ceux qui étaient emprisonnés, ainsi qu'à ceux qui
   étaient en jugement depuis longtemps, il a fait remise de ce qu'on leur
   réclamait» (*Memphis*, 13-14).
— rappel des inculpés, notamment pour cause de brigandage, et interruption des poursuites à leur encontre (*P. Köln* VII 313, col. I, 1-6).
— amnistie spécifique en faveur des policiers coupables d'avoir «pillé les
   biens de l'État» (*ibid.*, col. I, 25-27).

---

[56] Sur ce décret, voir *infra*, p. 214.
[57] Sur ce problème, cf. *infra*, pp. 179-180.
[58] Trad. du passage et des suivants par M.-Th. Lenger, *C. Ord. Ptol.* 34.

Enfin, les clauses d'amnistie pénale s'accompagnent de divers autres *philanthrôpa*. Outre les libéralités envers les temples, sur lesquelles nous reviendrons plus loin, on trouve notamment toute une série de dispositions touchant aux impôts et aux dettes. Le décret de Memphis mentionne ainsi l'abolition et la réduction de certaines taxes pour tous les habitants de l'Égypte ainsi que la remise des arriérés dûs au fisc (*Memphis*, 12-14). Le *P. Köln* VII 313, en 186, est plus détaillé: remise des arriérés de fermage pour les cultivateurs de la terre royale et du χωματικόν, l'impôt sur les digues (col. I, 13-17); remise de contributions en argent (col. I, 17-19) et de certains impôts extraordinaires (col. I, 10-13); exemption de taxes en faveur des propriétaires de vignobles, de vergers et de bains (col. I, 19-22); remise des arriérés sur les achats dûs au trésor royal (col. I, 22-24); suspension des procédures exécutoires sur les débiteurs privés (col. I, 24-25); remise du κληρουχικόν, la taxe sur les *klèroi*, pour les militaires (col. I, 27-28).

Dans ces amnisties, une place particulière est dévolue au contrôle des fonctionnaires et, de manière générale, à la bonne marche de la justice. L'ordonnance du 9 octobre condamne ainsi les réquisitions de bateaux à usage privé opérées par les personnages officiels (*P. Köln* VII 313, col. II, 4-9) et interdit à tous les fonctionnaires «qui assument la gestion des affaires du roi, des cités et des temples» de procéder à des arrestations et à des jugements arbitraires (col. II, 10-20). Il est possible que l'amnistie de 196 ait contenu des dispositions similaires. La version démotique précise ainsi: «(le roi prit toutes dispositions) pour qu'on appliquât la loi aux gens conformément à ce que fait Thoth deux fois grand» (dém. 11; texte grec: «il a rendu la justice à tous, comme Hermès deux fois grand», l. 19). De fait, les fonctionnaires semblent avoir fait l'objet d'un contrôle particulier à la fin de la révolte. Les mises en garde contenues dans le *P. Köln* VII 313 sont en effet rappelées dans un document postérieur, le papyrus *SB* I 5675 (*C. Ord. Ptol.* 30-31), daté du 31 janvier 183. Il s'agit de la copie de deux lettres d'Épiphane comportant des instructions royales en matière de justice. L'une est adressée à un certain Néon, probablement stratège de nome, l'autre à un épistate des gardes, Synnomos. La lettre adressée à Synnomos est annexée à celle de Néon; elle s'identifie avec l'une des lettres aux épistates des phylakites dont le roi annonce l'envoi: «(À Néon). Nous te soumettons la copie des lettres écrites aux épistates des gardes» (*C. Ord. Ptol.* 30, 1-3). Il est recommandé à Néon de surveiller ses agents et aux épistates des phylakites — premiers officiers de police des nomes[59] — de mener les enquêtes «conformément aux *diagrammata* et aux *prostagmata*» décrétés par le roi et ses prédécesseurs (31, 10-11); il est également rappelé que toute transgression sera sévèrement punie (30, 4-5; 31, 21-24). La provenance du papyrus est inconnue, mais il s'agit vraisemblablement dans les deux cas de lettres à adresse collective: les dispositions valaient donc au moins pour plusieurs nomes, sinon pour l'ensemble de l'Égypte[60].

Si la chronologie des amnisties de 196 et 186 correspond bien à des étapes clés de la lutte contre les rebelles (prise de Lycopolis et défaite de Chaonnophris), les dispositions prises par Épiphane s'insèrent donc dans un cadre plus large. Quoique les révoltes n'aient pas rassemblé l'ensemble de la population, le gouvernement d'Alexandrie a octroyé des *philanthrôpa* à tous les sujets du royaume: exploitants de la terre royale, propriétaires privés, militaires, policiers, membres du clergé. Ces mesures permirent sans doute de résoudre momentanément les tensions les plus vives et d'apurer les comptes de l'État mais sans mettre en place, cependant, de véritables réformes. De fait, les amnisties d'Épiphane, les premières connues pour l'époque ptolémaïque, donnent la trame des grands décrets d'indulgences du IIe siècle, promulgués en 163, en 145/4 et en 118.

L'amnistie du 17 août 163 est mentionnée dans une lettre adressée par le roi Ptolémée VI au stratège du nome Memphite le 22 septembre pour en recommander la bonne exécution. Elle vient clôturer la période de troubles entamée avec la révolte de Pétosarapis en 168 et prolongée par la lutte entre les deux frères. Seule la clause d'amnistie pénale nous en a été conservée: «Attendu que nous avons amnistié tous ceux qui se sont rendus coupables d'infractions involontaires ou intentionnelles jusqu'au 19 Epeiph...» (*C. Ord. Ptol.* 35, 2-4)[61]. Les *philanthrôpa* de 145/4, quant à eux, sont connus grâce à une inscription retrouvée dans l'île de Chypre mais valant pour l'ensemble du royaume (*C. Ord. Ptol.* 41), ainsi que par des allusions contenues dans les *P. Tor. Choach.* 11 bis et *P. Tor. Choach.*

---

[59] Sur les compétences de l'épistate des phylakites, à la fois commandant des forces de police destinées à assurer le maintien de l'ordre et chef de la police judiciaire, voir E. Berneker, *Die Sondergerichtsbarkeit im griechischen Recht Ägyptens*, Munich, 1935, pp. 78-79.

[60] L'alternance du singulier et du pluriel dans les deux lettres semble aller dans ce sens. Voir à ce propos M.-Th. Lenger, *C. Ord. Ptol.* 30-31, p. 72 et P. Collomp, «La lettre à plusieurs destinataires», dans *Actes IVe Congrès* (Florence), 1936, pp. 199-207.

[61] Sur ce document, voir L. Koenen, *P. Kroll*, pp. 1-7.

12 (*UPZ* II 161 et *UPZ* II 162)[62]. Ils ont été décrétés par le roi Évergète II peu après son accession au trône, entre la fin septembre 145 et le début avril 144[63]. Ils contiennent, comme les décrets d'indulgence antérieurs, des mesures d'amnistie pénale (ll. 1-7), des remises d'arriérés fiscaux (ll. 8-10: au bénéfice des militaires), et des dispositions contre l'arbitraire des fonctionnaires (ll. 11-14).

En 118 enfin, la grande ordonnance d'amnistie promulguée par Évergète II, Cléopâtre II et Cléopâtre III vint clore la longue période de guerre civile commencée en 132/1 (*C. Ord. Ptol.* 53)[64]. Des conflits de différentes natures avaient alors divisé l'Égypte: soulèvement de Panopolis, affrontement entre Cléopâtre II et Évergète II, mais aussi entre les Alexandrins et Évergète II, entre villages de la *chôra*... Néanmoins, les dispositions prises par les trois souverains réconciliés sont presque identiques à celles promulguées par Épiphane en 186. On y trouve à nouveau, outre les bienfaits accordés au clergé et certaines dispositions nouvelles concernant par exemple l'organisation de la justice:

- des clauses d'amnistie pénale, incluant les individus en fuite «sous l'inculpation de brigandage», mais à l'exception des «meurtriers et sacrilèges»: ll. 1-9 // cf. *P. Köln* VII 313, col. I, 1-10; *Memphis*, 13-14.
- des remises d'arriérés d'impôts et diverses exemptions fiscales: ll. 10-21; 49; 93-98 // cf. *P. Köln* VII 313, col. I, 10-24; *Memphis*, 12-13.
- des mesures contre l'arbitraire des fonctionnaires: ll. 82-92; 138-146; 178-187; 248-264: cf. *P. Köln* VII 313, col. II, 10-20; *Memphis*, 19.
- des dispositions protégeant les débiteurs privés: ll. 221-230 // cf. *P. Köln* VII 313, col. I, 27-28.

Mais si les amnisties lagides, à commencer par celles d'Épiphane, tentent de résoudre des maux bien réels de la société ptolémaïque, elles ont aussi une portée symbolique non négligeable. En effet, à l'issue des révoltes, il s'agissait aussi pour le roi de regagner la confiance de ses sujets en affirmant le retour à la paix (amnistie pénale), la fin des injus-

---

[62] Voir également le *C. Ord. Ptol.* 43 (*P. Tebt.* III 699), qui appartient peut-être au même train de mesures.

[63] Cf. M.-Th. Lenger, *C. Ord. Ptol.* p. 92 et pp. 441-442.

[64] Sur la grande ordonnance du 28 avril 118 (*C. Ord. Ptol.* 53, 53bis, 53ter), qui fait partie d'un ensemble de *philanthrôpa* décrétés par les souverains réconciliés à partir de 121/0, voir M.-Th. Lenger, *C. Ord. Ptol.*, pp. 128-132.

tices (suppression des arrestations arbitraires) et, plus généralement avec les remises de taxes, le renouveau de la prospérité. Les décrets d'indulgence sont donc aussi destinés à rompre avec le passé, en promettant un ordre nouveau et des temps meilleurs[65]. De fait, c'est bien en ce sens que les prêtres réunis à Memphis interprétèrent les mesures prises en 196: «de toutes ses forces, il s'est comporté en *philanthrôpos* (πεφιλαν-θρώπηκε) (…) afin que les gens du peuple et tous les autres fussent dans l'abondance sous son règne» (*Memphis*, 12-13) / «Taxe et impôt qui avaient cours en Égypte, il les a diminués ou supprimés pour faire que l'armée et tous les autres hommes fussent heureux en son temps de pharaon» (*Memphis*, dém. 7). Le terme que la version grecque du décret utilise pour caractériser le rétablissement de la paix intérieure est également révélateur. C'est l'εὐδία, le beau temps, le calme après la tempête: «il a supporté de nombreuses dépenses pour conduire l'Égypte vers l'εὐδία (τὴν Αἴγυπτον εἰς εὐδίαν ἀγαγεῖν)» (l. 11)[66]. C'est aussi le mot qu'utilise le poète Hérondas, dans la première moitié du IIIe siècle, pour désigner «la sérénité inaltérable du ciel d'Égypte»[67]. Par ailleurs, la portée symbolique des amnisties lagides se lit également dans le choix de la date à laquelle elles furent décrétées. Celle de 196 est articulée à la célébration de la majorité du roi et au couronnement royal de Memphis. En 186, c'est vraisemblablement le jour de la nouvelle année, le 1er Thoth, qui fut choisi pour promulguer l'ordonnance de pacification. Pour L. Koenen, Ptolémée V a tenté par là d'ancrer son règne dans une ère nouvelle, après la victoire sur Chaonnophris et la naissance de son fils, le futur Ptolémée

---

[65] Ainsi L. Koenen, *P. Kroll*, pp. 35-36 et «Die «demotische Zivilprozessordnung» und die Philanthropa vom 9. Okt. 186 vor Chr.», *AfP* 17, 1962, pp. 20-21. Pour L. Koenen, les décrets d'indulgence lagide se rapprochent ainsi des amnisties du Proche-Orient ancien et notamment des amnisties pharaoniques. En ce sens également H. S. Smith, «A Note on Amnesty», *JEA* 54, 1968, p. 213 et J. von Beckerath dans *LÄ* I, 1975, col. 224-225. Mais il existe aussi des parallèles du côté grec, à l'image du décret promulgué par Persée à son avènement en Macédoine. Contemporain de l'amnistie d'Épiphane (179), il comportait également des clauses d'amnistie pénale et fiscale dans le but «de montrer à tous les Grecs qu'ils pouvaient espérer de lui de grandes choses» (Polybe XXV, 3). Voir à ce sujet C. Préaux, «La paix à l'époque hellénistique», dans *Recueils de la Société Jean Bodin* XIV, Louvain, 1961, p. 263.

[66] Le texte démotique évoque les dépenses supportées «afin qu'advienne le calme en Égypte»: «*r dy.t ḫpr sgrḥ ḫn Kmy*» (dém. 7). Pour la traduction, voir W. Erichsen, *Demotisches Glossar*, p. 470.

[67] P. Perdrizet et G. Lefebvre, *Les graffites grecs du Memnonion d'Abydos*, Nancy-Paris-Strasbourg, 1919, p. XIII; Hérondas, *Mimiambes*, I, 28.

Philométor[68]. Peut-être cette volonté d'affirmation d'un ordre nouveau explique-t-elle l'absence de toute allusion directe à la révolte dans les *philanthrôpa* de 186. Pourtant, d'après le deuxième décret de Philae, la victoire sur Chaonnophris était bien destinée à être célébrée dans le pays tout entier.

b – Réduction des conflits privés

Dans le but de rétablir la paix civile à la fin de la grande révolte thébaine, un effort fut aussi entrepris pour tenter de limiter les conflits entre particuliers. La volonté d'apaisement à l'échelle des villages se lit dans les instructions à Synnomos évoquées précédemment (*C. Ord. Ptol.* 31). Des recommandations générales imposant aux épistates des gardes le respect des ordonnances royales en matière de justice y encadrent trois groupes de dispositions concernant leur rôle dans des cas particuliers. Ce sont les deux premiers articles qui nous intéressent ici:

- ll. 11-14: «Et ceux qui attraient des gens en justice sans base légale et à la légère (εἰκῆι κ[α]ὶ ἀπροσκέπτως) châtiez-les comme il convient; mais ceux qui le font à la faveur de querelles et de chantage (διαφορᾶς ἢ σεισμοῦ χάριν), envoyez-les nous sur-le-champ».

- ll. 15-17: «De la même manière également, ceux qui font les dénonciations nommément (ἐπ'] ὀνόμα[τ]ος)...; quant à ceux qui les font par allusion (καθ' ὑ[πό]νοιαν), faites-les venir immédiatement».

L'interprétation de ces deux passages n'est pas évidente, car le papyrus que nous possédons est un résumé, une «version partielle et volontairement tronquée» du document original[69]. Par rapport à quelles catégories de sujets l'action des épistates se trouve-t-elle ici définie? Pour E. Berneker et C. Préaux, Épiphane met en cause une nouvelle fois les fonctionnaires qui abusent de leur pouvoir juridictionnel[70]. Cependant, même

---

[68] L. Koenen, «Die demotische Zivilprozessordnung», p. 16. Dans une logique similaire, Évergète II semble avoir fait coïncider la naissance de son héritier, Ptolémée Memphite, et son couronnement égyptien, cf. Diodore, XXXIII 13. Quant à Auguste, il fit débuter sa domination sur l'Égypte au 1er Thoth (29 août du calendrier romain), alors que Cléopâtre VII était morte depuis plusieurs jours. Voir à ce sujet T. C. Skeat, «The Last Days of Cleopatra», *JRS* 43, 1953, pp. 98-100.

[69] Cf. M.-Th. Lenger, *C. Ord. Ptol.*, p. 73.

[70] E. Berneker, *Die Sondergerichtsbarkeit im griechischen Recht Ägyptens*, p. 61 et p. 79; C. Préaux, *Économie*, p. 555.

s'il est possible que certains fonctionnaires soient aussi concernés par les pratiques condamnées, celles-ci semblent davantage, dans ces deux paragraphes, viser les administrés eux-mêmes. Les dénonciations définies aux lignes 15-17, notamment celles qui se font par allusion, nous introduisent en effet dans le domaine des conflits privés et le contexte autorise à interpréter dans le même sens les lignes 11 à 14[71]. Les instructions à Synnomos illustrent donc le climat tendu qui régnait encore dans les villages quelques années après la fin de la révolte, en janvier 183. De son côté, le pouvoir royal semble avoir été très soucieux d'éviter une reprise des troubles. Les instructions établissent ainsi une distinction entre les accusations infondées mais sans conséquences, et celles qui risquent de troubler l'ordre public. Alors que les auteurs des premières tombent sous le coup de la juridiction des épistates (ll. 12-13), les autres rentrent dans le domaine de la justice retenue du roi, qui se manifeste d'ordinaire dans les circonstances les plus graves[72]. Le sentiment d'urgence est même fortement marqué: «καταπέ[μπετε] πρὸς ἡμᾶς παραχρῆμα / ποιεῖσθε [καταπομπὴν πα]ραχρῆμα». Les motifs de ces citations en justice abusives ne sont pas précisées dans le document, mais bien des conflits ont dû porter sur les terres et les maisons usurpées lors des troubles, ou bien vendues comme *adespota* et revendiquées ensuite par leurs anciens propriétaires[73]. De fait, pour éviter la multiplication de situations inextricables, le principe de l'intangibilité des biens acquis jusqu'à la promulgation d'une amnistie fut maintes fois répété au cours du IIe siècle. Nous n'en avons pas de témoignage certain pour le règne d'Épiphane[74],

---

[71] En ce sens, M. Rostovtzeff, *Histoire*, pp. 505-506 et M. Alliot, «La Thébaïde en lutte», p. 443 *contra* H. J. Wolff, *Das Justizwesen der Ptolemäer*, 2e éd., Munich, 1970, p. 6, n. 6, qui voit dans ces directives une «répression des activités révolutionnaires».

[72] Cf. E. Berneker, *op. cit.*, pp. 58-64; R. Taubenschlag, *Law²*, pp. 479-480; H. J. Wolff, *op. cit.*, pp. 5-8.

[73] Voir *supra*, p. 17.

[74] Il faut mentionner ici le code de lois démotique dit *Zivilprozessordnung*, édité par W. Spiegelberg, «Aus einer ägyptischen Zivilprozessordnung der Ptolemäerzeit», dans *Abh. bayer. Akad. Wiss.*, N. F. 1, 1929, pp. 3-22. Pour L. Koenen, «Die demotische Zivilprozessordnung», pp. 11-16, un des articles (col. II, 12) correspondrait à une directive royale d'Épiphane et concernerait précisément les problèmes provoqués par les transferts de biens au cours de la révolte de Chaonnophris. Voir également P. W. Pestman, «Haronnophris et Chaonnophris», pp. 122-123, qui donne la traduction suivante du passage en question: «as for the man who makes a complaint against his partner (in the lawsuit) saying «he took a thing fom me» (and this happened) before year 20, Thoth (?), one (the

mais la disposition fut rappelée au moins à deux reprises, en 145/4 et en 118[75].

2 – Les mesures économiques

En mettant en place ces diverses mesures d'amnistie et de maintien de l'ordre, les rois lagides obéissaient aussi à des impératifs économiques. En effet, les troubles eurent de graves conséquences en ce domaine[76]. Tout d'abord, un grand nombre de terres se trouvèrent abandonnées en raison de la mort ou de la fuite de leurs propriétaires. Dans le *SB* XXIV 15972 par exemple, le rédacteur indique que la plupart des *laoi* ont été tués au cours de la révolte de Chaonnophris et que les parcelles vacantes ont dû être enregistrées, selon l'usage, comme *adespota* (ll. 41-42). Si, comme il le précise également, la terre est retournée en friche (τὴν γῆν χερ[σω]θῆναι, l. 41), c'est bien entendu à cause du manque de cultivateurs, mais sans doute aussi en raison des dégâts causés dans les digues et les canaux par les hommes de Chaonnophris (cf. *Philae II*, Müller, dém. 8b, cf. hiérog. 10b)[77]. Les révoltes entraînèrent donc une diminution de la production agricole, ainsi qu'une baisse des rentrées d'impôts et des revenus de l'État: non seulement les revenus imposables se trouvaient diminués, mais l'administration fiscale elle-même était désorganisée du fait des troubles.

Le papyrus *BGU* XIV 2370, qui évoque l'*amixia* survenue dans certaines parties du nome Héracléopolite en 84/3, montre bien comment ces différents phénomènes se trouvent imbriqués. Le rédacteur de ce rapport administratif explique ainsi que les habitants du village Alilaïs, dans la toparchie Agèma, sont «extrêmement affaiblis» ([ἐ]ξασθενηκέναι, l. 39), à cause de l'«*amixia* qui a touché le nome» (χάριν τῆς ἐπειληφυίας

---

judge) shall not lend an ear to him» (col. II, 12). Néanmoins, pour M. Chauveau, «P. Carlsberg 301: Le manuel juridique de Tebtynis», dans *The Carlsberg Papyri* 1, éd. P. J. Frandsen, Copenhague, 1991, p. 123, n. 31, il s'agit plutôt «d'une allusion à une réforme juridique introduite en l'an 20 d'Amasis».

[75] Cf. *P. Tor. Choach.* 11 bis, 58-59; *P. Tor. Choach.* 12, col. IX, 20-22 (amnistie de 145/4); *C. Ord. Ptol.* 53, 21-24 (amnistie de 118). Voir aussi *C. Ord. Ptol.*, All. 59 et L. Koenen, «Die demotische Zivilprozessordnung», pp. 11-12.

[76] Cf. J. Manning, *Land and Power in Ptolemaic Egypt. The Structure of Land Tenure (332-30 B.C.E.)*, Cambridge U. P., 2003, chap. 5.

[77] Cf. *supra*, p. 137.

τὸν νο[μὸν] ἀμειξίας, ll. 39-40). Pour cette raison, «la plupart ont fui vers d'autres lieux» (τοὺς πλείστους ἐκκε[χω]ρηκέναι, ll. 41-42), abandonnant donc leurs terres, et ceux qui sont restés doivent être exemptés de taxes (ll. 43-44), si bien que les impôts de la toparchie ne peuvent être recouvrés (ll. 45-67). Comme à l'époque du diocète Hérodès (164), c'est le terme de *kataphtora*, «ruine, destruction», qui est employé pour résumer la situation (ἀπὸ καταφθορᾶς, l. 45). De fait, la concomitance entre le non-recouvrement des taxes et les périodes de rébellion s'observe à plusieurs occasions. Ainsi, à Thèbes les taxes ne furent plus encaissées après 207, à l'époque où la ville était tenue par Haronnophris et Chaonnophris, et l'activité bancaire ne reprit qu'à partir de 191 au plus tôt[78]. Mais l'exemple le plus frappant reste celui du Pathyrite, analysé par K. Vandorpe[79]: la série des reçus émis par les *thesauroi*, qui commence en 186, s'interrompt ainsi une première fois entre 168 et 165, à l'époque de l'invasion d'Antiochos IV et de la rébellion de Dionysios Pétosarapis; un nouveau hiatus s'observe ensuite entre 131 et 126, pendant les années de guerre civile entre Évergète II et Cléopâtre II; enfin, les reçus disparaissent une fois encore entre 102/1 et 94/3, dans les années précédant la révolte de 88.

On peut donc penser que l'un des objectifs du rappel des fugitifs et de la libération des prisonniers était de rétablir dans les villages la main d'œuvre agricole. Le pouvoir tenta également de faire face au problème des terres *adespota* en organisant des ventes aux enchères. Comme on l'a vu plus haut, ces dernières sont bien attestées pour la fin du règne de Ptolémée V Épiphane: à Thèbes en 191 ou 187 (*BGU* III 992), à Dendérah vers la même époque (*P. dém. Boston MFA* 38.2063), dans le Périthèbes en 182 (*SB* V 8033)[80]. À cette occasion fut même créé un compte spécial, l'*idios logos*, destiné à encaisser les paiements pour ces terres vendues au nom du roi: ceci laisse penser que les surfaces concernées étaient loin d'être négligeables[81]. En outre, en 165, la nécessité de remettre en culture les terres en friche fut sanctionnée par une politique de bail

---

[78] Voir R. Bogaert, «Liste chronologique des banquiers royaux thébains», p. 120 et *supra*, pp. 19-20.

[79] K. Vandorpe, «Paying Taxes to the Thesauroi of the Pathyrites», pp. 405-436.

[80] Voir *supra*, pp. 165-166.

[81] Cf. K. Vandorpe, «The Ptolemaic Epigraphe or Harvest Tax (*shemu*)», p. 194 et n. 94. L'*idios logos* est attesté pour la première fois dans le *BGU* III 992, 2.

forcé. Les rois Ptolémée VI, Ptolémée VIII et Cléopâtre II décrétèrent une ordonnance en ce sens en août-septembre 165 (*PUG* III 92). Les principales dispositions nous sont connues grâce aux instructions délivrées par le diocète Hérodès à ses subordonnés le 21 septembre 164 afin d'en assurer la bonne exécution (*UPZ* I 110). Les volontaires pour cultiver les terres étant trop peu nombreux, l'ordonnance royale imposait un bail forcé, avec un fermage réduit et limité dans le principe à tous ceux «qui en étaient capables» (τοῖς δυναμένοις, ll. 119-120); les propriétaires de bétail devaient aussi affecter leurs bêtes à l'exploitation de la terre royale (ll. 173-192).

Certes, pas plus que le problème des terres *adespota*, celui de la carence de la main d'œuvre agricole n'est limité aux périodes de révolte. La politique de bail forcé ne fut pas davantage réservée à celles-ci et nombreux sont les documents qui y font allusion postérieurement[82]. En revanche, les longues périodes d'anarchie créèrent des situations particulièrement critiques et imposèrent des mesures à grande échelle. Mais celles-ci ne furent pas toujours couronnées de succès. En l'occurrence, les ordonnances de 165/4 donnèrent lieu à de multiples dysfonctionnements. Dans sa circulaire, le diocète s'en prend ainsi violemment aux fonctionnaires qui ont mal compris ses instructions et qui ont imposé le bail à «tous» et pas uniquement à ceux «qui en étaient capables». Il brosse un sombre tableau de villageois à bout de ressources (ll. 86-90, 122-123), et de paysans en fuite qui tentent de se faire enrôler comme soldats (ll. 161-162). Au vu de ce document, le temps de la pacification dut souvent apparaître aux habitants de l'Égypte comme une épreuve supplémentaire.

3 – Des innovations administratives?

Enfin, les grands mouvements de révolte semblent avoir conduit le pouvoir à un certain nombre d'innovations administratives. On peut tout d'abord mentionner, pour le règne d'Épiphane, la création d'une nouvelle fonction, l'épistratégie. Cette institution, qui doit être distinguée de la «stratégie et épistratégie de Thébaïde», regroupe dans les mains d'un seul personnage les plus hauts pouvoirs administratifs et

---

[82] Cf. C. Préaux, *Économie*, pp. 504-509.

militaires à l'échelle de la *chôra* entière[83]. Elle est attestée pour la première fois en novembre 176 en la personne d'Hippalos[84], mais l'analyse du *P. Col.* VIII 208 a permis à L. Mooren d'établir que le général Komanos assumait cette fonction dès 187: il s'agirait donc bien d'une création à mettre au compte du règne d'Épiphane. Le rapport entre la révolte de Haute-Égypte et l'apparition de l'épistratégie a été mis en lumière depuis longtemps, l'épistratégie ayant d'abord été considérée comme une mesure destinée à rétablir l'autorité lagide en Thébaïde et à surveiller la province à l'avenir[85]. De fait, l'élévation de Komanos à cette charge vers 187 lui offrait sans doute les moyens d'organiser plus efficacement l'offensive contre Chaonnophris, en lui donnant autorité sur les stratèges de plusieurs nomes. À cet égard, l'épistratégie peut effectivement apparaître comme une des armes employées par le gouvernement d'Alexandrie pour venir à bout de la révolte.

Cependant, la lutte contre les rebelles ne saurait être l'unique motif de la naissance de cette nouvelle fonction. En effet, l'étendue des compétences de l'épistratège, qui couvrent l'ensemble du pays et non seulement le territoire thébain, montre que ce dernier avait pour mission de répondre à des problèmes plus généraux. De fait, au moment où Komanos apparaît avec tous les attributs de l'épistratège, l'autorité lagide était déjà rétablie dans la quasi-totalité de l'Égypte, et même à Thèbes depuis 191. On conviendra donc, à la suite de E. Van 't Dack et de L. Mooren, que l'épistratégie n'a pas été créée uniquement pour apporter une réponse militaire à la *tarachè* de Chaonnophris, ou pour mettre la Thé-

---

[83] Voir la discussion sur ce point chez L. Mooren, *La hiérarchie de cour*, pp. 74-84. Également, *Prosop.* 042-047 (liste des épistratèges). Pour les rapports entre épistratégie et stratégie de Thébaïde, voir également J. D. Thomas, *The Epistrategos in Ptolemaic and Roman Egypt*, I, Opladen, 1975.

[84] Sur Hippalos, voir T. C. Skeat, «The Epistrategus Hippalos», *AfP* 12, 1937, pp. 40-43; E. Van 't Dack, «Notes concernant l'épistratégie ptolémaïque», *Aegyptus* 32, 1952, pp. 441-442; L. Mooren, «The Governors General of the Thebaid in the Second Century B. C.», I, *Anc. Soc.* 4, 1973, pp. 118-121 et *Prosop.* 043 et 048.

[85] Pour V. Martin, *Les épistratèges*, Genève, 1911, p. 11, l'épistratégie (qu'il identifie à la stratégie de Thébaïde) fut créée à la suite «des circonstances exceptionnelles, qui, sous Ptolémée V Épiphane, eurent pour théâtre la Thébaïde». Elle aurait eu pour but de limiter les risques de nouveaux soulèvements et d'affirmer l'autorité lagide dans la région. De même, selon H. Bengtson, *Die Strategie in der hellenistischen Zeit*, Munich, 1952, pp. 121-123, l'épistratégie fut instaurée immédiatement après la révolte thébaine pour combler le vide qui s'était alors créé au sud de l'Égypte.

baïde sous contrôle, mais qu'elle avait également pour but de régler différents problèmes exacerbés par les années de révolte[86]. Dans un contexte de pacification, cette mesure de centralisation permettait un contrôle accru sur les populations, mais aussi sur les fonctionnaires chargés de faire appliquer les directives royales. C'est sans doute aussi dans le but de mieux surveiller les rouages administratifs qu'à la fin des troubles des années 160 les fonctionnaires égyptiens chargés d'encaisser les taxes furent remplacés par des fonctionnaires grecs dans plusieurs régions de Haute-Égypte[87].

Une autre innovation datant du règne d'Épiphane pourrait être considérée comme une conséquence indirecte des révoltes de la *chôra*: l'introduction de la titulature aulique honorifique[88]. Inconnus au IIIe siècle — où n'apparaît que la titulature réelle — les premiers titres auliques sont attestés à partir de 197-194/3, d'abord à Chypre, puis en Égypte[89]. La création de la hiérarchie de cour est un phénomène complexe qui obéit vraisemblablement à plusieurs objectifs. En valorisant les détenteurs des titres, la titulature aulique permet tout d'abord de lier plus étroitement à l'État le corps des fonctionnaires, qui restent les principaux soutiens de la Couronne. Elle peut donc apparaître comme une mesure centripète du même ordre que l'épistratégie, destinée à renforcer le pouvoir royal aux différents échelons de l'administration. Mais elle a aussi un aspect de propagande, car elle permet au souverain de se manifester à ses sujets dans le pays entier. Selon L. Mooren, «tous ceux qui entrent en contact avec l'administration — et c'est le cas de tout le monde — tombent sur des «courtisans», sont amenés à se rappeler chaque fois de nouveau l'existence du roi»[90]. Cet aspect n'est sans doute pas le plus négligeable. En effet, les révoltes ont aussi eu pour effet d'entamer le prestige de la dynastie. La titulature aulique peut donc apparaître comme un des éléments grâce auxquels le pouvoir royal, à la fin des troubles, s'efforce de refonder sa légitimité.

---

[86] E. Van 't Dack, *op. cit.*, pp. 439-440; L. Mooren, *La hiérarchie de cour*, pp. 81-82. En ce sens également J. D. Thomas, *op. cit.*, p. 50.

[87] Voir *supra*, pp. 125-126.

[88] Voir L. Mooren, *La hiérarchie de cour*.

[89] L. Mooren, *op. cit.*, pp. 50-51.

[90] L. Mooren, *op. cit.*, p. 55.

III – La reconquête de la légitimité

L'effort de relégitimation entrepris par les rois lagides est particulièrement perceptible sous le règne d'Épiphane, qui dut faire oublier à ses sujets, outre la durée et l'ampleur des révoltes intérieures, la défaite subie face à Antiochos III lors de la Cinquième guerre de Syrie. Ainsi, plusieurs des mesures évoquées précédemment ont une dimension propagandiste[91]. Tout d'abord, les victoires sur les rebelles furent entourées d'une grande publicité et les exécutions publiques de Memphis (196) et de Saïs (185) orchestrées de manière à frapper les esprits. La célébration du succès royal fut en outre pérennisée par la fête annuelle de cinq jours décrétée par le synode d'Alexandrie en 186 (*Philae II*, Müller, hiérog. 15b-16b: K. Sethe, *Urk.* II, 228-229)[92]. Célébrée en principe dans tous les temples égyptiens et assortie de processions, cette fête était l'occasion de rappeler aux fidèles, dans le pays entier, la victoire sur la rébellion. Dans un autre domaine, les amnisties générales de 196 et 186 n'avaient pas seulement pour but de résoudre des problèmes concrets, mais aussi d'affirmer l'instauration d'un nouvel ordre et le retour de la prospérité. Les successeurs d'Épiphane adoptèrent des stratégies du même ordre, à l'image d'Évergète II qui interdit aux habitants de Panopolis de relever les maisons détruites lors du siège de 129 (*C. Ord. Ptol.* 53, 134-138 = 147-154): ces traces de la répression avaient vraisemblablement valeur de mise en garde pour tous les habitants des environs. En marge de ces mesures, deux autres aspects du processus de relégitimation peuvent être mis en lumière: tout d'abord, le rétablissement d'un lien direct entre le roi et ses sujets, la nécessité de mettre en scène des «épiphanies» royales pour entraîner l'adhésion des foules; ensuite, plus spécifiquement à destination de l'élément indigène, la mise en exergue de la nature pharaonique du roi.

---

[91] On peut noter la continuité de la politique menée en la matière par les conseillers de Ptolémée V (au premier rang desquels Polykratès d'Argos), puis par le roi lui-même une fois arrivé à l'âge adulte. Sur le rôle joué par Polykratès dans les cérémonies de 196, voir ci-dessous.

[92] Sur cette fête, voir W. Otto, «Ägyptische Priestersynoden in hellenistischer Zeit», dans *Sitz. bayer. Akad. Wiss.*, 1926, 2. Abh., pp. 27-28; E. Winter, dans *LÄ* IV, 1982, col. 1028.

1 – Les épiphanies royales

La nécessité de la présence physique du roi pour résoudre les situations de crise peut s'illustrer tout d'abord dans un contexte alexandrin, lors du coup d'État tenté par Dionysios Pétosarapis en 168. En effet, pour couper court aux allégations de ce dernier, et à la thèse du complot ourdi par Ptolémée VI contre son cadet, les deux souverains sortirent du palais et vinrent à la rencontre des Alexandrins pour se donner à voir (φανερόν) à la foule:

> «Le cadet lava aussitôt son frère de tout soupçon et tous deux, vêtus de leurs robes royales (βασιλικὰς στολάς), sortirent au devant de la foule (εἰς τὸ πλῆθος), montrant à tous qu'ils étaient en accord (φανερὸν ποιοῦντες πᾶσιν ὡς ὁμονοοῦσιν) (Diodore, XXXI, 15a, ll. 16-19).

Cette apparition royale a dans le récit de Diodore un aspect très théâtral, qui nous ramène à la «révolution-fête» d'Alexandrie évoquée par C. Préaux[93]. Les deux rois se présentent en effet comme des acteurs devant leur public, aisément identifiables par leur tenue vestimentaire, et qui jouent un rôle bien précis, celui de l'entente fraternelle (ὡς ὁμονοοῦσιν). Ce n'était pas la première fois que des émeutes alexandrines étaient étouffées de cette manière. Déjà en 203, pour tenter de calmer la foule insurgée contre lui, le régent Agathoklès s'était décidé à mettre en scène l'épiphanie du roi enfant Ptolémée V dans le stade:

> «Les Macédoniens emmenèrent alors le roi, et le firent prestement monter sur un cheval; ils le conduisirent au stade. Dès que le roi parut, ce fut une immense clameur, un tonnerre d'applaudissements. Alors on arrêta le cheval et on fit descendre l'enfant; on le conduisit et le fit asseoir à la place réservée au roi (τὴν βασιλικὴν θέαν)» (Polybe, XV, 32, 2-3).

La part des symboles est importante dans le lien tissé avec la foule: en 168 les rois, nous dit Diodore, avaient revêtu leurs robes royales (βασιλικὰς στολάς); dans l'épisode de 203, la même fonction symbolique était assumée par «la place réservée au roi». De fait, en 168 au moins, l'apparition royale entraîna un retournement de situation: les Alexandrins abandonnèrent le parti de Pétosarapis et le projet de ce dernier échoua (l. 19: ὁ δὲ Διονύσιος ἀποτυχὼν τῆς ἐπιβολῆς).

Certes, cet épisode s'inscrit dans un contexte bien précis et illustre surtout les relations étroites existant entre la monarchie lagide et l'élé-

---

[93] C. Préaux, *Le Monde hellénistique*, I, p. 390.

ment grec ou hellénisé de la capitale. Mais les Ptolémées se soucièrent également de se donner à voir à leurs sujets de la *chôra*: pendant les révoltes, en accompagnant les troupes sur les terrains d'opération, mais aussi après, dans le cadre de la politique de pacification. Méritant son épithète d'Épiphane, le roi qui apparaît, Ptolémée V manifesta ainsi à plusieurs reprises sa présence dans le pays. Selon le décret de Memphis, le roi-enfant accompagna les troupes lagides lors de la campagne de Lycopolis et en 185, désormais adulte, il était à Saïs pour exécuter les rebelles capturés par Polykratès. Par ailleurs, il fit de fréquentes visites à Memphis, en 197, 193, 185, 182[94], et il alla peut-être jusqu'à Philae en 185, aux lendemains de la victoire sur Chaonnophris[95]. Au demeurant, l'un des buts de la titulature aulique instaurée sous son règne n'était-il pas de rappeler l'existence du roi aux sujets du royaume? Quant à Ptolémée VI, il mena, selon Diodore, le siège de Panopolis et il effectua également plusieurs visites à Memphis dans les années de l'après-guerre, en 164 et 163[96]. De même, au printemps 130, Ptolémée Évergète II entra à Thèbes à la tête de ses troupes, à la fois pour confirmer la restauration de son autorité sur la ville (effective depuis le 21 janvier), et pour reprendre en main la situation dans les régions voisines[97]. Enfin, en 88, Ptolémée Sôter II vint surveiller, depuis Memphis, les opérations menées par Hiérax contre la Thébaïde[98].

Par ces déplacements dans la *chôra*, les rois lagides reprenaient, de manière symbolique, possession de leur territoire après des périodes critiques[99]. On notera qu'au printemps 47, Cléopâtre VII et César procédèrent de même en descendant le Nil pour se montrer dans le pays après la Guerre d'Alexandrie[100]. Mais d'autres moyens furent aussi

---

[94] Voir W. Clarysse, «The Ptolemies visiting the Egyptian Chora», p. 47.

[95] L'hypothèse de ce voyage repose sur la dédicace du temple d'Imhotep Asklépios à Philae, inscrite en l'an 21 (185/84): « Le roi Ptolémée (V) et la reine Cléopâtre (I), dieux Épiphanes et leur fils Ptolémée (ont dédié ce temple) à Asklépios » (*IG Philae* I 8). Pour W. Clarysse cependant, *op. cit.*, p. 31, n. 13, une telle dédicace n'implique pas nécessairement la présence physique du roi dans l'île.

[96] Cf. *supra*, p. 157 et W. Clarysse, *op. cit.*, p. 48.

[97] *Supra*, p. 55 et p. 157.

[98] *Supra*, p. 66.

[99] Cf. W. Clarysse, *op. cit.*, p. 35.

[100] Appien, *G. Civ.*, II, 90; Suétone, *César*, I, 52. Selon Suétone, le voyage se serait prolongé jusqu'à Syène. Pourtant, il est peu probable que César se soit prêté à un si long déplacement avant sa campagne contre le roi du Pont. Voir à ce sujet M. Chauveau,

employés pour refonder la légitimité royale: les cérémonies de couronnement.

2 – Les cérémonies du couronnement

a – Les anaklètèria *et le couronnement égyptien de Ptolémée V Épiphane*

Sous le règne d'Épiphane deux grandes cérémonies furent organisées au cours de l'année 197/6 pour redonner de l'éclat à la monarchie. Polybe tout d'abord, au livre XVIII, nous rapporte qu'à la suite de l'élimination de l'Étolien Skopas et de ses partisans à Alexandrie, les tuteurs de Ptolémée V se décidèrent à proclamer prématurément la majorité du roi, ses ἀνακλητήρια (55, 3)[101]. Le terme d'*anaklètèria* est également employé par l'historien au sujet de Ptolémée VI Philométor et défini comme la «cérémonie qui marque (en Égypte) le moment où les rois atteignent leur majorité» (XXVIII, 12, 8-9)[102]. Polykratès fut le grand ordonnateur des festivités sous Ptolémée V et les *anaklètèria* furent célébrées en grande pompe: «On fit des préparatifs grandioses et la cérémonie fut digne de la majesté royale» (Polybe, XVIII, 55, 4).

Au cours de cette même année eut lieu le couronnement à l'égyptienne du jeune roi. Le décret sacerdotal du 27 mars 196 — qui accorde à Épiphane une titulature royale complète en égyptien et en grec — rapporte en effet que le roi vint à Memphis «pour y accomplir les cérémonies prescrites pour la réception de la couronne (ἡ παράληψις τῆς βασιλείας)» (*Memphis*, 44-45)[103]. Cette παράληψις τῆς βασιλείας — qui s'est déroulée le 17 Paophi ou le 17 Mécheir (voir plus bas) — correspond au couronnement de rite égyptien: d'après le décret, le roi fut alors ceint du *pschent*, la couronne de Haute et Basse-Égypte (cf. l. 44: ἡ καλουμένη

Cléopâtre, au-delà du mythe, Paris, 1998, p. 44, pour qui une excursion triomphale jusqu'à Memphis est plus plausible.

[101] Le livre XVIII rapporte les événements survenus au cours de l'Olympiade 145/4, c'est-à-dire 197/6.

[102] Traduction du passage et des suivants par D. Roussel. Selon B. Legras, *Néotès*, p. 132, la majorité des rois lagides serait fixée à 16 ans. Mais le problème de l'âge ne s'était pas posé en ces termes jusque-là, dans la mesure où les premiers Ptolémées étaient tous adultes au moment de leur accession au pouvoir.

[103] Sur les rites de couronnement, voir M. E. A. Ibrahim, *The Chapel of the Throne of Re of Edfu*, Bruxelles, 1975, pp. 11-20.

βασιλεία ψχέντ), et l'on fit pour lui «ce qu'il est de règle de faire lors de l'accession à la fonction suprême» (dém. 25-26). Le décret de Memphis ne se réfère donc pas à la mort de Philopator et à l'avènement d'Épiphane comme l'expression «παρέλαβεν τὴν βασιλείαν παρὰ τοῦ πατρός », «il a reçu la couronne de son père» (l. 47, cf. l. 8) avait d'abord pu le laisser penser[104]. En effet, bien que la même formulation apparaisse dans le décret de Canope pour signifier la succession de Ptolémée II et l'avènement de Ptolémée III (*I. Prose* 8, 4-5), elle peut se comprendre, dans le décret de Memphis, en fonction de la conception égyptienne de la transmission légitime du pouvoir[105]. La différence de sens entre la «prise de la couronne» du décret de Canope et celle du décret de Memphis est soulignée par le choix du calendrier pour déterminer les dates anniversaires: alors que le décret de Canope emploie le calendrier macédonien (25 Dios), le décret de Memphis utilise la datation égyptienne[106]. De même, rien ne permet d'identifier la παράληψις τῆς βασιλείας aux *anaklètèria*, cérémonie dynastique qui fut selon toute vraisemblance célébrée dans la capitale, à Alexandrie[107].

Quoique distincts, *anaklètèria* et couronnement égyptien procèdent cependant de la même intention, qui était de renforcer le prestige de la royauté, alors incarnée par un adolescent (Ptolémée V avait 14 ans en 196)[108]. Le sens politique des *anaklètèria* est parfaitement défini par

---

[104] Ainsi F. W. Walbank, «The Accession of Ptolemy Epiphanes», *JEA* 22, 1936, p. 30; T. C. Skeat, *The Reigns of the Ptolemies*, 2ᵉ éd., Munich, 1969, p. 32. E. Bikerman quant à lui, «L'avènement de Ptolémée V Épiphane», *CdE* 15, 1940, p. 127, n. 6, identifie la παράληψις τῆς βασιλείας au couronnement égyptien, mais pense que celui-ci eut lieu au début du règne (28 novembre 204).

[105] Cf. H.-J. Thissen, *Studien zum Raphiadekret*, p. 29-31; M. E. A. Ibrahim, *op. cit.*, p. 26. Voir également L. Koenen, *Eine agonistische Inschrift aus Ägypten*, Meisenheim, 1977, p. 74.

[106] Cf. A. E. Samuel, *Ptolemaic Chronology*, Munich, 1962, p. 113.

[107] Déjà A. Bouché-Leclercq, *Histoire*, p. 364, n. 2 avait opéré la distinction entre les deux cérémonies, *contra* W. Dittenberger, *OGIS* I 90, n. 32 pour qui le décret de Memphis fut promulgué pour commémorer les *anaklètèria*. F. W. Walbank, *op. cit.*, p. 20, H. S. Smith, «A Note on Amnesty», *JEA* 54, 1968, p. 209 et A. Bernand, *I. Prose* II, p. 48 semblent également assimiler παράληψις τῆς βασιλείας et ἀνακλητήρια.

[108] La naissance de Ptolémée V peut être placée au cours de l'année 210 et le décret de Memphis indique comme jour anniversaire le 30 Mésorè (l. 45), ce qui donnerait comme date exacte le 10 octobre 210, cf. A. E. Samuel, *op. cit.*, pp. 108-114; *PP* VI 14546; Ed. Will, *Histoire politique*, II, pp. 108-112. Pour L. Koenen cependant, *op. cit.*, p. 73, n. 155, la lecture du 30 Mésorè est douteuse.

Polybe: «bien que l'âge de Ptolémée ne rendît pas encore la chose pressante, (ses conseillers) estimaient que cela contribuerait à stabiliser la situation et que les choses iraient en s'améliorant, dès lors que le roi paraîtrait exercer lui-même le pouvoir suprême (δόξαντος αὐτοκράτορος ἤδη γεγονέναι τοῦ βασιλέως)» (XVIII, 55, 3). De fait, il s'agissait bien d'un symbole dans la mesure où Ptolémée V avait déjà été officiellement proclamé roi peu après la mort de son père, à l'été 204 (Polybe, XV, 25, 3)[109]. Sans doute les *anaklètèria* d'Alexandrie avaient-ils pour but premier de répondre à l'agitation provoquée dans la capitale par les récentes intrigues de l'Étolien Skopas[110], et de resserrer la population hellénique autour de l'héritier du trône. Quant au couronnement de Memphis, il s'agissait vraisemblablement d'un message adressé en premier lieu aux Égyptiens. Il peut apparaître comme une des réponses apportées aux révoltes de la *chôra*, et tout particulièrement à la prise du titre royal par Haronnophris et Chaonnophris.

Ce couronnement à l'égyptienne pose tout d'abord des problèmes de chronologie. La date exacte manque en effet dans la version grecque, tandis que les versions hiéroglyphique et démotique divergent sur ce point. Le texte hiéroglyphique mentionne «le dix-septième jour du deuxième mois de l'*inondation* (*3ḥ.t*)» (l. 10) ce qui correspond au 17 Phaophi, alors que la version démotique comporte «le dix-septième jour du deuxième mois de l'*hiver* (*pr.t*)» (l. 28), soit le 17 Mécheir, c'est-à-dire la veille du jour où le décret lui-même fut promulgué (le 18 Mécheir de l'an 9 / 27 mars 196)[111]. À la différence des premiers traducteurs de la stèle qui avaient privilégié le 17 Mécheir, W. Dittenberger a, au début du siècle, restitué la date du 17 Phaophi dans son édition de la pierre de Rosette et c'est cette date (26 novembre 197) qui a été le plus souvent retenue par les historiens[112]. Un autre document, la Stèle de Nobaireh

---

[109] La date d'avènement de Ptolémée V a longtemps été débattue: voir la discussion chez Ed. Will, *Histoire politique*, II, pp. 108-111.

[110] Cf. Polybe, XVIII, 53-55.

[111] Voir les versions hiéroglyphique et démotique du décret de Memphis chez S. Quirke et C. Andrews.

[112] La date du 17 Mécheir est cependant retenue par L. Borchardt, «Ptolemäische Krönungstage», *Et. de Pap.* 5, 1939, pp. 79-80, R. Merkelbach, *Isisfeste in griechisch-römischer Zeit*, Meisenheim, 1963, pp. 65-67 et L. Koenen, *Agonistische Inschrift*, pp. 74-75 et n. 160. Voir également H.-J. Thissen, dans *LÄ* VI, 1986, col. 1186 et n. 36, J. Bergman, *Ich bin Isis*, Uppsala, 1968, p. 102, n. 2, W. Huss, «Die in ptolemäischer Zeit verfassten Synodal-

semble venir à l'appui de cette hypothèse: elle porte en effet, en hiéroglyphes, des passages de la pierre de Rosette et mentionne également le
17 Phaophi[113]. Cependant, comme l'a fait remarquer L. Koenen, si la différence entre le 17 Phaophi et le 17 Mécheir provient d'une erreur de
copiste, celle-ci risquait davantage de se trouver dans la version hiéroglyphique, qui était alors une langue morte, plutôt que dans la version
démotique, langue de communication courante[114]. Pour la même raison,
une faute dans la version hiéroglyphique avait toutes les chances de se
retrouver dans différentes copies, lesquelles n'étaient pas, de toute
manière, destinées à être lues par le plus grand nombre[115]. Par conséquent, la Stèle de Nobaireh ne peut à elle seule apparaître comme un
témoignage déterminant en faveur du 17 Phaophi.

De plus, si l'on accepte la thèse d'un couronnement le 26 novembre,
il faudrait admettre que le décret de Memphis, promulgué le 18 Mécheir
de l'an 9, en célèbre l'anniversaire. Or aucune des deux versions ne fait
référence à une fête de ce type: le texte grec évoque « la panégyrie de la
réception de la couronne» (ll. 7-8) et la version démotique «la fête de
l'accession à la fonction suprême du pharaon» (l. 5). De fait, dans le cas
d'une cérémonie anniversaire, on peut être surpris par le délai très réduit
— quatre mois — séparant les deux événements. A. Bouché-Leclercq
avait déjà noté la brièveté de l'intervalle et supposait que la cérémonie
originale ayant été «quelque peu bâclée en raison des circonstances», on
aurait jugé nécessaire de renouveler les rites de couronnement plus rapidement que de coutume[116]. Cette difficulté peut cependant être levée par
la version démotique: en effet, si le sacre pharaonique a eu lieu le 17
Mécheir, à la veille du décret de Memphis, «la fête de l'accession à la
fonction suprême» à l'occasion de laquelle fut réuni le synode des

---

Dekrete der ägyptischen Priester», *ZPE* 88, 1991, p. 196, n. 40 et W. Clarysse, «The Ptolemies visiting the Egyptian Chora», p. 35, n. 36.

[113] Sur ce document, cf. *infra*, pp. 199-200.

[114] Cf. L. Koenen, *Agonistische Inschrift*, p. 74, n. 160. Pour M. Chauveau, «Bilinguisme et traduction» dans *Le décret de Memphis*, p. 29, le texte hiéroglyphique du décret
de Memphis (à l'exception du passage consacré à la titulature pharaonique) ne serait plus
qu'une «traduction secondaire, faite après coup pour imposer le caractère solennel et sacré
des décisions ainsi rendues publiques».

[115] Cf. L. Koenen, *ibid.*

[116] A. Bouché-Leclercq, *Histoire des Lagides*, pp. 368-369; également E. Bevan, *Histoire*, p. 295.

prêtres n'est autre que la célébration du couronnement. La date du 17 Mécheir de l'an 9 / 26 mars 196 peut donc apparaître comme la plus cohérente et c'est celle que nous retiendrons ici[117].

Reste à définir le sens de ce couronnement à l'égyptienne. Celui-ci a d'abord été considéré comme une victoire du clergé sur le roi, une concession significative imposée par les difficultés intérieures du pays[118]. Il est vrai que la pierre de Rosette donne le premier témoignage certain au sujet du sacre pharaonique et que celui-ci a eu lieu dans un contexte de crise aiguë[119]. Cependant, il est bien possible que la cérémonie ait eu des précédents. Certes, le couronnement d'Alexandre à Memphis, rapporté par une source tardive et peu fiable, le *Roman d'Alexandre*[120], est très incertain: Arrien lui-même ne l'évoque pas et, dans les sources égyptiennes, le nom d'Alexandre n'apparaît pas toujours selon les formes prescrites pour un roi d'Égypte[121]. L'hypothèse d'un couronnement à l'égyptienne dès Ptolémée II Philadelphe, défendue par L. Koenen, a en revanche recueilli un plus large écho: la première stèle de Pithom en 265/4[122] accorde en effet à ce roi «le grand nom de Pharaon», composé des cinq titres traditionnels: Horus, *Nebty*, Horus d'or, roi de Haute et Basse-Égypte (suivi du *praenomen*, ou nom de couronnement), fils de Rê (suivi du *nomen*, nom personnel du roi)[123]. Or le pharaon reçoit norma-

---

[117] Polybe ne nous dit pas quand fut célébrée la majorité du roi, mais on peut penser que pour le gouvernement lagide la cérémonie d'Alexandrie était primordiale et que les *anaklètèria* précédèrent la cérémonie de Memphis. R. Merkelbach, *Isisfeste*, p. 64-67 et L. Koenen, *Agonistische Inschrift*, p. 75, arrivent cependant à la conclusion opposée en admettant que les prêtres utilisent le calendrier sothiaque (ce qui remonterait le couronnement au 1er janvier 196) et en supposant que les *anaklètèria* ont été célébrées les 5/6 janvier, jour qui correspond peut-être à d'autres fêtes dynastiques chez les Lagides.

[118] Voir notamment A. Bouché-Leclercq, *op. cit.*, pp. 364-365; E. Bevan, *Histoire*, p. 292.

[119] Les autres témoignages non équivoques sur le couronnement égyptien concernent Ptolémée VIII Évergète II (Diodore, XXXIII 13) et Ptolémée XII Aulète (d'après les inscriptions autobiographiques du grand-prêtre de Memphis Psenptaïs III). Cf. J. Bergman, *Ich bin Isis*, pp. 110-120 et D. J. Thompson, *Memphis*, pp. 138-139.

[120] Ps. Callisthène, I, 34, 2.

[121] Voir S. M. Burstein, «Pharaoh Alexander: a Scholarly Myth», *Anc. Soc.* 22, 1991, pp. 139-145. L. Koenen en revanche, *Agonistische Inschrift*, pp. 29-31 et p. 55, pense qu'Alexandre fut bien couronné à Memphis et propose de dater l'événement du 12 Dios 332/1.

[122] Sur ce document voir E. Naville, «La stèle de Pithom», *ZÄS* 40, 1902/3, pp. 66-75; G. Roeder, *Die ägyptische Götterwelt*, Zurich-Stuttgart, 1959.

[123] Pour ces différents titres, voir H.-J. Thissen, *Studien zum Raphiadekret*, pp. 27-42.

lement cette titulature complète le jour du sacre[124]. On retrouve également les cinq noms royaux dans le décret de Raphia promulgué en
l'honneur de Ptolémée IV en 217; ils y sont en outre, pour la première
fois, traduits en grec (avec leurs épithètes respectives), comme ce sera le
cas dans le décret de Memphis[125]:

- βασιλεύοντος / «roi» // *Horus*
- κυρίου βασιλειῶν / «maître des couronnes» // *Nebty*
- ἀντιπάλων ὑπερτέρου / «supérieur à ses adversaires» // *Horus d'or*
- μεγάλου βασιλέως τῶν τε ἄνω καὶ τῶν κάτω χωρῶν // «grand roi
  des régions supérieures et inférieures» // *roi de Haute et Basse-
  Égypte*
- υἱοῦ τοῦ ἡλίου / «fils d'Hélios» // *fils de Rê*

Certes, la titulature n'est pas un argument absolu en faveur d'un couronnement selon le rite pharaonique: Philippe Arrhidée et Alexandre IV
apparaissent également dans certains documents avec le grand nom de
pharaon, alors qu'ils ne foulèrent jamais le sol égyptien[126]. Cependant,
bien avant Épiphane, les premiers Ptolémées avaient initié une politique
visant à gagner l'adhésion des Égyptiens et du clergé en se conformant,
dans divers domaines, aux usages pharaoniques[127]. Par conséquent, il est
possible que certains d'entre eux au moins se soient prêtés à une céré-

---

[124] Cf. L. Koenen, *Agonistische Inschrift*, pp. 58-63 et «The Ptolemaic King as a Religious Figure», dans *Images and Ideologies. Self-definition in the Hellenistic World*, éd. A.
Bulloch, E. S. Gruen, A. A. Long et A. Stewart, Berkeley-Los Angeles-Londres, 1993, pp.
71-81. Selon lui, tous les Lagides ont été sacrés pharaons à Memphis.

[125] Cf. H.-J. Thissen, *op. cit.* Également L. Koenen, «The Ptolemaic King as a Religious Figure», pp. 48-50 et «Die Adaptation ägyptischer Königsideologie am Ptolemäerhof», dans *Egypt and the Hellenistic World*, p. 155, n. 36; C. G. Johnson, «Ptolemy V and
the Rosetta Decree», *Anc. Soc.* 26, 1995, p. 147.

[126] Cf. J. von Beckenrath, *Handbuch der ägyptischen Königsnamen*, p. 117 et pp. 285-
286 et D. Kurt dans *LÄ* IV, 1982, col. 1194. Voir également S. M. Burstein, *op. cit.*, pp. 141
pour qui «une titulature ne prouve pas le couronnement d'un souverain régnant sur
l'Égypte, mais atteste la reconnaissance de son pouvoir par les prêtres». C. G. Johnson,
op. cit., p. 154, conteste elle aussi l'utilisation de la titulature pharaonique comme seul
indice de l'«égyptianisation» de la royauté.

[127] Voir notamment le culte rendu à Bérénice chez F. Dunand, «Fête, tradition, propagande. Les cérémonies en l'honneur de Bérénice, fille de Ptolémée III en 238 a.C.»,
dans *Livre du centenaire de l'IFAO*, Le Caire, 1980, pp. 287-301. Sur les fonctions cultuelles
assumées par les Ptolémées, voir W. Huss, *Der makedonische König*, pp. 53-54.

monie qui pouvait renforcer leur légitimité vis-à-vis de la population locale[128]. Les fouilles d'Alexandrie pourraient par ailleurs venir confirmer l'intérêt des Ptolémées pour les formes égyptiennes de pouvoir. Il semble bien en effet que ces derniers ne se soient pas contentés de se laisser représenter en pharaons dans les temples égyptiens de la *chôra*, mais qu'ils firent de même dans leur capitale. Les deux statues colossales retrouvées dans le site sous-marin du fort de Qaïtbay sont, à cet égard, particulièrement intéressantes[129]. La première représente un roi Ptolémée en pharaon, la seconde une reine ptolémaïque en Isis. Ce couple royal a été provisoirement identifié à celui formé par Ptolémée II et Arsinoé II, mais les statues n'ont pas encore été publiées. Si cette identification est confirmée, et surtout s'il est établi que les deux statues étaient bien, à l'origine, installées au pied du phare, il faudrait en conclure que les rois lagides, dès la première moitié du IIIᵉ siècle, avaient choisi de manifester aux yeux de tous les navigateurs entrant dans le port leur double nature de rois gréco-macédoniens et de pharaons égyptiens[130].

Bien que la question ne soit pas définitivement tranchée, il est donc probable que le couronnement égyptien de Ptolémée Épiphane avait eu des précédents. Par conséquent, il faudrait admettre, avec F. Dunand, «que ce ne sont pas les troubles sociaux et politiques de la fin du IIIᵉ siècle qui ont contraint pour la première fois un jeune souverain aux prises avec une situation critique à donner cette marque d'attachement

---

[128] En ce sens, voir notamment J. Quaegebeur, «Documents Concerning a Cult of Arsinoe Philadelphos at Memphis», *JNES* 30, 1971, p. 245, n. 41; H. Heinen, «Aspects et problèmes de la monarchie ptolémaïque», *Ktèma* 3, 1978, p. 193 et n. 34; F. Dunand, *op. cit.*, pp. 288-289; W. Peremans, «Les Lagides, les élites indigènes et la monarchie bicéphale», dans *Le système palatial palatial en Orient, en Grèce et à Rome. Actes du colloque de Strasbourg* (19-22 juin 1985), éd. E. Lévy, Strasbourg, Leyde, 1987, pp. 337-339; W. Huss, *Der makedonische König*, pp. 51-52; L. Mooren, «The Nature of the Hellenistic Monarchy», dans *Egypt and the Hellenistic World*, p. 208, n. 10.

[129] Ces statues avaient été repérées par l'archéologue H. Frost dans les années 1960. On en trouvera une rapide description par J.-P. Corteggiani, dans *La Gloire d'Alexandrie*. Catalogue de l'Exposition (Petit Palais, 7 mai-26 juillet 1998), Paris-Musées, 1998, p. 103. Voir également J.-Y. Empereur, *Alexandrie redécouverte*, Paris, 1998, pp. 76-77.

[130] Ptolémée II et Arsinoé II ne seraient peut-être pas les seuls à avoir fait élever des statues colossales au pied du phare. En effet, six autres bases de statues, correspondant vraisemblablement à trois couples royaux, se trouvent encore dans le site de Qaïtbay, cf. J.-Y. Empereur, *ibid.*

aux usages égyptiens»[131]. Toutefois, compte-tenu de cette situation critique, le couronnement était sans doute particulièrement porteur de sens en 196. Les rebelles égyptiens capturés à Lycopolis tinrent d'ailleurs une place centrale dans le déroulement de la cérémonie, leur exécution permettant d'illustrer le sens même de l'intronisation du nouveau roi: la fin du chaos et le triomphe de l'ordre (ce que sanctionne l'épithète «Horus d'or»[132]). En outre, ce couronnement répondait à un problème bien particulier, que les premiers Ptolémées n'avaient jamais eu à affronter: la revendication par deux chefs rebelles du titre de pharaon et de la souveraineté sur l'Égypte[133]. Le couronnement de 196 peut donc apparaître comme un des éléments essentiels du dispositif mis en place pour renforcer l'adhésion des sujets au pouvoir. Mais l'outil de légitimation représenté par l'adoption des rites égyptiens a pu également être utilisé à d'autres occasions, comme le montre le cas de Ptolémée Sôter II.

b – Le jubilé de Ptolémée IX Sôter II

Il semble ainsi que Sôter II ait été, pour sa part, couronné deux fois comme pharaon à Memphis. Une stèle démotique du Sérapeum, élevée par deux prêtres égyptiens le 12 Phamenoth de l'an 31 (24 mars 86), le définit en effet comme: «der zum zweiten Male mit dem Diadem der Isis und des Osiris gekrönt wurde im Jahre 11 des lebenden Apis »[134]. De plus, dans une des inscriptions du temple d'Edfou (*Edfou* V, 1), qui date

---

[131] F. Dunand, *op. cit.*, p. 288.

[132] Cf. H.-J. Thissen, *Studien zum Raphiadekret*, pp. 33-36. Il est possible que le couronnement ait eu un fort retentissement dans certains milieux égyptiens, comme le laisse entendre une dédicace en l'honneur de Ptolémée V et Cléopâtre I publiée par R. Koerner, «Eine Weihinschrift aus der Zeit Ptolemaios V», *AfP* 18, 1966, pp. 47-56. Cette dédicace est datée de la 5ᵉ année du règne, alors que le mariage ne fut célébré qu'en 193/2, soit en l'an 12. Pour R. Koerner, ceci montrerait que certains milieux sacerdotaux firent débuter les années de règne d'Épiphane à partir du couronnement.

[133] Pour J. Bingen, «Normalité et spécificité de l'épigraphie grecque et romaine de l'Égypte», dans *Egitto e storia antica dall'ellenismo all'età araba. Atti del Colloquio Internazionale* (Bologne, 31 août-2 septembre 1987), éd. L. Criscuolo et G. Geraci, Bologne, 1989, p. 24, le couronnement d'un tout petit enfant révèle en outre «le remplacement de la légitimité de l'homme fort par la légitimité de la dynastie».

[134] H. Brugsch, «Der Apis-Kreis aus den Zeiten der Ptolemäer», *ZÄS* 24, 1886, pp. 32-33 (n° 50*b*) et *Thesaurus* V, Leipzig, 1883-1891, p. 871. Voir également J. Bergman, *Ich bin Isis*, p. 110.

de la deuxième partie du règne de Sôter II, ce dernier apparaît avec l'épithète rare de *wḥm ḫ'w*, «celui qui est renouvelé de couronnement»[135]. Développant la même idée, un texte historique gravé sur la face externe du mur d'enceinte précise que Ptolémée X Alexandre Iᵉʳ une fois enfui «son frère aîné (Ptolémée Sôter II) prit possession de l'Égypte et fut couronné à nouveau comme roi» (De Wit, *Edfou* VII, 9, 8)[136]. Que pouvons-nous en déduire? Tout d'abord, l'adoption de l'épithète *wḥm ḫ'w* signifie vraisemblablement que Ptolémée IX après son exil (107) et sa restauration sur le trône égyptien (89/88) a voulu réaffirmer sa légitimité vis-à-vis de ses sujets égyptiens. Selon C. Traunecker cette épithète, adoptée par certains souverains au fil de l'histoire égyptienne et notamment par Achôris à la XXIXᵉ dynastie, semble ainsi être «la marque d'une volonté délibérée de ces monarques, désireux à la fois d'affirmer leur légitimité et leur volonté de renouveau»[137]. Mais le «second couronnement» évoqué dans les deux inscriptions précédentes correspond-il à une cérémonie réelle, ou bien les prêtres traduisent-ils simplement sous cette forme la restauration du roi sur le trône après son exil de dix-neuf ans?

Dans ses travaux sur Memphis, D. J. Thompson a penché en faveur d'une interprétation littérale. Elle suppose donc que Ptolémée Sôter II, de retour en Égypte, aurait célébré un jubilé royal de style égyptien, cérémonie par laquelle on renouvelait la puissance royale conférée par le rite d'intronisation; le «premier couronnement» quant à lui serait à placer peu après l'avènement du roi en 116[138]. À l'appui de cette hypothèse, on notera la dichotomie entre la restauration de Sôter II (entre l'an 29 et l'an 30 de son règne selon les régions) et la date que donne la stèle du Sérapeum pour le deuxième couronnement du roi, «l'an 11 de l'Apis toujours vivant», ce qui correspond à l'an 31 du règne[139].

---

[135] Trad. C. Traunecker, «Essai sur l'histoire de la XXIXᵉ dynastie», *BIFAO* 79, 1979, p. 429.

[136] Trad. S. Cauville et D. Devauchelle, «Le temple d'Edfou», p. 52. L'inscription dit littéralement «il renouvela le protocole en qualité de roi (*wḥm.n.f ḫ'w m nsw*)» d'après E. Chassinat, *Edfou* V, 1930, p. IX. Voir également C. Traunecker, *op. cit.*, p. 430.

[137] C. Traunecker, *ibid.*

[138] D. J. Thompson, *Memphis*, p. 124 et 153; voir aussi J. Bergman, *op. cit.*, p. 114, n. 3, qui date quant à lui le jubilé de l'année 88 et le premier avènement de 117.

[139] Cette dernière équivalence nous est donnée par la stèle elle-même, datée du 12 Phamenoth 31, et élevée par deux prêtres venus «visiter le caveau en l'an 11 de l'Apis vivant», cf. H. Brugsch, «Der Apis-Kreis», n° 50*a*.

Dans ce cas, la célébration du jubilé aurait eu lieu entre le 14 septembre 87 (début de l'an 31) et le 24 mars 86 (date de la stèle démotique), mais plus probablement au début de l'année 86 puisque que le précédent Apis était mort au plus tôt en 96[140]. Or le croisement de Pausanias et des sources papyrologiques permet de placer la fin de la révolte thébaine au cours de cette même année 86[141]. Par conséquent, avec ce deuxième couronnement le roi Sôter II ne célébrait sans doute pas uniquement sa restauration, survenue plus d'un an auparavant, mais aussi sa victoire sur la rébellion et le retour de l'ordre intérieur: la célébration du jubilé royal en 86 aurait alors un sens similaire au sacre d'Épiphane de 196.

Ces deux cérémonies, le couronnement de Ptolémée V en 196 et le jubilé de Sôter II en 86, montrent donc la volonté des rois lagides d'asseoir leur légitimité vis-à-vis de l'élément indigène. Mais elles illustrent également la coopération des prêtres égyptiens à cette entreprise. En effet, pour se poser en pharaons légitimes auprès de leurs sujets, les rois avaient besoin de la médiation du clergé, toujours très influent au sein de la société égyptienne à l'époque ptolémaïque. De fait, ce dernier fut lui aussi amené à prendre position face aux révoltes qui secouèrent le pays.

---

[140] Voir D. J. Thompson, *Memphis*, p. 123.
[141] *Supra*, p. 72.

Chapitre VII

LES PRÊTRES ÉGYPTIENS

À l'époque ptolémaïque, les prêtres tiennent encore une place de premier plan au sein de la société indigène. Outre leur fonction fondamentale de «techniciens» de la religion[1], chargés de maintenir l'équilibre de l'univers pour le bien de la communauté, ils jouent un rôle essentiel dans la vie économique, juridique et culturelle des Égyptiens[2]. Cependant, le monde sacerdotal se caractérise aussi par sa diversité, sur les plans géographique et socio-économique. Les temples sont en effet des entités séparées les unes des autres et le terme de clergé englobe une grande diversité de situations. C'est pourquoi nous chercherons tout d'abord à dégager une ligne directrice dans la politique des temples à travers les synodes sacerdotaux, qui mettent en scène avant tout le «haut clergé», avant de proposer quelques exemples révélés par la documentation au sein de différents milieux. Le cas du clergé d'Amon à Thèbes sera traité à part car il pose des problèmes spécifiques, et notamment celui de la collaboration avec les rebelles égyptiens.

I – LES SYNODES SACERDOTAUX

Les synodes sacerdotaux de l'époque ptolémaïque réunissent en principe «les grands prêtres et prophètes (ἀρχιερεῖς καὶ προφῆται), et ceux

---

[1] Cf. S. Sauneron, *Les prêtres de l'ancienne Égypte*, Paris, 1957, 3ᵉ éd., 1998, p. 45.

[2] Pour un tableau du clergé à l'époque ptolémaïque, voir F. Dunand, *Religion populaire en Égypte romaine. Les terres cuites isiaques du Musée du Caire* (*EPRO* 76), Leyde, 1979, pp. 118-134 et «La classe sacerdotale et sa fonction dans la société égyptienne», pp. 41-59. Pour son rôle économique et juridique en particulier: S. Sauneron, «La justice à la porte des temples (à propos du nom égyptien des propylées)», *BIFAO* 54, 1954, pp. 117-127; J. Quaegebeur, «Documents égyptiens et rôle économique du clergé», pp. 712-722 et «La Justice à la porte des temples et le toponyme Premit», dans *Individu, société et spiritualité dans l'Égypte pharaonique et copte. Mélanges A. Théodoridès*, Athènes-Bruxelles-Mons, 1993, pp. 201-220.

qui pénètrent dans le saint des saints pour l'habillement des dieux (sto-listes), ptérophores, hiérogrammates et tous les autres prêtres qui sont venus de tous les sanctuaires du pays» (*Memphis*, 6-7; cf. *Canope*, 3-4; *Raphia*, dém. 5-6; *Philae I*, col. II; décret de l'an 23, 7-8). Certes, on peut s'interroger sur leur représentativité réelle: il est peu vraisemblable que tous les temples égyptiens aient envoyé des délégués à chaque occa-sion et ne participaient vraisemblablement pas aux synodes les desser-vants des «temples de moindre importance» tels que les définit l'ordon-nance de 118[3]. Néanmoins, les synodes sacerdotaux avaient vocation à élaborer la parole officielle du clergé: les mesures prises par les prêtres à l'occasion de ces assemblées — pour l'essentiel des augmentations d'honneurs en faveur des souverains — valaient pour l'ensemble de l'Égypte et les décrets eux-mêmes devaient être reproduits «dans chacun des sanctuaires de premier, de deuxième et de troisième rang» (*Memphis*, 54; cf. *Canope*, 63; *Philae II*, Müller, hiérog. 17f / dém. 14f-g: Sethe, *Urk.* II 230). Deux points retiendront ici notre attention: d'une part, la fré-quence des synodes tenus sous le règne de Ptolémée V Épiphane; d'autre part, le jugement porté sur les révoltes dans les décrets émis par ces synodes.

1 – Une multiplication des synodes sous le règne d'Épiphane?

Pour le règne d'Épiphane nous sont conservés plusieurs documents témoignant de réunions synodales[4]. Il s'agit tout d'abord des quatre grands décrets bien connus et relativement bien conservés:
• le «décret de Memphis»: 27 mars 196 (n° 10).
• le «deuxième décret de Philae»: 6 septembre 186 (n° 11).

---

[3] «Ceux qui exercent des charges dans les temples de moindre importance (τοὺς ἐν τοῖς ἐλάσσοσιν ἱεροῖς), chapelles consacrées à Isis, élevages d'ibis sacrés, chapelles vouées au culte des faucons, chapelles consacrées à Anubis et autres sanctuaires analogues» (*C. Ord. Ptol.* 53, 70-72).

[4] Voir le tableau 7, p. 205-206 et, pour les synodes à l'époque ptolémaïque, W. Otto, «Ägyptische Priestersynoden», pp. 18-40; F. Daumas, *Les moyens d'expression du grec et de l'égyptien comparés dans les décrets de Canope et de Memphis*, SASAE 16, 1952, pp. 3-9 et 253-263; W. Huss, «Die in ptolemäischer Zeit verfassten Synodal-Dekrete der ägyptischen Priester», *ZPE* 88, 1991, pp. 189-208; W. Clarysse, «Ptolémées et temples», dans *Le décret de Memphis*, pp. 41-65.

- le «premier décret de Philae»[5]: passé en l'an 21 du roi (185/4), probablement le 29 octobre 185 (n° 12)[6].
- le «décret de l'an 23», promulgué lors de l'intronisation du taureau Mnévis d'Héliopolis et conservé dans deux copies de mauvaise facture (n° 14)[7]. Ce décret pose un problème de chronologie, car les deux exemplaires portent des dates différentes: le premier, la stèle Caire 2/3/25/7 d'origine inconnue donne le 24 Gorpiaios / 24 Phamenoth de l'an 23 (29 avril 182)[8]; le second, la stèle JE 44901 d'Asfounis, le 24 Apellaios de l'an 23 soit un jour de juillet 182[9].

Un autre document daté de 182 pose problème: la stèle hiéroglyphique de Nobaireh, ou inscription de Damanhour, retrouvée aux abords du site de l'ancienne Naucratis (Caire CG 22188)[10]. Le protocole est identique à celui de la première copie du décret de l'an 23 (24 Gorpiaios / 24 Phamenoth); quant au corps du texte, écrit exceptionnellement de gauche à droite et comportant de multiples anomalies graphiques, il apparaît comme «une sorte de compilation de fragments séparés pris au texte de Rosette»[11]. Selon J. Yoyotte, il s'agit vraisembla-

---

[5] Ce décret nous est connu par deux exemplaires. Nous suivrons ici le texte et la traduction du deuxième exemplaire établis par F. Daumas, «Un duplicata du premier décret ptolémaïque de Philae», *MDAIK* 16, 1958, pp. 73-82.

[6] Le décret a été promulgué à l'occasion de l'intronisation de l'Apis, intronisation qui eut lieu le 22 Thoth de l'an 21: cf. H. Brugsch, *ZÄS* 22, 1884, pp. 125-127 et W. Huss, «Synodal-Dekrete», p. 196. Il est cependant possible que le mois d'Apellaios soit à restituer dans le protocole, ce qui daterait alors le décret de juillet 184 (Payni), cf. E. Lanciers, «Die ägyptischen Tempelbauten 2», p. 181, n. 58.

[7] Cf. G. Daressy, «Un décret de l'an XXIII de Ptolémée Épiphane», *Rec. Trav.* 33, 1911, pp. 1-8 et «Un second exemplaire du décret de l'an XXIII de Ptolémée Épiphane», *Rec. Trav.* 38, 1916/1917, pp. 175-179.

[8] Le premier exemplaire (24 Gorpiaios) ne donne pas le mois égyptien correspondant au mois macédonien. Celui-ci est restitué d'après la stèle de Nobaireh (voir ci-dessous) qui ne porte pas «Pharmouthi», comme l'avaient d'abord lu les premiers éditeurs de la stèle, mais «Phamenoth», cf. E. Lanciers, «Die Stele CG 22184», *GM* 95, 1987, p. 53 et W. Huss, «Synodal-Dekrete», p. 197.

[9] Le 26 juillet en supposant que le 22 Apellaios correspond au 22 Payni selon les équivalences entre calendriers égyptien et macédonien en vigueur dans le premier exemplaire, cf. W. Huss, «Synodal-Dekrete», p. 198, n. 59.

[10] Cf. U. Bouriant, «La stèle 5576 du musée de Boulaq et l'inscription de Rosette», *Rec. Trav.* 6, 1885, pp. 1-20.

[11] F. Daumas, «Un décret de l'an XXIII», p. 6.

blement d'une copie «mécaniquement et hâtivement exécutée» d'un original retrouvé endommagé et, d'après l'orientation de l'écriture, la stèle
devait être exposée à droite de l'axe du temple, appelant un symétrique[12].
Ce document amène à deux interprétations divergentes. Pour W. Huss,
le protocole de la stèle de Nobaireh — et par conséquent celui de la stèle
Caire 2/3/25/7 également — témoignerait de l'existence d'un décret
passé le 24 Gorpiaios / 24 Phamenoth de l'an 23 (29 avril 182), mais dont
nous ignorons le contenu; le décret promulgué à l'occasion de l'intronisation du Mnévis daterait quant à lui du 22 Apellaios[13]. Pour J. Yoyotte
cependant, la stèle Caire 2/3/25/7, dont l'origine est inconnue, pourrait
bien être le symétrique attendu de la stèle de Nobaireh. Outre la même
date (24 Gorpiaios / 24 Phamenoth), les deux stèles ont en effet le même
matériau (calcaire) et les mêmes dimensions (1, 27 m sur 0, 49 m / 1, 27
m sur 0, 51 m). J. Yoyotte suppose donc qu'à l'occasion du nouveau
synode rendu en l'honneur d'Épiphane en l'an 23, le clergé de Naucratis
décida de rééditer le texte de Rosette dont l'original, logiquement
conservé dans le temple selon les dispositions du décret de 196, aurait été
endommagé lors des troubles du Saïte[14]. Si l'on suit cette interprétation,
il est plus cohérent de penser qu'il n'y eut qu'un seul synode réuni à
Memphis en 182, au mois d'avril, et que la mention du 24 Apellaios dans
le second exemplaire du décret de Daressy est due à une erreur du scribe.

Deux documents provenant du Musée du Louvre et édités en 1986
par D. Devauchelle pourraient bien, en revanche, témoigner d'autres
réunions sacerdotales sous Épiphane. Le premier se compose d'un
ensemble de cinq fragments hiéroglyphiques qui datent du règne de ce
dernier et «font vraisemblablement partie d'un texte au contenu officiel
proche des décrets, à moins que ce ne soit un véritable décret dont le
protocole aurait été abrégé ou omis» (n° 9)[15]. Se fondant sur l'emploi de
l'épithète *nb nfrw* appliquée à Ptolémée V, qui correspond au grec
Eucharistos, W. Huss a proposé de dater ce nouveau décret des années

---

[12] J. Yoyotte, «La stèle de Nébireh», dans *Annuaire du Collège de France 1993-1994*, pp.
690-692. Voir également sur ce document J. Quaegebeur, «Ptolémée II en adoration
devant Arsinoé II divinisée», *BIFAO* 69, 1970, pp. 199-200.

[13] W. Huss, «Synodal-Dekrete», pp. 197-198 et n. 59.

[14] J. Yoyotte, *op. cit.*, p. 692.

[15] D. Devauchelle, «Fragments de décrets ptolémaïques en langue égyptienne conservés au Musée du Louvre», *RdE* 37, 1986, p. 51.

199/8-197/6, au cours desquelles cette épithète est le plus fréquemment attestée[16]. Le deuxième document est un fragment de six lignes démotiques provenant d'Assouan et caractéristique des décrets synodaux. Selon D. Devauchelle, il reste impossible à dater mais pourrait peut-être appartenir au règne de Ptolémée III[17]. Pour W. Huss cependant, on y trouve deux expressions caractéristiques du décret de Rosette et absentes du texte de Canope: le décret serait dans ce cas attribuable à Épiphane (n° 13)[18].

Sous le règne de Ptolémée V Épiphane, cinq à six réunions synodales ont donc eu lieu en moins de vingt ans. Or, ceci représente une fréquence accrue par rapport à ses prédécesseurs. Pour le règne de Ptolémée II, trois réunions sont possibles, bien qu'aucun décret n'ait été conservé. La première stèle de Pithom évoque ainsi une convocation des délégués des prêtres égyptiens à Pithom en l'an 6 du roi, soit 280/279 (n° 1, l. 13)[19]. D'autre part, selon la stèle hiéroglyphique élevée par les prêtres de Saïs en 264/3, Ptolémée II fit venir auprès de lui, en l'an 20 (266/5), «les prophètes et les pères divins des temples d'Égypte» (n° 2, col. 7, C)[20]. Enfin, la stèle de Mendès fait allusion à une réunion du même type après 264/3 (n° 3, 23)[21]. Sous Ptolémée III Évergète, trois synodes au moins ont été sanctionnés par des décrets: outre le grand décret de Canope de 238 (n° 6), nous possédons les fragments d'un décret passé selon toute vraisemblance le 3 décembre 243 (n° 4)[22], ainsi que ceux d'un

---

[16] W. Huss, «Synodal-Dekrete», pp. 194-195.

[17] D. Devauchelle, *op. cit.*, p. 48.

[18] W. Huss, «Synodal-Dekrete», pp. 196-197.

[19] Cf. E. Naville, «La stèle de Pithom», *ZÄS* 40, 1902/3, pp. 66-75 et G. Roeder, *Die ägyptische Götterwelt* I, Zürich-Stuttgart, 1959, pp. 107-128.

[20] Cf. C. Thiers, «Ptolémée Philadelphe et les prêtres de Saïs», *BIFAO* 99, 1999, pp. 423-441.

[21] Cf. H. Brugsch, «Die grosse Mendes-Stele aus der Zeit des zweiten Ptolemäers», *ZÄS* 13, 1875, pp. 30-40, H. De Meulenaere et P. MacKay, *Mendes II*, Westminster, 1976, pp. 173-177 et, pour la datation de la réunion, W. Huss, «Synodal-Dekrete», p. 190.

[22] *SEG* XVIII 628 + *IG Louvre* 2. Sur ce document, voir J. Bingen, «Le décret du synode sacerdotal de 243 avant notre ère», *CdE* 67, 1992, pp. 319-327. Le décret est daté du 12 Phaophi équivalent au 13e jour d'un mois macédonien inconnu. Se fondant sur l'utilisation du cycle de Carlsberg, E. Lanciers, «Die ägyptischen Priester des ptolemäischen Königskultes», *RdE* 42, 1991, pp. 131-132, a proposé de le dater du 3 décembre 243. C'est la date que retient également J. Bingen.

autre décret postérieur à cette date (n° 5)²³. Il est possible que ce dernier corresponde au «décret antérieur» évoqué dans le texte de Canope (τὸ πρότερον γραφὲν ψήφισμα, l. 26)²⁴; dans ce cas, il daterait d'une période comprise entre 243 et 238²⁵. Sous le règne de Ptolémée IV, deux réunions sont attestées: la première suivit la victoire de Raphia le 15 novembre 217 (décret de Raphia, n° 8), l'autre fut tenue dans les premières années du règne, entre 221 et 217 (stèle Caire 3/5/33/1, n° 7, fragmentaire)²⁶. Nous possédons enfin deux témoignages de synodes postérieurs au règne d'Épiphane. Un décret d'abord daté de l'an 20 de ce roi a ainsi pu être redaté par E. Lanciers du 31 juillet 161, sous Philométor (n° 15)²⁷. Par ailleurs, l'adresse préservée dans l'inscription *OGIS* II 739 présente les caractéristiques d'un début de décret sacerdotal rendu en l'honneur de Ptolémée IX Sôter II en 112 (n° 16)²⁸.

La pratique des synodes sacerdotaux semble donc avoir connu un pic sous le règne d'Épiphane. Certes, une telle comparaison a des limites évidentes. Tout d'abord, elle est fondée sur le hasard des découvertes archéologiques et reste donc provisoire: alors que W. Otto recensait neuf réunions en synodes en 1926, nous en connaissons aujourd'hui une quinzaine²⁹. Cependant, la disproportion relative entre le règne d'Épi-

---

²³ Ce décret est connu grâce à des fragments retrouvés à Tôd, cf. J. Schwartz, «Pierres d'Égypte», *RA*, 1960, 1, pp. 82-85 et *I. Prose* 11. L'année 243 comme *terminus post quem* repose sur la mention des dieux Évergètes (l. 8).

²⁴ Ce πρότερον ψήφισμα concernait les fêtes (ἑορταί) des dieux Évergètes, or le décret de Tôd fait allusion à des ἑορταί (l. 2). Voir W. Huss, «Synodal-Dekrete», p. 190.

²⁵ Deux autres fragments pourraient appartenir à des exemplaires de l'un ou l'autre de ces décrets. Ils ont été publiés respectivement par W. J. Tait, «A New Fragment of a Ptolemaic Priestly Decree at Durham», *JEA* 70, 1984, pp. 149-150 et par D. Devauchelle, «Fragments de décrets ptolémaïques en langue égyptienne conservés au Musée du Louvre», *RdE* 37, 1986, pp. 47-49. Voir à ce sujet W. Clarysse, «Ptolémées en temples», p. 44.

²⁶ Publié par M. Raphaël, «Un nouveau décret ptolémaïque», dans *Mélanges Maspero* I, Le Caire, 1935-1938, pp. 509-512. Pour la datation, voir W. Huss, «Synodal-Dekrete», p. 194.

²⁷ Cf. A.B. Kamal, *Stèles*, I, 177-181; E. Lanciers, «Die Stele CG 22184: Ein Priesterdekret aus der Regierungszeit des Ptolemaios VI. Philometor», *GM* 95, 1987, pp. 53-61.

²⁸ Voir le commentaire de M. L. Strack, «Inschriften aus ptolemäischer Zeit II», *AfP* 2, 1903, p. 551, et W. Huss, «Synodal-Dekrete», pp. 199-200.

²⁹ Les décrets relevés par W. Otto, «Ägyptische Priestersynoden», pp. 18-40, correspondent aux numéros 2 (stèle de Saïs), 6 (décret de Canope), 8 (décret de Raphia), 10 (décret de Memphis), 11 et 12 (deuxième et premier décrets de Philae), 14 (décret de l'an 23) et 15 (décret en l'honneur de Ptolémée VI, attribué par W. Otto à Ptolémée V).

phane et celui des autres Lagides, que constatait déjà G. Daressy au début du siècle, n'a pas été remise en cause par les découvertes et les attributions nouvelles de certains décrets[30]. Reste que nous connaissons mal la nature et surtout les conditions des réunions synodales. Depuis U. Wilcken et W. Otto, il est admis que les synodes sont une invention des Ptolémées[31], destinée à permettre au roi de traiter avec les temples égyptiens dans leur ensemble et à consolider la loyauté du clergé[32]. Mais ces conférences étaient-elles annuelles — et dans ce cas la fréquence des synodes sous Épiphane n'a pas de signification particulière — ou exceptionnelles? Le problème vient en fait de la définition exacte des synodes sacerdotaux. Nous savons que les prêtres égyptiens se réunissaient régulièrement avec le roi pour célébrer les fêtes dynastiques. Le décret de Canope nous apprend par exemple qu'ils s'étaient rassemblés en 238 pour fêter l'anniversaire de la naissance du souverain le 5 Dios et l'anniversaire de son avènement au trône le 23 Dios (*Canope*, 3-4 et 39). La κατάπλους, descente annuelle des tribus sacrées à Alexandrie, abolie par Épiphane dans le décret de Memphis (*Memphis*, 16-17), répondait sans doute à de telles convocations[33].

En revanche, il est douteux que ces conférences régulières aient donné lieu à la promulgation de décrets. Tout d'abord, on peut supposer que l'on en aurait retrouvé un nombre plus important; en effet, quand des décrets nous sont connus, ils le sont souvent en plusieurs exemplaires (cf. n° 6, 8, 10, 11, 12, 14). De plus, dans le cas du synode de Canope en 238, il semble bien que, sans la mort de la princesse Bérénice survenue alors que les prêtres étaient encore auprès du roi pour les fêtes dynastiques,

---

[30] G. Daressy, «Un second exemplaire du décret de l'an XXIII», p. 1.

[31] Voir S. Quirke et C. Andrews, *The Rosetta Stone*, cités par W. Clarysse, «Ptolémées et temples», p. 51: «Sous les pharaons, il eut été impensable pour n'importe qui, excepté le souverain divin lui-même, de promulguer des décisions nationales et de les faire inscrire sur pierre (…). L'approche fondamentale, par laquelle les décisions religieuses étaient laissées aux temples, était entièrement étrangère aux pratiques égyptiennes. À l'époque pharaonique, des décrets auraient été royaux, non sacerdotaux».

[32] U. Wilcken, *Grundzüge*, Leipzig, 1912, p. 110; W. Otto, «Ägyptische Priestersynoden», p. 32. Voir aussi E. Winter, «Der Herrscherkult in den ägyptischen Ptolemäertempeln», dans *Das ptolemäische Ägypten*, p. 148 et D. J. Thompson, *Memphis*, pp. 120-122.

[33] Pour W. Otto cependant, *op. cit.*, p. 25, l'objet de cette descente serait plutôt la célébration des fêtes de cinq jours commémorant la victoire de Raphia et prescrites dans le décret de 217.

aucun décret n'aurait été passé (cf. *Canope*, 38-39)[34]. La *kataplous* d'autre part ne peut guère se rapporter aux synodes ayant émis des décrets: en effet, dès le règne de Ptolémée IV, des réunions s'étaient tenues à Memphis (n°s 7 et 8) et en 186, malgré l'exemption contenue dans la pierre de Rosette, c'est à Alexandrie que furent convoqués les prêtres égyptiens (n° 11). On pourrait donc établir une distinction entre les assemblées régulières, liées à la célébration des fêtes dynastiques, et les synodes réunis dans des circonstances exceptionnelles. Certaines de ces circonstances nous sont précisées par les décrets: ainsi en 217 pour célébrer la victoire de Raphia (n° 8), en 196 à l'occasion du couronnement du roi et de la prise de Lycopolis (n° 10), en 186 à la nouvelle de la victoire sur Chaonnophris (n° 11), en 182 après les succès d'Aristonikos en Syrie-Phénicie (n° 14).

Si l'on admet que la réunion des synodes donnant lieu à des décrets n'était pas automatique, la multiplication de ceux-ci au cours des années 180 prend un sens particulier, celui d'une collaboration délibérée entre le roi et le clergé. Les années 186-180, qui frappent par le grand nombre de synodes (quatre voire cinq en moins de cinq ans), correspondent justement aux années d'«après-guerre». Comme l'a fait remarquer D. J. Thompson, c'est aussi une époque où Ptolémée V était en âge de gouverner seul (il avait 24 ans en 186) et capable de reprendre à son compte une politique d'alliance avec les prêtres qui, vraisemblablement, avait déjà porté ses fruits en 196[35]. La multiplication des synodes s'inscrit donc dans la même logique que les cérémonies de couronnement et traduit un resserrement des liens entre le roi et le clergé dans un contexte intérieur difficile, marqué par la révolte[36]. Cette collaboration se lit aussi plus directement dans le discours tenu sur les rebelles par les prêtres égyptiens.

---

[34] «Attendu que, du roi Ptolémée et de la reine Bérénice, dieux Bienfaiteurs, naquit une fille nommée Bérénice, proclamée aussitôt reine, et qu'il arriva que cette dernière, vierge encore, soudain s'en alla vers le monde éternel, <u>pendant que séjournaient encore auprès du roi les prêtres habitués à venir chaque année près de lui</u> (...)» (*I. Prose* 8, 38-39).

[35] D. J. Thompson, *Memphis*, p. 121.

[36] D. J. Thompson, *op. cit.*, pp. 138-139 et 148-153. Quant à la quasi-disparition des synodes après le règne d'Épiphane, il ne faut sans doute pas y voir un affaiblissement des relations entre le roi et le clergé mais plutôt une transformation dans les modalités de leur dialogue, comme l'attestent à partir du IIe siècle les fréquentes visites royales à Memphis et, parallèlement, les audiences des prêtres à la Cour d'Alexandrie.

Tableau 7 – Les synodes sacerdotaux à l'époque ptolémaïque

D'après W. Huss, «Synodal-Dekrete», pp. 201-203 et W. Clarysse, «Ptolémées et temples», pp. 42-43.

	Règne	Date	Lieu	Publication
1?	Ptolémée II	280-279	Pithom?	Cf. 1ère stèle de Pithom, 13: Naville, ZÄS 40, 1902/3, 66-75
2?	Ptolémée II	266/5	?	Cf. stèle de Saïs, col. 7, C: Thiers, BIFAO 99, 1999, 428
3?	Ptolémée II	264/3-247/6	Mendès?	Cf. stèle de Mendès, 23; Brugsch, ZÄS 13, 1875, 30-40
4	Ptolémée III	3 déc. 243? (1, 2 ou 3 exemplaires)	?	(1) SEG XVIII 628 + IG Louvre 2 (2 et 3?) Tait, JEA 70, 1984, 149-150; Devauchelle, RdE 37, 1986, 45-47
5	Ptolémée III	243-238? (1, 2 ou 3 exemplaires)	?	(1) SEG XVIII 629; I. Prose 11; Schwartz, RA, 1960, 1, 82-86 (2 et 3?) Tait, JEA 70, 1984, 149-150; Devauchelle, RdE 37, 1986, 45-47
6	Ptolémée III	7 mars 238 «décret de Canope» (7 exemplaires)	Canope	(1) OGIS I 56; I. Prose 9; Spiegelberg, Priesterdekrete, 3-37; Sethe, Urk. II 125-154 (2) OGIS I 56; I. Prose 8; Brugsch, Thesaurus VI, 1575-1578; Spiegelberg, Priesterdekrete, 3-37 (3) IG Louvre 1 (4) Bayoumi-Guéraud, ASAE 46, 1947, 373-382; I. Prose 10 (5) inédit, cf. Lauffray, Kêmi 20, 1970, 73-75 (6) Sauneron, BIFAO 56, 1957, 67-75 (7) exemplaire inédit découvert à Boubastis par Chr. Tietze (voir Antike Welt 35, 2004, 75-76)

Tableau 7 (suite)

	Règne	Date	Lieu	Publication
7	Ptolémée IV	221-217	Memphis	*SEG* XVIII 632; Raphaël, ds *Mélanges Maspéro*, I, 2, 1938, 509-512
8	Ptolémée IV	15 novembre 217 «décret de Raphia» (3 exemplaires)	Memphis	(1) *I. Prose* 13; Thissen, *Raphiadekret* (2) Gauthier-Sottas, *Décret trilingue*; *I. Prose* 14; Thissen, *Raphia-dekret* (3) *I. Prose* 12; Thissen, *Raphiadekret*
9	Ptolémée V	199/8 - 197/6?	?	Devauchelle, *RdE* 37, 1986, 49-51
10	Ptolémée V	27 mars 196 «décret de Memphis» (4 exemplaires)	Memphis	(1) Pierre de Rosette: *OGIS* I 90; *I. Prose* 16; Quirke-Andrews, *Rosetta Stone* (2) Stèle de Nobaireh: Bouriant, *Rec. Trav.* 6, 1885, 1-20; Spiegelberg, *Priesterdekrete*, 38-65 (3) Devauchelle, *RdE* 37, 1986, 45-47; *I. Prose*, 18 (4) Fraser, *BSAA* 41, 1956, 52-62; *I. Prose* 17
11	Ptolémée V	6 septembre 186 «deuxième décret de Philae» (2 exemplaires)	Alexandrie	(1) Sethe, *Urk.* II 3, 214-230; Müller, *Egypt. Researches* III, 57-88 (2) inédit, cf. *LÄ* IV 1982, 1028
12	Ptolémée V	29 octobre 185 «premier décret de Philae» (2 exemplaires)	Memphis	(1) Sethe, *Urk.* II, 199-214; Müller, *Egypt. Researches* III, 31-56 (2) Daumas, *MDAIK* 16, 1958, 74
13?	Ptolémée V	185-180?	?	Devauchelle, *RdE* 37, 1986, 48
14	Ptolémée V	29 avril 182? «décret de l'an 23» (2 exemplaires)	Memphis	(1) Daressy, *Rec. Trav.* 33, 1911, 3-7 (2) Daressy, *Rec. Trav.* 38, 1916/7, 176-178
15	Ptolémée VI	162 / 161	?	Kamal, *Stèles* I, 177-181; Lanciers, *GM* 95, 1987, 53-61
16?	Ptolémée IX	112	?	*OGIS* II 739; Strack, *AfP* 2, 1903, 55

2 – Le discours officiel

a – Condamnation des troubles

Trois des synodes réunis sous Ptolémée V Épiphane font allusion aux troubles qui touchèrent le nord et le sud du pays à partir de la fin du IIIe siècle.

- En mars 196, le décret de Memphis consacre un long passage au siège et à la prise de Lycopolis du Delta par les forces lagides. Dans la version grecque du décret, les prêtres qualifient les rebelles égyptiens d'«impies» (ἀσεβεῖς, *Memphis*, 23 et 26); dans la version démotique, ils précisent que ces derniers avaient «délaissé le chemin du commandement des dieux» (dém. 14). Les rédacteurs se félicitent également de la victoire du roi et du châtiment des meneurs: «quant à ceux qui s'étaient mis à la tête des rebelles (…) il les a punis comme il convenait» (πάντας ἐκόλασεν καθηκόντως, l. 28). Le décret ne fait pas allusion aux événements contemporains de Thébaïde; néanmoins, on peut considérer qu'en ayant procédé la veille au couronnement d'Épiphane selon le rite égyptien, les prêtres réunis en synode avaient annulé du même coup les prétentions des «rois d'Égypte» autoproclamés dans le sud du pays.
- Le deuxième décret de Philae quant à lui est centré sur les événements de Haute-Égypte. Il a été promulgué par le synode réuni à Alexandrie le 6 septembre 186 à l'occasion de la victoire décisive remportée sur la rébellion le 27 août. Tout en célébrant une nouvelle fois les succès lagides, les prêtres y détaillent tous les crimes commis par les partisans de Chaonnophris (Müller, hiérog. 9-10 / dém. 7-8: Sethe, *Urk.* II 221-222) et présentent ce dernier comme «l'ennemi des dieux» (*p3 s3b n n3 ntr.w*). En outre, ils s'associent cette fois directement à la victoire royale: alors que le décret de Memphis se contentait de féliciter le roi pour la prise de Lycopolis, sans mentionner de dispositions cultuelles particulières, le décret de Philae précise que le 23 Epeiph, jour de la victoire, et le 3 Mésorè, date à laquelle Épiphane en fut informé, feront l'objet de fêtes annuelles dans tous les temples du pays (Müller, hiérog. 15-17 / dém. 12-14: Sethe, *Urk.* II 228-230).
- Enfin, le décret rendu par le synode de Memphis en 182 (décret de l'an 23), qui fait allusion aux succès d'Aristonikos en Syrie et en Phénicie, célèbre aussi les victoires remportées en Égypte sur les impies (*sbyw*)

du 6 au 15 Mécheir (12-21 mars 182?), sans doute dans la région de
Diospolis d'aval (ll. 24 et 34-35)[37].

Dans ces décrets, les révoltes intérieures sont sévèrement condamnées.
L'accusation centrale est naturellement d'ordre religieux: les rebelles sont
«impies» (*Memphis*, 23 et 26; décret de l'an 23, 34) ou ont «abandonné
le chemin du commandement des dieux» (*Memphis*, dém. 16); Chaonnophris lui-même est «l'ennemi des dieux» (*Philae II*, Müller, hiérog. 5a
/ dém. 7c-d: Sethe, *Urk.* II 217, 7 et 221, 8). Les différentes facettes de
cette impiété permettent aussi d'appréhender la perception qu'ont les
prêtres des révoltes. Tout d'abord, les rebelles sont stigmatisés en tant
qu'adversaires du pharaon. Ainsi, pour les rédacteurs du décret de Memphis, Ptolémée V a dû «défendre (…) son propre trône» contre les
rebelles de Basse-Égypte (ἐπαμύνων (…) τῆι ἑαυτοῦ βασιλείαι, ll. 27-28),
ces derniers ayant «abandonné le chemin de Pharaon et de son père»
(dém. 16). On trouve la même idée exprimée dans la version hiéroglyphique du deuxième décret de Philae: «[the reb]el who had inst[igated]
war against him and his father (?)», (*Philae II*, Müller, hiérog. 11a: Sethe,
Urk. II 223, 4). Ensuite, de manière plus générale, les révoltés sont présentés comme des fauteurs de troubles, responsables du désordre intro-
duit en Égypte. Pour le décret de Memphis, les chefs rebelles ont «troublé la *chôra*» selon la version grecque (τὴν χώραν ἐ[νοχλήσ]αντας, l. 27),
ils ont «rassemblé une armée pour troubler (*r tḥtḥ*) les nomes» dans le
texte démotique (dém. 16). Quant au décret de Philae, il emploie, pour
qualifier la situation du pays à l'époque de la révolte, le terme de *šw*,
«vacuité», c'est-à-dire anarchie (Müller, hiérog. 9f: Sethe, *Urk.* II 222,
6)[38]. Le thème du désordre apporté par les rebelles se retrouve aussi dans
les inscriptions dédicatoires d'Edfou: «Sa grande porte, les battants de
portes de ses salles furent achevés pour l'an 16 de Sa Majesté. Par la suite,
des désordres (*ḫnnw*) survinrent après que d'ignorants rebelles (*btnw
iḫmw*) dans le district du Sud interrompirent le travail dans le Trône-
des-dieux» (De Wit, *Edfou*, VII, 6, 6-7).

Cette condamnation du désordre peut apparaître comme un *topos* du
discours sacerdotal tout au long de l'histoire égyptienne[39]. En l'occur-

---

[37] Voir *supra*, p. 10 et pour l'équivalence *sbyw* / impies, *supra*, p. 119.

[38] Cf. W. M. Müller, *Philae II*, p. 71, n. 1 et *Wb* IV 426.

[39] Nous en avons un autre exemple, à l'aube de notre période, en la personne de

rence, elle a des causes religieuses — les rebelles incarnant ici les forces du chaos — mais aussi matérielles. Nous avons déjà évoqué les exactions commises par les rebelles contre les temples et leurs desservants[40]. De manière plus indirecte, l'arrêt des travaux dans les temples traduit également la désorganisation du monde sacerdotal pendant les troubles. Ainsi, dans le temple d'Horus à Edfou, le temple d'Hathor à Deir el-Médineh et le petit temple d'Isis à Syène, l'activité architecturale resta en suspens à partir du règne de Ptolémée IV Philopator et pendant tout le règne d'Épiphane. De plus, à Edfou, les inscriptions dédicatoires imputent explicitement l'interruption des travaux aux rebelles «ignorants» des lois divines (*ḫmw*) (De Wit, *Edfou*, VII, 6-7)[41].

b – Expression d'une solidarité

Triplement impies en tant qu'ennemis du pharaon, fauteurs de troubles et pilleurs de temples, les rebelles se voient refuser par les prêtres toute légitimité et se trouvent relégués au rang d'ennemis de l'Égypte, au même titre que les envahisseurs étrangers, Perses ou Séleucides[42]. Contre tous ces ennemis, les prêtres offrent au roi lagide la caution des dieux égyptiens. La stèle de Raphia rapporte ainsi que, lors de la bataille contre Antiochos III, «tous les dieux d'Égypte, avec leurs déesses, se sont mis devant (le roi Ptolémée IV) et lui ont montré la voie (…). Ils lui ont révélé, lui ont affirmé, lui ont juré sur le taureau Apis qu'il vaincrait tous ses ennemis» (dém. 8-9). De même le décret de Memphis précise: «les dieux permirent que Pharaon s'emparât (des rebelles) à Memphis» (dém., 16). Protégé des dieux égyptiens, le roi lagide est assimilé à l'Ho-

---

Pétosiris, prêtre de Thot à Hermopolis. Cf. G. Lefebvre, *Le tombeau de Pétosiris*, Le Caire, 1924 et B. Menu, «Le tombeau de Pétosiris. Nouvel examen», *BIFAO* 94, 1994, pp. 315-327.

[40] *Supra*, pp. 135-136 et 141-142.

[41] Les cartouches restés vides furent remplis au nom d'Épiphane dès 187/6 (VII, 7, 1) mais le travail lui-même ne se poursuivit qu'à partir de 176 (VII, 7, 2-3), cf. S. Cauville et D. Devauchelle, «Le temple d'Edfou», pp. 35-37. À Deir el-Médineh, la décoration entreprise sous le règne de Ptolémée IV ne reprit que sous le règne de Philométor et à Syène sous celui de Ptolémée Évergète II: voir E. Lanciers, «Die ägyptischen Tempelbauten I», p. 91 et E. Bresciani, *Assuan*, p. 143.

[42] Sur la condamnation des ennemis étrangers dans les sources sacerdotales, voir W. Huss, *Der makedonische König*, p. 17 et pp. 93-96.

rus vengeur, tandis que rebelles égyptiens et ennemis extérieurs sont relégués du côté de Seth. On lit ainsi au sujet de la prise de Lycopolis en 197: «il (Ptolémée V) a pris en peu de temps la ville de vive force et détruit tous les impies qui s'y trouvaient, comme Hermès et Horus, le fils d'Isis et d'Osiris, avaient soumis, en ces lieux mêmes, les gens qui s'étaient révoltés auparavant» (*Memphis*, 26-27). Dans le décret de Raphia, la victoire de Ptolémée IV sur Antiochos III était traitée de la même manière, Ptolémée IV étant assimilé à Horus fils d'Isis, Harsièsis: «Ceux qui, parmi les ennemis, finirent par s'approcher de lui dans cette bataille, il les tua de sa main, tout comme Harsièsis, jadis, avait massacré ses ennemis» (dém. 11-12). À l'extérieur comme à l'intérieur de l'Égypte, la violence réparatrice et légitime d'Horus s'oppose donc à celle des adversaires du roi; c'est pour la même raison que les rédacteurs du décret de Memphis se félicitent du châtiment réservé aux chefs rebelles capturés à Lycopolis et punis «comme il convenait» (καθηκόντως, l. 28).

Invasion étrangère et révoltes intérieures sont donc l'objet d'une même condamnation par les prêtres égyptiens, sur la base d'un dispositif symbolique similaire. Cette condamnation se fonde, pour une large part, sur les déprédations commises lors des troubles. Dans le deuxième décret de Philae notamment, les rebelles égyptiens sont accusés d'avoir violé les sanctuaires, interrompu le culte, et outragé les statues des dieux:

> «Profaning the sanctuaries vio[lating] their [sacred idols?] together with those that were (in) the temples and (?) their altars [pro]hibiting to do that which is proper (for) them» // «They profaned (?) many temples injuring (?) [their] divine [statues] (…) suppressing (?) [the] due honor[s for their altar]s (and) their sacrifices (?) in their divine shrines (?)» (*Philae II*, Müller hiérog. 9c-10b et dém. 7e-8b: Sethe, *Urk.* II 221-222).

Ces actes d'impiété font penser au crime qui caractérisaient déjà les ennemis étrangers, perses et séleucides, dans d'autres textes sacerdotaux: le vol des statues divines. Certes, l'ampleur réelle des exactions commises par les Perses en Égypte reste débattue[43]. Cependant, à une époque où la propagande anti-perse était florissante, la dénonciation de tels forfaits

---

[43] Voir sur ce problème D. Devauchelle, «Le sentiment antiperse chez les anciens Égyptiens», *Transeuphratène* 9, 1995, pp. 67-80; J. K. Winnicki, «Carrying off and Bringing Home the Statues of the Gods», *JJP* 24, 1994, pp. 149-190. Également P. Briant, «Ethno-classe dominante et populations soumises», pp. 877-881.

contribuait certainement à reléguer les rebelles du côté de l'ennemi «héréditaire» et à dénier à leur action toute légitimité.

De son côté, et en contrepartie de cette caution religieuse, le roi se doit d'exercer sur le pays, et en particulier sur les temples, son pouvoir de protection lors des agressions extérieures et intérieures. Selon le décret de Raphia, le roi Ptolémée IV a ainsi «sauvé les temples» grâce à sa victoire sur Antiochos (dém. 26)[44]; de même, le décret de Philae souligne tous les soins déployés par Ptolémée V afin de protéger les sanctuaires durant la révolte de Chaonnophris (Müller, hiérog. 10b-11d / dém. 8c-9b: Sethe, *Urk.* II 222-223). Les deux aspects de la magnanimité royale — protection extérieure et maintien de l'ordre intérieur — sont mis en parallèle dans le décret de Memphis, où sont louées successivement les mesures prises par le roi lors de la Cinquième guerre de Syrie (*Memphis*, 20-21), et lors des troubles égyptiens contemporains (ll. 21-23). Dans le décret de l'an 23, les succès lagides de Phénicie et les victoires remportées sur les rebelles en Égypte sont également traités en parallèle (ll. 29-35). Enfin, à l'issue de toutes les périodes de crise, le roi est tenu de manifester sa générosité vis-à-vis des dieux et du clergé: les mesures prises à la suite de la Quatrième guerre de Syrie[45] font ainsi écho aux divers *philanthrôpa* consignés dans le décret de Memphis et dans les décrets de Philae. De même, après l'invasion d'Antiochos IV en 168, le roi Ptolémée VI restaura le sanctuaire de l'Ammonieion dans le Fayoum (*P. Tebt.* III 781) et, sitôt les troubles intérieurs résorbés, il mena à bien la reconstruction du temple de Satis à Éléphantine[46].

Dans les documents officiels, le pouvoir lagide et le monde des temples apparaissent donc tout à fait solidaires face aux atteintes à la sécurité intérieure du pays: les prêtres condamnent collectivement les entreprises des rebelles et justifient les actions du roi, tandis que le roi protège, restaure et dédommage les sanctuaires. Ce parti pris des prêtres n'a pas que des fondements religieux, même si c'est en ces termes qu'il se manifeste, car les temples se présentent aussi comme les victimes des rebelles. Cette attitude est en accord avec la politique de bonne entente mise en place entre le clergé et les rois lagides depuis les premiers temps

---

[44] «Les habitants de l'Égypte l'accueillirent avec des transports d'allégresse parce qu'il avait sauvé les temples et protégé en même temps tous les Égyptiens».

[45] Voir le décret de Raphia, dém. 15-23 et 28-30.

[46] Cf. *supra*, p. 43.

de l'installation macédonienne en Égypte[47]. Plus directement, elle se justifie par les destructions opérées par les rebelles au cours des révoltes. Elle s'explique enfin par la composition des synodes sacerdotaux. D'une part, le haut clergé du culte égyptien, réuni lors des synodes, comptait vraisemblablement parmi ses membres un certain nombre de Gréco-macédoniens. Tel est le cas d'Hérodès, fils de Démophon, au milieu du IIe siècle. Dans l'inscription *I. Thèbes / Syène* 302, datée de 152-145, il est défini comme «Pergaménien» (Περγαμηνός, l. 14), «faisant partie des successeurs» (τῶν διαδόχων, l. 15), «*hégémôn*» (l. 15), «commandant (φρούραρχος) de la garnison de Syène» (l. 16), «préposé aux territoires situés en amont» (l. 17), distinctions qui renvoient à son statut d'Hellène et de haut fonctionnaire de l'État. Toutefois, il porte aussi les titres de «prophète de Chnoub» et d'«archistoliste des temples à Eléphantine, Abaton et Philae» (ll. 18-19), ce qui montre qu'il possédait des charges importantes dans le culte égyptien[48]. D'autre part, il faut prendre en compte les doubles fonctions assumées par plusieurs membres égyptiens du haut clergé, à la fois grands prêtres ou prophètes et agents du pouvoir lagide. Une cinquantaine de personnages de ce type sont déjà connus[49], mais il probable qu'ils ne représentent qu'une petite partie de ces fonctionnaires «au double visage». Ainsi, selon W. Clarysse, «le stratège par exemple rendait la justice à la porte (des temples) et il ne semble guère permis de penser que leur accès ait été défendu au fonctionnaire principal du nome. Pourtant on sait que pour pénétrer dans un temple, il fallait bénéficier du statut de prêtre; il s'ensuit donc que le stratège possé-

---

[47] Voir notamment W. Swinnen, «Sur la politique religieuse de Ptolémée Ier», dans *Les syncrétismes dans les religions grecque et romaine* (Colloque de Strasbourg, 9-11 juin 1971), Paris, 1973, pp. 115-133.

[48] Sur Hérodès, voir L. Mooren, *Prosop.* 0149 et *La hiérarchie de cour*, pp. 127-130. Selon D. J. Thompson, *Memphis*, pp. 91-93, Chaapis, prophète de Ptah à Memphis au IIIe siècle, serait quant à lui Phénicien.

[49] Voir en particulier les travaux de W. Huss, *Der makedonische König*, pp. 72-90 et de P.-M. Chevereau, *Prosopographie des cadres militaires égyptiens de la Basse Époque*, Paris, 1985, pp. 187-200 et «Addenda-corrigenda à la prosopographie des cadres militaires égyptiens de la Basse Époque», *RdE* 41, 1990, pp. 223-230. Également H. De Meulenaere, «Les stratèges indigènes du nome tentyrite à la fin de l'époque ptolémaïque et au début de l'occupation romaine», *RSO* 34, 1959, pp. 1-25; W. Peremans, «Un groupe d'officiers dans l'armée des Lagides», *Anc. Soc.* 8, 1977, pp. 180-182; E. Van 't Dack et H. Hauben, «L'apport égyptien à l'armée navale lagide», pp. 80-81.

dait automatiquement ce statut, quelle qu'ait été son origine, gréco-macédonienne ou égyptienne»[50].

Bien des raisons viennent donc expliquer la condamnation des révoltes dans les décrets sacerdotaux. Mais il est aussi intéressant de constater l'esprit de corps manifesté par les membres du clergé réunis en synode, quelle que soit la diversité de leurs origines. En effet, en marge de la condamnation officielle des révoltes, les dons et profits accordés par le roi lors de ces assemblées amènent à s'interroger sur les bénéfices que les temples, malgré les déprédations commises par les rebelles, ont pu en réalité retirer des périodes de troubles intérieurs.

3 – Des clergés bénéficiaires des révoltes?

a – Les philanthrôpa d'Épiphane

Les décrets sacerdotaux des années 196-182 mentionnent toutes sortes de libéralités accordées au clergé par Épiphane. Celles-ci peuvent être schématiquement classées en deux grandes catégories: bénéfices économiques et cession de droits. Sur le plan économique, le décret de Memphis atteste ainsi:

* des dons aux sanctuaires, en argent et en grain (*Memphis*, 11).
* la libération des retenues exercées sur le revenu des temples, la confirmation des contributions royales et du reversement aux temples de l'*apomoira* (l. 15).
* le rabaissement du *télestikon*, la taxe d'accession à la prêtrise (l. 16).
* la remise des taxes et des fournitures de lin dues au Trésor (ll. 17-18 et 28-29).
* l'affranchissement de deux impôts: l'*artabieia* sur la terre (l. 30) et le *kéramion* sur la vigne (l. 31).
* de «nombreux cadeaux» faits aux animaux sacrés d'Égypte — en particulier à l'Apis et au Mnévis (l. 32).
* des constructions de sanctuaires et des entreprises de rénovation dans les principaux temples du pays (ll. 34-35).

---

[50] W. Clarysse, «Ptolémées et temples», p. 54. Pour P.-M. Chevereau, *Prosopographie*, p. 366, à la Basse-Époque pharaonique déjà, «les généraux placés à la tête d'un commandement territorial recevaient apparemment *ipso facto* la prêtrise du dieu local».

Dans le deuxième décret de Philae se trouvent également confirmés les revenus des temples, y compris l'*apomoira* (Müller, hiérog. 6e-7a / dém. 5e-f: Sethe, *Urk.* II 219, 4-9). Le décret évoque aussi des donations nouvelles en terres, en argent et en or (Müller, hiérog. 7a-b / dém. 5h-6a: Sethe, *Urk.* II 219, 10-11), la restauration de «ce qui était en ruine dans les sanctuaires» (Müller, hiérog. 7c / dém. 6a: Sethe, *Urk.* II 220, 1-4) et la sollicitude manifestée par le couple royal envers les animaux sacrés (Müller, hiérog. 7d-8b / dém. 6b-f: Sethe, *Urk.* II 220, 6 – 221, 3). Le premier décret de Philae rappelle les dons «abondants» faits aux temples et les terres octroyées aux dieux par Ptolémée V (col. III, 6) et Cléopâtre I (col. VII, 9). Il évoque aussi de nouvelles remises de taxes et de fournitures de byssus jusqu'à l'an 19 (col. IV). Enfin, le décret de l'an 23 atteste que le roi «a donné de grands terrains aux temples», leur a «accordé des revenus» (l. 14) et a fait des dons aux animaux sacrés (ll. 15-16). Bien que le décret de Memphis ait visiblement servi de trame aux autres décrets du règne d'Épiphane, on peut supposer que des bienfaits nouveaux furent effectivement été octroyés après 196, à l'occasion de grands événements comme le mariage avec Cléopâtre en 193, l'amnistie générale de 186, l'intronisation du nouvel Apis en 185 et celle du Mnévis en 182.

Parallèlement à ces dons, le roi Épiphane a également accordé un certain nombre de droits aux temples. Le décret de Memphis tout d'abord exempte les prêtres de la *kataplous*, navigation vers l'aval qui amenait chaque année les membres des tribus sacrées à Alexandrie pour célébrer sans doute les fêtes dynastiques (*Memphis*, 16-17)[51]. Il abolit également la conscription forcée des marins: «il a ordonné de ne plus procéder à la presse des matelots (τὴν σύλληψιν τῶν εἰς τὴν ναυτείαν)» (l. 17). La nature exacte de cette σύλληψις pose problème: la version démotique de la pierre de Rosette confirme bien le sens d'un service obligatoire («il ordonna de n'enrôler personne de force comme marin», dém. 10), mais il est peu probable que les prêtres eux-mêmes aient été soumis à la conscription[52]. Sans doute faut-il ici se ranger à l'hypothèse de W. Dittenberger et penser que la σύλληψις visait les travailleurs de la terre sacrée

---

[51] Cf. *supra*, p. 203.

[52] Sur la conscription des marins égyptiens à l'époque ptolémaïque, voir E. Van 't Dack et H. Hauben, «L'apport égyptien à l'armée navale lagide», dans *Das ptolemäische Ägypten*, pp. 84-86.

ou bien le personnel ouvrier des temples[53]. Par ailleurs, selon D. J. Thompson, on pourrait peut-être rapporter au synode tenu en l'an 23 certaines mesures relatives à l'autonomie de la terre sacrée connues par un papyrus postérieur, le *BGU* VI 1216. Ce document, daté de 110, évoque en effet une disposition selon laquelle personne, hormis les prêtres et leurs représentants, ne doit pénétrer sur les terres de l'Isieion de Memphis, ni les mesurer, à compter de l'an 24 d'Épiphane (ll. 30-31)[54]. De fait, la gestion par les prêtres des revenus sacrés fut affirmée en d'autres occasions délicates: en 145, peu après l'avènement d'Évergète II (*C. Ord. Ptol.* 43)[55]; en 140/9, peut-être en relation avec la tentative de coup d'État de Galaistès (*C. Ord. Ptol.* 47, 26-31)[56]; enfin en 118, à la fin des luttes dynastiques entre Évergète II, Cléopâtre II et Cléopâtre III (*C. Ord. Ptol.* 53, 50-61)[57].

La coïncidence entre les concessions royales et les troubles intérieurs a été mise en lumière depuis longtemps, mais interprétée de façon variée. Les libéralités consignées dans les décrets, en particulier dans celui de Memphis, ont tout d'abord été analysées dans le cadre d'un rapport de force entre le clergé égyptien et le roi lagide. Ainsi, selon U. Wilcken ou W. Otto, ces privilèges, qu'ils estiment conséquents, ont été imposés par les prêtres à un roi affaibli par les révoltes[58]. C. Préaux, quant à elle, date du décret de Memphis le début d'une «avalanche de privilèges et de dons de terres» octroyés aux prêtres par le pouvoir[59]. En revanche,

---

[53] Commentaire à *OGIS* I 90, pp. 152-153, n. 63.

[54] D. J. Crawford, «Ptolemy, Ptah and Apis», dans *Studies on Ptolemaic Memphis*, Louvain, 1980, pp. 34-35.

[55] Dans la circulaire de 140/139 (*C. Ord. Ptol.* 47), les rois Ptolémée VIII, Cléopâtre II et Cléopâtre III intiment à tous les fonctionnaires du royaume de laisser aux prêtres la gestion des revenus sacrés «conformément à (une) ordonnance antérieure». Ils font vraisemblablement référence au prostagma royal de 145 (*C. Ord. Ptol.* 43), beaucoup moins bien conservé, qui traitait des affaires du clergé.

[56] Selon M. Rostovtzeff, *Histoire*, p. 616, cette crise aurait «amené le roi à accorder vers cette époque quelques privilèges aux prêtres, qui soutinrent peut-être sa cause au cours de cette lutte».

[57] «(Personne) ne gérera, sous aucun prétexte, les aroures sacrées, qu'on laissera au contraire administrer par les prêtres».

[58] U. Wilcken, *Grundzüge*, pp. 95 et 110; W. Otto, «Ägyptische Priestersynoden», pp. 32-33 et p. 36. Voir aussi A. Bouché-Leclercq, *Histoire des Lagides* I, pp. 376-377; E. Bevan, *Histoire*, pp. 301-302.

[59] C. Préaux, *Économie*, p. 52.

d'autres auteurs, à l'image de D. J. Thompson, insistent davantage sur l'idée de bénéfices réciproques[60]. J. Bingen rejette également l'idée d'un affrontement entre le roi et le clergé; il conteste même qu'il y ait eu des «concessions royales importantes» à Memphis en 196, tout comme, plus récemment, W. Clarysse[61]. Il est effectivement difficile d'évaluer la portée réelle des bénéfices cédés aux temples par Épiphane. On butte tout d'abord sur la très grande diversité des bienfaits consignés dans les décrets. À cet égard, et bien qu'une division trop stricte comporte une part d'arbitraire (un même type de bénéfice pouvant correspondre à plusieurs objectifs), il est possible de distinguer trois grandes catégories de *philanthrôpa*: des mesures de pacification; des dons de joyeux avènement; des privilèges négociés.

b – Essai de typologie

Des mesures de pacification

Certaines libéralités accordées au clergé apparaissent tout d'abord comme la conséquence directe des troubles provoqués par les rebelles. Ainsi, les remises de taxes et des fournitures de lin évoquées dans le décret de Memphis (jusqu'à l'an 8) et le premier décret de Philae (jusqu'à l'an 19) peuvent s'expliquer par la désorganisation de l'administration fiscale au cours des années de révolte: à Thèbes en particulier, aucune taxe n'a été encaissée après 207 et l'activité bancaire n'a repris qu'en 191 au plus tôt[62]. De même, les restaurations dans les temples égyptiens, mentionnées dans le deuxième décret de Philae, peuvent s'expliquer par les déprédations commises par les rebelles et détaillées dans ce même décret. Ces dispositions peuvent donc apparaître comme les conséquences des débordements commis au cours de la révolte et elles s'inscrivent dans le contexte de la politique de pacification mise en place par Épiphane. Elles n'excluent pas, toutefois, un certain opportunisme de la

---

[60] D. J. Thompson, *Memphis*, p. 119. Voir également D. Devauchelle, *La Pierre de Rosette*, p. 17.

[61] J. Bingen, «Normalité et spécificité de l'épigraphie grecque et romaine de l'Égypte», pp. 23-24 et «Les tensions structurelles de la société ptolémaïque», pp. 929-930; W. Clarysse, «Ptolémées et temples», pp. 59-62.

[62] Voir *supra*, p. 180. Au demeurant, ces amnisties fiscales ne furent pas limitées au clergé: l'ordonnance de 186 atteste que tous les habitants de l'Égypte ont bénéficié de remises de taxes (*P. Köln* VII 313, col. I, 13-28).

part des membres du clergé. Le phénomène est bien attesté pour les années de guerre civile entre Évergète II et Cléopâtre II. L'ordonnance d'amnistie de 118 nous apprend ainsi que certains prêtres ont profité du désordre général pour s'enrichir illégalement: ils sont définis comme «ceux qui ont retiré de leurs charges des bénéfices trop considérables» (τοὺς πλείονας καρπεία{ι}ς ἐξενηνεγμένους, 68-69). L'ordonnance évoque également, comme le décret de Memphis, le problème des fournitures de toile, et elle entérine la remise des arriérés dûs sur l'*épistatikon* et sur les prébendes (*C. Ord. Ptol.* 53, 62-67)[63].

Des dons de joyeux avènement

Les autres *philanthrôpa* énumérés dans les décrets synodaux n'ont pas *a priori* de rapport direct avec l'agitation intérieure. La plupart d'entre eux ne sont pas une innovation du règne d'Épiphane. Les dons en argent et en nature, les travaux de construction et de restauration dans les temples sont attestés depuis l'installation de la dynastie lagide en Égypte[64]. Ce qui est remarquable en revanche, c'est la concentration de ces *philanthrôpa* sur quelques années, et en particulier leur accumulation dans le décret de Memphis. Mais il faut ici prendre en compte la nature de ce décret, qui célèbre l'intronisation du roi selon le rite égyptien. En comblant les temples de bienfaits à cette occasion, Épiphane se conformait à une tradition ancienne, renforçant par ce biais son image de pharaon légitime. D'autre part, dans le contexte des victoires remportées sur les rebelles (en 197 et 186), il devait manifester sa générosité vis-à-vis des temples et remercier les dieux de leur soutien: Ptolémée IV avait également comblé les sanctuaires égyptiens après sa victoire à Raphia[65]. De plus, il ne faut probablement pas négliger la part de rhétorique dans les

---

[63] «Aux épistates des temples, aux grands-prêtres et aux prêtres, ils accordent remise des arriérés dûs sur la taxe des épistates (ἐπιστατικόν) et sur la contre-valeur des fournitures de toiles, jusqu'en l'an 50 (121/0)» (ll. 62-64) / «les arriérés dûs jusqu'en l'an 50 sur les reprises exercées à certaines occasions sur les prébendes» (ll. 66-67). Sur l'*épistatikon*, voir J. A. S. Evans, *A Social and Economic History of an Egyptian Temple in the Graeco-Roman Period.. The Temple of Soknebtunis* (*Yale Classical Studies* 17), New Haven, 1961, pp. 273-274.

[64] Sur ces questions, voir W. Otto, *Priester und Tempel*, I, Leipzig, 1905, pp. 262-279 (dons de terres), pp. 366-391 (dons en argent et *syntaxis* versée aux prêtres); C. Préaux, *Économie*, pp. 47-53; D. J. Thompson, *Memphis*, pp. 114-125; W. Huss, *Der makedonische König*, pp. 14-45, en particulier pp. 14-17.

[65] *Raphia*, dém. 15-23 et 28-30.

décrets en l'honneur des souverains[66]. Par exemple, l'activité architecturale du roi célébrée dans le décret de Memphis semble avoir été dans les faits singulièrement limitée, sans doute en raison des difficultés intérieures. Selon E. Lanciers, elle peut même être définie comme «relativement insignifiante»[67]. Enfin, certains des bienfaits accordés au clergé en 196, puis confirmés dans les années 180, reviennent simplement à confirmer des privilèges anciens (libération des retenues exercées sur le revenu des temples, confirmation des contribution royales) qui eux-mêmes, comme le suppose J. Bingen, avaient peut-être été malmenés pendant les troubles[68]. L'idée d'une «avalanche de privilèges et de dons de terre», dont le décret de Memphis donnerait le signal, doit donc être nuancée.

Des privilèges négociés?

Cependant les décrets synodaux du règne d'Épiphane ne se contentent pas non plus de célébrer un *statu quo*. En effet, certains des bienfaits accordés par le roi sont bien nouveaux: les exemptions de taxe (*artabieia*[69] et *kéramion*), la suppression du recrutement forcé pour la marine et celle de la *kataplous*. Ainsi, les exemptions de taxes sont pour la première fois valables pour tous les temples du pays et de durée indéterminée — pour le principe tout au moins[70]. Or elles peuvent difficilement se comprendre sans une revendication du clergé, dans la mesure où elles lèsent les intérêts du Trésor. Sans doute les prêtres avaient-ils également réclamé l'annulation de la conscription forcée des marins qui les privait à certaines périodes des travailleurs de la terre sacrée. Enfin, l'abolition de la *kataplous* peut également apparaître comme une réponse à une requête sacerdotale. U. Wilcken et W. Otto avaient relevé l'importance

---

[66] Cf. W. Otto, *op. cit.*, p. 383 et C. Préaux, *Économie*, p. 49, n. 2, qui invite «à prendre garde aux exagérations des décrets de reconnaissance égyptiens».

[67] E. Lanciers, «Die ägyptischen Tempelbauten 2», p. 178.

[68] Cf. J. Bingen, «Normalité et spécificité de l'épigraphie grecque et romaine de l'Égypte», p. 23.

[69] Sur l'*artabieia*, voir K. Vandorpe, «The Ptolemaic Epigraphe or Harvest Tax (*shemu*)», *AfP* 46, 2000, p. 174.

[70] Les témoignages d'exemptions pour le IIIᵉ siècle ne laissaient en effet apercevoir que des privilèges particuliers: sous Ptolémée II, le temple de Mendès fut ainsi relevé du paiement de certaines taxes en argent (Stèle de Mendès, ll. 17-18); un papyrus des archives de Zénon, le *P. Cair. Zen.* II 59 394, mentionne une exemption de l'impôt sur les moutons sacrés; le *P. Petr.* III, 59 b, de provenance inconnue, exempte de la taxe personnelle des corporations de prêtres.

de cette disposition, tout en la considérant comme un signe de l'indépendance conquise par le clergé[71]. En fait, la suppression de la *kataplous* ne signifie pas nécessairement une plus grande autonomie des prêtres égyptiens vis-à-vis du pouvoir: après 196 le clergé et le roi entretinrent au contraire des rapports particulièrement étroits, concrétisés par de multiples réunions en synodes. En revanche, elle pourrait indiquer que les prêtres étaient en mesure d'en négocier les modalités.

Les dispositions concernant le *télestikon* et l'*apomoira* sont de nature différente, mais peuvent entrer dans le même cadre interprétatif. D'après le décret de Memphis, le *télestikon*, la taxe que paient les prêtres à leur entrée en charge[72], sera rabaissé au taux en vigueur sous le règne de Ptolémée IV. Quant à l'*apomoira*, elle sera reversée régulièrement aux temples[73], comme c'était également le cas sous ce règne:

- *apomoira*: «(le roi a ordonné) que les parts assignées aux dieux et prélevées sur les vignobles, les jardins et autres terrains appartenant aux dieux sous le règne de son père restassent en l'état (μένειν ἐπὶ χώρας)» (*Memphis*, 15-16; cf. *Philae II*, Müller, hiérog. 6e / dém. 5e-f).

- *télestikon*: «(le roi a ordonné), en ce qui concerne les prêtres, qu'ils ne paient rien de plus pour les droits à la consécration (εἰς τὸ τελεστικόν) que ce à quoi ils étaient imposés jusqu'à la première année, sous son père (ἕως τοῦ πρώτου ἔτους ἐπὶ τοῦ πατρὸς αὐτοῦ)» (*Memphis*, 16)[74].

Le décret laisse donc entendre, d'une part, que le *télestikon* avait été augmenté après le règne de Philopator, et d'autre part que l'*apomoira* reversée aux temples avait été diminuée (ou tout au moins qu'il en avait été question). Ceci s'explique probablement par la nécessité de renflouer les finances du royaume face aux dépenses liées à la guerre contre Antiochos et aux révoltes intérieures[75]. Mais le retour à une situation antérieure ne peut se comprendre sans une revendication sacerdotale, d'autant qu'en 196 la situation économique de l'Égypte était toujours critique.

---

[71] U. Wilcken, *Grundzüge*, p. 110; W. Otto, «Ägyptische Priestersynoden», p. 33.

[72] Sur le *télestikon*, voir C. Préaux, *Économie*, p. 404 et J. A. S. Evans, *The Temple of Soknebtunis*, pp. 257-258.

[73] Pour l'*apomoira*, voir désormais W. Clarysse et K. Vandorpe, «The Ptolemaic Apomoira», dans H. Melaerts (éd.), *Le culte du souverain dans l'Égypte ptolémaïque au IIIᵉ siècle avant notre ère* (*Stud. Hell.* 34), 1998, pp. 5-42.

[74] Version démotique: «Il ordonna également que les prêtres n'acquittent plus la taxe de prêtrise d'un montant supérieur à ce qui avait été décidé en l'an 1 par-devant son père» (dém. 9).

[75] En ce sens W. Clarysse, «Ptolémées et Temples», p. 61.

En définitive, même si certains temples ont réellement souffert des révoltes, le clergé réuni en synode — c'est-à-dire le haut clergé — peut apparaître comme globalement bénéficiaire des périodes de crise intérieure: le discours sacerdotal qui condamne les rebelles et tend à présenter les temples comme leurs victimes s'en trouve donc sensiblement nuancé. Deux remarques s'imposent cependant:

- Tout d'abord, à l'issue du règne d'Épiphane, les temples n'ont pas nécessairement connu un accroissement spectaculaire de leur puissance. Certains privilèges semblent même avoir été repris, soit par le roi, soit par les fonctionnaires: l'exemption de l'*artabieia* devra ainsi être réaffirmée en 118 (*C. Ord. Ptol.* 53, 59-61)[76], tout comme la rétrocession aux temples de l'*apomoira* (*C. Ord. Ptol.* 53, 51-52)[77].

- D'autre part, si certaines concessions consignées dans les décrets témoignent de la capacité du haut clergé à négocier des privilèges sur le plan collectif, elles ne donnent pas pour autant la preuve d'un affrontement avec le roi. Au contraire, elles apparaissent plutôt comme le signe d'une communauté d'intérêts entre les deux parties, justifiée à la fois par la menace représentée par les rebelles et par l'intégration d'une partie du haut clergé aux sphères du pouvoir lagide. À cet égard, les *philanthrôpa* d'Épiphane illustrent la collaboration fonctionnant entre le roi et les prêtres, collaboration également sanctionnée par le couronnement de rite égyptien en 196 et par la participation aux fêtes célébrant la défaite de Chaonnophris en 186. Reste à savoir maintenant si ces conclusions, qui valent pour les assemblées sacerdotales, peuvent être appliquées à l'ensemble des clergés égyptiens.

II – DIVERSITÉ DU MONDE SACERDOTAL

1 – Les milieux émetteurs de la littérature oraculaire

Si l'on cherche à repérer des nuances dans l'attitude des prêtres égyptiens face aux révoltes, il faut tout d'abord revenir sur la question de la

---

[76] Même après cette date, à Kerkéosiris, la terre sacrée est taxée à hauteur d'une demi artabe à l'aroure vers 112 (*P. Tebt.* I 98, 27-28). Voir à ce sujet D. J. Crawford, *Kerkéosiris*, p. 99 et n. 10.

[77] Cf. W. Clarysse et K. Vandorpe, *op. cit.*, p. 17.

littérature oraculaire, illustrée par des textes tels que la *Chronique Démo-tique*, l'*Oracle du Potier* et l'*Oracle de l'Agneau*[78]. En effet, en première analyse, ces documents semblent en contradiction avec le discours sacer-dotal exprimé par les synodes, dans la mesure où ils annoncent l'avène-ment d'un roi-sauveur destiné à instaurer un Âge d'or en Égypte. De plus, alors que dans le décret de Raphia ou le décret de Memphis les rois Ptolémées se trouvaient assimilés par les prêtres égyptiens au dieu Horus luttant contre les partisans de Seth, dans l'*Oracle du Potier* au contraire c'est au tour des habitants d'Alexandrie d'être présentés comme les ser-viteurs de Seth. Les milieux sacerdotaux émetteurs de ces prophéties étaient-ils pour autant des partisans des révoltes? Deux raisons princi-pales amènent à répondre à cette question par la négative. Tout d'abord, comme nous l'avons vu plus haut, le caractère anti-ptolémaïque de la lit-térature oraculaire est aujourd'hui très contesté: la *Chronique Démotique* serait même, selon H. Felber, un écrit de propagande en faveur des Pto-lémées[79]. D'autre part, la question de l'approbation par les prêtres de la domination lagide et celle du soutien apporté aux rebelles ne sauraient, dans tous les cas, se résoudre l'une à l'autre. En effet, les révoltes se sont traduites par un état d'anarchie et de violence qui ne correspondait cer-tainement pas aux aspirations, religieuses et matérielles, du clergé: même les prêtres les moins intégrés aux sphères du pouvoir auront difficilement pu les identifier avec les prémices de l'Âge d'or. Les décrets synodaux et les textes prophétiques se rejoignent d'ailleurs à cette occasion. Si les pre-miers louent Ptolémée V pour avoir chassé le désordre et restauré l'εὐδία dans le pays, l'*Oracle du Potier* développe le même thème en prophéti-sant l'avènement en Égypte du roi idéal: «quand Isis aura intronisé le roi dispensateur de bienfaits (…) le Nil, que son eau avait abandonné, cou-lera à pleins bords, l'hiver, qui était décalé, suivra le cours retrouvé de son cycle, l'été reprendra sa course retrouvée, et les vents assagis souffle-ront doucement» (*P. Oxy.* XXII 2332, 66-79)[80].

Il nous semble donc assuré que les textes prophétiques ne nous ren-seignent pas sur l'attitude des prêtres face aux révoltes réelles de l'époque ptolémaïque. De fait, alors que la *Chronique Démotique* et l'*Oracle de*

---

[78] Sur ces textes, voir *supra*, p. 127-128.

[79] H. Felber, «Die demotische Chronik», dans *Apokalyptik und Ägypten*, pp. 106-110.

[80] Traduction de R. Rémondon, dans *BIFAO* 58, 1959, p. 195.

l'Agneau ont vraisemblablement tous deux une origine memphite[81], le clergé de Memphis est aussi l'un de ceux qui entretint les meilleures relations avec les Ptolémées durant toute la période de domination lagide. Nous allons revenir sur ce point en examinant les répercussions des révoltes au sein de différents milieux sacerdotaux.

2 – De Memphis à Eléphantine

a – Memphis

Concernant les grands prêtres de Ptah, il ne fait guère de doutes que les relations très étroites nouées entre ces derniers et le pouvoir lagide dès le IIIᵉ siècle ne furent pas rompues au cours des révoltes[82]. Au contraire, le haut clergé memphite joua durant toute l'époque ptolémaïque un rôle de premier plan dans le processus de légitimation du pouvoir, assurant aux rois macédoniens un couronnement selon le rite pharaonique et accueillant dans ses temples un grand nombre de synodes sacerdotaux. La sollicitude manifestée par les Ptolémées à l'égard du taureau Apis, la fréquence des visites royales dans l'ancienne capitale égyptienne, mais aussi les stèles autobiographiques des grands prêtres de Ptah attestent d'une collaboration qui fonctionna jusqu'à la fin de l'époque ptolémaïque. À un échelon plus modeste, le prêtre Hor de Sébennytos peut donner un autre exemple de loyalisme dynastique[83]. D'abord pastophore d'Isis dans le nome Sébennytique, Hor semble s'être installé à Memphis à la fin des années 170 et il se consacra au culte des ibis et des faucons sacrés à partir de 165. Sa fidélité au pouvoir lagide s'affiche dans un certain nombre de rêves prophétiques rédigés à l'intention de Ptolémée VI Philométor. Rejoignant le discours sacerdotal consigné dans les décrets, Hor s'élève contre toutes les atteintes à la stabilité du trône, de quelque nature qu'elles soient. Dans le *O. Hor* 1, il rapporte ainsi le rêve que lui envoyèrent les dieux lors de l'invasion d'Antiochos IV en 168, rêve qui

---

[81] Cf. H. Felber, *op. cit.*, p. 110 et L. Koenen, «Die Apologie des Töpfers an König Amenophis oder das Töpferorakel», dans *Apokalyptik und Ägypten*, p. 186.

[82] Sur les relations entre les Lagides et le clergé de Memphis, voir D. J. Crawford / D. J. Thompson, «Ptolemy, Ptah and Apis» dans *Studies on Ptolemaic Memphis*, Louvain, 1980 et *Memphis*, pp. 106-154.

[83] Sur la carrière de Hor, voir J. D. Ray, *The Archive of Hor*, pp. 117-124.

prédisait la défaite des Séleucides et le salut de l'Égypte[84]. À l'opposé des thèmes rencontrés dans l'*Oracle du Potier* (avec l'abandon d'Alexandrie par la divinité Agathos Daimon / Kmêphis[85]) le salut de la capitale est cette fois garanti par les dieux égyptiens. Hor décrit comment il a vu la déesse Isis, tenant par la main le dieu Thot, s'avancer jusqu'au port d'Alexandrie en marchant sur les flots de Syrie:

> «Isis, the great goddess of this Egypt and the land of Syria, is walking upon the face (of) the water of the Syrian sea. Thoth stands before her (and) takes her hand (and) she reached the harbour (at) Alexandria. She said, «Alexandria is secure [against (?) the] enemy»» (*O. Hor* 1, ll. 12-14)[86].

Quelque temps plus tard, Hor eut à nouveau l'occasion d'exprimer son soutien à Philométor en se félicitant de l'échec du mystérieux *Tmpn* pour usurper la royauté aux alentours de 167 (*O. Hor* 7). Enfin, vers 165, c'est sur la Thébaïde insurgée qu'il prédit au roi une victoire rapide (*SB* X 10574, A-E)[87].

Malgré ces manifestations de loyauté, il n'est pourtant pas exclu que l'agitation de la *chôra* se soit parfois transmise au sein des temples de Memphis. En témoigne la plainte du reclus Ptolémaios relative à une perquisition effectuée au Sérapeum en octobre 163. Dans deux brouillons rédigés à l'attention l'un du stratège, l'autre du roi (*UPZ* I 5 et 6), Ptolémaios rapporte que les représentants de la gendarmerie locale[88], accompagnés d'Amôsis, le subordonné du grand prêtre, sont venus chercher des armes dans l'Astartieion le 18 octobre mais qu'ils n'ont rien trouvé. La perquisition est aussi évoquée dans un autre document, le papyrus démotique *P. Louvre* 2414 (*UPZ* I 6a), mais le témoignage de Ptolémaios est beaucoup plus complet[89]:

---

[84] Hor transmit ce rêve au stratège (?) *Hryns* / Eirènaios le 11 juillet 168 (*O. Hor* 2, R° 8) puis, le 29 août, il se rendit à Alexandrie pour rapporter en personne sa prédiction aux rois (R° 12). Selon J. D. Ray, *op. cit.*, p. 126, il est aussi possible que Hor ait servi dans l'armée lagide pendant la Sixième guerre de Syrie

[85] Cf. L. Koenen, *op. cit.*, p. 165.

[86] Sur ce document, voir aussi M. Chauveau, «Alexandrie et Rhakôtis: le point de vue des Égyptiens», p. 7.

[87] Cf. *supra*, pp. 42-43.

[88] Il s'agit ici de la police de la nécropole, stationnée dans l'Anoubieion. Cf. D. J. Thompson, *Memphis*, p. 112 et pp. 251-252.

[89] Ce document fut publié par E. Révillout en 1893 puis réédité par K. Sethe en 1921 avant d'être inséré par U. Wilcken dans les *Urkunden* au numéro *UPZ* I 6a. Il a long-

«Le 16 Thoth, Ptolemaios, le représentant de l'*archiphylax* stationné dans l'Anoubieion et Amôsis, le subordonné du grand prêtre (ὁ παρὰ τοῦ ἀρχιερέως), ayant amené des gardes (φυλακίτας) avec eux, sont entrés dans l'Astartieion qui se trouve dans le grand Sérapeum — où je suis retenu, comme je l'ai dit, jusqu'à maintenant. <u>Déclarant qu'il y avait des armes (ὅπλα) dans la chambre[90]</u>, <u>ils ont cherché partout et n'ont rien trouvé</u>» (*UPZ* I 6, 5-10).

Cette perquisition peut être mise en rapport avec l'ordonnance générale de pacification promulguée par Ptolémée VI deux mois auparavant, le 17 août 163: seule la clause d'amnistie a été conservée, mais on peut imaginer que le roi avait aussi décrété des mesures de désarmement[91]. En outre, le 22 septembre, le stratège du nome Memphite avait été sommé d'appliquer au plus vite cette ordonnance dans le nome (cf. *C. Ord. Ptol.* 35), sans doute en prévision de la visite royale à Memphis au début du mois d'octobre[92]. Nous ignorons si des armes furent retrouvées ailleurs que dans l'Astartieion, mais il est significatif que certains temples aient alors fait partie des lieux à surveiller pour la police lagide. Ptolemaios en tout cas ne semble ni surpris ni choqué par la perquisition. Il se plaint certes d'Amôsis et de ses confrères mais pas de l'action des policiers, dont il loue même l'attitude correcte: «les gardes en sortant secouèrent (la tête?) sans avoir rien fait de malséant (μηθὲν ἄτοπον ποιησάντων)» (ll. 10-11).

Les *UPZ* I 5-6 nous montrent donc la perméabilité entre le milieu sacerdotal et le monde extérieur. Mais ils illustrent aussi la collaboration mise en place entre le clergé de Memphis et le pouvoir civil pour assurer la sécurité des temples. Lors de la perquisition du 18 octobre 163, les gendarmes furent en effet accompagnés d'Amôsis, le représentant d'un

---

temps été considéré comme le témoignage détaillé du reclus égyptien Harmaïs, le compagnon de chambre de Ptolemaios, sur la même affaire. Cependant, W. Clarysse, «UPZ I 6a, a Reconstruction by Révillout», *Enchoria* 14, 1986, pp. 43-49, a établi que l'essentiel procédait en fait d'une reconstruction de Révillout à partir de la plainte de Ptolemaios. Réduit à ses fragments d'origine, le *P. Louvre* 2414 est beaucoup moins éloquent. Les fragments conservés évoquent néanmoins Ptolemaios (l. 4), Amôsis (l. 7), des armes (l. 5), ainsi que la saisie des affaires des reclus (ll. 8-11). Mais nous ignorons si elle a été écrite par Harmaïs lui-même ou par un autre individu.

[90] Le terme employé, celui de τόπος, qualifie ici le logement des reclus, le *pastophorion*, cf. U. Wilcken, *UPZ* I, p. 132.

[91] En ce sens C. Préaux, «Esquisse», p. 541, n. 6.

[92] Sur cette visite, voir D. J. Thompson, *Memphis*, p. 215.

archiereus qui n'est pas nommé mais qui, selon U. Wilcken, pourrait être le grand prêtre du Sérapeum lui-même[93]. On peut d'ailleurs imaginer que c'est en accord avec ce dernier que les policiers furent autorisés à pénétrer au sein du temple. Les autorités sacerdotales semblent donc avoir été tout à fait prêtes à s'associer avec la police afin d'empêcher que le désordre de la *chôra* ne se transmette à l'intérieur des enceintes sacrées.

b – Pathyris

Lors de la révolte de 88, la correspondance de Platon, le stratège de Thébaïde, atteste plus directement encore la collaboration mise en place entre le clergé de Pathyris et le pouvoir lagide en temps de trouble[94]. Parmi les cinq lettres qui composent cette correspondance, deux en effet, le *P. Bour.* 12 et le *P. Bad.* II 16, furent adressées aux «prêtres et aux autres à Pathyris (τοῖς ἐν Παθύρει ἱερεῦσι καὶ τοῖς ἄλλοις)». Dans le *P. Bour.* 12, rédigé le 1er novembre 88, Platon annonce l'arrivée du roi Ptolémée Sôter II à Memphis et la mise sur pied de l'armée commandée par Hiérax. Dans le *P. Bad.* II 16, dont la date est perdue, il est question de la bienveillance des prêtres vis-à-vis de l'État (τὴν πρὸς τὰ πράγμα[τα εὔ]νοιαν, ll. 8-9), mais aussi des mesures prises par ces derniers pour assurer la sécurité de la ville:

«ἐπ[αιν]ῶ [... τὰ] ὑφ' ὑμῶν κεχειροτονημένα. Καλῶς ποιήσετε συνγεινόμενοι [...] εἰς τὼ (= τὸ) τὸν τόπον ἐν ἀσφαλείαι ὑπάρχοντα συντηρῆσαι[95] τοῦτον τῶι κυρίωι βασιλεῖ» (ll. 1-7).

«j'approuve [les] mesures que vous avez décrétées. Vous ferez bien de vous regrouper [...] afin de veiller à ce que ce lieu reste sûr pour votre seigneur-roi» (ll. 1-7).

---

[93] U. Wilcken, *UPZ* I, p. 44.

[94] Sur le temple et le clergé de Pathyris, voir P. W. Pestman, «Les archives privées de Pathyris», pp. 52-54.

[95] D'après la restitution de U. Wilcken, «Papyrus-Urkunden XII», *AfP* 7, 1924, pp. 303-304. Le premier éditeur du texte, F. Bilabel, *P. Bad.* II, p. 24, avait lu «εἰς τῶτον τόπον (...) συντηρηθῆναι» et en avait déduit que la lettre était adressée à des prêtres thébains loyaux réfugiés dans la ville. Mais il n'y a pas de raison de penser que Platon vise ici d'autres prêtres que ceux de Pathyris, d'autant que l'adresse du papyrus est identique à celle du *P. Bour.* 12. En revanche, la restitution proposée par Wilcken après συνγεινόμενοι ([Νεχθύρει τῶι ὑφ' ἡμῶν τεταγμένωι]) n'est pas possible: cf. F. Bilabel, *BL* II, 1933, pp. 173-174 et C. Préaux, «Esquisse», p. 550, n. 3.

Ces deux documents montrent bien le rôle d'intermédiaire que pouvait jouer le clergé entre l'État et les Égyptiens. Après avoir écrit de manière indifférenciée aux habitants de Pathyris le 28 mars (τοῖς ἐν Παθύρει [κατοι]κοῦσι, *P. Lond.* II 465), Platon a en effet éprouvé la nécessité de s'adresser plus directement aux prêtres et c'est à eux qu'il fait part d'une nouvelle essentielle, celle de l'offensive de Hiérax (*P. Bour.* 12). D'autre part, le *P. Bad.* II 16 révèle que ces prêtres ont participé activement à la résistance de la cité. Le fait est digne d'être noté, car jusque-là les mesures de maintien de l'ordre étaient à la charge de Nechthyris: organisation de la surveillance de la région (*P. Bour.* 10, 11-14), arrestation des individus suspects (*ibid.*, 15-20), mise en place du ravitaillement (*P. Bour.* 11). Est-ce parce que celui-ci a disparu que Platon s'est appuyé sur les prêtres de Pathyris? Dans cette hypothèse, le *P. Bad.* II 16 serait postérieur au 7 juillet 88, le dernier document mentionnant Nechthyris (*P. dém. Heid.* 650a)[96].

Tandis que les décrets sacerdotaux passés au cours des années 180 attestaient l'implication morale des clergés égyptiens dans la lutte contre les rebelles, le clergé de Pathyris nous offre donc l'exemple d'une collaboration concrète avec le pouvoir. En l'occurrence cependant, les prêtres ne semblent avoir guère tiré profit de leur loyalisme: à l'image de la ville, le temple de Pathyris se trouva déserté après la révolte, peut-être après avoir été pris d'assaut par les rebelles[97].

c – Edfou

À en juger par les inscriptions du temple d'Horus, les prêtres d'Edfou portèrent sur la révolte des années 206-186 le même jugement que les synodes sacerdotaux de Memphis et de Philae. Les rebelles qui interrompirent les travaux en l'an 16 de Ptolémée Philopator sont en effet qualifiés de *ḥmw*, ignorants des lois de l'Égypte[98] et le roi Ptolémée V est loué pour avoir «chassé le désordre du pays» (De Wit, *Edfou*, IV, 8, 2; VII, 6, 7; VII, 7, 1). Certes, ces inscriptions ont été gravées longtemps après les événements: celles du mur extérieur du *naos* (*Edfou* IV) datent du règne de Ptolémée VIII Évergète II et celles du mur d'enceinte de la fin du règne de

---

[96] Sur ce document, voir *supra*, p. 65.
[97] *Supra*, p. 72.
[98] *Supra*, p. 121.

Ptolémée Alexandre Ier (*Edfou* VII)[99]. Nous pouvons néanmoins supposer qu'elles reflètent les sentiments des prêtres à l'époque de la révolte.

d – Éléphantine

Jusqu'à présent, nous n'avons pu déceler aucune trace d'un engagement actif de membres du clergé aux côtés des rebelles. Le papyrus démotique *P. dém. Berl. Eleph.* 15 527 en donnerait-il néanmoins un exemple? Ce document a été publié par K.-Th. Zauzich en 1978[100]. Il s'agit d'une lettre adressée par un certain Horpakolludj à trois prêtres *ouab* du dieu Chnoum-Haroueris à Éléphantine, dont l'un est peut-être le *lésonis* du temple[101]. Elle est datée de la «18e année, 17 Phamenoth» d'un règne indéterminé. Horpakolludj précise qu'il est venu en mission jusqu'à Syène avec trois compagnons pour faire ses dévotions et pour rencontrer les intéressés. Après s'être enquis de l'état des temples auprès du prophète de Chnoum, il a appris que les trois prêtres étaient partis en Éthiopie. Or ce départ, au vu des termes employés, semble motivé par la crainte de représailles: «We were told, «They went south to Nubia»» (ll. 9-10) / «(But) it is as (an) enemy that you consider us» (ll. 35-36)[102]. Horpakolludj exhorte alors les fugitifs à rentrer à Philae pour accomplir leur service dans l'*abaton*: «When this letter reaches you, come to your temple. Your breath may it prosper» (ll. 20- 21)[103].

Pour K.-Th. Zauzich, le document pourrait dater de la grande révolte thébaine des années 206-186, et c'est en raison de leur compromission dans la *tarachè* de Chaonnophris que les trois prêtres, redoutant un châtiment, auraient cherché refuge en Éthiopie[104]. Dans cette hypothèse, la

---

[99] Voir S. Cauville et D. Devauchelle, «Le temple d'Edfou», p. 32 et p. 38.

[100] K.-Th. Zauzich, *Demotische Papyrus aus den Staatlichen Museen zu Berlin* I (*DPB*), Berlin, 1978, P. 15 527 et, du même auteur, «Die demotischen Papyrus von der Insel Elephantine», dans *Egypt and the Hellenistic World*, pp. 424-425. Voir aussi, pour ce document, B. Porten *et al.*, *The Elephantine Papyri in English*, Leyde, 1996, C 15 (C. J. Martin) et *FHN* II, n° 133, pp. 596-600 (R.-H. Pierce et L. Török).

[101] Cf. K.-Th. Zauzich, *DPB* I, P. 15 527, n. 2.

[102] Trad. C. J. Martin.

[103] *Ibid.*

[104] K.-Th. Zauzich, «Die demotischen Papyrus von der Insel Elephantine», p. 424. En ce sens également C. J. Martin dans B. Porten *et al.*, *The Elephantine Papyri in English*, p. 320, n. 13; L. Török dans *FHN* II, n° 133, p. 599; E. Lanciers, «Die ägyptischen Tempelbauten 1», p. 96, n. 108; W. Huss, *Der makedonische König*, pp. 179-180.

lettre d'Horpakolludj aurait été écrite le 23 avril 187 (17 Phamenoth de l'an 18 d'Épiphane). L'attribution du papyrus au règne d'Épiphane reste cependant débattue. Pour P. W. Pestman notamment, le document serait plus ancien et appartiendrait à un groupe de lettres datant des environs de la XXXe dynastie[105]. Étant donné que le *P. dém. Berl. Eleph.* 15 527 ne donne pas non plus les raisons du départ des prêtres en Éthiopie, les incertitudes sont trop nombreuses pour que nous puissions conclure, sur la seule foi de ce témoignage, à l'implication des prêtres de Chnoum dans la rébellion de Chaonnophris. En fait, un seul clergé donne des indices non équivoques d'une collaboration avec des rebelles: celui d'Amon à Thèbes.

III – LE CAS DU CLERGÉ THÉBAIN

Le clergé thébain tient en effet une place à part, car il est incontestable que lors de la grande révolte des années 206-186, les prêtres d'Amon reconnurent l'autorité des deux rois Haronnophris puis Chaonnophris. Pour autant, le clergé d'Amon doit-il être considéré comme un clergé rebelle, catalyseur voire instigateur des différents soulèvements en Haute-Égypte? Dans son article sur les «révolutions égyptiennes», C. Préaux interprétait le ralliement des prêtres thébains aux rois rebelles comme la marque de leur volonté séparatiste: «Amon accueille le Nubien, comme il le fit si souvent, par haine de vieux féodal contre le pouvoir d'un roi qu'il a cru fort et qu'il sent chanceler»[106]. Dans le même ordre d'idées, M. Alliot admet que le clergé d'Amon à Thèbes était «hostile à la dynastie macédonienne»[107]. A. Bataille qualifie quant à lui la ville de «foyer de révoltes, constamment attisé par l'élément sacerdotal»[108] et W. Peremans évoque les «groupes élitaires, comme le clergé d'Amon dans le Sud, (qui) en profitent pour attiser le sentiment national», qualifiant de «centrifuge» l'activité déployée par les prêtres en Thébaïde[109]. Dans cette

---

[105] P. W. Pestman, «Haronnophris and Chaonnophris», p. 136.

[106] C. Préaux, «Esquisse», p. 532.

[107] M. Alliot, «La Thébaïde en lutte», p. 422.

[108] A. Bataille, «Thèbes gréco-romaine», *CdE* 26, 1951, p. 345.

[109] W. Peremans, «Ptolémée IV et les Égyptiens», p. 400 et «Les révolutions égyptiennes sous les Lagides», p. 47. Voir aussi V. Anagnostou-Canas, «Les rebelles de la chôra», p. 354, qui évoque «les tendances séparatives d'Amon».

optique, l'hostilité des prêtres d'Amon envers les Lagides a fréquemment été opposée à la loyauté des autres clergés égyptiens, et en particulier à celle du clergé de Ptah à Memphis[110]. Cependant, à la lumière de recherches plus récentes, cette interprétation paraît discutable. J. Quaegebeur a ainsi émis plusieurs réserves sur la spécificité du clergé de Thèbes, en soulignant notamment sa conformité dans le domaine du culte dynastique[111]. K. Vandorpe s'est également interrogée sur la réalité de l'enthousiasme prêté aux prêtres d'Amon face à la domination d'Haronnophris et de Chaonnophris[112]. Enfin, la réappréciation des travaux menés à Thèbes sous les Ptolémées a permis de nuancer l'idée d'un désintérêt des Lagides vis-à-vis de l'antique cité de Haute-Égypte[113]. Dans quelle mesure les révoltes survenues dans la région thébaine à l'époque ptolémaïque sont-elles imputables au clergé d'Amon? Pour tenter de répondre à cette question, il nous faut tout d'abord définir l'attitude des prêtres thébains lors de la grande *tarachè* du règne d'Épiphane.

1 – La reconnaissance des rois Haronnophris et Chaonnophris

Les principaux indices des relations établies entre le clergé d'Amon et les pharaons indigènes sont à chercher dans les contrats notariaux datés

---

[110] En ce sens, notamment L. Cerfaux et J. Tondriau, *Le culte des souverains*, Tournai, 1957, p. 210; J. A. S. Evans, *The Temple of Soknebtunis*, p. 161; W. Huss, *Ägypten in hellenistischer Zeit*, p. 448.

[111] J. Quaegebeur, «The Egyptian Clergy and the Cult of the Ptolemaic Dynasty», *Anc. Soc.* 20, 1989, pp. 93-113, «The Genealogy of the Memphite High Priest Family in the Hellenistic Period», dans *Studies on Ptolemaic Memphis*, Louvain, 1980, pp. 79-80 et «À la recherche du haut clergé thébain» dans *Hundred-Gated Thebes*, pp. 139-161. Également E. Lanciers, «Die ägyptischen Priester des ptolemäischen Königskultes», *RdE* 42, 1991, pp. 117-145 et E. Winter, «Der Herrscherkult in den ägyptischen Ptolemäertempeln», dans *Das ptolemäische Ägypten*, pp. 147-160.

[112] K. Vandorpe, «City of Many a Gate», p. 233.

[113] Ainsi, pour J.-C. Golvin, «Enceintes et portes monumentales des temples de Thèbes à l'époque ptolémaïque et romaine», dans *Hundred-Gated Thebes*, pp. 31-41, compte-tenu de l'achèvement des grandes enceintes de Karnak et des restaurations dans le temple d'Amon, l'époque ptolémaïque peut même apparaître comme «l'une des périodes les plus actives de l'histoire de Thèbes». Voir également V. Rondot et J.-C. Golvin, «Restaurations antiques à l'entrée de la salle hypostyle ramesside du temple d'Amon-Rê à Karnak», *MDAIK* 45, 1989, pp. 249-259.

selon ces derniers en lieu et place des rois lagides[114]. Normalement, les scribes qui rédigent les actes démotiques dans l'Égypte hellénistique exercent au nom du clergé de leur ressort territorial[115]. Au IIe siècle, les deux rives thébaines avaient chacune leur propre notariat égyptien: l'étude de la rive est était dirigée d'ordinaire par un seul scribe, un prêtre attaché au temple d'Amon-Rê à Karnak et agissant au nom de tous ses collègues sacerdotaux; dans la nécropole, sur la rive ouest (Djême en égyptien, les Memnoneia en grec), l'étude comportait deux notaires exerçant pour le compte du prophète du dieu Djême[116].

En l'occurrence, aucun des contrats conservés au nom d'Haronnophris ou Chaonnophris n'est issu de l'étude de Karnak: sur les onze documents recensés, six ont été émis par des notaires actifs sur la rive ouest, aux Memnoneia (n°s 2, 4, 7, 8, 9 et 10), deux proviennent de la région thébaine mais probablement pas de l'office de Karnak (n°s 6 et 11)[117], deux du nome Coptite (n°s 3 et 5) et un de Pathyris (n° 1). Cependant, il semble bien que les offices auxquels les notaires appartenaient étaient à cette époque subordonnés au clergé d'Amon:

– Concernant la rive est, le scribe Petemenôphis qui a rédigé les deux actes provenant de *P3-îhj* dans le nome Coptite précise dans le premier d'entre eux, le *P. dém. Carnavon* 1 + 2, qu'il écrit «au nom des prêtres d'Amonrasontèr» (an 4 d'Haronnophris); c'est également le cas pour le *P. dém. Ehev.* 29 qui a été émis par Psenchônsis fils d'Amenôthês, appartenant à un office non identifié de la région thébaine (n° 11, an 14 de Chaonnophris)[118]. Dans ces contrats «au nom des prêtres d'Amon» disparaît la mention «et prêtres des Ptolémées» qui complétait la titulature des prêtres thébains depuis le règne de Ptolémée IV

---

[114] Nous emploierons ici les termes de «notariats» et de «notaires» de manière générale. Au sens strict en effet les scribes égyptiens (*sh*) ne sont pas de véritables notaires, à la différence des *agoranomoi*, cf. P. W. Pestman, «L'agoranomie: un avant-poste de l'administration grecque enlevé par les Égyptiens?», dans *Das ptolemäische Ägypten*, p. 203.

[115] Voir K.-Th. Zauzich, *Die ägyptische Schreibertradition in Aufbau, Sprache und Schrift der demotischen Kaufverträge*, Wiesbaden, 1968, pp. 3-4; P. W. Pestman, «Les notariats de Djême et de Thèbes au 2e siècle av. J.-C.», dans P. W. Pestman, J. Quaegebeur et R. L. Vos, *Recueil de textes démotiques et bilingues*, I, pp. 139-140.

[116] P. W. Pestman, *op. cit.*, pp. 139-140; K. Vandorpe, «City of Many a Gate», p. 230.

[117] Cf. M. Alliot, «La Thébaïde en lutte», p. 430; P. W. Pestman, «Haronnophris and Chaonnophris», p. 132.

[118] Cf. P. W. Pestman, *op. cit.*, p. 116, gg.

au moins, et qui apparaît au cours des années précédant la révolte dans les papyrus *P. dém. Louvre* E 9416 (214/3), *P. dém. BM* 10.071 (213/2) et *P. dém. BM Andrews* 26 et 27 (211/0)[119].

- Pour ce qui est des contrats provenant des Memnoneia, le scribe écrit d'ordinaire qu'il agit «au nom du prophète de Djême». Cela dit, il existait un rapport étroit entre les cultes à Djême et la charge de premier prophète d'Amon, remontant, selon J. Quaegebeur, «au moins au début de l'époque ptolémaïque»[120]. En tout cas, à l'époque de la révolte, le notariat de la rive ouest était bien sous l'autorité du clergé de Karnak: dans un contrat daté de 187, mais cette fois selon Ptolémée V (*P. dém. Tor. Botti* 1), on retrouve la mention «au nom des prêtres d'Amon» sous la plume du scribe Peteêsis fils de Paês (qui a également rédigé les documents 2, 4, 7 et 9)[121].

Ces actes notariaux attestent donc la reconnaissance officielle de l'autorité d'Haronnophris et Chaonnophris par le temple d'Amon à Thèbes. On peut y ajouter la stèle démotique de Karnak qui porte le brouillon d'une lettre adressée par un pastophore d'Amonrasontèr à son supérieur, le «scribe royal», le 29 Thoth de l'an 1 du roi Haronnophris, c'est-à-dire le 10 novembre 205 (stèle Caire 38.258)[122]. Certes, ces documents ne suffisent pas à affirmer que le ralliement des prêtres thébains aux rois indigènes fut délibéré: on peut s'interroger sur les moyens dont disposait le clergé pour résister à une nouvelle autorité locale. Mais l'idée d'une collaboration se lit davantage dans l'épithète «aimé d'Amon» adoptée par Haronnophris et Chaonnophris. En effet, choisir un dieu comme référent, c'est aussi manifester une relation particulière avec le clergé dépositaire de son culte[123]. Les relations étroites entretenues par les Ptolémées

---

[119] Cf. P.W. Pestman, *op. cit.*, p. 131.

[120] J. Quaegebeur, «À la recherche du haut clergé thébain», p. 156. Sur ce point, voir également P. W. Pestman, «Les notariats de Djême et de Thèbes au 2ᵉ siècle av. J.-C.», p. 142.

[121] En ce qui concerne la ville de Pathyris, un office de notaire indépendant, dirigé par un prêtre du temple d'Hathor, y est connu à partir de 176 seulement: cf. F. L. Griffith, *P. Adler*, p. 67.

[122] Cf. *supra*, p. 12.

[123] Sur l'élection d'un dieu particulier par le pharaon, voir notamment S. Morenz, *Die Erwählung zwischen Gott und König in Ägypten*, Leipzig, 1956, pp. 118-137; H.-J. Thissen, *Studien zum Raphiadekret*, pp. 35-36 et p. 42.

avec le dieu Ptah et Memphis le montrent bien: de la même manière que, dès Ptolémée III, l'épithète «aimé de Ptah» peut apparaître comme la marque de bons rapports entre la monarchie lagide et le clergé de Memphis, le choix d'Amon par Haronnophris et Chaonnophris indique des relations au minimum amicales avec les prêtres thébains[124]. Ce que nous ignorons, en revanche, c'est si ces pharaons égyptiens furent couronnés à Thèbes. Le fait est possible, mais reste hypothétique[125]: d'une part, nous connaissons des personnages qui ont porté le titre de «roi d'Égypte» sans être couronnés[126]; d'autre part, il n'est pas certain que les prêtres d'Amon soient allés jusqu'à consommer une telle rupture avec le gouvernement d'Alexandrie. L'alliance entre le clergé d'Amon et les rois indigènes n'a pas, en effet, été absolue. Au contraire, on peut mettre l'accent sur les limites de l'engagement thébain au cours de cette révolte, ainsi que lors des autres soulèvements de Thébaïde.

[124] Il n'est pas impossible que ces bonnes relations aient servi les intérêts de ces derniers. En effet, trois contrats émis au cours de la révolte «au nom des prêtres d'Amon» — mention qui normalement caractérise les documents issus de l'étude de Karnak — ont une autre origine: le *P. Carnavon* 1+2 (Coptos), le *P. dém. Ehev.* 29 (région thébaine) et le *P. dém. Tor. Botti* 1 (Memnoneia). Par conséquent, on peut se demander à la suite de P. W. Pestman, «Haronnophris and Chaonnophris», p. 132, si l'étendue de l'influence des prêtres d'Amon est à mettre au compte de leur alliance avec les rois indigènes.

[125] Pour P. W. Pestman cependant, *op. cit.*, p. 105 et pp. 112-113, Haronnophris fut couronné à Thèbes entre le 13 octobre et le 10 novembre 205.

[126] Cf. *supra*, p. 192.

Tableau 8 – Offices notariaux et actes au nom des rois rebelles

D'après P. W. Pestman, «Harmachis et Anchmachis», p. 159 et «Haronnophris and Chaonnophris», pp. 113-116

	Document	Date	Prov.	Scribe	Sujet
Haronnophris					
1	*P. dém. BM* 10.486	an 1, 20 Mésorè 27 sept. 204	Pathyris	?	affaire concernant les prêtres de Pathyris.
2	*P. dém. BM Reich* 10079D	an 4, Phaophi 12 nov.-11 déc. 202	Memnoneia	Peteêsis, f. Paês	accord au sujet d'un héritage, conclu au sein d'une famille de choachytes thébains.
3	*P. dém. Carnavon* 1 + 2	an 4, Hathyr 12 déc. 202 – 10 jan. 201	nome Coptite (Pȝ-iḥj)	Petemenôphis, f. Petemestous «au nom des prêtres d'Amon»	vente d'un terrain situé «dans le domaine d'Amon de Louxor à l'ouest de Thèbes».
4	*P. dém. Ehev.* 27	an 4, Epeiph 8 août-6 sept. 201	Memnoneia	Peteêsis, f. Paês	contrat de mariage; le mari est commerçant à Thèbes.
5	*P. dém. Lugd. Bat.* XVII 12	an 5, 17 Hathyr 27 déc. 201	nome Coptite (Pȝ-iḥj)	Petemenôphis, f. Petemestous	reconnaissance de dette; le créancier est «serviteur d'Amon».
6	*P. dém. Berl. Kaufv.* 3142 + 3144	an 6, Payni 9 juill.-7 août 199	région thébaine	?	vente d'un terrain situé dans le domaine d'Amon; l'acquéreur est un choachyte.

Tableau 8 (suite)

	Document	Date	Prov.	Scribe	Sujet
Chaonnophris					
7	*P. dém. Berl. Kaufv.* 3146	an 7, Thoth 12 oct.-10 nov. 199	Memnoneia	Peteêsis, f. Paês	vente d'un terrain situé dans le domaine d'Amon.
8	*P. dém. BM. Andrews* 4	197-191	Memnoneia?	Petosiris, f. Totoês?	vente de tombes par le choachyte Panas.
9	*P. dém. BM Andrews* 19	an 7, Phaophi 11 nov.-10 déc. 199	Memnoneia	Peteêsis, f. Paês	reconnaissance de dette entre deux choachytes.
10	*P. dém. Tor. Botti* 2	an 11, Epeiph 7 août-5 sept. 194	Memnoneia	Petosiris, f. Totoês	cession de services cultuels entre un prêtre d'Amon et un prophète d'Hathor.
11	*P. dém. Ehev.* 29	an 14, Epeiph 6 août-4 sept. 191	région thébaine	Psenchônsis f. Amenôthês «au nom des prêtres d'Amon»	mariage; le mari est choachyte.

2 – Les limites de l'engagement thébain

a – Le pragmatisme des prêtres d'Amon avant et après 186

On peut tout d'abord souligner le pragmatisme avec lequel les prêtres thébains ont réagi aux changements de souveraineté à Thèbes entre 206 et 186. Les offices notariaux subordonnés au clergé d'Amon se sont en effet adaptés avec une grande souplesse à l'alternance politique et militaire entre Haronnophris, Chaonnophris et Ptolémée V. Ainsi, deux des scribes qui ont émis des actes au nom des pharaons indigènes ont également daté des contrats selon le roi lagide au cours de la période. Il s'agit de Peteêsis, fils de Paês et de Petosiris, fils de Totoês, tous deux actifs aux Memnoneia:

– Peteêsis a rédigé 4 contrats au nom d'Haronnophris puis de Chaonnophris entre 202 et 199 (n°s 2, 4, 7 et 9). Il a ensuite émis 2 documents au nom de Ptolémée V en septembre / octobre 190 et août / septembre 187 (*P. dém. Louvre* E 9415 et *P. dém. Tor. Botti* 1).
– Petosiris quant à lui est d'abord connu par 2 contrats datés selon le règne de Ptolémée V en février 198 et en décembre / janvier 197 (*P. dém. Recueil* 8 et *P. dém. BM Andrews* 3). Pourtant, en août / septembre 194 il a aussi rédigé un document au nom de Chaonnophris (n° 10).

Par ailleurs, les contrats notariaux montrent que les prêtres d'Amon ont réinvesti en temps utile leurs fonctions officielles dans le culte dynastique:

– En 202/201, le *P. dém. Carnavon* 1 + 2, au nom d'Haronnophris, est rédigé au nom «des prêtres d'Amon», sans mention des Ptolémées (n° 3).
– Par la suite, au cœur même des années de révolte, entre le 11 décembre et le 9 janvier 199, un contrat thébain a été daté de l'an 7 de Ptolémée V par un scribe écrivant «au nom des prêtres d'Amonrasonter et des dieux Adelphes, Évergètes et Philopators» (*P. dém. Schreibertr.* 26).
– La mention «prêtres des Ptolémées» disparaît une fois encore dans le *P. dém. Ehev.* 29 au nom de Chaonnophris, émis dans la région thébaine entre le 6 août et le 4 septembre 191 (n° 11).

– Mais à la fin de la révolte les notaires rédigent à nouveau des actes au nom des prêtres d'Amon et des Ptolémées: dès l'été 187 aux Memnoneia (*P. dém. Tor. Botti* 1)[127] et en 186/5 à Karnak (*P. dém. BM Reich* 10.226)[128].

Le clergé thébain a donc su s'adapter aux circonstances politiques du moment, et en particulier à la restauration de l'autorité lagide dans la ville. Au cours des décennies qui suivirent la révolte, la normalisation des relations avec le pouvoir s'illustre aussi plus directement par le décret retrouvé sur le *dromos* du temple d'Amon à Karnak. Publié par G. Wagner en 1971, ce décret a d'abord été attribué au règne de Ptolémée V Épiphane[129]. Cependant, d'après les observations de W. Clarysse et L. Criscuolo, il daterait plutôt des premières années du règne de Ptolémée VIII Évergète II (vers 141/0)[130]. Il était à l'origine trilingue (cf. C-D, 16-18), mais seule la version grecque a été retrouvée, en quatre fragments inégalement conservés. En tout cas, par sa forme et son contenu, il ne diffère pas des décrets émis en l'honneur des Lagides par les synodes sacerdotaux ou par d'autres clergés locaux[131]. Les prêtres y célèbrent la «piété et la sollicitude» du roi (ἐυσέβειαν καὶ σπουδήν, C-D, 16), ainsi que les «bienfaits» accordés par ce dernier «au temple et aux habitants de la ville» (τὰς ἐυεργεσίας εἰς τὸ ἱερὸν καὶ τοὺς κατοικοῦντας τὴν πόλιν» (C-D, 18). Le décret comporte en outre des dispositions cultuelles désormais classiques au IIᵉ siècle: publication de la stèle «dans l'endroit le plus en vue» pour l'édification des générations futures (C-D, 18-20); célébration de fêtes annuelles en l'honneur du roi, de la reine et de leurs enfants (B, 9-10); érection de statues du couple royal (C-D, 20-21). Ne s'agirait-il que d'un discours de façade, contredit par la permanence des troubles

---

[127] Cf. P. W. Pestman, «Haronnophris and Chaonnophris», p. 119, qq. Il s'agit d'un contrat rédigé par Peteêsis.

[128] P. W. Pestman, *op. cit.*, p. 131.

[129] G. Wagner, «Inscriptions grecques du temple de Karnak», *BIFAO* 70, 1971, pp. 1-21. Voir également, du même auteur, «Un décret ptolémaïque trilingue du *dromos* de Karnak (Fragments grecs)», dans *Actes XIIIᵉ Congrès* (Marbourg), 1974, pp. 439-445.

[130] L. Criscuolo, «L'epigrafia greca a Tebe», dans *Hundred-Gated Thebes*, p. 23 et p. 24, n. 20.

[131] Tels que les décrets promulgués par les prêtres de Mendès et de Saïs: cf. H. De Meulenaere et P. MacKay, *Mendes II*, pp. 173-177; C. Thiers, «Ptolémée Philadelphe et les prêtres de Saïs», *BIFAO* 99, 1999, pp. 423-445.

en Thébaïde au IIe et Ier siècles? En fait, le rôle qu'aurait pu jouer le clergé d'Amon au cours de ces autres soulèvements reste très difficile à établir.

b – Le clergé thébain face aux révoltes des IIe et Ier siècles

Pour des raisons données dans la première partie, nous ne reprendrons pas ici l'étude des relations entre les prêtres thébains et le mystérieux «ennemi des dieux» Harsièsis qui, en 131, mit la main sur 90 talents appartenant aux prêtres d'Amon par l'intermédiaire du vice-thébarque Dionysios[132]. Comme nous l'avons vu, rien ne prouve que cet Harsièsis ait été un roi rebelle ayant pris le contrôle de Thèbes à cette époque. De plus, le vice-thébarque lui-même, dans sa lettre au banquier Diogénès, assume seul la responsabilité du versement, qu'il définit comme un acte d'impiété (τὸ γεγονὸς ἀσέβημα, *UPZ* II 199, 8), commis malgré lui vis-à-vis «du grand dieu Amonrasontèr» (ll. 1-2). Les prêtres d'Amon ont en effet été victimes de la malversation: comme l'a montré R. Bogaert, ils ont dû, au cours de l'été 130, rembourser à la banque les 90 talents cédés à la demande du vice-thébarque[133].

En 88, en revanche, il est assuré que la révolte toucha la ville de Thèbes: selon Pausanias, la répression de Sôter II fut extrêmement sévère «au point de ne laisser aux Thébains aucun vestige de la prospérité de jadis» (I, 9, 3). Ce jugement radical pourrait laisser penser que le pouvoir lagide s'en prit aussi aux temples, ce qui n'avait pas été le cas en 186[134]. Pourtant, même après le soulèvement de 88, des constructions furent menées à Thèbes au nom de Ptolémée XII Aulète dans le temple de Ptah, la chapelle de l'Osiris Coptite et le temple d'Opet[135]. Sous le règne de Cléopâtre VII, des travaux furent également entrepris «au nom

---

[132] Voir *supra*, p. 48-52.

[133] R. Bogaert, «Un cas de faux en écriture à la Banque Royale thébaine», pp. 145-154.

[134] Ainsi pour J. Bingen, «Les tensions structurelles de la société ptolémaïque», p. 929, «la vraie rébellion de la Thébaïde sous Sôter Ier s'est terminée par la destruction de la puissance sacerdotale thébaine».

[135] Cf. *PM* II², 196-197 (temple de Ptah); *PM* II², 207 et J. Leclant, *Recherches sur les monuments thébains de la XXVe dynastie*, I, Le Caire, 1965, pp. 54-56 (chapelle de l'Osiris Coptite); *PM* II² 246 et C. De Wit, *Les inscriptions du temple d'Opet à Karnak*, I, Bruxelles, 1958, pp. VI-VII (temple d'Opet). Voir aussi W. Huss, *Der makedonische König*, pp. 38-39.

de l'État» sur la terrasse du temple de Karnak, comme le rapporte la stèle élevée vers 39 par les prêtres d'Amon en l'honneur du parent et stratège Kallimachos, fils de l'épistratège Kallimachos (*I. Prose* 46)[136].

Cette stèle témoigne d'ailleurs plus généralement des bonnes relations entre le clergé thébain et les administrateurs lagides de Thébaïde sur plusieurs générations. Les prêtres y louent tout d'abord la générosité (l. 8) et la piété (l. 23) manifestées par le stratège actuel (Kallimachos II) lors de «vicissitudes diverses» subies par la cité (ποικίλων περιστάσεων, l. 5). Ils le félicitent pour avoir revigoré Thèbes sans alourdir ses charges (ἀνε-πιβάρητο[ν], l. 5), tout en la maintenant «en une paix absolue» ([ἐν] τῆι πάσηι εἰρήνηι, l. 6). Les «vicissitudes» dont il est question sont explicitées aux lignes suivantes: plusieurs famines successives survenues à la suite d'années de sécheresse (ll. 10-22), à tel point que «personne ne pouvait plus encore nourrir l'espoir de vivre» (l. 16) et que «tous en raison des privations s'évanouissaient» (l. 17)[137]. Face à cette situation critique, et grâce à l'aide du «très grand dieu Amonrasontèr», le stratège Kallimachos a réussi à assurer le ravitaillement des habitants (ll. 18-21) et il a sauvé la vie «à tout le monde» (l. 7). Dans la suite du document, on trouve en outre des informations intéressantes sur le rôle joué à Thèbes par le grand-père du stratège actuel, le père de l'épistratège Kallimachos (Kallimachos I):

> «comme depuis l'époque où le père de son père Kallimachos (ὁ πατὴρ τοῦ πατρὸς αὐτοῦ Καλλιμάχου), parent du roi et épistratège, [restaura] les processions des dieux souverains ainsi que les panégyries, de façon sainte et noble, ainsi que dans l'ancien temps» (ll. 24-25).

Ce grand-père, dont la stèle ne cite ni le nom ni le titre, a peut-être été lui aussi épistratège de Thébaïde au début du Ier siècle[138]. Il s'agit en tout

---

[136] Sur ce décret, voir aussi R. Hutmacher, *Das Ehrendekret für den Strategen Kallimachos*, Meisenheim, 1965, partic. pp. 28-29 pour la datation.

[137] Pour les famines du règne de Cléopâtre VII, également évoquées par les auteurs anciens, voir J. Vandier, *La famine dans l'Égypte ancienne*, Le Caire, 1936, p. 37 et R. Hutmacher, *op. cit*, p. 29. Ce dernier, *op. cit.*, p. 37, pense néanmoins que les «vicissitudes» évoquées dans le décret sont en rapport avec la révolte de 88.

[138] Le problème vient de la datation de plusieurs inscriptions du Ier siècle qui évoquent un épistratège Kallimachos et permettent diverses hypothèses de filiation. Voir à ce sujet L. Mooren, «Notes concernant quelques stratèges ptolémaïques, IV. Les Kallimachoi», *Anc. Soc.* 1, 1970, pp. 17-24 et *Prosop.* 061 et 0143, J. Bingen, «Les épistratèges de Thébaïde sous les derniers Ptolémées», *CdE* 45, 1970, pp. 369-378, et plus récemment A. Blasius,

cas, au vu de ses réalisations et de la carrière de son fils, d'un personnage important et c'est très probablement dans le cadre d'une fonction publique qu'il a rétabli les processions et les panégyries à Thèbes[139]. Que la restauration des fêtes religieuses soit elle-même une conséquence, directe ou indirecte, de la révolte de 88, reste soumis à conjectures. Mais, même avant cette révolte, certains fonctionnaires lagides étaient déjà très impliqués dans les cultes thébains. C'est notamment le cas de Platon, fils de Platon, dont la statue hiéroglyphique a été étudiée récemment par L. Coulon[140]. Fils du stratège de Thébaïde actif au moment du soulèvement de 88, ce Platon peut être identifié au Πλάτων νεώτερος connu par des papyrus et qui, selon L. Coulon, était stratège de plusieurs nomes au début du Ier siècle[141]. D'après le texte de la statue, il détenait de multiples charges sacerdotales à Latopolis, à Hermonthis et à Thèbes, où il reçut en 98 les oracles du dieu Amon[142]. La statue de Platon et la stèle de Kallimachos tendraient donc à montrer une continuité dans les bons rapports entre prêtres de Thèbes et administrateurs lagides au cours du Ier siècle, malgré la révolte de 88.

Reste le soulèvement de 29 av. qui clôt la série des insurrections thébaines. D'après l'inscription de Gallus à Philae, Karnak (Diospolis Magna) fit alors partie des cinq «villes» prises d'assaut par le préfet (*IG Philae* II 128, 14). Mais nous ne savons pas quel fut le rôle tenu par les prêtres d'Amon à cette occasion. En tout cas, Strabon, qui visita Thèbes quelques années plus tard, impute la *stasis* au paiement du tribut, sans dire mot d'une éventuelle implication sacerdotale (XVII, 1, 53). De plus, le clergé thébain semble être resté l'objet de la sollicitude des premiers empereurs romains: en témoigne l'œuvre architecturale d'Auguste, et surtout de Tibère, dans les temples de Karnak et de Louxor[143].

«Army and Society in Ptolemaic Egypt. A Question of Loyalty», *AfP* 47, 2001, pp. 90-98. Pour ce dernier, Kallimachos I fut nommé épistratège de Thébaïde quelque temps avant 63/2; dans ce cas, l'activité de son propre père à Thèbes pourrait être approximativement placée une génération plus tôt, vers la fin de la grande révolte.

[139] Cf. L. Mooren, *op. cit.*, p. 19.

[140] L. Coulon, «Quand Amon parle à Platon (La statue Caire JE 38033)», *RdE* 52, 2001, pp. 85-111.

[141] L. Coulon, *op. cit.*, p. 103.

[142] *Op. cit.*, pp. 100-102 et 109-110.

[143] Cf. *PM* II², 110, 197, 207, 316 (Tibère) et 251-252 (Auguste); H. De Meulenaere, «L'œuvre architecturale de Tibère à Thèbes», *OLP* 9, 1978, pp. 69-73.

Que retirer de ces différents éléments? Nous ignorons ce que pensaient les prêtres thébains de la domination gréco-macédonienne en Égypte. Il est tout à fait possible que certains d'entre eux aient été hostiles aux rois lagides, ou nostalgiques de la grandeur passée de leur cité, désormais supplantée par la grande capitale du sud, Ptolémaïs. Pour autant, rien ne permet de dire que cette hostilité se traduisit sur le plan de la lutte armée et que le clergé d'Amon fomenta les révoltes de Thébaïde. En premier lieu, il ne faut peut-être pas surestimer le sens de son ralliement à Haronnophris et Chaonnophris dans les années troublées de la fin du IIIe siècle: on peut se demander quelle était la marge de manœuvre des prêtres thébains après le retrait des troupes lagides en 205. Le clergé égyptien dans son ensemble ne dut-il pas se rallier, pour des raisons similaires, aux rois perses, puis à Alexandre, enfin aux empereurs romains, en les reconnaissant comme rois d'Égypte? Certes, la titulature adoptée par les rois indigènes permet de pencher en faveur d'une alliance consentie par le clergé plutôt que d'une situation imposée par les armes. Mais les prêtres ont pu reconnaître le nouveau pouvoir sans être pour autant les instigateurs du soulèvement, et la bonne volonté mise en œuvre pour reconnaître l'autorité lagide, une fois les troubles résorbés, permet de relativiser leur engagement aux côtés des rebelles. La responsabilité des prêtres d'Amon dans la révolte de 88 ne peut pas non plus être démontrée. Au contraire, ces derniers entretinrent des relations apparemment normales avec les Ptolémées et leurs représentants tout au long des IIe et Ier siècles. Même si les Lagides n'ont assurément pas noué avec le clergé d'Amon à Thèbes des liens aussi étroits qu'avec celui de Ptah à Memphis, le clergé thébain peut donc difficilement être considéré comme un clergé rebelle. Comment expliquer, dans ce cas, la fréquence des soulèvements? Il nous faut ici, pour finir, nous interroger sur la place tenue par la ville de Thèbes dans les différentes révoltes de Thébaïde.

3 – Révoltes de Thèbes ou révoltes en Thébaïde?

Au cours de cette étude, nous avons vu que la Thébaïde au sens large, c'est-à-dire la Haute-Égypte, fut le théâtre de troubles variés à l'époque ptolémaïque et même jusqu'au début de la domination romaine: de 207/6 à 186, en 165, dans les années 150, de 132/1 à 122/1 puis de 107 à 86, enfin en 29[144]. L'instabilité de la région est également soulignée, côté romain, par la stèle élevée par Gallus à Philae. La version latine qualifie ainsi la Thébaïde de «commun effroi de tous les rois (*communi omnium regum formidine*)» (*IG Philae* II 128, 7); quant au texte grec, il va jusqu'à affirmer que le préfet soumit en 29 «la Thébaïde entière, qui n'avait pas été soumise par les rois (σύμπασαν τὴ[ν] Θηβαΐδα μὴ ὑποταγεῖσαν τοῖς βασιλεῦσιν)» (ll. 15-16). Il est inutile de rappeler que cette affirmation, destinée à grandir les exploits du préfet, est très exagérée. Pourtant, il est clair qu'elle aurait manqué son but si elle n'avait correspondu à une certaine réalité: on peut donc penser que les révoltes de Haute-Égypte avaient suffisamment marqué les esprits pour être exploitées par la propagande romaine. Néanmoins, deux faits importants doivent être pris en considération.

D'une part, si les révoltes ont été fréquentes en Haute-Égypte, elles n'ont pas non plus épargné la Basse et la Moyenne Égypte à l'époque ptolémaïque: le tableau des soulèvements de la *chôra* (Tableau 4) montre même que ceux-ci ont généralement touché aux mêmes époques le sud et le nord du pays, à ceci près que la documentation est globalement plus abondante pour le sud. Le Delta en particulier correspond à un vide papyrologique: de fait, les soulèvements survenus dans cette région ne nous sont connus que par des sources littéraires ou épigraphiques (le décret de Memphis pour le siège de Lycopolis, le décret de l'an 23 pour les événements de Diospolis d'aval, Polybe à propos des troubles du Saïte, Diodore de Sicile pour Dionysios Pétosarapis, Strabon sur le soulèvement d'Héroônpolis).

D'autre part, il serait abusif de voir la ville de Thèbes comme la source unique de tous les soulèvements de Haute-Égypte:

• Sous Haronnophris et Chaonnophris, Thèbes a bien été une ville «rebelle». Mais il faut noter qu'Haronnophris n'y est entré qu'en octobre 205, alors que la révolte avait débuté plusieurs mois auparavant et qu'elle avait déjà touché la région d'Edfou et le Pathyrite. La localisation des garnisons de Crocodilopolis et Pathyris, aux lendemains du soulèvement, va dans le même sens: situées à une trentaine de kilomètres de Thèbes, à un endroit stratégique où la vallée du Nil se rétrécit, elles apparaissent autant comme des verrous protégeant la

---

[144] Voir le tableau général des révoltes, *supra*, pp. 78-79.

ville sur son flanc sud[145] que comme des forces destinées à la surveiller.

- En ce qui concerne les années 160, nous ne sommes pas en mesure de
  dire si la ville de Thèbes se souleva, alors que les troubles sont bien
  attestés pour Panopolis, au nord, mais aussi pour le Pathyrite, au sud,
  où ils connurent même une recrudescence dans les années 150.

- À partir de 132/1, la ville subit, comme ses voisines, les contrecoups de
  la guerre dynastique entre Cléopâtre II et Évergète II, mais sans se singulariser par une agitation particulière[146]. Certes, une *tarachè* perturba
  l'activité économique du Périthèbes au cours de l'année 132 mais, dans
  la ville elle-même, l'activité administrative et fiscale resta aux mains
  des représentants de l'autorité lagide, agissant au nom de l'un ou
  l'autre roi[147].

- En 88 en revanche, les Thébains furent partie prenante de l'insurrection. Néanmoins, comme en 205, la révolte avait commencé en
  d'autres lieux et elle ne gagna la ville que dans un second temps. La
  perte du contrôle lagide en Haute-Égypte est ainsi beaucoup plus pré-
  coce dans le Pathyrite, le Latopolite et l'Apollonopolite, où des
  troubles se manifestèrent dès la fin du IIe siècle. Au contraire, la situation à Thèbes semble avoir été normale dans les années 90, et même
  jusqu'au début de l'été 88[148].

- En 29 enfin, Diospolis Magna fit bien partie des villes insurgées aux
  côtés de Coptos, Borèsis (au nord de Coptos) Médamoud et Héfô (au
  sud de Thèbes).

La ville de Thèbes a donc participé à plusieurs des révoltes attestées à
l'époque ptolémaïque mais, dans la majorité des cas, ces révoltes ne l'ont
touchée que dans un deuxième temps, après avoir éclaté dans d'autres
régions. Sans doute les Thébains n'avaient-ils pas moins de raisons de se
révolter que leurs voisins: le soulèvement de Diospolis Magna contre le
phoros des Romains le montre bien pour l'année 29. Mais il est par
conséquent difficile de qualifier la ville de «foyer de révoltes» et d'en
imputer la responsabilité au clergé d'Amon. Dans l'état actuel de la

---

[145] En ce sens K. Vandorpe, «City of Many a Gate», p. 233.
[146] A condition d'écarter, bien entendu, l'hypothèse de la domination d'Harsièsis.
[147] Voir *supra*, pp. 50-55.
[148] Voir *supra*, p. 71.

documentation, ce dernier ne nous semble pas se singulariser par une particulière propension à l'insurrection. En revanche, malgré la concurrence de Ptolémaïs, la ville de Thèbes avait encore bien des atouts susceptibles d'attirer les rebelles et leurs chefs: ses infrastructures – et en particulier les enceintes des temples qui pouvaient être utilisées comme retranchements par les insurgés[149], sa richesse encore réelle, et surtout son réservoir de légitimité en tant que ville d'Amon et ancienne capitale pharaonique. Ces raisons peuvent expliquer que, si souvent, la ville ait fini par se retrouver au cœur de la tourmente, même sans l'avoir provoquée.

BILAN

Pour conclure sur ce point, les réactions du roi et du clergé face aux révoltes intérieures semblent avoir été très convergentes. Même si les coups les plus graves portés à la domination lagide sont finalement venus de l'extérieur, en la personne d'Antiochos IV en 170-168 et des Romains à la fin du premier siècle, les révoltes ont représenté un réel danger pour les rois lagides, ne serait-ce que par leurs effets indirects, politiques, économiques et sociaux. Les affrontements, les abandons de terres et la désorganisation administrative provoquèrent ainsi un recul de l'activité économique, en termes de production comme de perception. En outre, l'état d'anarchie entraîna une recrudescence des conflits villa-

---

[149] Sur le rôle défensif que pouvaient jouer en Égypte les grandes enceintes sacrées, voir notamment A. W. Lawrence, «Ancient Egyptian Fortifications», *JEA* 51, 1965, pp. 69-94, C. Thiers, «Civils et militaires dans les temples. Occupation illicite et expulsion», *BIFAO* 95, 1995, pp. 493-516 et G. Dietze, «Temples and Soldiers in Southern Ptolemaic Egypt. Some Epigraphic Evidence», dans *Politics, Administration and Society in the Hellenistic and Roman World, Proceedings of the International Colloquium* (Bertinoro, 19-24 juill. 1997), éd. L. Mooren (*Stud. Hell.* 36), Louvain, 2000, pp. 77-89. La stèle n° 8 du Bucheum indique ainsi qu'à Thèbes en 169, dans le contexte de la Sixième guerre de Syrie, des troupes (séleucides ou lagides?) prirent position à l'intérieur de l'enceinte sacrée: «Il y eut une attaque (perpétrée) par les nombreux pays étrangers contre l'Égypte en l'an 12, et une grande lutte se produisit en Égypte. Le grand mur de Thèbes fut occupé par les étrangers» (R. Mond et M. Myers, *The Bucheum* II, Londres, 1934, n° 8; trad. C. Thiers, *op. cit.*, p. 503). Pour l'identification de ce «grand mur de Thèbes» comme le mur d'enceinte du temple d'Amon, voir C. Thiers, *op. cit.*, p. 504.

geois et une exacerbation des tensions sociales dans la *chôra*. Enfin, sur
un plan politique, les efforts manifestés par les rois pour reconquérir
l'adhésion de leurs sujets montrent bien que la légitimité royale fut mise
à mal par les révoltes, y compris par celles, et c'est la majorité, qui
n'étaient pas spécifiquement dirigées contre le pouvoir central. D'un
autre côté, même s'il est possible que les soulèvements soient parfois
apparus comme des réponses aux attentes messianiques d'une population rêvant de temps meilleurs, ils ont finalement provoqué la condamnation quasi unanime du clergé. Cette condamnation se justifie par les
attaques menées contre les temples et leurs desservants par des rebelles
subséquemment «impies» et «ennemis des dieux». Elle s'explique aussi
par l'intégration d'une partie du clergé à l'armée et à l'administration
ptolémaïques. Les rois lagides et les prêtres égyptiens furent ainsi amenés
à faire front face à des troubles qui lésaient des intérêts communs et qui,
pour les prêtres tout au moins, posaient aussi des problèmes de nature
théologique, en instaurant le chaos dans le pays.

CONCLUSION

En définitive, les révoltes survenues en Égypte à l'époque ptolémaïque étaient-elles «nationales» ou «sociales»?

En fait, il ne nous semble pas possible d'opposer termes à termes les deux propositions pour une époque où les concepts de nation et de nationalisme n'existent pas encore[1]. En revanche, certaines révoltes ont pu avoir une dimension politico-religieuse, en visant à restaurer un pouvoir approuvé par les dieux à la place d'un pouvoir considéré comme impie. Tel ne fut certes pas le cas de Dionysios Pétosarapis, qui tenta plutôt d'usurper la royauté ptolémaïque, appuyé sur les Alexandrins. En revanche, l'action d'Haronnophris et Chaonnophris entre dans ce cadre interprétatif: autoproclamés pharaons, aimés des dieux et surtout images d'Onnophris / Osiris, le dieu-roi «rétabli dans son pouvoir et sa prospérité par la piété de son fils Horus»[2], les deux hommes se sont affirmés comme les restaurateurs d'un règne idéal en Égypte, reléguant du même coup les Ptolémées du côté des ennemis d'Osiris et les désignant comme des souverains illégitimes. Au demeurant, c'est bien cette image que le pouvoir lagide tenta de renverser, tant par le couronnement égyptien de 196 que par l'instauration de fêtes destinées à célébrer la victoire sur Chaonnophris dans tous les temples du pays. Pour autant, la révolte des «derniers pharaons indigènes»[3] ne fut pas au sens strict «nationale», terme inapproprié et propice à confusion qu'il vaudrait mieux écarter du débat.

D'autre part, dans toutes les révoltes, y compris celle menée par Haronnophris et Chaonnophris, le facteur socio-économique est manifeste au vu des actes commis par les rebelles: pillages, usurpation de terres, destruction des contrats de propriété... Le caractère globalement prédateur des révoltés s'illustre aussi par les formules «ἀποστατικῶι τρόπωι», «à la manière de rebelles», employées par des habitants du pays

---

[1] Voir *supra*, p. 151.

[2] A. C. Gardiner, «Ὀννῶφρις», dans *Miscellanea Academica Berolinensia*, II, 2, Berlin, 1950, p. 49.

[3] Cf. W. Clarysse, «Notes de prosopographie thébaine, 7. Hurgonaphor et Chaonnophris, les derniers pharaons indigènes», *CdE* 53, 1978, p. 243.

dans le cadre de conflits privés. Les révoltes ne se réduisent donc pas à un clivage ethnique entre Grecs et Égyptiens, mais révèlent bien d'autres lignes de fracture à l'intérieur de la *chôra*: conflits entre les intérêts privés et les intérêts de l'État, alimentés par la misère rurale, conflits au sein même des communautés villageoises, en raison des inégalités sociales. C'est sans doute pour cette raison que les soulèvements sont très rarement considérés sous un angle ethnique dans les sources directes, et que ce n'est jamais le cas dans les documents officiels, décrets sacerdotaux et ordonnances royales. Au contraire, les amnisties promulguées à l'issue des troubles ont une portée très générale et concernent tous les sujets du royaume, y compris ceux qui n'ont pas rejoint les rangs de la révolte. Pour toutes ces raisons, la différence entre les troubles du quotidien (conflits villageois, grèves, *anachôrèsis*, brigandage) et les grandes flambées de violence nous apparaît comme une différence d'échelle plus que de nature. Le passage à la révolte armée pourrait s'expliquer par des facteurs plus conjoncturels, tels que la dégradation brutale des conditions de vie et l'affaiblissement du contrôle royal sur le pays en raison des guerres extérieures ou des luttes dynastiques.

Néanmoins, compte-tenu de la nature de la société ptolémaïque, il était inévitable que les Grecs, qui représentaient peut-être 10 à 20 % de la population du pays, soient particulièrement touchés par les agissements des rebelles en raison de la double «convergence statistique» entre Grecs et agents de l'autorité lagide d'une part, Grecs et privilégiés d'autre part[4]. Au premier titre, ils étaient surexposés car, militaires ou administrateurs des nomes, ils étaient chargés du maintien de l'ordre et de la levée de l'impôt en temps normal, de la répression des troubles en temps de crise. Au second, ils étaient en mesure de susciter, déjà au quotidien, toutes sortes de jalousies en raison de leurs possessions foncières plus importantes, de leurs activités plus rémunératrices, mais aussi de leur statut fiscal privilégié[5]. De fait, divers éléments indiquent que les Grecs se sentirent collectivement menacés en plusieurs occasions et que cette crainte ne fut pas toujours infondée.

En outre, le succès (même relatif) rencontré par Chaonnophris et Haronnophris laisse penser que les tensions économiques et sociales ont pu, en certaines occasions, se cristalliser sur un plan religieux. Peut-être

---

[4] Voir *supra*, p. 152.
[5] *Supra*, p. 145.

l'idée de la restauration d'un Âge d'or, contenue dans le nom et les épithètes des rois indigènes, a-t-elle également joué à d'autres périodes, d'autant que le rêve de temps meilleurs était bien ancré au sein de la population à en juger par le succès de la littérature oraculaire. À cet égard, la dimension messianique de la *tarachè* des années 206-186 n'est pas sans rappeler la guerre que les Maccabées menèrent quelques années plus tard contre les Séleucides en Judée. Néanmoins, les divergences dans les destins des deux révoltes sont tout aussi importantes: en Égypte, Haronnophris et Chaonnophris ne tinrent qu'une partie du pays, et pendant une vingtaine d'années seulement, tandis qu'en Judée la révolte aboutit à la fondation d'un État juif indépendant de l'Empire séleucide. Mais c'est que l'Égypte et la Judée présentent des caractéristiques très différentes. Comme l'a souligné G. Bohak, la compartimentation des régions égyptiennes autour de villes, de temples et de dieux très nombreux ne facilitait sans doute pas les actions en commun, sur un plan pratique mais aussi idéologique. En Judée au contraire, dans un espace géographiquement beaucoup plus restreint, les particularités du monothéisme amenèrent à la concentration de toutes les forces de protestation vers une seule ville, Jérusalem, et un seul Temple[6].

De plus, en Égypte, la force de légitimation représentée par le clergé n'a pas fonctionné en faveur des révoltés, mais en faveur du pouvoir lagide. En effet, les révoltes se sont traduites par un état de violence et d'anarchie que les prêtres ne purent que condamner, pour des raisons à la fois matérielles et religieuses: même ceux qui étaient le moins intégrés aux sphères du pouvoir auront difficilement pu les identifier aux prémices de l'Âge d'Or. Le clergé de Thèbes lui non plus n'a pas joué le rôle de centralisateur des soulèvements, quoique ses membres aient pu penser, par ailleurs, de la domination lagide sur le pays. Certes, la ville de Thèbes a été partie prenante d'un grand nombre de révoltes, et sans doute les Thébains dans leur ensemble n'avaient-ils pas moins de raisons de se révolter que leurs voisins. Mais, bien souvent, les troubles n'ont touché la ville que dans un second temps, après avoir éclaté dans d'autres régions: ce fut le cas notamment lors des grandes révoltes de 206 et de 88. Par conséquent, il est difficile de considérer la ville de Thèbes comme un foyer d'insurrection et d'en imputer la responsabilité

---

[6] G. Bohak, «Theopolis: A Single Temple Policy and its Singular Ramifications», *Journal of Jewish Studies* 50, 1999, pp. 3-16, en partic. pp. 9-10.

aux prêtres d'Amon. Dans l'ensemble, les liens entre le roi lagide et les
prêtres égyptiens ont plutôt été resserrés lors des révoltes qui menaçaient
des intérêts communs et qui instauraient le chaos dans le pays. Quant à
la population égyptienne, prise entre les déprédations des rebelles et les
mesures de rétorsion lagides, elle paya un lourd tribut aux rébellions
intérieures. Massacres de population, cultures détruites par les rebelles,
spoliations et mouvements de fuite entraînant la division des familles,
mais aussi réductions en esclavage de simples civils et politique de bail
forcé imposée par l'autorité lagide…: autant de phénomènes qui montrent que les révoltes furent loin d'amener les temps meilleurs auxquels
devait aspirer une grande partie des Égyptiens.

LISTE DES PRINCIPALES ABRÉVIATIONS

Abh. bayer.   Abhandlungen der bayerischen Akademie der Wissen-
Akad. Wiss.   schaften, phil.-hist. Abteilung (Munich).

Ach. Hist.   *Achaemenid History*, I-VIII, Leyde, 1987-1994.

Actes IIIe Congrès   *Papyri und Altertumswissenschaft. Vorträge des 3. Interna-*
(Munich)   *tionalen Papyrologentages* (Munich, 4-7 septembre 1933) (*Münch. Beitr. zur Pap.* 19), Munich, 1934.

Actes IVe Congrès   *Atti del IV Congresso internazionale di papirologia*
(Florence)   (Florence, 28 avril-2 mai 1935) (*Aegyptus, Serie scientifica* 5), Milan, 1936.

Actes Ve Congrès   *Actes du Ve Congrès international de papyrologie* (Oxford,
(Oxford 1)   30 août-3 septembre 1937), Bruxelles, 1938.

Actes VIIIe Congrès   *Akten des VIII. Internazionalen Kongresses für Papyrologie*
(Vienne)   (Vienne, 29 août-3 septembre 1955), Vienne, 1956.

Actes XIe Congrès   *Atti del XI Congresso internazionale di papirologia* (Milan,
(Milan)   2-8 septembre 1965), Milan, 1966.

Actes XIIe Congrès   *Proceedings of the Twelfth International Congress of Papyro-*
(Ann Arbor)   *logy* (Ann Arbor, 13-17 août 1968) (*Am. Stud. Pap.* 7), Toronto, 1970.

Actes XIIIe Congrès   *Akten des XIII. Internationalen Papyrologenkongresses*
(Marbourg/Lahn)   (Marburg/Lahn, 2-6 août 1971) (*Münch. Beitr. zur Pap.* 66), Munich, 1974.

Actes XIVe Congrès   *Proceedings of the XIV International Congress of Papyro-*
(Oxford 2)   *logists* (Oxford, 24-31 juillet 1974) (*Egypt Exploration Society, Graeco-Roman Memoirs* 61), Londres, 1975.

Actes XVe Congrès   *Actes du XVe Congrès International de Papyrologie*
(Bruxelles)   (Bruxelles, 29 août-3 septembre 1977), t. IV (*Papyrologica Bruxellensia* 19), Bruxelles, 1978.

Actes XVIe Congrès   *Proceedings of the Sixteenth International Congress of Papy-*
(New York)   *rology* (New York, 24-31 juillet 1980) (*Am. Stud. Pap.* 23), Chico, 1981.

Actes XVIIe Congrès   *Atti del XVII Congresso internazionale di papirologia*
(Naples)   (Naples, 19-26 mai 1983), Naples, 1984.

Actes XVIIIe Congrès   *Proceedings of the XVIII International Congress of Papyro-*
(Athènes)   *logy* (Athènes, 25-31 mai 1986), éd. B. Mandilaras, Athènes, 1988.

Actes XIXe Congrès   *Proceedings of the XIXth International Congress of Papyro-*
(Le Caire)   *logy* (Le Caire, 2-9 septembre 1989), éd. A. H. S. El-Mosallamy, Le Caire, 1992.

Actes XXe Congrès   *Proceedings of the 20th International Congress of Papyrolo-*
(Copenhague)   *gists* (Copenhague, 23-29 août 1992), éd. A. Bülow-Jacobsen, Copenhague, 1994.

Actes XXIe Congrès   *Akten des 21. Internationalen Papyrologenkongresses*
   (Berlin)   (Berlin, 13-19 août 1995), éd. B. Kramer, W. Luppe, H.
            Maehler, G. Poethke (*AfP*, Beiheft 3), Stuttgart-Leipzig,
            1997.
ADAW   Abhandlungen der deutschen Akademie der Wissenschaf-
            ten zu Berlin (Berlin).
Aegyptus   Aegyptus (Milan).
AfP   Archiv für Papyrusforschung und verwandte Gebiete
            (Leipzig).
Äg. Abh.   Ägyptologische Abhandlungen (Wiesbaden).
Am. Stud. Pap. American Studies in Papyrology (Toronto).
Anc. Soc.   Ancient Society (Louvain).
ANRW   *Aufstieg und Niedergang der römischen Welt*, éd. H. Tem-
            porini et W. Haase, Berlin-New York, 1972 et suiv.
ANSMN   American Numismatic Society Museum Notes (New York).
Ant. Class.   L'Antiquité classique (Bruxelles).
Apokalyptik und *Apokalyptik und Ägypten. Eine kritische Analyse der rele-*
   Ägypten   *vanten Texte aus dem griechisch-römischen Ägypten*, éd.
            A. Blasius et B. U. Scipper (*OLA* 107), Louvain, 2002.
ASAE   Annales du Service des Antiquités de l'Égypte (Le Caire).
BASP   Bulletin of the American Society of Papyrologists (New-
            York).
BdE   Bibliothèque d'Étude (Le Caire).
BEFAR   Bibliothèque des Écoles françaises d'Athènes et de Rome
            (Rome, Paris).
Beitr. zur klass. Phil. Beiträge zur klassischen Philologie (Meisenheim).
BICS   Bulletin of the Institute of Classical Studies (Londres).
BIFAO   Bulletin de l'Institut français d'archéologie orientale (Le
            Caire).
BL   *Berichtigungsliste der griechischen Papyrusurkunden aus*
            Ägypten, F. Preisigke, F. Bilabel *et al.*, Berlin-Leipzig, puis
            Heidelberg, puis Leyde, depuis 1922.
BSEG   Bulletin de la Société d'égyptologie de Genève (Genève).
BSFE   Bulletin de la Société française d'égyptologie (Paris).
CAH   The Cambridge Ancient History (Cambridge).
CdE   Chronique d'Égypte (Bruxelles).
CRAI   Comptes rendus de l'Académie des inscriptions et belles-
            lettres (Paris).
Le décret de Memphis *Le décret de Memphis. Colloque de la fondation Singer-Poli-*
            gnac à l'occasion de la célébration du bicentenaire de la
            découverte de la Pierre de Rosette (Paris, 1er juin 1999), sous
            la dir. de D. Valbelle et J. Leclant, Paris, 2000.
Demotische   A. A. den Brinker et S. P. Vleeming, *A Demotic Berichti-*
   Berichtigungsliste *gungsliste. Corrigenda and addenda on demotic texts collec-*
            ted and critically presented, Papyrological Institute Leiden,
            Special Publications, III, Leyde.

Egitto e storia antica   *Egitto e storia antica dall'ellenismo all'età araba. Atti del Colloquio Internazionale* (Bologne, 31 août - 2 septembre 1987), éd. L. Criscuolo et G. Geraci, Bologne, 1989.

Egypt and the Hellenistic World   *Egypt and the Hellenistic World. Proceedings of the International Colloquium* (Louvain, 24-26 mai 1982), éd. E. Van 't Dack, P. Van Dessel, W. Van Gucht (*Stud. Hell.* 27), Louvain, 1983.

Enchoria   Enchoria, Zeitschrift für Demotistik und Koptologie (Wiesbaden).

Eos   Eos (Wroclaw).

EPRO   Études préliminaires aux religions orientales dans l'Empire romain (Leyde).

Et. de pap.   Études de papyrologie (Le Caire).

F.Gr.Hist.   F. Jacoby, *Die Fragmente der griechischen Historiker*, Berlin-Leyde, 1923-1958.

FHN   *Fontes Historiae Nubiorum. Textual Sources for the History of the Middle Nile Region between the eighth century B. C. and the sixth century A. D.*, éd. T. Eide, T. Hägg, R. Holton, et L. Török, 4 vol., Bergen, 1994-2000.

GM   Göttinger Miszellen (Göttingen).

Hermes   Hermes (Wiesbaden).

Historia   Historia. Zeitschrift für alte Geschichte (Wiesbaden).

Hundred-Gated Thebes   *Acts of a Colloquium on Thebes and the Theban Area in the Graeco-Roman Period* (*Pap. Lugd. Bat.* 27), éd. S. P. Vleeming, Leyde, 1995.

IFAO   Institut français d'archéologie orientale (Le Caire).

JARCE   Journal of the American Research Center in Egypt (New York).

JEA   Journal of Egyptian Archaeology (Londres).

JJP   Journal of Juristic Papyrology (Varsovie).

JNES   Journal of Near Eastern Studies (Chicago).

JRS   Journal of Roman Studies (Londres).

JSSEA   Journal of the Society for the Study of Egyptian Antiquities (Toronto).

Kêmi   Kêmi (Paris).

Ktèma   Ktèma (Strasbourg).

Kush   Journal of the Sudan Antiquities Service (Khartoum).

LÄ   *Lexikon der Ägyptologie*, éd. W. Helck, E. Otto et W. Westendorf, 7 vol., Wiesbaden, 1975-1992.

Life in a Multicultural Society   *Life in a Multicultural Society. Egypt from Cambyses to Constantine and Beyond* (*Studies in Ancient Oriental Civilization* 51), éd. J. H. Johnson, Chicago, 1992.

MDAIK   Mitteilungen des deutschen archäologischen Instituts, Abt. Kairo (Wiesbaden).

Meroitica   Akten der internationalen Tagungen für meroïtische Forschung (Berlin).

MIFAO	Mémoires publiés par les membres de l'Institut français d'archéologie orientale (Paris).
MIO	Mitteilungen des Instituts für Orientforschung (Berlin).
Münch. Beitr. zur Pap.	Münchener Beiträge zur Papyrusforschung und antiken Rechtsgeschichte (Munich).
OLA	Orientalia Lovaniensa Analecta (Louvain).
OLP	Orientalia Lovaniensa Periodica (Louvain).
OLZ	Orientalistische Literaturzeitung (Berlin, Leipzig).
Orientalia	Orientalia (Rome).
Pap. Lugd. Bat.	Papyrologica Lugduno-Batava (Leyde).
PM	B. Porter et R. L. B. Moss, *Topographical Bibliography of Ancient Egyptological Hieroglyphic Texts, Reliefs and Paintings*, I-VII, Oxford, 1927-1962; 2ᵉ éd. I-III, 1960-1981.
PP	W. Peremans et E. Van 't Dack, *Prosopographia Ptolemaica*, I-X (*Stud. Hell.* 6, 8, 11-13, 17, 20-21, 25, 38), Louvain, 1950-2002.
Das ptolemäische Ägypten	*Das ptolemäische Ägypten. Akten des internationalen Symposions* (Berlin, 27-29 septembre 1976), éd. H. Maehler et V. M. Strocka, Mayence, 1978.
PW	*Paulys Realencyclopädie der classischen Altertumswissenschaft*, éd. G. Wissowa, W. Kroll, Stuttgart-Munich, 1894-1978.
RA	Revue archéologique (Paris).
RAPH	Recherches d'archéologie, de philologie et d'histoire (Le Caire).
RBPH	Revue belge de philologie et d'histoire (Bruxelles).
RdE	Revue d'égyptologie (Paris).
REA	Revue des études anciennes (Talence).
Rech. de pap.	Recherches de papyrologie (Le Caire).
Rec. Trav.	Recueil de travaux relatifs à la philologie et à l'archéologie égyptiennes et assyriennes (Paris).
REG	Revue des études grecques (Paris).
RIDA	Revue internationale des droits de l'Antiquité (Bruxelles).
RSO	Rivista degli studi orientali (Rome).
SASAE	Supplément aux ASAE (Le Caire).
Sitz. bayer. Akad. Wiss.	Sitzungsberichte der bayerischen Akademie der Wissenschaften, phil.-hist. Klasse (Munich).
Sitz. preuss. Akad. Wiss.	Sitzungsberichte der preussischen Akademie der Wissenschaften (Berlin).
Stud. Hell.	Studia Hellenistica (Louvain).
Stud. Pap.	Studia papyrologica (Barcelone).
Transeuphratène	Transeuphratène (Paris).
Tychè	Tychè (Vienne).
UMI	University Microfilms International (Ann Arbor).

War of Sceptres	E. Van 't Dack, W. Clarysse, G. Cohen, J. Quaegebeur et J. K. Winnicki, *The Judean-Syrian-Egyptian Conflict of 103-101 B.C. A Multilingual Dossier concerning a « War of Sceptres»* (*Collectanea Hellenistica* I), Bruxelles, 1989.
WB	*Wörterbuch der griechischen Papyrusurkunden*, éd. F. Preisigke et E. Kiessling, vol. I-III, Berlin, 1924-1931; E. Kiessling, vol. IV, 1-4, Berlin, 1944-1971; H.-A. Rupprecht, vol. IV, 5, Wiesbaden, 1993; Supplément 1, E. Kiessling, Amsterdam, 1969-1971; Supplément 2, H.-A. Rupprecht et A. Jördens, Wiesbaden, 1991; Supplément 3, H.-A. Rupprecht et A. Jördens, Wiesbaden, 2000.
Wb	*Wörterbuch der ägyptischen Sprache*, éd. A. Erman et H. Grapow, Berlin-Leipzig, 1926-1931, 3ᵉ éd., 1961.
ZÄS	Zeitschrift für ägyptische Sprache und Altertumskunde (Leipzig).
ZPE	Zeitschrift für Papyrologie und Epigraphik (Bonn).

BIBLIOGRAPHIE

Adams, W. Y, *Meroitic North and South. A Study in Cultural Contrasts (Meroitica* 2), Berlin, 1976.
— *Nubia. Corridor to Africa*, Londres, 1977.
— «Ptolemaic and Roman Occupation at Qasr Ibrim», dans *Mélanges offerts à J. Vercoutter*, réunis par F. Gens et F. Thill, Paris, 1985, pp. 9-17.
Alliot, M., *Le culte d'Horus à Edfou au temps des Ptolémées (BdE* 20), 2 vol., Le Caire, 1949-1954.
— «La Thébaïde en lutte contre les rois d'Alexandrie sous Philopator et Épiphane (216-184)», *RBPH* 29, 1951, pp. 421-443.
— «La fin de la résistance égyptienne dans le Sud», *REA* 54, 1952, pp. 18-26.
Anagnostou-Canas, V., «Rapports de dépendance coloniale dans l'Égypte ptolémaïque II. Les rebelles de la chôra», dans *Actes XIXᵉ Congrès* (Le Caire), 1989, II, pp. 323-372.
Arkell, A. J., *A History of the Sudan from the Earliest Times to 1821*, Londres, 1955, 2ᵉ éd., 1961.
Arnold, D., *Temples of the Last Pharaohs*, New-York, Oxford, 1999.
Bagnall, R. S., «Some Notes on P. Hib. 198», *BASP* 6, 1969, pp. 73-118.
— «An Unrecognized Date by the Rebellion of 131 B.C.», *ZPE* 56, 1984, pp. 58-60.
— «Official and Private Violence in Roman Egypt», *BASP* 26, 1989, pp. 201-216.
Baldwin, B., «Crime and Criminals in Graeco-Roman Egypt», *Aegyptus* 43, 1963, pp. 256-263.
Barguet, P., *La Stèle de la Famine à Séhel (BdE* 24), Le Caire, 1953.
— *Le temple d'Amon-Rê à Karnak. Essai d'exégèse (RAPH* 21), Le Caire, 1962.
Barns, J. W. B., et Reymond, E. A. E., «Alexandria and Memphis. Some Historical Observations», *Orientalia* 46, 1977, pp. 1-33.
Bataille, A., «L'emplacement des Kerameia thébains», *CdE* 21, 1946, pp. 237-244.
— «Thèbes gréco-romaine», *CdE* 26, 1951, pp. 325-353.
— *Les Memnonia. Recherches de papyrologie et d'épigraphie grecques sur la nécropole de la Thèbes d'Égypte aux époques hellénistique et romaine (RAPH* 32), Le Caire, 1952.
Bayoumi, A., et Guéraud, O., «Un nouvel exemplaire du décret de Canope», *ASAE* 46, 1947, pp. 373-382.
von Beckerath, J., *Handbuch der ägyptischen Königsnamen (Münchener ägyptische Studien* 20), Munich, 1984.
Bell, L. D., *Interpreters and Egyptianized Nubians in Ancient Egyptian Foreign Policy. Aspects of the History of Egypt and Nubia*, Univ. de Pennsylvanie, 1976, *UMI*, 1980.

Bengtson, H., *Die Strategie in der hellenistischen Zeit* (*Münch. Beitr. zur Pap.* 36), Munich, 1952.

Bergman, J., *Ich bin Isis. Studien zum memphitischen Hintergrund der griechischen Isisaretalogien*, Uppsala, 1968.

Bernand, A., «Alexandrie et son cordon ombilical», *BSFE* 48, mars 1967, pp. 13-23.

— *De Thèbes à Syène*, Paris, 1989. (= *I. Thèbes / Syène*)

— *La prose sur pierre dans l'Égypte hellénistique et romaine*, 2 vol., Paris, 1992. (= *I. Prose*)

Bernand, A. et E., *Les inscriptions grecques de Philae*, 2 vol., Paris, 1969. (= *IG Philae*)

Bernand, E., *Inscriptions grecques et latines d'Akôris* (*BdE 103*), Le Caire, 1988. (= *IG Akôris*)

— *Inscriptions grecques d'Égypte et de Nubie au musée du Louvre*, Paris, 1992. (= *IG Louvre*)

Berneker, E., *Die Sondergerichtsbarkeit im griechischen Recht Ägyptens* (*Münch. Beitr. zur Pap.* 22), Munich, 1935.

Bertrand, J.-M., «Les Boucoloi ou le monde à l'envers», *REA* 90, 1988, pp. 139-149.

Bevan, E., *Histoire des Lagides*, Paris, 1934 (Londres, 1927).

Biezunska-Malowist, I., «Les esclaves fugitifs dans l'Égypte gréco-romaine», dans *Studi in onore di E. Volterra* VI, éd. L. Aru *et al.*, Milan, 1969, pp. 75-90.

— *L'esclavage dans l'Égypte gréco-romaine* I. *Période ptolémaïque*, Varsovie, 1974.

— «Formes de résistance dans l'Égypte grecque et romaine», dans *Forms of Control and Subordination in Antiquity*, XI, éd. Y. Tory et D. Masaoki, Tokyo, 1988, pp. 239-245.

Bikerman, E., «L'avènement de Ptolémée V Épiphane», *CdE* 15, 1940, pp. 124-131.

— «Sur la chronologie de la Sixième guerre de Syrie», *CdE* 27, 1952, pp. 396-403.

Bingen, J., «Les épistratèges de Thébaïde sous les derniers Ptolémées», *CdE* 45, 1970, pp. 369-378.

— «Grecs et Égyptiens d'après PSI 502», dans *Actes XIIe Congrès* (Ann Arbor), 1970, pp. 35-40.

— «Les deux lettres P. IFAO II 1 et 3», *CdE* 46, 1971, pp. 129-135.

— «Présence grecque et milieu rural ptolémaïque», dans *Problèmes de la terre en Grèce ancienne*, éd. M. I. Finley (*Civilisations et Sociétés* 33), Paris, 1973, pp. 215-222.

— «Le milieu urbain dans la *chôra* égyptienne à l'époque ptolémaïque», dans *Actes XIVe Congrès* (Oxford 2), 1975, pp. 367-373.

— «Kerkéosiris et ses Grecs au IIe siècle avant notre ère», dans *Actes XVe Congrès* (Bruxelles), 1979, pp. 87-94.

— «L'Égypte gréco-romaine et la problématique des interactions culturelles, dans *Actes XVIe Congrès* (New York), 1981, pp. 3-18.

— «Les tensions structurelles de la société ptolémaïque», dans *Actes XVIIᵉ Congrès* (Naples), 1984, pp. 921-937.

— «Critique et exploitation de l'onomastique: le cas de l'Égypte gréco-romaine», dans *Actes du VIIᵉ Congrès de la Fédération Internationale des Associations d'Études classiques (FIEC)*, 1984, pp. 557-565.

— «Voies et limites des interactions culturelles: le cas de l'Égypte gréco-romaine», dans *Douze cas d'interaction culturelle dans l'Europe ancienne et l'Orient proche ou lointain* (Études interculturelles II, UNESCO CIPS), 1984, pp. 25-44.

— «Normalité et spécificité de l'épigraphie grecque et romaine de l'Égypte», dans *Egitto e storia antica*, pp. 15-36.

— «Le décret du synode sacerdotal de 243 avant notre ère», *CdE* 67, 1992, pp. 319-327.

Bisson de la Roque, F., *Tôd (1934 à 1936)*, Le Caire, 1937.

— «Les fouilles de l'Institut Français à Médamoud de 1925 à 1938», *RdE* 5, 1946, pp. 25-44.

Blasius, A., «Army and Society in Ptolemaic Egypt. A Question of Loyalty», *AfP* 47, 2001, pp. 81-98.

— «Zur Frage des geistigen Widerstandes im griechisch-römischen Ägypten. Die historische Situation», dans *Apokalyptik und Ägypten*, pp. 41-62.

Bluche, F., «La peine de mort dans l'Égypte ptolémaïque», *RIDA*, 3ᵉ série, 22, 1975, pp. 143-175.

Bogaert, R., «Liste chronologique des banquiers royaux thébains, 255-84 avant J.-C.», *ZPE* 75, 1988, pp. 115-138.

— «Un cas de faux en écriture à la Banque Royale thébaine en 131 av. J.-C.», *CdE* 63, 1988, pp. 145-154.

— *Trapezitica Aegyptiaca. Recueil de recherches sur la banque en Égypte gréco-romaine* (*Papyrologica Florentina* XXV), Florence, 1994.

Bohak, G., «Theopolis: A Single Temple Policy and Its Singular Ramifications», *Journal of Jewish Studies* 50, 1999, pp. 3-16.

Bonneau, D., *La crue du Nil, divinité égyptienne, à travers mille ans d'histoire (332 av.- 641 apr. J.-C.)*, Paris, 1964.

— «Le Souverain d'Égypte voyageait-il sur le Nil en crue?», *CdE* 36, 1961, pp. 377-385.

— *Le fisc et le Nil. Incidences des irrégularités de la crue du Nil sur la fiscalité foncière dans l'Égypte grecque et romaine*, Paris, 1971.

Borchardt, L., «Ptolemäische Krönungstage», *Et. de Pap.* 5, 1939, pp. 75-83.

Borchardt, L., **Rubensohn**, O., et **Wilcken**, U., «Griechische Bauinschriften ptolemäischer Zeit auf Philae», *AfP* 3, 1906, pp. 356-367.

Boswinkel, E., et **Pestman**, P. W., «Copie d'un testament de Drytôn», dans *Textes grecs, démotiques et bilingues* (*Pap. Lugd. Bat.* 19), Leyde, 1978, pp. 30-37.

— *Les archives privées de Dionysios, fils de Képhalas. Textes grecs et démotiques* (*Pap. Lugd. Bat.* 22), 2 vol., Leyde, 1982.

Boswinkel, E., **Van Groningen**, B. A., et **Pestman**, P. W., *Antidoron Martino David* (*Pap. Lugd. Bat.* 17), Leyde, 1968.

von Bothmer, B., *Egyptian Sculpture of the Late Period (700 B.C. to A.D. 100)*, New York, 1960.

Botti, G., *L'archivio demotico da Deir el-Medineh (Cat. Mus. Eg. Tur. I)*, I, Florence, 1967.

Bouché-Leclercq, A., *Histoire des Lagides*, 4 vol., Paris, 1903-1907.

Bouriant, U., «La stèle 5576 du musée de Boulaq et l'inscription de Rosette», *Rec. Trav.* 6, 1885, pp. 1-20.

Bowman, A. K., *Egypt after the Pharaohs*, Londres, 1986.

Braunert, H., «IΔIA. Studien zur Bevölkerungsgeschichte des ptolemäischen und römischen Aegypten», *JJP* 9-10, 1955-1956, pp. 211-328.

— *Die Binnenwanderung. Studien zur Sozialgeschichte Aegyptens in der Ptolemäer- und Kaizerzeit (Bonner Historische Forschungen 26)*, Bonn, 1964.

Bresciani, E., «Stele demotiche dal Serapeo di Menfi nel Kunsthistorisches Museum di Vienna», *Oriens Antiquus* 6, 1967, pp. 23-45

— *Graffiti démotiques du Dodecaschoene (Centre de Documentation et d'Étude de l'Ancienne Égypte)*, Le Caire, 1969.

Bresciani, E., et **Pernigotti**, S., *Assuan (Bibliotheca di Studi Antichi 16)*, Pise, 1978.

Briant, P., «Ethno-classe dominante et populations soumises dans l'empire achéménide: le cas de l'Égypte», dans *Ach. Hist.* III, 1988, pp. 137-173.

— *Histoire de l'Empire perse. De Cyrus à Alexandre*, Paris, 1996.

Brugsch, H., «Ein Dekret Ptolemaios' des Sohnes Lagi, des Satrapen», *ZÄS* 9, 1871, pp. 1-13.

— «Die grosse Mendes-Stele aus der Zeit des zweiten Ptolemäers», *ZÄS* 13, 1875, pp. 30-40.

— «Der Apis-Kreis aus den Zeiten der Ptolemäer», *ZÄS* 24, 1886, pp. 19-40.

— *Thesaurus inscriptionum Aegyptiacarum*, Leipzig, 1883-1891.

— *Die biblischen sieben Jahre der Hungersnoth nach dem Wortlaut einer altägyptischen Felseninschrift*, Leipzig, 1891.

Bülow-Jacobsen, A., «P. Haun. 6. An Inspection of the Original», *ZPE* 36, 1979, pp. 91-100.

Burkhardt, A., *Ägypter und Meroiten im Dodekaschoinos. Untersuchungen zur Typologie und Bedeutung der demotischen Graffiti (Meroitica 8)*, Berlin, 1985.

Burstein, S. M., «Alexander in Egypt: Continuity or Change?», dans *Ach. Hist.* VIII, 1994, pp. 381-387.

— «Pharaoh Alexander: a Scholarly Myth», *Anc. Soc.* 22, 1991, pp. 139-145.

Cadell, H., et **Le Rider**, G., *Prix du blé et numéraire dans l'Égypte lagide de 305 à 173 (Papyrologica Bruxellensia 30)*, Bruxelles, 1997.

Calderini, A., et **Daris.**, S., *Dizionario dei nomi geografici e topografici dell'Egitto greco-romano*: A. Calderini, I, 1, Le Caire, 1935, I, 2, Madrid, 1966; S. Daris, II-V et Suppléments 1-3, Madrid et Milan, 1966-2003.

Calderini, R.,«Ricerche sul doppio nome personale nell'Egitto greco-romano», I-II, *Aegyptus* 21, 1941, pp. 221-260 et 22, 1942, pp. 3-45.

Cantarella, E., *Les peines de mort en Grèce et à Rome. Origines et fonctionnements des supplices capitaux dans l'Antiquité classique*, Paris, 2000 (Milan, 1991).

Cauville, S., et **Devauchelle**, D., «Le temple d'Edfou: étapes de la construction, nouvelles données historiques», *RdE* 35, 1984, pp. 31-55.

de Cenival, F., *Les associations religieuses en Égypte d'après les documents démotiques* (*BdE* 46), Le Caire, 1972.

— «Deux papyrus inédits de Lille avec une révision du P. dém. Lille 31», *Enchoria* 7, 1977, pp. 1-49.

Cerfaux, L., et **Tondriau**, J., *Un concurrent du christianisme. Le culte des souverains dans la civilisation gréco-romaine d'Égypte* (*Bibliothèque de Théologie* III 5), Tournai, 1957.

Chamoux, F., et **Bertrac**, P., *Introduction générale à Diodore de Sicile. Bibliothèque Historique*, Paris, Les Belles-Lettres, 1993, pp. VII-CLXVI.

Chauveau, M., «Un été 145», *BIFAO* 90, 1990, pp. 135-168.

— «Un été 145. Post-scriptum», *BIFAO* 91, 1991, pp. 129-134.

— «P. Carlsberg 301: Le manuel juridique de Tebtynis», dans *The Carlsberg Papyri* I, éd. P. J. Frandsen, Copenhague, 1991, pp. 103-127.

— «Ères nouvelles et corégences en Égypte ptolémaïque», dans *Actes XXIᵉ Congrès* (Berlin), 1995, pp. 163-171.

— *L'Égypte au temps de Cléopâtre, 180-30 av. J.-C.*, Paris, 1997.

— «Alexandrie et Rhakôtis: le point de vue des Égyptiens», dans *Alexandrie: une mégalopole cosmopolite*, Actes du 9ᵉ colloque de la Villa Kérylos (2-3 oct. 1998), Cahiers de la Villa Kérylos 9, Paris, 1999, pp. 1-10.

— «Bilinguisme et traduction» dans *Le décret de Memphis*, pp. 25-39.

— «Encore Ptolémée «VII» et le dieu Néos Philopatôr», *RdE* 51, 2000, pp. 257-261.

Chevereau, P.-M., *Prosopographie des cadres militaires égyptiens de la Basse Epoque. Carrières militaires et carrières sacerdotales en Égypte du XIᵉ au IIᵉ siècle avant J.-C.*, Paris, 1985.

— «Addenda-corrigenda à la prosopographie des cadres militaires égyptiens de la Basse Époque», *RdE* 41, 1990, pp. 223-230.

Christensen, T., «P. Haun. inv. 407 and Cleruchs in the Edfu Nome», dans *Edfu. An Egyptian Provincial Capital in the Ptolemaic Period* (Bruxelles, 3 septembre 2001), éd. K. Vandorpe et W. Clarysse, Bruxelles, 2003, p. 11-16.

Clarysse, W., «Hurgonaphor et Chaonnophris» = «Notes de prosopographie thébaine, 7. Hurgonaphor et Chaonnophris, les derniers pharaons indigènes», *CdE* 53, 1978, pp. 243-253.

— «Ptolemaic Papyri from Lycopolis», dans *Actes XVᵉ Congrès* (Bruxelles), 1979, pp. 102-106.

— «Egyptian Estate-Holders in the Ptolemaic Period», dans *State and Temple Economy in the Ancient Near East*, II, éd. E. Lipinski (*OLA* 5-6), Louvain, 1979, pp. 731-743.

— «Theban Personal Names and the Cult of Bouchis», dans *Grammata Demotika. Festschrift für E. Lüddeckens zum 15. Juni 1983*, éd. H.-J. Thissen et K.-Th. Zauzich, Würzburg, 1984, pp. 25-39.

— «Greeks and Egyptians in the Ptolemaic Army and Administration», *Aegyptus* 65, 1985, pp. 57-66.

— «Le mariage et le testament de Drytôn en 150 avant J.C.», *CdE* 61, 1986, pp. 99-104.
— «UPZ I 6a, a Reconstruction by Revillout», *Enchoria* 14, 1986, pp. 43-49.
— «Hakoris, an Egyptian Nobleman and his Family», *Anc. Soc.* 22, 1991, pp. 235-243.
— «Some Greeks in Egypt», dans *Life in a Multicultural Society*, pp. 51-56.
— «Greeks in Ptolemaic Thebes», dans *Hundred-Gated Thebes*, pp. 1-19.
— «Gli ultimi faraoni», dans *Communicazioni Istituto Papirologico G. Vitelli*, Florence, 1995, pp. 3-18.
— «Ptolémées et temples», dans *Le décret de Memphis*, pp. 41-65.
— «The Ptolemies visiting the Egyptian Chora», dans *Politics, Administration and Society in the Hellenistic and Roman World, Proceedings of the International Colloquium* (Bertinoro, 19-24 juill. 1997), éd. L. Mooren (*Stud. Hell.* 36), Louvain, 2000, pp. 29-53.
— «Three Ptolemaic Papyri on Prisoners», *AfP* 48, 2002, pp. 100-106.
— «De grote opstand der Egyptenaren (205-186 v.C), dans *Zij Schreven Geschiedenis. Historische documenten uit het Oude Nabije Oosten (2500-100 v. Chr.)*, éd. R. J. Demarrée et K. R. Veenhof, Louvain, 2003, pp. 448-458.
Clarysse, W., et Lanciers, E., «Currency and the Dating of Demotic and Greek Papyri from the Ptolemaic Period», *Anc. Soc.* 20, 1989, pp. 117-132.
Clarysse, W., et Thompson, D. J., *Counting the People* (*P. Count*), Cambridge U.P., 2004.
Clarysse, W., et Van der Veken, G., *The Eponymous Priests of Ptolemaic Egypt* (*Pap. Lugd. Bat.* 24), Leyde, 1983.
Clarysse, W., et Vandorpe, K., «The Ptolemaic Apomoira», dans H. Melaerts (éd.), *Le culte du souverain dans l'Égypte ptolémaïque au IIIe siècle avant notre ère* (*Stud. Hell.* 34), Louvain, 1998, pp. 5-42.
Colin, F., «Identités ethniques et interactions culturelles dans l'Antiquité. Réflexions autour de l'ouvrage *Ethnicity in Hellenistic Egypt*», *Ant. Class.* 63, 1994, pp. 253-262.
Collart, P., «La révolte de la Thébaïde en 88 avant J.-C.», dans *Recueil d'Études égyptologiques dédiées à la mémoire de J.-F. Champollion*, Paris, 1922, pp. 273-282.
Collart, P., et Jouguet, P., «Un papyrus ptolémaïque provenant de Deir El-Bahari», *Et. de Pap.* 2, 1934, pp. 23-40.
Collombert, P. «Religion égyptienne et culture grecque: l'exemple de Διοσ-κουρίδης», *CdE* 75, 2000, pp. 47-63.
Collomp, P., «La lettre à plusieurs destinataires», dans *Actes IVe Congrès* (Florence), 1936, pp. 199-207.
Coulon, L., «Quand Amon parle à Platon (La statue Caire JE 38033)», *RdE* 52, 2001, pp. 85-111.
Crawford, D. J., *Kerkeosiris. An Egyptian Village in the Ptolemaic Period*, Cambridge, 1971.
— «The Good Official of Ptolemaic Egypt», dans *Das ptolemäische Ägypten*, pp. 195-202.

— «Ptolemy, Ptah and Apis in Hellenistic Memphis», dans D. J. Crawford, J. Quaegebeur et W. Clarysse, *Studies on Ptolemaic Memphis* (*Stud. Hell.* 24), Louvain, 1980, pp. 1-42.

Criscuolo, L., «Ricerche sul *komogrammateus* nell'Egitto tolemaico», Aegyptus 58, 1978, pp. 3-101.

— «L'archivio di Philô (P. Köln V, 222-225) e la confisca dei beni di Galestes, l'Atamano (Diod. XXXIII, 20)», *ZPE* 64, 1986, pp. 83-86.

— «L'epigrafia greca a Tebe», dans *Hundred-Gated Thebes*, pp. 21-27.

Cumont, F., *L'Égypte des astrologues*, Bruxelles, 1937.

Daressy, G., «Un décret de l'an XXIII de Ptolémée Épiphane», *Rec. Trav.* 33, 1911, pp. 1-8.

— «Un second exemplaire du décret de l'an XXIII de Ptolémée Épiphane», *Rec. Trav.* 38, 1916/1917, pp. 175-179.

Daumas, F., *Les moyens d'expression du grec et de l'égyptien comparés dans les décrets de Canope et de Memphis*, SASAE 16, Le Caire, 1952.

— «Un duplicata du premier décret ptolémaïque de Philae», *MDAIK* 16, 1958, pp. 73-82.

— «Les textes bilingues ou trilingues», dans *Textes et langages de l'Égypte pharaonique* III. *Hommage à J.-F. Champollion (BdE 64)*, Le Caire, 1974, pp. 41-45.

De Meulenaere, H., «Les stratèges indigènes du nome tentyrite à la fin de l'époque ptolémaïque et au début de l'occupation romaine», *RSO* 34, 1959, pp. 1-25.

— «Ptolémée IX Sôter II à Kalabcha», *CdE* 36, 1961, pp. 100-103.

— «L'œuvre architecturale de Tibère à Thèbes», *OLP* 9, 1978, pp. 69-73.

— «La prosopographie thébaine de l'époque ptolémaïque à la lumière des sources hiéroglyphiques», dans *Hundred-Gated Thebes*, pp. 83-90.

De Meulenaere, H., et MacKay, P., *Mendes II*, Westminster, 1976.

Derchain, P., *Les impondérables de l'hellénisation: littérature d'hiérogrammates*, Turnhout, 2000.

Desanges, J., *Catalogue des tribus africaines de l'Antiquité classique à l'ouest du Nil*, Dakar, 1962.

— «Les chasseurs d'éléphants d'Abou-Simbel», dans *Actes du 92e Congrès des Sociétés savantes*, Paris, 1970, pp. 31-50.

— *Recherches sur l'activité des Méditerranéens aux confins de l'Afrique* (Coll. de l'EFR 38), Rome, 1978. (= *Recherches*)

— «Les relations de l'Empire romain avec l'Afrique nilotique et érythréenne d'Auguste à Probus», dans *ANRW* II, 10, 1, 1988, pp. 3-43.

Devauchelle, D., «Le papyrus démotique Louvre E 9415. Un partage de biens», *RdE* 31, 1979, pp. 29-35.

— «Fragments de décrets ptolémaïques en langue égyptienne conservés au Musée du Louvre», *RdE* 37, 1986, pp. 45-51.

— «Le papyrus démotique Louvre E 9416: une vente de terrain», *BIFAO* 87, 1987, pp. 161-165.

— *La Pierre de Rosette. Présentation et traduction*, Le Havre, 1990.

— «Le sentiment antiperse chez les anciens Égyptiens», *Transeuphratène* 9, 1995, pp. 67-80.

Devauchelle, D., et Grenier, J.-C., «Remarques sur le nome Hermonthite à la lumière de quelques inscriptions de Tôd», *BIFAO* 82, 1982, pp. 157-169.

Devauchelle, D., et Wagner, G., «Ostraca ptolémaïques bilingues d'Edfou», *ASAE* 68, 1982, pp. 89-101.

De Wit, C., *Les inscriptions du temple d'Opet à Karnak*, I, Bruxelles, 1958.

— «Inscriptions dédicatoires du temple d'Edfou», *CdE* 36, 1961, pp. 56-97 et pp. 277-320.

Dietze, G., «Philae und die Dodekaschoinos in ptolemäischer Zeit», *Anc. Soc.* 25, 1994, pp. 63-110.

— «Temples and Soldiers in Southern Ptolemaic Egypt. Some Epigraphic Evidence», dans *Politics, Administration and Society in the Hellenistic and Roman World, Proceedings of the International Colloquium* (Bertinoro, 19-24 juill. 1997), éd. L. Mooren (*Stud. Hell.* 36), Louvain, 2000, pp. 77-89.

Ducrey, P., *Le traitement des prisonniers de guerre dans la Grèce antique des origines à la conquête romaine*, Paris, 1968, nouvelle éd. revue et augmentée (*EFA* 17), Paris, 1999.

Dunand, F., «L'Oracle du Potier et la formation de l'Apocalyptique en Égypte», dans *L'Apocalyptique* (*Études d'histoire des religions* 3), Paris, 1977, pp. 41-67.

— «Droit d'asile et refuge dans les temples en Égypte lagide», dans *Hommages à la mémoire de S. Sauneron* II. *Égypte post-pharaonique*, sous la dir. de J. Vercoutter, Le Caire, 1979, pp. 77-97.

— *Religion populaire en Égypte romaine. Les terres cuites isiaques du Musée du Caire* (*EPRO* 76), Leyde, 1979.

— «L'exode rural en Égypte à l'époque hellénistique», *Ktèma* 5, 1980, pp. 137-150.

— «Fête, tradition, propagande. Les cérémonies en l'honneur de Bérénice, fille de Ptolémée III en 238 a.C.», dans *Livre du centenaire de l'IFAO (1880-1980)*, Le Caire, 1980, pp. 287-301.

— «Fête et propagande à Alexandrie sous les Lagides», dans *La Fête, pratique et discours. D'Alexandrie hellénistique à la Mission de Besançon* (Table ronde 7-8 mai 1979), Paris, 1981, pp. 13-40.

— «Grecs et Égyptiens en Égypte lagide. Le problème de l'acculturation», dans *Modes de contact et processus de transformation dans les sociétés anciennes, Actes du Colloque de Cortone* (24-30 mai 1981) (*Collection de l'EFR* 67), Pise-Rome, 1983, pp. 45-87.

— «Culte royal et culte impérial en Égypte. Continuités et ruptures», dans *Das römisch-byzantinische Ägypten. Akten des internationalen Symposions* (Trèves, 26-30 sept. 1978), (*Aegyptiaca Treverensia* 2), éd. G. Grimm, H. Heinen et E. Winter, Mayence, 1983, pp. 47-56.

— «La classe sacerdotale et sa fonction dans la société égyptienne à l'époque hellénistique», dans *Sanctuaires et clergés* (*Études d'histoire des religions* 4), Paris, 1985, pp. 41-59.

Dunand, F., et Zivie-Coche, C., *Dieux et hommes en Égypte*, Paris, 1991.

Dunham, D., et **Janssen, J. M. A.,** *Semna-Kumma* (*Second Cataract Forts* I), Boston, 1960.

Eddy, S. K., *The King is Dead. Studies in the Near Eastern Resistance to Hellenism, 334-31 B.C.,* Lincoln, Nebraska, 1961.

Eide, T., Hägg, T., Holton, R. et **Török, L.** (éd.), *Fontes Historiae Nubiorum,* vol. I-IV, 1994-2000.

El-Amir, M., *A Family Archive from Thebes,* Le Caire, 1959.

Empereur, J.-Y., *Alexandrie redécouverte,* Paris, 1998, pp. 76-77.

Erichsen, W., *Demotisches Glossar,* Copenhague, 1954.

— *Die Satzungen einer ägyptischen Kultgenossenschaft aus der Ptolemäerzeit nach einem demotischen Papyrus in Prag,* Copenhague, 1959.

Evans, J. A. S., *A Social and Economic History of an Egyptian Temple in the Graeco-Roman Period. The Temple of Soknebtunis,* dans *Yale Classical Studies* 17, New Haven, 1961, pp. 143-283. (= *The Temple of Soknebtunis*)

Fairman, H. W., «A Statue from the Karnak Cache», *JEA* 20, 1934, pp. 1-4.

Falivene, M.-R., «The Heracleopolite Nome: Internal and External Borders», dans *Actes XXᵉ Congrès* (Copenhague), 1994, pp. 204-209.

— *The Herakleopolite Nome. A Catalogue of the Toponyms with Introduction and Commentary* (*Am. Stud. Pap.* 37), Atlanta, 1988.

Farid, A., «The Stela of Adikhalamani found at Philae», *MDAIK* 34, 1978, pp. 53-56.

— «Three Mirrors with Demotic Inscriptions», dans *Life in a Multicultural Society,* pp. 103-118.

Faulkner, R. O., «Egyptian Military Organization», *JEA* 39, 1953, pp. 32-47.

Felber, H., «Die demotische Chronik», dans *Apokalyptik und Ägypten,* 2002, pp. 65-111.

Ferrary, J.-L., *Philhellénisme et impérialisme: aspects idéologiques de la conquête romaine du monde hellénistique, de la seconde guerre de Macédoine à la guerre contre Mithridate* (*BEFAR* 271), Rome / Paris, 1988.

Fischer, H. G., «The Nubian Mercenaries of Gebelein during the First Intermediate Period», *Kush* 9, 1961, pp. 44-79.

Foraboschi, D., *Onomasticon alterum papyrologicum. Supplemento al Namenbuch di Friedrich Preisigke,* 4 vol., Milan, 1967-1971.

Frankfurter, D., *Elijah in Upper Egypt. The Apocalypse of Elijah and Early Egyptian Christianity* (*Studies in Antiquity and Christianity* 30), Minneapolis, 1993.

Fraser, P., *Ptolemaic Alexandria,* 3 vol., Oxford, 1972.

Gardiner, A., «The House of Life», *JEA* 24, 1938, pp. 157-179.

— «ΟΝΝΟΦΡΙΣ», dans *Miscellanea Academica Berolinensia* II, 2, Berlin, 1950, pp. 44-53.

— «The Coronation of King Haremhab», *JEA* 39, 1953, pp. 13-31.

Gasmelseed, A. A., «À propos de noms et de titres des rois kouchites», dans *Hommages à J. Leclant,* II, réunis par C. Berger, G. Clerc et N. Grimal, Le Caire, 1994, pp. 135-140.

Gauthier, H., *Le livre des rois d'Égypte,* IV (*MIFAO* 20), Le Caire, 1916.

— *Les Nomes d'Égypte depuis Hérodote jusqu'à la conquête arabe,* Le Caire, 1935.

Gauthier, H., et Sottas, H., *Un décret trilingue en l'honneur de Ptolémée IV*, Le Caire, 1925.

Glanville, J. R. K., *A Theban Archive of the Reign of Ptolemy I, Soter (Catalogue of Demotic Papyri in the British Museum* 1), Londres, 1939.

Golvin, J.-C., «Enceintes et portes monumentales des temples de Thèbes à l'époque ptolémaïque et romaine», dans *Hundred-Gated Thebes*, pp. 31-41.

Goudriaan, K., *Ethnicity in Ptolemaic Egypt (Dutch Monographs on Ancient History and Archaeology* 5), Amsterdam, 1988.

— «Ethnical Strategies in Graeco-Roman Egypt», dans *Ethnicity in Hellenistic Egypt (Studies in Hellenistic Civilization* III), éd. P. Bilde *et al.*, Aarhus, 1992, pp. 74-99.

— «Les signes de l'identité ethnique en Égypte ptolémaïque», dans *Valeur et distance. Identités et sociétés en Égypte*, sous la dir. de Ch. Décobert, Paris, 2000, pp. 39-70.

Grenfell, B. P., «A New Papyrus concerning the Revolt of the Thebaid in B. C. 88», *REG* 32, 1919, pp. 251-255.

Griffith, F. L., *Catalogue of the Demotic Graffiti of the Dodecaschoenus* I (*Les temples immergés de la Nubie* 11), Oxford, 1937.

Grimal, N., *Quatre stèles napatéennes au musée du Caire, Études sur la propagande royale égyptienne* II (*MIFAO* 106), Le Caire, 1981.

— *Les termes de la propagande royale égyptienne de la XIXᵉ dynastie à la conquête d'Alexandre*, Paris, 1986

— *Histoire de l'Égypte ancienne*, Paris, 1988.

Habicht, C., «Die herrschende Gesellschaft in den hellenistischen Monarchien», dans *Vierteljahrschrift für Sozial- und Wirtschaftsgeschichte* 45, Wiesbaden, 1958, pp. 1-16.

Hanson, A. E. et Sijpesteijn, P. J., «The Dossier of Euphron, Three Ptolemaic Letters from the Princeton University Collection», *Anc. Soc.* 20, 1989, pp. 133-142.

Hauben, H., «On the Gallus Inscription at Philae», *ZPE* 22, 1976, pp. 189-190.

— «Aspects du culte des souverains à l'époque des Lagides», dans *Egitto e storia antica*, pp. 441-467.

— «The Barges of the Komanos Family», *Anc. Soc.* 19, 1988, pp. 207-211.

— «Des bateaux de Diospolis Mikra?», dans *Actes XVIIIᵉ Congrès* (Athènes), 1988, II, pp. 243-253.

— «L'expédition de Ptolémée III en Orient et la sédition domestique de 245: quelques mises au point», *AfP* 36, 1990, pp. 29-37.

— «La chronologie macédonienne et ptolémaïque mise à l'épreuve», *CdE* 67, 1992, pp. 143-171.

Haycock, B. G., «Landmarks in Cushite History», *JEA* 58, 1972, pp. 225-244.

Heichelheim, F., *Die auswärtige Bevölkerung im Ptolemäerreich (Klio*, Beiheft XVIII, N.F. 5), 1925, réimpression avec deux compléments, Stuttgart, 1963.

Heinen, H., «Ägyptische und griechische Traditionen der Sklaverei im ptolemäischen Ägypten», dans *Das ptolemäische Ägypten*, pp. 227-237.

— «Aspects et problèmes de la monarchie ptolémaïque», *Ktèma* 3, 1978, pp. 177-199.

— «Der Sohn des 6. Ptolemäers im Sommer 145. Zur Frage nach Ptolemaios VII. Neos Philopator und zur Zählung der Ptolemäerkönige», dans *Actes XXIe Congrès* (Berlin), 1995, pp. 449-460.

Helmis, A., *Crime et châtiment dans l'Égypte ptolémaïque. Recherches sur l'autonomie d'un modèle pénal* (dactyl.), Thèse - université Paris X-Nanterre, 1986.

Henne, H., «Sur la titulature aulique des stratèges de nomes à l'époque ptolémaïque», *REA* 42, 1940, pp. 172-186.

Hintze, F., *Studien zur meroitischen Chronologie und zu den Opfertafeln aus den Pyramiden von Meroe* (*ADAW* 1959, 2), Berlin, 1959.

— *Die Inschriften des Löwentempels von Musawwarat es Sufra* (*ADAW* 1962, 1), Berlin, 1962.

Hofmann, I., «Zur Datierung des Königs Adikhalamani», *GM* 9, 1974, pp. 27-32.

— *Wege und Möglichkeiten eines indischen Einflusses auf die meroitische Kultur*, dans *Studia Instituti Anthropos* 23, Fribourg, 1975, pp. 70-72.

— «Der Feldzug des C. Petronius nach Nubien und seine Bedeutung für die meroitische Chronologie», in *Ägypten und Kush. Festschrift F. Hintze*, éd. E. Endesfelder, K.-H. Priese, W.-F. Reineke et S. Wenig, Berlin, 1977, pp. 189-205.

Hölbl, G., *Geschichte des Ptolemäerreiches. Politik, Ideologie und religiöse Kultur von Alexander dem Grossen bis zur römischen Eroberung*, Darmstadt, 1994; remanié dans *A History of the Ptolemaic Empire*, London-New-York, 2000.

Holleaux, M., «Recherches sur l'histoire des négociations d'Antiochos III avec les Romains», *REA* 15, 1913, pp. 1-24.

— «Ceux qui sont dans le bagage», *REG* 39, 1926, pp. 355-366.

Huss, W., *Untersuchungen zur Aussenpolitik Ptolemaios' IV.* (*Münch. Beitr. zur Pap.* 69), Munich, 1976.

— «Eine Revolte der Ägypter in der Zeit des 3. Syrischen Kriegs», *Aegyptus* 58, 1978, pp. 151-156.

— «Die Herkunft der Kleopatra Philopator», *Aegyptus* 70, 1990, pp. 191-203.

— «Die in ptolemäischer Zeit verfassten Synodal-Dekrete der ägyptischen Priester», *ZPE* 88, 1991, pp. 189-208. (= *Synodal-Dekrete*)

— *Der makedonische König und die ägyptischen Priester. Studien zur Geschichte des ptolemäischen Ägypten* (*Historia Einzelschriften* 85), Stuttgart, 1994.

— «Ägyptische Kollaborateure in persischer Zeit», *Tychè* 12, 1997, pp. 131-140.

— «Le *basileus* et les prêtres égyptiens», dans *Le décret de Memphis*, pp. 117-126.

— *Ägypten in hellenistischer Zeit, 332-30 v. Chr.*, Munich, 2001.

Husson, G., et **Valbelle, D.**, *L'État et les institutions en Égypte. Des premiers pharaons aux empereurs romains*, Paris, 1992.

Hutmacher, R., *Das Ehrendekret für den Strategen Kallimachos* (*Beitr. zur klass. Phil.* 17), Meisenheim, 1965.

Ibrahim, M. E. A., *The Chapel of the Throne of Re of Edfu* (*Bibliotheca Aegyptiaca* 16), Bruxelles, 1975.

Jacquet, J., «Trois campagnes de fouilles à Karnak-Nord. 1968-1969-1970», *BIFAO* 69, 1971, pp. 267-281.

Jameson, S., «Chronology of the Campaigns of Aelius Gallus and C. Petronius», *JRS* 58, 1968, pp. 71-84.

Jelinkova, E. A. E., «Sale of Inherited Property in the First Century B.C. (P. Brit. Mus. 10075, ex Salt Coll. n° 418), *JEA* 43, 1957, pp. 45-55 et 45, 1959, pp. 61-74.

Johnson, C. G., «Ptolemy V and the Rosetta Decree: the Egyptianization of the Ptolemaic Kingship», *Anc. Soc.* 26, 1995, pp. 145-155.

Johnson, J. H., «The Demotic Chronicle as an Historical Source», *Enchoria* 4, 1974, pp. 1-17.

— «The Demotic Chronicle as a Statement of a Theory of Kingship», *JSSEA* 13, 2, 1983, pp. 61-72.

— «Is the Demotic Chronicle an Anti-Greek Tract?», dans *Grammata Demotika. Festchrift für E. Lüddeckens zum 15. Juni 1983*, éd. H.-J. Thissen et K.-Th. Zauzich, Würzburg, 1984, pp. 107-124.

— «The Role of the Egyptian Priesthood in Ptolemaic Egypt», dans *Egyptian Studies in Honour of R. A. Parker*, éd. L. H. Lesko, Hanovre, 1986, pp. 70-84.

— «The Persians and the Continuity of Egyptian Culture», dans *Ach. Hist.* VIII, 1994, pp. 149-159.

Jouguet, P., «Les Lagides et les indigènes égyptiens», *RBPH* 2, 1923, pp. 419-445.

— «La politique intérieure du premier Ptolémée», *BIFAO* 30, 1930, pp. 512-536.

— «Le roi nubien Hurgonaphor et les révoltes de la Thébaïde», dans *Mélanges offerts à M. Octave Navarre*, Toulouse, 1935, pp.265-273.

Junker, H., *Der grosse Pylon des Tempels der Isis in Philae*, Vienne, 1958.

bey Kamal, A., *Stèles ptolémaïques et romaines*, 2 vol., Le Caire, 1904-1905.

Kaplony-Heckel, U., «Demotische Verwaltungsakten aus Gebelein: der grosse Berliner Papyrus 13608», *ZÄS* 121, 1994, pp. 75-91.

Katznelson, I. S., «Kambesweden et Khababash», *ZÄS* 93, 1966, pp. 89-93.

Kirwan, L. P., «The Boethos Stela and Ptolemaic and Roman Qasr Ibrim», dans *Études Nubiennes*, II (*Actes du VIIe Congrès international d'études nubiennes*, Genève, 3-8 sept. 1990), éd. C. Bonnet, Genève, 1992, pp. 197-198.

Koenen, L., *Eine ptolemäische Königsurkunde* (= *P. Kroll*), Wiesbaden, 1957.

— «ΘΕΟΙΣΙΝ ΕΧΘΡΟΣ. Ein einheimischer Gegenkönig in Ägypten (132/1)», *CdE* 34, 1959, pp. 103-119.

— «Die «demotische Zivilprozessordnung» und die *Philanthropa* vom 9. Okt. 186 vor Chr.», *AfP* 17, 1962, pp. 11-16.

— «Die Prophezeiungen des «Töpfers»», *ZPE* 2, 1968, pp. 178-209.

— «The Prophecies of a Potter: a Prophecy of World Renewal becomes an Apocalypse», dans *Actes XIIe Congrès* (Ann Arbor), 1970, pp. 249-254.

— *Eine agonistische Inschrift aus Ägypten und frühptolemäische Königsfeste* (*Beitr. zur klass. Phil.* 56), Meisenheim, 1977.

— «Die Adaptation ägyptischer Königsideologie am Ptolemäerhof», dans *Egypt and the Hellenistic World*, pp. 143-190.

— «A Supplementary Note on the Date of the Oracle of the Potter», *ZPE* 54, 1984, pp. 9-13.
— «Royal Decree of November 12, 198 B.C. (?) on Sale of Egyptians enslaved in Unrest (*PMich.* Inv. 6947)», dans *Actes XVIIe Congrès* (Naples), 1984, pp. 915-916.
— «The Ptolemaic King as a Religious Figure», dans *Images and Ideologies. Self-definition in the Hellenistic World*, éd. A. Bulloch, E. S. Gruen, A. A. Long et A. Stewart, Berkeley-Los Angeles-Londres, 1993, pp. 25-115.
— «Die Apologie des Töpfers an König Amenophis oder das Töpferorakel», dans *Apokalyptik und Ägypten*, pp. 139-187.

Koenen, L. et **Thompson, D. B.**, «Gallus as Triptolemos on the Tazza Farnese», *BASP* 21, 1984, pp. 111-153.

Koerner, R., «Eine Weihinschrift aus der Zeit Ptolemaios V.», *AfP* 18, 1966, pp. 47-56.

Kramer, B. et **Heinen, H.**, «Der κτίστης Boethos und die Einrichtung einer neuen Stadt», *AfP* 43, 1997, pp. 315-363.

Lacau, P., «Un graffito égyptien d'Abydos écrit en lettres grecques», *Et. de pap.* 2, 1934, pp. 229-246.

La'da, C. A., «Ethnicity, Occupation and Tax-Status in Ptolemaic Egypt», dans *Acta Demotica. Acts of the Fifth International Conference for Demotists* (Pise, 4-8 sept. 1993) (*Egitto e Vicino Oriente* 17), Pise, 1994, pp. 183-189.

Lanciers, E., «Die ägyptischen Tempelbauten zur Zeit des Ptolemaios V. Epiphanes (204-180 v. Chr.)», Teil 1, *MDAIK* 42, 1986, pp. 81-98; Teil 2, *MDAIK* 43, 1987, pp. 173-182.
— «Die Stele CG 22184: ein Priesterdekret aus der Regierungszeit des Ptolemaios VI. Philometor», *GM* 95, 1987, pp. 53-61.
— «Die Alleinherrschaft des Ptolemaios VIII. im Jahre 164/163 v. Chr. und der Name Euergetes», dans *Actes XVIIIe Congrès* (Athènes), 1988, pp. 405-433.
— «Die ägyptischen Priester des ptolemäischen Königskultes», *RdE* 42, 1991, pp. 117-145.

Lauffray, J., «Abords occidentaux du premier pylône de Karnak», *Kêmi* 21, 1971, pp. 77-144.

Lauffray, J., **Sauneron, S.**, **Sa'ad, R.**, et **Anus, P.**, «Rapport sur les travaux de Karnak (Activités du Centre franco-égyptien en 1968-1969)», *Kêmi* 20, 1970, pp. 57-99.

Launey, M., *Recherches sur les armées hellénistiques* (*BEFAR* 1, 169), 2 vol., Paris, 1949-1950; réimpression, addenda et mise à jour par Y. Garlan, P. Gauthier et C. Orrieux, Paris, 1987.

Lawrence, A. W., «Ancient Egyptian Fortifications», *JEA* 51, 1965, pp. 69-94.

Leclant, J., *Recherches sur les monuments thébains de la XXVe dynastie*, I, Le Caire, 1965.
— «Les textes d'époque éthiopienne», dans *Textes et Langages dans l'Égypte pharaonique* II. *Hommage à J.-F. Champollion (BdE 64)*, Le Caire, 1972, pp. 123-135.

Lefebvre, G., *Le tombeau de Pétosiris*, Le Caire, 1924.

Legras, B., *Néotês. Recherches sur les jeunes Grecs dans l'Égypte ptolémaïque et romaine*, Genève, 1999.

Lenger, M.-Th., «Les lois et les ordonnances des Lagides», *CdE* 19, 1944, pp. 108-146.

— «Les *prostagmata* des rois Lagides», *RIDA* 1, 1948, pp. 119-132.

— «La notion de "bienfait" royal (*philanthrôpon*) et les ordonnances des rois lagides», dans *Studi in onore di Vincenzo Arangio-Ruiz*, I, Naples, 1952, pp. 483-499.

— *Corpus des ordonnances des Ptolémées*, Bruxelles, 1964, 2ᵉ éd. mise à jour, Bruxelles, 1980. (= *C. Ord. Ptol.*)

Le Rider, G., «Monnaies trouvées à Mirgissa», *Revue numismatique*, VIᵉ série, XI, 1969, pp. 28-35.

Lesquier, J., *Les institutions militaires de l'Égypte sous les Lagides*, Paris, 1911.

Lewis, N., «Greco-Roman Egypt: Fact or Fiction?», dans *Actes XIIᵉ Congrès* (Ann Arbour), 1970, pp. 3-14.

— *Greeks in Ptolemaic Egypt, Case Studies in the Social History of the Hellenistic World*, Oxford, 1986.

— *La mémoire des sables. La vie en Égypte sous la domination romaine*, Paris, 1988 (New York, 1983).

Lichtheim, M., *Ancient Egyptian Literature III. The Late Period*, Berkeley-Los Angeles-Londres, 1980.

Liebesny, H., «Ein Erlass des Königs Ptolemaios II. Philadelphos über die Deklaration von Vieh und Sklaven in Syrien und Phönizien (PER Inv. Nr. 24552 gr.)», *Aegyptus* 16, 1936, pp. 257-291.

Lloyd, A. B., «Nationalist Propaganda in Ptolemaic Egypt», *Historia* 31, 1982, pp. 33-55.

Lüddeckens, E., *Ägyptische Eheverträge (Äg. Abh. 1)*, Wiesbaden, 1960. (= *P. dém. Ehev.*)

Lüddeckens, E., *et al.*, *Demotisches Namenbuch*, I, 1-18, Wiesbaden, 1980-2000.

Lyons, H. G., *A Report on the Island and Temples of Philae*, Londres, 1896.

Lyons, H. G., Borchardt, L. et Erman, A., «Eine trilingue Inschrift von Philae», dans *Sitz. preuss. Akad. Wiss.*, 1896, pp. 469-478.

MacAdam, M. F. L., *The Temples of Kawa*, 2 vol., Londres, 1949-1955.

MacMullen, R., «Nationalism in Roman Egypt», *Aegyptus* 44, 1964, pp. 179-189.

McGing, B., «Revolt Egyptian Style. Internal Opposition to Ptolemaic Rule», *AfP* 43, 2, 1997, pp. 273-314.

— «Bandits, Real and Imagined in Greco-Roman Egypt», *BASP* 35, 1998, pp. 159-183.

Maehler, H., «Egypt under the Last Ptolemies», *BICS* 30, 1983, pp. 1-16.

Manning, J. G., *Land and Power in Ptolemaic Egypt. The Structure of Land Tenure (332-30 B. C. E.)*, Cambridge, 2003.

Maresch, K., *Bronze und Silber. Papyrologische Beiträge zur Geschichte der Währung im ptolemäischen und römischen Ägypten bis zum 2. Jahrhundert n. Chr. (Papyrologica Coloniensia 25)*, Opladen, 1996.

Martin, V., *Les épistratèges. Contribution à l'étude des institutions de l'Égypte gréco-romaine*, Genève, 1911.

— «Les papyrus et l'histoire de l'administration de l'Égypte gréco-romaine», dans *Actes IIIe Congrès* (Munich), 1934, pp. 102-165.

— «L'onomastique comme indice des rapports entre indigènes et occupants dans l'Égypte gréco-romaine», dans *Actes VIIIe Congrès* (Vienne), 1956, pp. 85-90.

Mayser, E., *Grammatik der griechischen Papyri aus der Ptolemäerzeit mit Einschluss der gleichzeitigen Ostraca und der in Ägypten verfassten Inschriften*, Berlin, Leipzig, 1906-1970.

Mélèze-Modrzejewski, J., «Servitude pour dettes ou legs de créances? (Note sur P. Jud. 126)», *Rech. de pap.* 2, 1962, pp. 75-98.

— «La règle de droit dans l'Égypte ptolémaïque. État des questions et perspectives de recherches», dans *Essays in Honor of C. Bradford Welles* (*Am. Stud. Pap.* 1), New Haven, 1966, pp. 125-173.

— «Régime foncier et statut social dans l'Égypte ptolémaïque», dans *Terre et paysans dépendants dans les sociétés antiques. Colloque international tenu à Besançon* (2-3 mai 1974), Paris, 1979, pp. 163-196.

— «Un aspect du "couple interdit" dans l'Antiquité. Les mariages mixtes dans l'Égypte hellénistique», dans *Le couple interdit. Entretiens sur le racisme: la dialectique de l'altérité socio-culturelle et la sexualité*, sous la dir. de L. Poliakov, Paris-La Haye-New-York, 1980, pp. 53-73.

— «Le statut des Hellènes dans l'Égypte lagide: bilan et perspectives de recherches», *REG* 96, 1983, pp. 241-268.

— «Dryton le Crétois et sa famille ou les mariages mixtes dans l'Égypte hellénistique», dans *Aux origines de l'hellénisme. La Crète et la Grèce, Hommage à H. Van Effenterre*, Paris, 1984, pp. 353-376.

— «"Paroles néfastes" et "vers obscènes". À propos de l'injure verbale en droit grec et hellénistique», dans *Anthropologies juridiques. Mélanges Pierre Braun*, éd. J. Hoareau-Dodineau, Limoges, 1998, pp. 569-585.

Menu, B., «Le tombeau de Pétosiris» (1), *BIFAO* 94, 1994, pp. 311-327; (2) *BIFAO* 95, 1995, pp. 281-295; (3) *BIFAO* 96, 1996, pp. 343-357.

Merkelbach, R., *Isisfeste in griechisch-römischer Zeit, Daten und Riten* (*Beitr. zur klass. Phil.* 5), Meisenheim, 1963.

Möller, G., «*Mḫbr* = Μεγάβαρος», *ZÄS* 55, 1918, pp. 79-81.

Mond, R., et **Myers, O. H.**, *The Bucheum*, II. *The Inscriptions*, Londres, 1934.

Mooren, L., «Notes concernant quelques stratèges ptolémaïques», *Anc. Soc.* 1, 1970, pp. 9-24.

— «The Governors General of the Thebaid in the Second Century B.C.», I, *Anc. Soc.* 4, 1973, pp. 115-132; II, *Anc. Soc.* 5, 1974, pp. 137-152.

— *The Aulic Titulature in Ptolemaic Egypt. Introduction and Prosopography*, Bruxelles, 1975. (= *Prosop.*)

— «Macht und Nationalität», dans *Das ptolemäische Ägypten*, pp. 51-57.

— *La hiérarchie de cour ptolémaïque: contribution à l'étude des institutions et des classes dirigeantes à l'époque hellénistique* (*Stud. Hell.* 23), Louvain, 1977.

— «Antiochos IV. Epiphanes und das ptolemäische Königtum», dans *Actes XVᵉ Congrès* (Bruxelles), 1979, pp. 78-86.

— «The Strategos Athenaios, his Subordinate Nestor, and the Administrative Organization of the Southern Thebaid», *CdE* 55, 1980, pp. 262-270.

— «The Wives and Children of Ptolemy VIII Euergetes II», dans *Actes XVIIIᵉ Congrès* (Athènes), 1988, pp. 435-444.

Mooren, L. et Van 't Dack, E., «Le stratège Platon et sa famille», *Ant. Class.* 50, 1981, pp. 535-544.

Moret, A., *Du caractère religieux de la royauté pharaonique*, Paris, 1902.

Mørkholm, O., *Antiochus IV of Syria (Classica et Mediaevalia. Dissertationes* 7), Copenhague, 1966, pp. 166-167.

Müller, K., «Die Ansätze der Apokalyptik», dans *Literatur und Religion des Frühjudentums*, éd. J. Maier et J. Schreiner, Würzburg-Gütersloh, 1973, pp. 31-42.

Müller, W. M., *Egyptological Researches III. The Bilingual Decrees of Philae (Carnegie Institution of Washington* 53, III), Washington, 1920.

Naville, E., «La stèle de Pithom», *ZÄS* 40, 1902/3, pp. 66-75.

Noshy, I., «Preludes of the Egyptian Revolutions against the Ptolemies and the Greeks», dans *Actes XIXᵉ Congrès* (Le Caire), 1989, II, pp. 374-420.

Onasch, C., «Zur Königsideologie der Ptolemäer in den Dekreten von Kanopus und Memphis (Rosettana)», *AfP* 24-25, 1976, pp. 137-155.

Orrieux, C., *Les papyrus de Zénon. L'horizon d'un Grec en Égypte au IIIᵉ siècle avant J.-C.*, Paris, 1983.

— *Zénon de Caunos, parépidémos, et le destin grec*, Paris, 1985.

Osing, J., *The Carlsberg Papyri 2. Hieratische Papyri aus Tebtunis* I, Copenhague, 1998.

— «La science sacerdotale», dans *Le décret de Memphis*, pp. 127-140.

Otto, W., *Priester und Tempel im hellenistischen Aegypten*, 2 vol., Leipzig, 1905-1908.

— «Ägyptische Priestersynoden in hellenistischer Zeit», dans *Sitz. Bayer. Akad. Wiss.*, 1926, 2. Abh., pp. 18-40.

— *Zur Geschichte der Zeit des 6. Ptolemäers. Ein Beitrag zur Politik und zum Staatsrecht des Hellenismus (Abh. bayer. Akad. Wiss.*, N.F. 11), Munich, 1934.

Otto, W., et Bengtson, H., *Zur Geschichte des Niederganges des Ptolemäerreiches. Ein Beitrag zur Regierungszeit des 8. und 9. Ptolemäers (Abh. bayer. Akad. Wiss.*, N. F. 17), Munich, 1938.

Packman, Z., *The Taxes in Grain in Ptolemaic Egypt. Granary Receipts from Diospolis Magna 164-88 B. C. (American Studies in Papyrology* 4), New Haven-Toronto, 1968.

Parker, R. A., *A Vienna Demotic Papyrus on Eclipse and Lunar Omina (Brown Egyptological Studies* 2), Brown, 1959.

— «A Demotic Marriage Document From Deir el Ballas», *JARCE* 2, 1963, pp. 113-116.

— «A Demotic Property Settlement from Deir el Ballas», *JARCE* 3, 1964, pp. 89-103.

Perdrizet, P., et **Lefebvre, G.**, *Les graffites grecs du Memnonion d'Abydos*, Nancy-Paris-Strasbourg, 1919.

Peremans, W., «Ptolémée II Philadelphe et les indigènes égyptiens», *RBPH* 12, 1933, pp. 1005-1022.

— «Égyptiens et étrangers en Égypte au IIIe s. avant J.-C.», *CdE* 11, 1936, pp. 151-162.

— «Égyptiens et étrangers dans l'Égypte ptolémaïque», dans *Entretiens sur l'Antiquité classique de la Fondation Hardt* VIII, Genève, 1962, pp. 121-166.

— «Ethnies et classes dans l'Égypte ptolémaïque», dans *Recherches sur les structures sociales dans l'Antiquité classique. Colloques nationaux du CNRS* (Caen 25-26 avril 1969), Paris, 1970, pp. 213-223.

— «Sur l'identification des Égyptiens et des étrangers dans l'Égypte des Lagides», *Anc. Soc.* 1, 1970, pp. 25-38.

— «Égyptiens et étrangers dans l'armée de terre et dans la police de l'Égypte ptolémaïque», *Anc. Soc.* 3, 1972, pp. 67-76.

— «Égyptiens et étrangers dans le clergé, le notariat et les tribunaux de l'Égypte ptolémaïque», *Anc. Soc.* 4, 1973, pp. 59-69.

— «Ptolémée IV et les Égyptiens», dans *Le Monde grec. Hommages à Claire Préaux*, éd. J. Bingen, G. Cambier et G. Nachtergael, Bruxelles, 1975, pp. 393-402.

— «Classes sociales et conscience nationale en Égypte ptolémaïque», *OLP* 6-7, 1975-1976, pp. 443-453.

— «Égyptiens et étrangers dans le milieu d'Alexandrie au temps des Lagides», *Anc. Soc.* 7, 1976, pp. 167-176.

— «Les révolutions égyptiennes sous les Lagides», dans *Das ptolemäische Ägypten*, pp. 39-49.

— «Un groupe d'officiers dans l'armée des Lagides», *Anc. Soc.* 8, 1977, pp. 175-185.

— «Étrangers et Égyptiens en Égypte sous Ptolémée Ier», *Anc. Soc.* 11-12, 1980-1981, pp. 213-226.

— «Les mariages mixtes dans l'Égypte des Lagides», dans *Scritti in onore di O. Montevecchi*, éd. E. Bresciani, G. Geraci, S. Pernigotti et G. Susini, Bologne, 1981, pp. 273-281.

— «Sur la *domestica seditio* de Justin», *Ant. Class.* 50, 1981, pp. 628-636.

— «Les Lagides, les élites indigènes et la monarchie bicéphale», dans *Le système palatial en Orient, en Grèce et à Rome. Actes du colloque de Strasbourg* (19-22 juin 1985), éd. E. Lévy, Strasbourg, Leyde, 1987, pp. 327-343.

Peremans, W. et **Van 't Dack, E.**, «P. Grenfell I, 11 (= Mitteis, Chrestom. 32)», *RIDA* 1, 1948, pp. 163-172.

— «À propos d'une inscription de Gortyn (Inscr. Cret. IV 208): Ptolémée Makron, Nouménios et Hippalos», *Historia* 3, 1954/55, pp. 338-345.

— «Komanos des premiers amis», dans *Prosopographica (Stud. Hell. 9)*, Louvain, 1953, pp. 21-33.

— «L'équivalent grec du titre *sḥn*», dans *Prosopographica (Stud. Hell. 9)*, Louvain, 1953, pp. 95-104.

Perry, B. E., «The Egyptian Legend of Nectanebus», *Transactions of the American Philological Association* 97, 1966, pp. 327-333.

Pestman, P. W., *Marriage and Matrimonial Property in Ancient Egypt* (*Pap. Lugd. Bat.* 9), Leyde, 1961.

— «A proposito dei documenti di Pathyris», II, *Aegyptus* 43, 1963, pp. 15-53.

— «Harmachis et Anchmachis, deux rois indigènes du temps des Ptolémées», *CdE* 40, 1965, pp. 157-170.

— «Les archives privées de Pathyris à l'époque ptolémaïque. La famille de Pétéharsemtheus, fils de Panebkhounis» dans *Studia Papyrologica Varia*, éd. E. Boswinkel, P. W. Pestman et P. J. Sijpesteijn (*Pap. Lugd. Bat.* 14), 1965, pp. 47-102.

— *Chronologie égyptienne d'après les textes démotiques (332 av. J.-C. - 453 ap. J.-C.)* (*Pap. Lugd. Bat.* 15), Leyde, 1967.

— «Eine demotische Doppelurkunde», dans E. Boswinkel, B. A. Van Groningen et P. W. Pestman, *Antidoron Martino David* (*Pap. Lugd.-Bat.* 17), Leyde, 1968, pp. 100-111.

— «L'agoranomie: un avant-poste de l'administration grecque enlevé par les Égyptiens?», dans *Das ptolemäische Ägypten*, pp. 203-210.

— *L'archivio di Amenothes figlio di Horos*, Milan, 1981. (= *P. Tor. Amen.*)

— *Il processo di Hermias e altri documenti dell'archivio dei Choachiti*, Turin, 1992. (= *P. Tor. Choach.*)

— *The Archive of the Theban Choachytes (Second Century B.C.). A Survey of the Demotic and Greek Papyri contained in the Archive* (*Studia Demotica* 2), Louvain, 1993. (= *P. Survey*)

— «A Family Archive which Changes History. The Archive of an Anonym», dans *Hundred-Gated Thebes*, pp. 91-100.

— «Haronnophris and Chaonnophris, Two Indigenous Pharaohs in Ptolemaic Egypt (205-186 B.C.)», dans *Hundred-Gated Thebes*, pp. 101-137.

Pestman, P. W., Quaegebeur, J., et Vos, R. L., *Recueil de textes démotiques et bilingues*, 2 vol., Leyde, 1977.

Plodzien, S., «The Origin and Competence of the ΠΡΑΚΤΩΡ ΞΕΝΙΚΩΝ», *JJP* 5, 1951, pp. 217-227.

Porten, B., *et al.*, *The Elephantine Papyri in English: Three Millenia of Cross-Cultural Continuity and Change*, Leyde, 1996.

Posener, G., *La Première Domination perse en Égypte. Recueil d'inscriptions hiéroglyphiques* (*BdE* 11), Le Caire, 1936.

— «Nhsj.w et Md3j.w», *ZÄS* 83, 1958, pp. 38-43.

— *De la divinité du pharaon* (*Cahiers de la Société Asiatique* 15), Paris, 1960.

— «L'anachorêsis dans l'Égypte pharaonique», dans *Le Monde grec. Hommages à Claire Préaux*, éd. J. Bingen, G. Cambier et G. Nachtergael, Bruxelles, 1975, pp. 663-669.

Preisigke, F., *Namenbuch enthaltend alle griechischen, lateinischen, ägyptischen, hebraïschen, arabischen und sonstigen semitischen und nichtsemitischen Menschennamen, soweit sie in griechischen Urkunden Ægyptens sich vorfinden*, Heidelberg, 1922.

Préaux, C., «Un problème de la politique des Lagides: la faiblesse des édits», dans *Actes IVe Congrès* (Florence), 1936, pp. 183-193.

— «Esquisse d'une histoire des révolutions égyptiennes sous les Lagides», *CdE* 11, 1936, pp.522-552. (= «Esquisse»)

— *L'économie royale des Lagides*, Bruxelles, 1939.

— *Les Grecs en Égypte d'après les archives de Zénon*, Bruxelles, 1947.

— «Sur les fonctions du πράκτωρ ξενικῶν», *CdE* 30, 1955, pp. 107-111.

— «La paix à l'époque hellénistique», dans *Recueils de la Société Jean Bodin* XIV, Louvain, 1961, pp. 227-301.

— «Polybe et Ptolémée Philopator», *CdE* 40, 1965, pp. 364-375.

— «Sur les causes de décadence du monde hellénistique», dans *Actes XIe Congrès* (Milan), 1965, pp. 475-498.

— *Le Monde hellénistique. La Grèce et l'Orient (323-146 a.C.)*, 2 vol., Paris, 1978, 4e éd., Paris, 1997.

Priese, K.-H., «Nichtägyptische Namen und Wörter in den ägyptischen Inschriften der Könige von Kusch (I)», *MIO* 14, 1968, pp. 165-191.

Pringsheim, F., «A Suggestion on P. Colombia Inv. N° 480 (198-197 B.C.)», *JJP* 5, 1951, pp. 115-120.

Quack, J. F., «Über die mit ꜥnḫ gebildeten Namenstypen und die Vokalisation einiger Verbalformen», *GM* 123, 1991, pp. 91-100

Quaegebeur, J., «Ptolémée en adoration devant Arsinoé II divinisée», *BIFAO* 69, 1970, pp. 191-217.

— «Documents concerning a Cult of Arsinoe Philadelphos at Memphis», *JNES* 30, 1971, pp. 239-270.

— «Contribution à la prosopographie des prêtres memphites à l'époque ptolémaïque», *Anc. Soc.* 3, 1972, pp. 77-109.

— «Prêtres et cultes thébains à la lumière de documents égyptiens et grecs», *BSFE* 70-71, 1974, pp. 37-55.

— «Reines ptolémaïques et traditions égyptiennes», dans *Das ptolemäische Ägypten*, pp. 245-262.

— «Documents égyptiens et rôle économique du clergé en Égypte hellénistique», dans *State and Temple Economy in the Ancient Near East*, II, éd. E. Lipinski (*OLA* 6), Louvain, 1979, pp. 707-729.

— «The Genealogy of the Memphite High Priest Family in the Hellenistic Period», dans D. J. Crawford, J. Quaegebeur et W. Clarysse, *Studies on Ptolemaic Memphis (Stud. Hell.* 24), Louvain, 1980, pp. 43-81.

— «Sur la «loi sacrée» dans l'Égypte gréco-romaine», *Anc. Soc.* 11-12, 1980-1981, pp. 227-240.

— «Cultes égyptiens et grecs en Égypte hellénistique. L'exploitation des sources», dans *Egypt and the Hellenistic World*, pp. 303-324.

— «Amenophis, nom royal et nom divin. Questions méthodologiques», *RdE* 37, 1986, pp. 97-106.

— «The Egyptian Clergy and the Cult of the Ptolemaic Dynasty», *Anc. Soc.* 20, 1989, pp. 93-113.

— «*Phritob* comme titre d'un haut fonctionnaire ptolémaïque», *Anc. Soc.* 20, 1989, pp. 159-168.

— «La statue du général Petimouthês», dans *War of Sceptres*, pp. 88-108.
— «Greco-Egyptian Double Names as a Feature of a Bi-Cultural Society: The Case Ψοσνευς ὁ καὶ Τριάδελφος», dans *Life in a Multicultural Society*, pp. 265-272.
— «La Justice à la porte des temples et le toponyme Premit», dans *Individu, société et spiritualité dans l'Égypte pharaonique et copte. Mélanges égyptologiques offerts au Professeur Aristide Théodoridès*, éd. C. Cannuyer et J. M. Kruchten, Athènes-Bruxelles-Mons, 1993, pp. 201-220.
— «À la recherche du haut clergé thébain à l'époque gréco-romaine», dans *Hundred-Gated Thebes*, pp. 139-161.

Quirke, S. et **Andrews**, C., *The Rosetta Stone*, Londres, 1988, New York, 1989.

Ranke, H., *Die ägyptischen Personennamen*, t. I, Glückstadt, 1935; t. II, Hambourg, 1952; t. III, Glückstadt, 1977.

Raphaël, M., «Un nouveau décret ptolémaïque», dans *Mélanges Maspero* I. *Orient ancien (MIFAO 66)*, Le Caire, 1935-1938, pp. 509-512.

Ray, J. D., *The Archive of Hor*, Londres, 1976.
— «The Complaint of Herieu», *RdE* 29, 1977, pp. 97-116.
— «Observations on the Archive of Hor», *JEA* 64, 1978, pp. 113-120.
— «A Pious Soldier: Stele Aswan 1057», *JEA* 73, 1987, pp. 169-180.
— «Further Notes on Stele Aswan 1057» *JEA* 75, 1989, pp. 243-244.

Reekmans, T., «Monetary History and the Dating of Ptolemaic Papyri», dans *Stud. Hell.* 5, 1948, pp. 15-43.
— «Economic and Social Repercussions of the Ptolemaic Copper Inflation», *CdE* 24, 1949, pp. 324-342.
— «The Ptolemaic Copper Infation», dans *Stud. Hell.* 7, 1951, pp. 61-119.

Reekmans, T. et **Van 't Dack**, E., «A Bodleian Archive on Corn Transport», *CdE* 27, 1952, pp. 149-195.

Reisner, G. A., «The Meroitic Kingdom of Ethiopia. A Chronological Outline», *JEA* 9, 1923, pp. 34-77.

Ricketts, L., «The Administration of Late Ptolemaic Egypt», dans *Life in a Multicultural Society*, pp. 275-281.

Roeder, G., *Debod bis Bab Kalabsche* I (*Les temples immergés de la Nubie*), Le Caire, 1911.
— «Die Kapellen zweier nubischer Fürsten in Debod und Dakke», *ZÄS* 63, 1928, pp. 126-141.
— *Der Tempel von Dakke* (*Les temples immergés de la Nubie*), 2 vol., Le Caire, 1930. (= *Dakke*)
— *Die ägyptische Götterwelt* (*Die Bibliothek der alten Welt* 5, Bd. 1), Zurich-Stuttgart, 1959.
— *Kulte und Orakel im alten Ägypten* (*Die Bibliothek der alten Welt* 5, Bd. 3), Zurich-Stuttgart, 1960.

Rondot, V., et **Golvin**, J.-C., «Restaurations antiques à l'entrée de la salle hypostyle ramesside du temple d'Amon-Rê à Karnak», *MDAIK* 45, 1989, pp. 249-259.

Rostovtzeff, M., «The Foundations of Social and Economic Life in Egypt in Hellenistic Times», *JEA* 6, 1920, pp. 161-178.

— *A Large Estate in Egypt in the Third Century B.C. A Study in Economic History*, Madison, 1922.

— *Histoire économique et sociale du monde hellénistique*, Paris, 1989 (Oxford, 1941).

Roussel, D., *Polybe*, Paris, 1970.

Sambin, C., «Médamoud et les dieux de Djémé sous les premiers Ptolémées», dans *Hundred-Gated Thebes*, pp. 163-168.

Samuel, A. E., *Ptolemaic Chronology* (*Münch. Beitr. zur Pap.* 43), Munich, 1962.

— «Year 27 = 30 and 88 B.C. The Events of 88 B.C.», *CdE* 40, 1965, pp. 376-385.

— «The Greek Element in the Ptolemaic Bureaucracy», dans *Actes XIIe Congrès* (Ann Arbor), 1970, pp. 443-453.

Sauneron, S., «La justice à la porte des temples (à propos du nom égyptien des propylées)», *BIFAO* 54, 1954, pp. 117-127.

— *Les prêtres de l'ancienne Égypte*, Paris, 1957; réed. 1998.

— «Un cinquième exemplaire du décret de Canope: la stèle de Boubastis», *BIFAO* 56, 1957, pp. 67-75.

— «Les conditions d'accès à la fonction sacerdotale à l'époque gréco-romaine», *BIFAO* 61, 1962, pp. 55-57.

Sauneron, S., et Yoyotte, J., «La campagne nubienne de Psammétique II et sa signification historique», *BIFAO* 50, 1952, pp. 157-207.

Savalli-Lestrade, I., *Les philoi royaux dans l'Asie hellénistique*, Genève, 1998.

Säve-Söderbergh, T., *Einige ägyptische Denkmäler in Schweden*, Uppsala-Leipzig-Haag-Cambridge, 1945.

Schipper, B.U., ««Apokalyptik», «Messianismus», «Prophetie». Eine Begriffsbestimmung», dans *Apokalyptik und Ägypten*, pp. 21-40.

Scholl, R., «Drytons Tod», *CdE* 63, 1988, pp. 141-144.

Schubart, W., *Einführung in die Papyruskunde*, Berlin, 1918.

Schwartz, E., *Griechische Geschichtsschreiber*, Berlin, 1957.

Schwartz, J., «Athènes et l'Étolie dans la politique lagide (À la lumière du P. Haun. 6)», *ZPE* 30, 1978, pp. 95-100.

Schwartz, J. et Malinine, M., «Pierres d'Égypte», *RA*, 1960, t. I, pp. 77-90.

Seidl, E., *Ptolemäische Rechtsgeschichte* (*Ägyptologische Forschungen* 22), 2e éd., Glückstadt, 1962.

Sethe, K., *Dodekaschoinos. Das Zwölfmeilenland an der Grenze von Aegypten und Nubien* (*Untersuchungen zur Geschichte und Altertumskunde Aegyptens* II, 3), Leipzig, 1901.

— *Urkunden des ägyptischen Altertums* II. *Hieroglyphische Urkunden der griechisch-römischen Zeit*, Leipzig, 1904, réimpr. Milan, 1977. (= *Urk.* II)

— «Die historische Bedeutung des 2. Philae-Dekrets aus der Zeit des Ptolemaios Epiphanes», *ZÄS* 53, 1917, pp. 35-49. (= «2. Philae-Dekret»)

Sethe, K., et Spiegelberg, W., «Zwei Beiträge zu dem Bruchstück einer ägyptischen Zivilprozessordnung in demotischer Schrift», dans *Abh. bayer. Akad. Wiss.*, N. F. 4, 1929, pp. 3-20.

Shinnie, P. L., *Ancient Nubia*, Londres-New York, 1996.

Simpson, R. S., *Demotic Grammar in the Ptolemaic Sacerdotal Decrees*, Oxford, 1996.

Skeat, T. C., «The Epistrategus Hippalos», *AfP* 12, 1937, pp. 40-43.

— «The Last Days of Cleopatra. A Chronological Problem», *JRS* 43, 1953, pp. 98-100.

— *The Reigns of the Ptolemies (Münch. Beitr. zur Pap.* 39), München, 1954; 2ᵉ éd., 1969.

— «Notes on Ptolemaic Chronology II. «The twelfth year which is also the first»: the Invasion of Egypt by Antiochus Epiphanes», *JEA* 47, 1961, pp. 107-112.

— «Notes on Ptolemaic Chronology IV. The 16th Year of Ptolemy Philopator as a *Terminus ad quem*», *JEA* 59, 1973, pp. 169-174.

Skeat, T. C. et Turner, E. G., «An Oracle of Hermes Trismegistos at Saqqâra», *JEA* 54, 1968, pp. 206-207.

Smelik, K. A. D., «The Cult of the Ibis in the Graeco-Roman Period. With Special Attention to the Data from the Papyri», dans *Studies in Hellenistic Religions (EPRO* 78), éd. M. J. Vermaseren, Leyde, 1979, pp. 232-233.

Smith, H. S., «A Note on Amnesty», *JEA* 54, 1968, pp. 209-214.

— «Date of the Obsequies of the Mothers of Apis», *RdE* 24, 1972, pp. 176-187.

Spalinger, A., «The Reign of King Chabbash: An Interpretation», *ZÄS* 105, 1978, pp. 142-154.

Speidel, M. P., «Augustus' Deployment of the Legions in Egypt», *CdE* 57, 1982, p. 120-124.

— *Roman Army Studies* I, Amsterdam, 1984.

Spiegelberg, W., «Papyrus Erbach. Ein demotisches Brieffragment», *ZÄS* 42, 1905, pp. 43-60.

— «Zwei Kalksteinplatten mit demotischen Texten», *ZÄS* 50, 1912, pp. 32-36.

— «Zwei Kaufverträge aus der Zeit des Königs Harmachis (Papyrus Carnavon I und II)», *Rec. Trav.* 35, 1913, pp. 150-161.

— *Die sogenannte Demotische Chronik (Demotische Studien* 7), Leipzig, 1914.

— *Der demotische Text der Priesterdekrete von Kanopus und Memphis (Rosettana)*, Heidelberg, 1922.

— «Die Siegesfeier des Ptolemaios Philopator in Alexandrien», dans *Sitz. bayer. Akad. Wiss.*, Abh. 2, 1926, pp. 3-17.

— «Aus einer ägyptischen Zivilprozessordnung der Ptolemäerzeit», dans *Abh. bayer. Akad. Wiss.*, N. F. 1, 1929, pp. 3-22.

— «Eine neue Erwähnung eines Aufstandes in Oberägypten in der Ptolemäerzeit», *ZÄS* 65, 1930, pp. 53-57.

Strack, M. L., *Die Dynastie der Ptolemäer*, Berlin, 1897.

— «Inschriften aus ptolemäischer Zeit I», *AfP* 1, 1901, pp. 200-210.

— «Inschriften aus ptolemäischer Zeit II», *AfP* 2, 1903, pp. 537-561.

Swiderek, A., «La société indigène en Égypte au IIIᵉ s. avant notre ère d'après les archives de Zénon», *JJP* 7-8, 1954, pp. 231-284.

Swinnen, W., «Sur la politique religieuse de Ptolémée Iᵉʳ», dans *Les syncrétismes dans les religions grecque et romaine* (Colloque de Strasbourg, 9-11 juin 1971), Paris, 1973, pp. 115-133.

Tait, W. J. «A New Fragment of a Ptolemaic Priestly Decree at Durham», *JEA* 70, 1984, pp. 149-150.

Tarn, W. W., «Ptolemy II», *JEA* 14, 1928, pp. 246-260.

Taubenschlag, R., *Das Strafrecht im Rechte der Papyri*, Leipzig-Berlin, 1916.

— *The Law of Greco-Roman Egypt in the Light of the Papyri, 332 B.C.-640 A.D.*, 2ᵉ éd., Varsovie, 1955, réimpr., Milan, 1972. (= *Law²*)

— «Die körperliche Züchtigung im Rechte der Papyri,» dans *Opera minora* II, Varsovie, 1959, pp. 737-741.

Thiers, C., «Civils et militaires dans les temples. Occupation illicite et expulsion», *BIFAO* 95, 1995, pp. 493-516.

— «Ptolémée Philadelphe et les prêtres de Saïs», *BIFAO* 99, 1999, pp. 423-445.

Thissen, H.-J., *Studien zum Raphiadekret (Beitr. zur klass. Philol. 23)*, Meisenheim, 1966.

— «Zur Familie des Strategen Monkores», *ZPE* 27, 1977, pp. 181-191.

— *Die demotischen Graffiti von Medinet Habu (Demotische Studien 10)*, Sommerhausen, 1989.

— «Das Lamm des Bokchoris», dans *Apokalyptik und Ägypten*, pp. 117-138.

Thomas, J. D., «Aspects of the Ptolemaic Civil Service: the Dioiketes and the Nomarch», dans *Das ptolemäische Ägypten*, pp. 187-194.

— *The Epistrategos in Ptolemaic and Roman Egypt*, I. *The Ptolemaic Epistrategos*, *(Papyrologica Coloniensia 6)*, Opladen, 1975.

Thompson, D. J., *Memphis under the Ptolemies*, Oxford, 1988.

— «Language and Literacy in Early Hellenistic Egypt», dans *Ethnicity in Hellenistic Egypt (Studies in Hellenistic Civilization III)*, éd. P. Bilde *et al.*, Aarhus, 1992, pp. 39-52.

— «"When Egypt divorced itself": Ptolemaic *tarachè* and the *elpis* of Harchonesis», dans *Studies on Ancient Egypt in Honour of H. S. Smith*, éd. A. Leahy et J. Tait, Londres, 1999, pp. 321-326.

— «Alexandria: The City by the Sea», dans *Alexandrian Studies II. In Honour of M. El Abbadi, Bulletin de la Société d'Archéologie d'Alexandrie* 46, 2001, pp. 73-79.

— «Hellenistic Hellenes: the Case of Ptolemaic Egypt», dans *Ancient Perceptions of Greek Ethnicity*, éd. I. Malkin, Cambridge, 2001, pp. 301-322.

Thompson, H., *A Family Archive from Siut*, 2 vol., Oxford, 1934.

Todd, R., *Popular Violence and Internal Security in Hellenistic Alexandria*, Univ. de Californie, 1963, *UMI*, 1982.

Török, L., «Inquiries into the Administration of Meroitic Nubia», *Orientalia* 46, 1977, pp. 34-50.

— «To the History of the Dodekaschoenos between ca. 250 B. C. and 298 A. D.», *ZÄS* 107, 1980, pp. 76-86.

— «Geschichte Meroes. Ein Beitrag über die Quellenlage und den Forschungsstand», dans *ANRW* II. 10. 1, 1988, pp. 107-341.

Traunecker, C., «Une stèle commémorant la construction de l'enceinte d'un temple de Montou», *Cahiers de Karnak* 5, Le Caire, 1970-1972, pp. 141-158

— «Essai sur l'histoire de la XXIXᵉ dynastie», *BIFAO* 79, 1979, pp. 395-436.

— «Le papyrus Spiegelberg et l'évolution des liturgies thébaines», dans *Hundred-Gated Thebes*, pp. 183-201.

Turner, E., «Ptolemaic Egypt», dans *CAH* VII, 1, éd. F. W. Walbank, 1984, pp. 118-174.

Uebel, F., «Ταραχὴ τῶν Αἰγυπτίων. Ein Jenaer Papyruszeugnis der nationalen Unruhen Oberägyptens in der ersten Hälfte des 2. vorchristlichen Jahrhunderts», *AfP* 17, 1962, pp. 147-162.

Updegraff, R. T., «The Blemmyes I: The Rise of the Blemmyes and the Roman Withdrawal from Nubia under Diocletian», dans *ANRW* II, 10, 1, 1988, pp. 44-97.

Vandersleyen, C., «Le mot λαός dans la langue des papyrus grecs», *CdE* 48, 1973, pp. 339-349.

Vandier, J., *La famine dans l'Égypte ancienne* (*Recherches d'archéologie, de philologie et d'histoire* 7), Le Caire, 1938.

Vandorpe, K., «The Chronology of the Reigns of Hurgonaphor and Chaonnophris», *CdE* 61, 1986, pp. 294-302.

— «Museum Archaeology or How to Reconstruct Pathyris Archives», dans *Acta Demotica. Acts of the Fifth International Conference for Demotists* (Pise, 4-8 sept. 1993) (*Egitto e Vicino Oriente* XVII), Pise, 1994 pp. 289-300.

— «City of Many a Gate, Harbour for Many a Rebel», dans *Hundred-Gated Thebes*, pp. 203-239.

— «Paying Taxes to the Thesauroi of the Pathyrites in a Century of Rebellion», dans *Politics, Administration and Society in the Hellenistic and Roman World, Proceedings of the International Colloquium* (Bertinoro, 19-24 juill. 1997), éd. L. Mooren (*Stud. Hell.* 36), Louvain, 2000, pp. 405-436.

— «The Ptolemaic Epigraphe or Harvest Tax (*shemu*)», *AfP* 46, 2000, pp. 169-232

— «The Epigraphe or Harvest Tax in the Apollonopolite Nome», dans *Edfu. An Egyptian Provincial Capital in the Ptolemaic Period* (Bruxelles, 3 septembre 2001), éd. K. Vandorpe et W. Clarysse, Bruxelles, 2003, pp. 109-115.

— *The Bilingual Family Archive of Dryton, his Wife Apollonia and their Daughter Senmouthis* (*Collectanea Hellenistica* IV), Bruxelles, 2002. (= *P. Dryton*)

Van Groningen, B. A., «L'interprétation du papyrus Baraize», *JEA* 40, 1954, pp. 59-62.

Van Minnen, P., «Prisoners of War and Hostages in Graeco-Roman Egypt», *JJP* 30, 2000, pp. 155-163.

Van 't Dack, E., «Recherches sur l'administration du nome dans la Thébaïde au temps des Lagides», *Aegyptus* 29, 1949, pp. 3-44 (repris dans *Ptolemaica Selecta. Études sur l'armée et l'administration lagides* (*Stud. Hell.* 29), Louvain, 1988, pp. 329-385).

— «Notes concernant l'épistratégie ptolémaïque», *Aegyptus* 32, 1952, pp. 437-450.

— «Sur l'évolution des institutions militaires lagides», dans *Armées et fiscalité dans le monde antique. Colloque national du CNRS* (14-16 octobre 1976), Paris, 1977, pp. 77-105 (repris dans *Ptolemaica Selecta*, pp. 1-46).

— «L'armée lagide de 55 à 30 av. J.-C.», *JJP* 19, 1983, pp. 77-86.
— «Encore le problème de Ptolémée Eupator», dans *Althistorische Studien H. Bengtson zum 70. Geburtstag*, Wiesbaden, 1983, pp. 103-115 (repris dans *Ptolemaica Selecta*, pp. 156-174).
— «Le retour de Ptolémée IX Sotèr II en Égypte et la fin du règne de Ptolémée X Alexandre I», dans *War of Sceptres*, pp. 136-150.
— «L'armée de terre lagide: reflet d'un monde multiculturel?», dans *Life in a Multicultural Society*, pp. 327-341.
Van 't Dack, E., et Hauben, H., «L'apport égyptien à l'armée navale lagide», dans *Das ptolemäische Ägypten*, pp. 59-93.
Vassilika, E., *Ptolemaic Philae* (*OLA* 34), Louvain, 1989.
Vercoutter, J., «The Gold of Kush. Two Gold-washing Stations at Faras East», *Kush* 7, 1959, pp. 120-153.
Vittmann, G., *Priester und Beamte im Theben der Spätzeit* (*Beiträge zur Ägyptologie* 1), Vienne, 1978.
— «Das demotische Graffito vom Satettempel auf Elephantine», *MDAIK* 53, 1997, pp. 263-281.
Vleeming, S. P., «The Office of a Choachyte in the Theban Area», dans *Hundred-Gated Thebes*, pp. 241-255.
Volkmann, H., «Die Dynastie der Ptolemäer in Ägypten», dans *PW* 23, 2, 1959, col. 1600-1761. (= «Ptolemaios»)
Vycichl, W., «Le marché aux voleurs: une institution égyptienne de l'époque ptolémaïque. L'organisation du système», *BSEG* 9-10, 1984-1985, pp. 337-344.
Wagner, G., «Inscriptions grecques du temple de Karnak», *BIFAO* 70, 1971, pp. 1-38.
— «Un décret ptolémaïque trilingue du dromos de Karnak (Fragments grecs)», dans *Actes XIIIᵉ Congrès* (Marburg / Lahn), 1974, pp. 439-445.
Walbank, F. W., «The Accession of Ptolemy Épiphanes: A Problem in Chronology», *JEA* 22, 1936, pp. 20-34.
— «The Surrender of the Egyptian Rebels in the Nile Delta», dans *Miscellanea di studi classici in onore di E. Manni* VI, éd. L. Fontana, M. Piraino, F. Rizzo, Rome, 1980, pp. 2187-2197.
Weigall, A., *A Report on the Antiquities of Lower Nubia*, Oxford, 1907.
Welles, C. B., «The Problem of Comanus», *BASP* 2, 1965, pp. 93-104.
— «The Role of the Egyptians under the First Ptolemies», *BASP* 7, 1970, pp. 505-510.
Wenig, S., «Bemerkungen zur Chronologie des Reiches von Meroe», *MIO* 13, 1967, pp. 1-44.
Westermann, W. L., *Upon Slavery in Ptolemaic Egypt* (*P. Col. Inv.* 480), Bruxelles, 1929.
— «Enslaved Persons who are Free», *AJPh* 59, 1938, pp. 1-30.
— «The Ptolemies and the Welfare of their Subjects», dans *Actes Vᵉ Congrès* (Oxford 1), 1938, pp. 564-579.
— «Komanos of the First Friends (187 (?)-161 B.C.)», *AfP* 13, 1939, pp. 1-12.

Wilcken, U., *Grundzüge und Chrestomathie der Papyruskunde*, Leipzig, 1912.

Will, Ed., *Histoire politique du monde hellénistique*, 2ᵉ éd., 2 vol., Nancy, 1979-1982.

Will, Ed. et Orrieux, C., *Ioudaïsmos – Hellènismos. Essai sur le judaïsme judéen à l'époque hellénistique*, Nancy, 1986.

Wilson, P., *A Ptolemaic Lexikon. A Lexicographical Study of the Texts in the Temple of Edfu, OLA* 78, Louvain, 1997.

Winnicki, J. K., «Ein ptolemäischer Offizier in Thebais», *Eos* 60, 1972, pp. 343-353.

— *Ptolemäerarmee in Thebais* (*Archiwum Filologiczne* 38), Wroclaw, Varsovie, Cracovie, Gdansk, 1978.

— «Die Ägypter und das Ptolemäerheer», *Aegyptus* 65, 1985, pp. 41-55.

— «Das ptolemäische und hellenistische Heerwesen», dans *Egitto e storia antica*, pp. 213-230.

— «Der zweite syrische Krieg im Lichte des demotischen Karnak-ostrakons und der griechischen Papyri des Zenon-Archivs», *JJP* 21, 1991, pp. 87-104.

— «Petisis, Sohn des Pachnumis, Offizier und Priester an der Südgrenze Ägyptens im 2. Jh. v. Chr.», *JJP* 26, 1996, pp. 127-134.

— «Zur Deutung des demotischen Papyrus Erbach», dans *Festschrift für W. Huss* (*Studia Phoenicia* XVI), éd. K. Geus et K. Zimmermann (*OLA* 104), Louvain-Paris-Sterling, 2001, pp. 311-321

Winter, E., «Der Herrscherkult in den ägyptischen Ptolemäertempeln», dans *Das ptolemäische Ägypten*, pp. 147-160.

— «Ergamenes II., seine Datierung und seine Bautätigkeit in Nubien», *MDAIK* 37, 1981, pp. 509-513.

— *Tempel und Kult* (*Äg. Abh.* 46), Wiesbaden, 1987.

Witkowski, S., *Epistulae privatae Graecae*, Leipzig, 1911.

Woelk, D., *Agatharchides von Knidos, Über das Rote Meer. Übersetzung und Kommentar*, Bamberg, 1966.

von Woess, F., *Das Asylwesen Ägyptens in der Ptolemäerzeit und die spätere Entwicklung* (*Münch. Beitr. zur Pap.* 5), Münich, 1923.

Wolff, H. J., *Das Justizwesen der Ptolemäer* (*Münch. Beitr. zur Pap.* 44), 2ᵉ éd., Munich, 1970.

Yoyotte, J., «Études géographiques II. Les localités méridionales de la région memphite et «le Pehou d'Héracléopolis»», *RdE* 15, 1963, pp. 87-119.

— «Bakhthis: religion égyptienne et culture grecque à Edfou», dans *Religions en Égypte hellénistique et romaine. Actes du colloque de Strasboug* (16-18 mai 1967), éd. P. Derchain, Paris, 1969, pp. 127-141.

— «La stèle de Nébireh» dans *Annuaire du Collège de France 1993-1994*, pp. 690-692.

Yoyotte, J., Charvet, P., et Gompertz, S., *Strabon. Le Voyage en Égypte*, Paris, 1997.

Zauzich, K.-Th., *Die ägyptische Schreibertradition in Aufbau, Sprache und Schrift der demotischen Kaufverträge aus ptolemäischer Zeit* (*Äg. Abh.* 19), Wiesbaden, 1968. (= *P. dem. Schreibertr.*)

— «*jš n pr-ʿȝ*», *Enchoria* I, 1971, pp. 79-82.

— «Neue Namen für die Könige Harmachis und Anchmachis», *GM* 29, 1978, pp. 157-158.

— «Die demotischen Papyri von der Insel Elephantine», dans *Egypt and the Hellenistic World*, pp. 421-435.

— «Das Lamm des Bokchoris», dans *Papyrus Erzherzog Rainer* (*P. Rainer. Cent.*). *Festschrift zum 100-jährigen Bestehen der Papyrussammlung der Österreichischen Nationalbibliothek*, éd. J. Zessner-Spitzenberg, Vienne, 1983, pp. 165-174.

Zibelius, K., *Afrikanische Orts- und Völkernamen in hieroglyphischen und hieratischen Texten*. Tübinger Atlas des Vorderen Orients Beihefte, Reihe B 1, Wiesbaden, 1972.

Zingale, L. M., «Tra le nuove acquisizioni della collezione papirologica genovese: il testo di un *prostagma* tolemaico», dans *Actes XVIIᵉ Congrès* (Naples), 1984, pp. 889-900.

Zyhlarz, E., «Sudan-Ägyptisch im antiken Äthiopenreich von Kasch», *Kush* 9, 1961, pp. 226-257.

LISTE DES TABLEAUX DANS LE TEXTE

LISTE ET INDEX DES SOURCES

I. AUTEURS ANCIENS

Sauf indication contraire, les éditions des textes sont celles des *Belles-Lettres* (Collection des Universités de France) ou de la *Loeb Classical Library*.

Agatharchidès de Cnide
De la mer Erythrée: D. Woelk, *Agatharchides von Knidos, Über das Rote Meer. Übersetzung und Kommentar,* Bamberg, 1966.
I, 11-19: 92, n. 40

Appien d'Alexandrie
Les guerres civiles à Rome (G. Civ.)
I 102: 104; 108
II 90: 186 n.100

Pseudo-Callisthène
Le Roman d'Alexandre I, 34, 2: 191

César
La guerre civile, III, 110, 6: 73-74

Cicéron
De rege Alexandrino, éd. C. F. W. Müller, Leipzig, Teubner, 1890.
fg. 8-9: 108

Diodore de Sicile
Bibliothèque historique:
III, 6: 90 n.29
XI, 71, 3: 148
XXVIII, 14: 161
XXX, 15-16: 109 n.88
XXXI, 15a: 28-30; 78; 101-104; 107-110; 113; 123; 149; 157; 185

XXXI, 17a: 40
XXXI, 17b: 39-41; 45; 79; 113; 157; 160
XXXI, 17c: 40
XXXI, 20: 108
XXXIII, 6-12: 108
XXXIII, 13: 162 n.23; 177 n.68; 191 n.119
XXXIII, 20-22: 47; 104; III n.93; 123

Dion Cassius
Histoire romaine XXXIX, 12-13: 108

Dion Chrysostome
Orationes 32, 70: 108

Hérondas
Mimiambes I, 28: 176 n.67

saint Jérôme:
F. Gr. Hist. II 260, F 43: 3; 78

Justin
Abrégé des histoires philippiques de Trogue-Pompée et prologues de Trogue-Pompée, texte latin et trad. E. Chambry et L. Thély, Paris, Classiques Garnier, 1936.
XXVII, 1, 9: 3-4; 78
XXXVIII, 8, 11-12: 108
XXXIX, 3, 1-2: 108
XXXIX, 5, 9: 108

Pausanias
Description de l'Attique

2. INSCRIPTIONS

2.1-Inscriptions grecques

C. Ord. Ptol. = M.-Th. Lenger, *Corpus des ordonnances des Ptolémées*, Bruxelles, 1964, 2ᵉ éd. mise à jour, Bruxelles, 1980.

41: 165; 174

IG Akôris = E. Bernand, *Inscriptions grecques et latines d'Akôris* (*BdE* 103), Le Caire, 1988.

1: 106

IG Louvre = E. Bernand, *Inscriptions grecques d'Egypte et de Nubie au musée du Louvre*, Paris, 1992.

2: 201 n.22; 205

IG Philae = A. et E. Bernand, *Les inscriptions grecques de Philae*, 2 vol., Paris, 1969.

I 8: 186 n.5
II 128: 75-76; 79; 83; 93; 115; 120; 239; 241

I. Prose = A. Bernand, *La prose sur pierre dans l'Egypte hellénistique et romaine*, 2 vol., Paris, 1992.

8 (*Canope*): 146; 188; 198; 201; 203; 204 n.34; 205
11: 202 n.23; 205
16: voir *Memphis*
46: 238-239

I. Thèbes / Syène = A. Bernand, *De Thèbes à Syène*, Paris, 1989.

302: 212

Koerner, R., «Eine Weihinschrift aus der Zeit Ptolemaios V», *AfP* 18, 1966, pp. 47-56.

– 194 n.132

Memphis = *I. Prose* 16
– 7-9; 78; 83; 114; 115; 118-119; 121; 123; 124-125; 135; 141; 156 n.2; 160; 162; 164; 172-173; 175-176; 187-188; 190; 198; 206; 207; 208; 210; 211; 213; 214; 219

OGIS = W. Dittenberger, *Orientis Graeci Inscriptiones Selectae*, 2 vol., Leipzig, 1903-1905.

I 56: voir *I. Prose* 8
I 90: voir *Memphis*
I 94: voir *IG Akôris* 1
II 739: 202

Perdrizet, P., et **Lefebvre, G.**, *Les graffites grecs du Memnonion d'Abydos*, Nancy-Paris-Strasbourg, 1919.

32 et 32 bis: 17; 78

SEG = *Supplementum Epigraphicum Graecum*, éd. J. J. E. Hondius *et al.*, puis H. W. Pleket et R. S. Stroud, Leyde, 1923 et suiv.

XVIII 628: 201 n.22; 205

Sherk, R. K., *Roman Documents from the Greek East*, Baltimore, 1969.

n° 43 (*Syll.³* II 684): 139

Wagner, G., «Inscriptions grecques du temple de Karnak», *BIFAO* 70, 1971, pp. 1-38.

pp. 1-21: 236

2.2-Inscriptions hiéroglyphiques et démotiques

Bouriant, U., «La stèle 5576 du musée de Boulaq et l'inscription de Rosette», *Rec. Trav.* 6, 1885, pp. 1-20 (Stèle de

Nobaireh).
– 199-200; 206

Bresciani, E., et **Pernigotti, S.**, *Assuan*, Pise, 1978.
graffito n° 43, pp. 141-143: 91

Brugsch, H., «Die grosse Mendes-Stele aus der Zeit des zweiten Ptolemäers», *ZÄS* 13, 1875, pp. 30-40 (Stèle de Mendès).
– 201; 205; 218 n.70

Brugsch, H., «Der Apis-Kreis aus den Zeiten der Ptolemäer», *ZÄS* 24, 1886, pp. 19-40.
n° 50a: 196 n.139
n° 50b: 194

Coulon, L. «Quand Amon parle à Platon (La statue Caire JE 38033)», *RdE* 52, 2001, pp. 85-111.
– 239

Décret de l'an 23 = G. Daressy, «Un décret de l'an XXIII de Ptolémée Epiphane», *Rec. Trav.* 33, 1911, pp. 1-8.
– 10-11; 78; 117; 198; 199-200; 206; 207-208

Devauchelle, D., «Fragments de décrets ptolémaïques en langue égyptienne conservés au Musée du Louvre», *RdE* 37, 1986, pp. 45-51.
pp. 47-49: 202 n.25; 205
p. 48: 201; 206
pp. 49-51: 200-201

De Wit, Edfou = C. De Wit, «Inscriptions dédicatoires du temple d'Edfou», *CdE* 36, 1961, pp. 56-97 et pp. 277-320.
IV, 8, 1-4: 14; 15; 78; 84; 117; 121; 226
VII, 6,6-7,1: 14-15; 78; 84; 117; 121;

208; 209; 226
VII, 9, 8: 195

Edfou = *Le temple d'Edfou*, I-XV, éd. E. Chassinat, puis S. Cauville et D. Devauchelle, Paris-Le Caire, 1897-1990.
V, 1: 195

Graffito *P. Recueil* 11 = P. W. Pestman, J. Quaegebeur et R. L. Vos, *Recueil de textes démotiques et bilingues*, 3 vol., Leyde, 1977.
– 12; 26; 78

Hintze, H., *Inschriften* = F. Hintze, *Die Inschriften des Löwentempels von Musawwarat es Sufra* (*ADAW* 1962, 1), Berlin, 1962.
n°s 1, 4 et 5: 86 n.12

Kamal, A. B., *Stèles ptolémaïques et romaines* (*Catalogue général des antiquités égyptiennes du musée du Caire*), Le Caire, I, 1905.
pp. 177-181 (cf. E. Lanciers, «Die Stele CG 22184: ein Priesterdekret aus der Regierungszeit des Ptolemaios VI. Philometor», *GM* 95, 1987, pp. 53-61): 202; 206

Memphis, dém. = S. Quirke et C. Andrews, *The Rosetta Stone*, Londres, 1988, New-York, 1989, version démotique de la Pierre de Rosette.
– 8 n.20-21; 83; 116; 118-119; 120; 121; 123; 124-125; 135; 160-161; 164; 188; 189; 190; 206; 207; 208; 209

Memphis, hiérog. = S. Quirke et C. Andrews, *The Rosetta Stone*, Londres, 1988, New-York, 1989, version hiéroglyphique de la Pierre de Rosette.
– 83; 189

Mond, R., et **Myers, O. H.**, *The Bucheum*, II. *The Inscriptions*, Londres, 1934.
  8: 243 n.149

Naville, E., «La stèle de Pithom», *ZÄS* 40, 1902/3, pp. 66-75 (Première stèle de Pithom).
— 191; 201; 205

Philae I = F. Daumas, «Un Duplicata du premier Décret Ptolémaïque de Philae», *MDAIK* 16, 1958, pp. 73-82.
— 198-199; 206; 214

Philae II, **Müller** = W. M. Müller, *Egyptological Researches III. The Bilingual Decrees of Philae* (*Carnegie Institution of Washington 53*, III), Washington, 1920, pp. 57-88.
— 13-14; 84; 85-86; 87; 98; 116-117; 119; 120; 121; 129; 135; 137; 141; 156; 158; 159-160; 163-164; 179; 184; 198; 206; 207; 208; 210; 211; 214; 219

Philae II, **Sethe, Urk.** II = K. Sethe, *Urkunden des ägyptischen Altertums* II. *Hieroglyphische Urkunden der griechisch-römischen Zeit*, Leipzig, 1904 (réimpr. Milan, 1977), pp. 214-230.
— 13-14; 78; 84; 85-86; 87; 116-117; 119; 120; 121; 141; 156; 158; 159-160; 163-164; 184; 198; 206; 207; 208; 210; 211; 214

Raphaël, M. «Un nouveau décret ptolémaïque», dans *Mélanges Maspero* I, Le Caire, 1935-1938, pp. 509-512.
— 202 n.26; 206

Raphia = H. Gauthier et H. Sottas, *Un décret trilingue en l'honneur de Ptolémée IV*, Le Caire, 1925.
— 6; 159; 164; 198; 202; 206; 209-210; 211

Roeder, G., *Dakke* = G. Roeder, *Der Tempel von Dakke* (*Les temples immergés de la Nubie*), 2 vol., Le Caire, 1930.
  p. 250 § 557: 91

Spiegelberg, W., «Zwei Kalksteinplatten mit demotischen Texten», *ZÄS* 50, 1912, pp. 32-36 (Stèle démotique Caire 38.258).
— 12; 25; 78; 231

Tait, W. J., «A new fragment of a Ptolemaic priestly decree at Durham», *JEA* 70, 1984, pp. 149-150.
— 202 n.25; 205

Thiers, C., «Ptolémée Philadelphe et les prêtres de Saïs», *BIFAO* 99, 1999, pp. 423-441.
— 201; 205

Urk. II = K. Sethe, *Urkunden des ägyptischen Altertums* II. *Hieroglyphische Urkunden der griechisch-römischen Zeit*, Leipzig, 1904 (réimpr. Milan, 1977).
  120 § 27: 88 n.22
  214-230: voir *Philae II*, Sethe

Vittmann, G., «Das demotische Graffito vom Satettempel auf Elephantine», *MDAIK* 53, 1997, pp. 263-281.
— 43; 147

3. PAPYRUS ET OSTRACA

3.1-Collections

Papyrus et ostraca grecs

Pour les papyrus et les ostraca grecs, les abréviations sont conformes à la *Checklist of Editions of Greek, Latin, Demotic and Coptic Papyri, Ostraca and Tablets*, éd. J. F. Oates *et al.*, 5ᵉ éd., *BASP* Suppl. 9, 2001 / Web edition nov. 2003 (http://scriptorium.lib.duke.edu/papyrus/texts/clist.html).

BGU
III 992: 19-20; 165; 166; 180
III 993: 57; 63; 157
VI 1215: 7
VI 1216: 215
VI 1253: 143
VI 1448: 54-55
VIII 1762: 73; 150
VIII 1763: 143
VIII 1832: 144
VIII 1858: 144
XIV 2370: 73; 79; 115; 120; 179-180

C. Ord. Ptol.
21-22: 167; 169-170
30-31: 173-174; 177-178
34: voir *P. Köln* VII 313
35: 44; 174; 224
43: 215
47: 215
53: 40-41; 57; 62; 141; 165; 175; 184; 198 n.3; 215; 217; 220

CPR
XV 15: 143 n.90

C. Ptol. Sklav.
3: voir *C. Ord. Ptol.* 21-22
5: 168-169
9: voir *SB* XX 14659

O. Bodl.
I 41: 18
I 199: 71
I 368: 55

O. Wilck.
1535: 66

P. Amh.
II 30: 35; 45; 78; 114; 115; 121; 136-137; 139; 140

P. Bad.
II 2: 55; 56
II 16: 65-66; 79; 225-226
IV 48: 59; 79

P. Bour.
10: 65; 67-68; 70; 71; 79
11: 65-66; 79; 226
12: 65-66; 71; 79; 157; 225-226

P. Col.
VIII 208: 106

P. Dryton
25: 67
34: 61-62; 63; 79; 115
36: 56; 63; 115; 160

P. Enteux.
79: 134
80: 141

P. Gen.
III 128: 34; 45; 78; 114; 115; 129-130; 131-132; 145

P. Grenf.
I 11: 23-24; 78; 139
II 36: 68; 69; 79

X 10574: 42; 45; 79; 122; 223
XX 14186: 38; 39; 45; 78
XX 14659: 18; 33; 78; 114-115; 120; 121; 125; 166-169
XXIV 15972: 13; 78; 114-115; 135-136; 140; 179

UPZ

I 5-6: 223-224
I 6a (corr. W. Clarysse, «UPZ I 6a, a reconstruction by Révillout», *Enchoria* 14, 1986, pp. 43-49): 223-224
I 7: 36-37; 45; 79; 115; 132; 134
I 9-11: 145
I 13: 106 n.79
I 14: 36-37; 45; 78; 114; 129
I 18: 37; 45
I 19: 37; 79; 115
I 54: 37
I 59-60: 123-124; 147
I 110: 43-44; 45; 181
II 161: voir *P. Tor. Choach.* 11bis
II 162: voir *P. Tor. Choach.* 12
II 199: 48-52; 83; 237
II 200: 51 n.90
II 209: 41; 56-57; 63; 79; 115
II 212-213: 53; 55; 63; 157
II 217: 50-51; 55
II 219: 50-51
II 224: 50; 54-55
II 225: 50-51; 53-54; 55; 63; 114; 122

W. Chrest. (= *Chrest. Wilck.*)
10: voir *P. Dryton* 36
11: 60-61; 63; 138
162: voir *BGU* III 992

Papyrus et ostraca démotiques

O. dém. Louvre = D. Devauchelle, *Ostraca démotiques du Musée du Louvre*, 2 vol., Le Caire, 1983.
I 101: 50-51; 55

O. Hor = J. D. Ray, *The Archive of Hor*, Londres, 1976.

1: 27 n.2; 222-223
2: 29 n.7; 30 n.8; 223 n.84
3: 27 n.2; 29 n.7; 30 n.8
4: 27 n.2
5: 38 n.42
7: 38; 45; 223
60: 38 n.40; 45

O. Tempeleide = U. Kaplony-Heckel, *Die demotichen Tempeleide* (*Äg. Abh.* 6), Wiesbaden, 1963.
207: 50

P. dém. Berl. Eleph. = K.-Th. Zauzich, *Papyri von der Insel Elephantine*, 2 vol. (*Demotische Papyri aus den Staatlichen Museen zu Berlin* 1 et 3), Berlin, 1978-1993.
15 527: 227-228

P. dém. Berl. Kaufv. = S. Grunert, *Thebanische Kaufverträge des 3. und 2. Jahrhundert v. u. Z.* (*Demotische Papyri aus den Staatlichen Museen zu Berlin* 2), Berlin, 1981.
3142 + 3144: 12; 26; 78; 233
3146: 13; 26; 78; 234

P. dém. BM Andrews = C. A. R. Andrews, *Ptolemaic Legal Texts from the Theban Area* (*Catalogue of Demotic Papyri in the British Museum* 4), Londres, 1990.
3: 19; 235
4: 22; 26; 78; 234
11: 19 n.67
19: 13; 26; 78; 234
26-27: 231
29: 19

P. dém. BM Reich = N. Reich, *Papyri juristischen Inhalts in Hieratischer und Demotischer Schrift aus dem British Museum* (*Denkschr. kaiserlich. Akad. Wiss.*, Phil.-hist. Kl., 55, 3), Vienne, 1914.

Document from Deir el Ballas»,
JARCE 2, 1963, pp. 113-116.
– 20; 165; 180

P. dém. Carnavon 1 et 2: W. Spiegelberg, «Zwei Kaufverträge aus der Zeit
des Königs Harmachis (Papyrus Carnavon I und II)», *Rec. Trav.* 35, 1913,
pp. 150-161.
– 12; 25; 78; 230; 233; 235

P. dém. Heid. 650a (750a):
W. Spiegelberg, «Papyrus Erbach»,
ZÄS 42, 1905, pp. 52-54.
– 65; 226

P. dém. Leid. 373a = *P. dem. Ehev.* 37
– 57

P. dém. Leid. 376 = *P. Bürgsch.* 10
(K. Sethe et J. Partsch, *Demotische
Urkunden zum ägyptischen Bürgschafts-
rechte vorzüglich der Ptolemäerzeit*,
Leipzig, 1920).
– 58 n.112; 63

P. dém. Louvre E 9415: D. Devauchelle, «Le papyrus démotique Louvre
E 9415. Un partage de biens», *RdE* 31,
1979, pp. 29-35.
– 20; 235

P. dém. Louvre E 9416: D. Devauchelle, «Le papyrus démotique Louvre
E 9416: une vente de terrain», *BIFAO*
87, 1987, pp. 161-165.
– 231

P. dém. Lugd. Bat. XVII 12:
P. W. Pestman, «Eine demotische
Doppelurkunde», dans E. Boswinkel,
B. A. Van Groningen et P. W. Pestman,
Antidoron Martino David (*Pap. Lugd.-
Bat.* 17), Leyde, 1968, pp. 100-111.
– 12; 26; 79; 94 n.45; 233

P. dém. Strasb. 8: N. Reich, «Eine
ägyptische Urkunde», *Rec. Trav.* 33,
1911, pp. 117-126.
– 71

P. Karara 1 et 2 = *P. Bad.* I B, pp. 20-37
– 49

P. Louvre E 3333: J. D. Ray, «The
Complaint of Herieu», *RdE* 29, 1977,
pp. 97-116.
– 133

P. Sorb. inv. 567: W. Clarysse, «Some
Greeks in Egypt», dans *Life in a Multicultural Society*, pp. 54-55.
– 100 n.62

3.3-Papyrus inédits signalés par des auteurs

P. dém. Berlin 23641: cf. K.-
Th. Zauzich, «Die demotischen
Papyri von der Insel Elephantine»,
dans *Egypt and the Hellenistic World*,
p. 424.
– 12 n.40

P. dém. BM 10.384: cf. L. Mooren,
«The Wives and Children of Ptolemy
Euergetes II», dans *Actes XVIIIe Congrès* (Athènes), II, 1988, p. 436, n. 10.
– 54

P. dém. BM 10.486: cf. P. W. Pestman,
«Harmachis et Anchmachis, deux rois
indigènes du temps des Ptolémées»,
CdE 40, 1965, pp. 158-159.
– 12; 25; 78; 233

P. dém. Claude 2: cf. M. Chauveau,
L'Egypte au temps de Cléopâtre, Paris,
1997, p. 222.
– 68 n.21; 79

INDEX GÉNÉRAL

Cet index ne prétend pas à l'exhaustivité : il ne recense pas les noms et les lieux trop fréquemment cités (comme les rois Ptolémées, Thèbes, Alexandrie), ni les thèmes qui font l'objet d'un développement à part entière. Les mots grecs transcrits sont en italique et les termes démotiques ou hiéroglyphiques sont signalés par une astérisque.